POR QUE LUKÁCS?

Nicolas Tertulian

POR QUE LUKÁCS?

Tradução
Juarez Torres Duayer

Revisão técnica
Ester Vaisman

Prefácio
Ester Vaisman e Juarez Torres Duayer

© Boitempo, 2023
© Georges Horodincă, 2016
Traduzido do original em francês *Pourquoi Lukács?*
(Paris, Éditions de la Maison des Sciences de l'Homme, 2016)

Direção-geral	Ivana Jinkings
Edição	Frank de Oliveira
Coordenação de produção	Livia Campos
Assistência editorial	Allanis Ferreira e Marcela Sayuri
Tradução	Juarez Torres Duayer
Revisão técnica	Ester Vaisman
Preparação	Carolina Hidalgo e Cristina Peres
Revisão	Ana Mendes
Capa e *diagramação*	Antonio Kehl
Ilustração de capa	Giorgione, *Três filósofos numa paisagem*, óleo sobre tela, Museu de História da Arte de Viena (foto Wikipedia Commons)
Preparação do arquivo digital	Leticia Lyra Acioly

Equipe de apoio Ana Slade, Davi Oliveira, Elaine Ramos, Frederico Indiani, Glaucia Britto, Higor Alves, Isabella Meucci, Isabella Teixeira, Ivam Oliveira, Kim Doria, Luciana Capelli, Marina Valeriano, Marissol Robles, Maurício Barbosa, Pedro Davoglio, Raí Alves, Renata Carnajal, Thais Rimkus, Tulio Candiotto, Victória Lobo, Victória Okubo

CIP-BRASIL. CATALOGAÇÃO NA PUBLICAÇÃO
SINDICATO NACIONAL DOS EDITORES DE LIVROS, RJ

T318p

Tertulian, Nicolas
Por que Lukács? / Nicolas Tertulian ; tradução Juarez Duayer ;
revisão técnica Ester Vaisman. - 1. ed. - São Paulo : Boitempo, 2023.

Tradução de: Pourquoi Lukács?
ISBN 978-65-5717-236-0

1. Lukács, György, 1885-1971. 2. Lukács, György, 1885-1971 -
Crítica e interpretação. 3. Filósofos - Hungria - Biografia. I. Duayer,
Juarez. II. Vaisman, Ester. III. Título.

23-84011   CDD: 921.439
                  CDU: 929:1(439)

Gabriela Faray Ferreira Lopes - Bibliotecária - CRB-7/6643

É vedada a reprodução de qualquer parte deste livro
sem a expressa autorização da editora.

1ª edição: setembro de 2023

BOITEMPO
Jinkings Editores Associados Ltda.
Rua Pereira Leite, 373
05442-000
São Paulo SP
Tel.: (11) 3875-7250 / 3875-7285
editor@boitempoeditorial.com.br
boitempoeditorial.com.br | blogdaboitempo.com.br
facebook.com/boitempo | twitter.com/editoraboitempo
youtube.com/tvboitempo | instagram.com/boitempo

Sumário

Nota da tradução 7

Prefácio – *Ester Vaisman e Juarez Torres Duayer* 9

À procura do verdadeiro Marx 23

Lukács ou o retorno à verdadeira especulação filosófica 55

Benedetto Croce *versus* György Lukács 63

Lukács e a crítica literária 69

O caso Naphta 75

Lukács e Thomas Mann 81

A razão lukacsiana e seus adversários 89

Controvérsias em torno de Lukács 99

Lukács e Simmel 109

A crítica do romantismo 117

O face a face com Kierkegaard e Nietzsche 137

Lukács e a Escola de Frankfurt 151

A Escola de Frankfurt e o Maio de 68 157

Lukács e George Steiner 167

Lukács e Heidegger 173

Encontro com Heidegger 179

Caldeirão ideológico romeno 191

Encontros com Cioran.. 203

Estada em Heidelberg: encontros com Gadamer 207

Gadamer e Bourdieu 215

Pesquisas sobre Lukács em Heidelberg 221

O "caso Lukács": os grandes debates................................ 235

Interlúdio biográfico.. 267

Lendas e verdade: as "autocríticas" e o "stalinismo" de Lukács........ 273

O face a face Lukács-Sartre 279

Sartre, Merleau-Ponty, Lukács 285

O autor de um dos últimos sistemas filosóficos 327

Seleção bibliográfica.. 349

Nota da tradução

É possível que os leitores de *Por que Lukács?* se surpreendam com a amplitude e a densidade com que Nicolas Tertulian trata da obra de György Lukács. Além de seu caráter autobiográfico, estamos diante de um livro *partisan*, fundamentado em extensa e intensa pesquisa bibliográfica, capaz de rastrear e expor a genealogia das principais controvérsias e confrontos em torno da obra de Lukács e dos autores neles envolvidos, Tertulian inclusive.

No prefácio do livro, o leitor poderá acompanhar o modo pelo qual a caracterização de obra e autor repercutiu nas escolhas e procedimentos adotados na tradução, na revisão técnica e na edição brasileiras.

A orientação prevalente, e levada ao limite, foi a de preservar a literalidade da expressão textual da exposição em francês de um autor romeno, aí incluídas as figurações de expressões que utilizou, francesas em sua maioria, e passíveis de tradução.

O mesmo procedimento foi adotado para a peculiar e habitual estrutura dos textos de Tertulian, em especial as longas e minuciosas exposições intercaladas por diálogos e citações de obras e autores em parágrafos extensos que, em passagens e situações diversas, foram modulados para torná-los mais acessíveis ao leitor de língua portuguesa. No mesmo sentido, algumas providências foram adotadas em trabalho conjunto de tradução, revisão técnica e editoração. Os títulos originais das obras citadas em língua estrangeira foram gravados em nota de rodapé, mas mantidos em francês no livro, quando traduzidos por Tertulian. As referências bibliográficas com traduções existentes em português brasileiro tiveram os títulos mantidos de acordo com as respectivas edições. A mesma fórmula foi adotada nos títulos das obras literárias – providências necessárias em razão da vasta bibliografia mobilizada por Tertulian em romeno, italiano, português, francês, inglês, alemão, russo etc.

Ademais, é necessário ressaltar que, ao se respeitar a literalidade do texto original, traduziu-se para o português o modo como Tertulian verteu para o francês determinadas expressões do alemão que costumam gerar certa polêmica entre conhecedores de Lukács, como *Entäusserung e Entfremdung,* traduzidas por ele indistintamente como *aliénation.* Assim, ainda que seja possível encontrar em língua portuguesa outros modos de traduzir essas e outras expressões, optou-se por seguir o procedimento do autor, evitando introduzir no texto significados alheios ao modo como ele interpretou e traduziu tais expressões ou categorias.

Zelo e respeito com a obra de um autor que acompanhava com atenção e enorme interesse a divulgação e as traduções de seus textos e livros editados para o português brasileiro, idioma com o qual, seja dito de passagem, tinha razoável familiaridade. Fica a lembrança do autor que, animado pela proximidade de completar 90 anos, acompanhou com entusiasmo o início dos trabalhos de tradução e as tratativas e o aceite da publicação do livro que, lamentavelmente, não chegou a ver.

O leitor tem portanto diante de si uma obra complexa, de alguém dotado de rara erudição filosófica e cultural, capaz de transitar com desenvoltura por autores e livros de notável envergadura intelectual. Esse é o pano de fundo que orientou a busca da máxima literalidade à expressão autoral do texto para garantir assim máxima integridade e proximidade com a leitura de Tertulian da obra de Lukács.

Foi o que lhe permitiu colocar face a face inúmeros autores e nos dar a conhecer a genealogia das controvérsias e confrontos que atravessam *Por que Lukács?,* seu último livro e síntese de sua própria obra sobre um autor que ele "não encontrou, mas procurou" em sua busca do verdadeiro Marx.

Juarez Torres Duayer

Prefácio

Ester Vaisman
Juarez Torres Duayer

De modo geral, nossa geração conheceu o pensamento de Nicolas Tertulian já nos anos 1970. Não eram muitos os textos a que tínhamos acesso. Tudo era difícil naqueles tempos. Contudo, pelo menos um deles pode ser aqui citado: "L'évolution de la pensée de Georg Lukács"[1], um artigo marcante, tendo em vista que nossas leituras dos escritos de Lukács, na época, se concentravam sobretudo nos ensaios de *História e consciência de classe*[2]. Um pouco depois, foi possível dar início à discussão de capítulos de *A destruição da razão*[3]. Outros livros de Lukács foram incorporados gradativamente a nossas bibliotecas, em grande medida compostas de fotocópias obtidas não sem tropeços e rapidamente compartilhadas por alguns jovens leitores. Edições em espanhol de *A alma e as formas*, *A teoria do romance* e a própria *Estética* em quatro volumes, editadas pela Grijalbo, eram muito disputadas, dada a dificuldade de importação e as restrições de toda ordem impostas pela ditadura militar, além, é lógico, do preço dos livros disponíveis com que nós, jovens estudantes, não tínhamos condições de arcar[4].

---

[1] Publicado em *L'Homme et la société*, Paris, Éditions Anthropos, n. 20, abr./maio/jun. 1971. Para a tradução brasileira desse artigo, ver Georg Lukács, *Etapas de seu pensamento estético* (tradução de Renira Lisboa de Moura Lima, São Paulo, Editora da Unesp, 2003), p. 23-65.

[2] Tanto da edição portuguesa como da edição espanhola da Grijalbo, publicada em 1969, com tradução de Manuel Sacristán. Esta última já trazia o prefácio de 1967, assim como a edição portuguesa de 1974, da Publicações Escorpião, só que nesse caso sob a forma de posfácio [ed. bras.: G. Lukács, *História e consciência de classe: estudos sobre a dialética marxista*, trad. Rodnei Nascimento, 3. ed., São Paulo, WMF Martins Fontes, 2018].

[3] Em tradução para o espanhol de Wenceslao Roces, cuja primeira edição foi lançada em 1959 [ed. bras.: *A destruição da razão*, trad. Bernard Herman Hess, Rainer Patriota e Ronaldo Vielmi Fortes, São Paulo, Instituto Lukács, 2020].

[4] Nesse cenário, a iniciativa da editora Senzala de publicar em 1967, com base na edição francesa de 1948, a tradução para o português do livro *Existencialismo ou marxismo* foi de suma

10 POR QUE LUKÁCS?

Com a publicação em 1969, pela editora Paz e Terra, das entrevistas concedidas por Lukács a Abendroth, Holz e Leo Kofler, tomamos conhecimento dos planos do filósofo e de suas pesquisas sobre ontologia e conseguimos aquilatar melhor o sentido do prefácio de 1967 a *História e consciência de classe*, no qual ele analisa criticamente o próprio livro em questão.

Diante dessas e de outras publicações, o artigo de Tertulian citado acima, ainda que não tenha se debruçado sobre a questão ontológica em particular, pois fora publicado antes da divulgação dos manuscritos da *Ontologia do ser social* e de seus *Prolegômenos* deixados por Lukács e lançados postumamente, serviu para nossa geração como um guia explicativo sobre o complexo e intrincado itinerário do filósofo húngaro. A despeito das possíveis insuficiências do texto, condicionado pela época em que foi escrito (Tertulian ainda vivia na Romênia, de onde saiu em 1980), sua linha de interpretação fugia do senso comum da época, povoado por ideias tortuosas e distorcidas (que infelizmente ainda dominam boa parte do mundo acadêmico e extra-acadêmico) a respeito do chamado jovem Lukács, o Lukács de *História e consciência de classe*, e do Lukács maduro, o Lukács supostamente stalinista.

Com conhecimento do itinerário de Lukács e dos fatos que pontuaram sua vida – Tertulian encontrou-se com ele pessoalmente por diversas vezes, tendo ambos mantido uma intensa correspondência entre 1965 e 1971, ano do falecimento do húngaro –, o filósofo romeno chama a atenção para aspectos da obra e da vida do autor que grande parte de seus intérpretes e leitores desconheciam ou desprezavam. Tais aspectos, de um lado, tornam complexo e difícil qualquer intento de estabelecer claras linhas demarcatórias ou uma evolução de tipo linear, e, de outro, afastam a possibilidade de admitir um Lukács stalinista. Tertulian sabia muito bem o que significava o stalinismo, visto que sofrera na própria pele seus efeitos, diferentemente de certos leitores da obra lukacsiana que vivem em um mundo à parte, fabulando histórias, a partir de dados falhos ou incompletos obtidos de segunda mão, cujas "fontes" carecem de confiança. Decididamente, não é o caso de Tertulian, que, como sublinha Guido Oldrini, "talvez [seja] o maior conhecedor mundial de Lukács, em todo caso o mais sério, o mais preparado, o mais confiável e o mais sutil"[5].

De todo modo, é bom assinalar no momento inicial deste prefácio ao livro *Por que Lukács?* que o tema das continuidades e descontinuidades do pensamento

---

importância. O livro seria reeditado em 1979 pela Livraria Editora Ciências Humanas de São Paulo, trazendo a tradução e a apresentação de José Carlos Bruni publicadas na edição de 1967.

[5] Guido Oldrini, "Lukács e o caminho marxista ao conceito de pessoa", *Práxis*, Belo Horizonte, n. 3, 1995, p. 104.

PREFÁCIO 11

lukacsiano será objeto de exame em vários textos de Tertulian, assim como a pretensa submissão de Lukács aos ditames dos *apparatchiks*[6].

***

Acontecimentos recentes trazem mais uma vez à tona a situação sócio-histórica e política extremamente complexa do Leste Europeu. Ambos, Tertulian e Lukács, nasceram e viveram em países daquela região e possuem ascendência judaica. Com uma diferença de 44 anos, é verdade. Porém, há determinadas semelhanças para as quais é necessário chamar a atenção, ainda que de modo não exaustivo, dado o caráter do presente prefácio. O que aqui arrolaremos, em verdade, são observações que se revestem de caráter hipotético, passíveis ou não de comprovação em pesquisa dedicada ao assunto que porventura venha a ser desenvolvida. O que importa, no entanto, é assinalar a existência de um entrelaçamento de suas vidas que não se resume a um vínculo ocasional de talhe meramente teórico, mas decorre do fato de que os dois, cada um a seu modo, enfrentaram situações semelhantes em seus países de origem e buscavam, simultaneamente, mesmo diante de revezes de larga monta, identificar, resgatar o pensamento autêntico de Marx, encoberto que estava sob o manto deplorável do marxismo vulgar. A identificação do projeto do jovem pesquisador romeno com o legado lukacsiano da época pode ser aquilatada se levarmos em conta a emblemática frase de Tertulian estampada logo nas linhas iniciais do primeiro capítulo, que não por acaso recebe o título de "À procura do verdadeiro Marx". Ele diz: "[...] meu encontro com Lukács não foi por acaso. Eu o encontrei porque procurava por ele" (p. 24).

Como veremos a seguir, o fato é que o presente livro não é somente uma autobiografia, mas também – *et pour cause* – um estudo detido da biografia intelectual de Lukács, contemplando com riqueza de dados, análises de textos e palestras, relatos de experiências pessoais, pesquisa da correspondência e outros materiais do Arquivo Lukács a vida e os embates do filósofo de Budapeste como nenhuma outra biografia o fez no que diz respeito a detalhamento, rigor e profundidade. O entrelaçamento de suas vidas é tal que poderia ser dito, sem medo de errar, que o leitor tem em mãos um livro "dois em um". Isso porque, além de possibilitar o acesso aos caminhos pessoais e intelectuais de Nicolas Tertulian, ele reconstrói os principais debates que se desenvolveram em torno da figura e da obra do pensador húngaro, muitos deles tendo a participação direta do próprio Tertulian, como veremos. Em uma palavra: o leitor está diante de um livro ímpar, destinado a esclarecer as múltiplas controvérsias – no mais das

---

[6] Termo de cunho pejorativo utilizado para designar os membros do aparato partidário comunista que é muito empregado – e não por acaso, por Tertulian em sua biografia, como veremos adiante.

12 POR QUE LUKÁCS?

vezes injustas e equivocadas – que foram geradas, em diversos âmbitos, em torno da obra e da figura de Lukács.

No artigo "Lukács: vivência e reflexão da particularidade", publicado pela revista *Ensaio* em 1982, Chasin, entre outras ponderações, anunciou a ideia de que Lukács era simultaneamente "*homem de seu tempo e contra ele*"[7] e, nesse sentido, procurou avaliar em que medida o filósofo húngaro, tendo captado a enorme importância da formulação teórica marxiana acerca da "miséria alemã" (o livro *A destruição da razão* é um excelente exemplo desse entendimento), soube expressar a vivência da "miséria húngara", tomada em sua dupla dimensão, seja, de um lado, a de um capitalismo tardio, representante de um tipo mais gravoso do que o atraso alemão, e de outro, por conta do suposto, pretenso ou dito "socialismo" húngaro. Independentemente do acerto ou do erro com que Chasin, na época da elaboração desse escrito, tratava da lógica da particularidade, é bem plausível que a miséria húngara, em suas várias dimensões, tenha marcado a formação e as preocupações do filósofo húngaro.

Talvez possamos admitir, do mesmo modo, que a experiência e os percalços enfrentados por Tertulian durante os anos de vigência do nazifascismo e, posteriormente, os acontecimentos nefastos que tiveram lugar principalmente no período Ceauşescu na Romênia tenham deixado marcas indeléveis também em suas opções políticas e em suas preocupações filosóficas. Ademais, o fato de ambos terem experimentado situações semelhantes, derivadas da perseguição e da repressão generalizadas, talvez tenha facilitado o encontro e propiciado a identificação do jovem editor romeno com o modo de pensar e agir do filósofo já em plena maturidade.

Enfim, a indagação acerca das influências exercidas pela "miséria húngara" em Lukács e pela "miséria romena" em Tertulian deve e pode ser levada a sério sem, evidentemente, cairmos no canto da sereia do determinismo e do condicionamento social unilateralizante, procedimento raso evidentemente inexistente tanto no próprio Marx, ao cunhar a expressão "miséria alemã", quanto em Lukács, que se apropriou da expressão e do sentido da análise marxiana a respeito do atraso alemão e de suas consequências para o século XX. Em outras palavras, por que não nos indagarmos sobre em que medida figuras em busca de um mesmo objetivo e tendo vivido experiências semelhantes não haveriam de se encontrar, proporcionando ao pesquisador romeno a oportunidade de compartilhar suas dúvidas e opiniões com alguém mais experiente?[8] E, ainda, de valorizar aquilo que de algum modo os unia?

Em suma, é possível levantar a hipótese de que, a despeito de possíveis diferenças na trajetória histórica dos dois países – Hungria e Romênia –, há um conjunto de experiências semelhantes enfrentadas pelos dois filósofos que, de

---

[7] Grifo nosso.

[8] Em seu livro, Tertulian faz referência à correspondência com Lukács, mas não tivemos a oportunidade de pesquisar e traduzir essa importante troca de cartas, que se encontra no Arquivo Lukács.

PREFÁCIO 13

algum modo, atam suas vidas e visões de mundo, sobretudo no que diz respeito aos impactos causados pelo atraso no desenvolvimento capitalista, pela emergência do fascismo na sequência do final da Primeira Guerra Mundial e, por último, mas não menos importante, pela incorporação, com a vitória na Segunda Guerra Mundial, desses países ao bloco soviético e ao Pacto de Varsóvia.

***

Nicolas Tertulian é um pseudônimo. Seu verdadeiro nome é Nathan Weinstein.

Escondido no sótão da casa em que sua família residia, o adolescente de doze anos assistia apavorado aos massacres provocados pelos *pogroms*, que ocorriam, inclusive em plena luz do dia, nas ruas de Iasi, sua cidade natal. Durante o período em que as leis raciais foram promulgadas na Romênia, por ocasião da ascensão do regime fascista de Antonescu e de sua Guarda de Ferro, Tertulian foi obrigado a portar a estrela amarela em seu vestuário. O estigma de "origem malsã" o acompanhou durante todo esse período, perdurando depois de terminada a Segunda Guerra, mesmo com a implantação do regime dito socialista, em que o novo "establishment" pôs em prática um sistema de "depuração" na composição dos órgãos de Estado, universidades, entre outras instâncias, visando a uma "composição puramente nacional". Tais fatos são fartamente relatados neste livro.

No que se refere ao período posterior ao término da Segunda Guerra, Ceauşescu, a partir de determinado momento, passou a repelir a interferência do partido comunista da União Soviética nos assuntos internos do país, promovendo a ideia de um nacionalismo romeno, como bem assinala Tertulian. Não houve levantes nem intervenção soviética como na Hungria em 1956 ou como, doze anos depois, na Checoslováquia; entretanto, a derrubada de Ceauşescu em 1989 se deu de modo violento, com intensa movimentação nas ruas e intervenção do exército, que se rebelou contra o autocrata de plantão, momento em que o mundo assistiu à sua execução em praça pública. Nada semelhante ocorreu no mesmo período na Hungria.

O livro de Tertulian tem início com uma descrição sem meias-palavras acerca das terríveis dificuldades em buscar pelo *verdadeiro Marx* no Leste Europeu, sob o stalinismo e sob os regimes que Tertulian denomina de neostalinistas. Trata-se de um modo de apresentar o que ele próprio enfrentou durante o período em que viveu na Romênia como professor, pesquisador, editor de revista e jornalista. Mais de uma vez ele descreve as ações de vigilância e repressão da "Securitate", que controlava ele e sua esposa, Georgeta Horodincă, 24 horas por dia[9].

---

[9] Georgeta Horodincă (1930-2006) foi escritora e intelectual de renome na Romênia. Publicou vários livros, um deles lançado na França em 1990 com o título *La Saison morte: une histoire roumaine*. Traduziu livros de autores romenos para o francês e costumava ser a primeira leitora dos textos de Tertulian, além de ter sido sua grande incentivadora para a elaboração do livro autobiográfico.

14 Por que Lukács?

É bem verdade, como o próprio Tertulian reconhece, que as propostas nacionalistas de Ceauşescu, que previam autonomia científica e cultural e a promoção de convênios com outros países, proporcionaram-lhe a possibilidade de estabelecer contatos, por exemplo, na Alemanha e na França, além de realizar algumas viagens de estudo e participar em eventos[10]. Foi numa viagem dessas, precisamente nos anos 1980, que Tertulian, em razão dos constrangimentos sofridos no caminho, temendo ser preso em seu retorno, decidiu, ainda no trem, não voltar para Bucareste.

Nas páginas deste seu livro, Tertulian revela que suas "primeiras tentativas para divulgar o pensamento de Lukács na Romênia datam da segunda metade dos anos 1950 e enfrentaram muitos dissabores". Mas salienta ainda que seu encontro com Lukács não foi por acaso. Como já mencionamos acima, ele diz: "Eu o encontrei porque procurava por ele" (p. 24). De fato, esse parece ser um traço comum a todos aqueles que buscavam e/ou buscam uma alternativa às pasmaceiras contidas em textos sobre arte em geral e literatura em particular escritos sob encomenda do marxismo oficial: o encontro com os trabalhos de Lukács[11].

Certos traços do caminho percorrido por Tertulian até chegar a Lukács poderiam ser partilhados por outros jovens pesquisadores que, a exemplo do jovem Tertulian, estão em busca do verdadeiro Marx, como revela o título do primeiro capítulo do livro. Vejamos como ele descreve o primeiro momento de sua busca:

> Depois de ter, mal saído da adolescência, patinado no terreno das obras do "corifeu" do pensamento marxista, do camarada Stálin, das resoluções do camarada Zhdanov ou das brochuras do esteta Kemenov, eu procurava um verdadeiro filósofo marxista, alimentado por textos fundamentais, capaz de me fazer sair da pobreza intelectual que caracterizava as interpretações tão triunfalistas quanto simplistas de um pensamento que eu imaginava vivo de outra forma. (p. 24)

---

[10] Nesse sentido, de acordo com as próprias palavras de Tertulian, Ceauşescu "de um lado dirigia com mão de ferro a vida social do país, fazendo proliferar uma polícia política onipresente (sobre o pano de fundo de um nacionalismo frenético destinado a mobilizar a comunidade nacional em torno dos objetivos do partido e de seu guia), mas [...], de outro lado, queria passar ao Ocidente a imagem de uma certa 'abertura', para ganhar apoios econômicos e políticos para sua 'política independente'. Nesse contexto, mesmo estando submetido a um regime de vigilância draconiano, às piores vexações e humilhações da parte de um aparelho que fazia a pessoa sentir constantemente sua total dependência da boa vontade do partido e do Estado, podia-se aproveitar a margem de liberdade criada pelo jogo enganador do poder em relação ao Ocidente. Em se tratando de minha experiência pessoal, os contatos que pude estabelecer com intelectuais ocidentais e os deslocamentos que fiz além da Cortina de Ferro foram possíveis pelo encontro de escritores ou de críticos vindos do Ocidente, que visitavam a Romênia em número cada vez maior depois da 'détente' e da 'abertura' citadas mais acima" (p. 73).

[11] Nesse sentido, pode-se dizer que aqui no Brasil os primeiros divulgadores de sua obra encontraram Lukács por motivações semelhantes.

PREFÁCIO 15

No ano de 1958, deu-se a primeira tentativa de Tertulian de publicar um fragmento do livro, que no Brasil recebeu o título de *Introdução a uma estética marxista*. Tertulian obteve a autorização de Lukács, mas as "autoridades romenas" proibiram a publicação. A partir desse evento frustrante e cheio de consequências negativas para ele e para os outros membros do conselho editorial, Tertulian se dedicou, ao longo de toda a sua vida, à pesquisa e à divulgação da obra de Lukács. Tal empenho lhe custou perseguições e boicotes, censura em seus escritos, ou seja, toda sorte de barreiras e dificuldades foram interpostas em sua carreira, até que, em 1977, ele se viu proibido de lecionar.

O restante já se sabe. Em 1980, ele partiu para o exílio e, depois de estadas em Siena e em Florença, obteve o exílio na França, tornando-se, em 1982, professor (diretor de estudos) na École des Hautes Études en Sciences Sociales (Ehess), em Paris.

Como esclarece Pierre Rusch no necrológio de Tertulian, inicialmente veiculado no *Le Monde* e depois traduzido para o português e publicado pela *Verinotio*[12]:

> Intelectuais tão pouco marxistas quanto François Furet (então presidente da EHESS) e Raymond Aron, ou ainda Paul Ricoeur, desempenhariam um papel essencial para sua recepção na França – naturalmente, tanto quanto amigos próximos, tais como Olivier Revault d'Allonnes [professor de estética, estudioso das vanguardas, de Michel Foucault na Universidade de Paris 1 Panthéon-Sorbonne] e Mikel Dufrenne [filósofo pesquisador existencialista, estudioso de Karl Jaspers]. Uma intervenção do ministro Claude Cheysson [do governo Mitterrand], vinda após uma grande mobilização de intelectuais franceses, permitiu que sua esposa, a escritora e tradutora Georgeta Horodincă [...] e seu filho se juntassem a ele em Paris [cerca de dois anos depois].

Seus primeiros estudos sobre a obra de Lukács foram movidos por seu interesse na área de estética e análise literária. Dono de uma erudição invulgar e de uma formação literária invejável, soube bem avaliar a riqueza e a importância das obras de Lukács no campo da arte e da literatura. Tal fato pode ser amplamente verificado em seus textos sobre o assunto, grande parte deles em artigos publicados em revistas, mas, sobretudo, no livro *Georg Lukács: etapas de seu pensamento estético*[13].

Tanto no livro acima citado como em qualquer outro meio – um artigo, uma palestra ou uma conferência –, Tertulian não perdia a oportunidade de chamar "a atenção para a fragilidade e inconsistência de todo um conjunto de críticas

---

[12] Pierre Rusch, "Necrológio de Nicolas Tertulian", *Verinotio: Revista On-line de Filosofia e Ciências Humanas*, Rio das Ostras, v. 25, n. 2, nov. 2019, p. 12-3; disponível em: <https://www.verinotio.org/sistema/index.php/verinotio/article/view/490>; acesso em: 6 fev. 2023.

[13] Publicado no Brasil pela Editora Unesp, em 2008.

16 POR QUE LUKÁCS?

dirigidas ao pensamento estético de Lukács, críticas essas advindas de filósofos como Ernst Bloch e T. Adorno, para citar alguns deles"[14].

Outro passo importante na divulgação do pensamento de Tertulian no Brasil foi a publicação, em 2016, de *Lukács e seus contemporâneos* pela editora Perspectiva[15]. A publicação deste seu livro autobiográfico, *Por que Lukács?*, pela Boitempo representa o ápice do esforço de divulgação no Brasil dos escritos do filósofo franco-romeno[16].

Se tomarmos os ensaios contidos nos livros de sua autoria publicados por aqui, com especial ênfase no presente livro, ou ainda nos vários artigos por ele publicados, podemos constatar que sua erudição e seu conhecimento da história da filosofia ultrapassam grandemente a de um "especialista em Lukács", como comumente se autodenominam alguns de seus intérpretes. Tal predicado é fundamental, pois é evidente que não se pode ser um "especialista em Lukács" desconhecendo efetivamente os temas e autores com os quais ele estabeleceu diversos níveis de interlocução e debates duríssimos. É nesse sentido que a erudição e a formação clássica de Tertulian lhe proporcionaram o manancial de conhecimento e de meios de pesquisa fundamentais – e, de maneira geral, poucos leitores de Lukács dispõem desse tipo de cabedal – cujo resultado foi o devido resgate da obra e do legado lukacsiano, intimamente entrelaçado com seu próprio itinerário.

De fato, ao contrário de alguns comentadores que muitas vezes restringem seus estudos a fragmentos previamente selecionados ou, na melhor das hipóteses, a certos títulos ou capítulos arbitrariamente pinçados de sua enorme produção teórica, não fazendo a mínima ideia – nem se interessando em buscar saber – de com quem Lukács se defrontou, ou mesmo tendo conhecimento das obras por ele pesquisadas e que são vigorosamente comentadas em suas análises, tanto no campo da filosofia em geral quanto da estética em particular, Tertulian conhece muito bem autores e temas tratados por Lukács e,

---

[14] Ester Vaisman e Rainer Câmara Patriota, "Apresentação", em Nicolas Tertulian, *Georg Lukács: etapas de seu pensamento estético* (trad. Renira Lisboa de Moura Lima, São Paulo, Editora da Unesp, 2003), p. 9-10.

[15] A edição do livro em português se deu antes mesmo de sua publicação na França (acompanhada pelo próprio Tertulian com base na edição brasileira), que ocorreu apenas em 2019 com o título *Modernité et Antihumanisme: les combats philosophiques de Georg Lukács*, pela editora Klincksieck.

[16] Diga-se aqui de passagem que, salvo melhor juízo, praticamente a totalidade de seus escritos redigidos em francês e em italiano foi publicada no Brasil. É claro que, em grande medida, o interesse por sua obra ocorreu paralelamente ao crescimento dos estudos sobre Lukács. Muitos pesquisadores, ávidos em consultar seus intérpretes, fizeram com que os textos de Tertulian constassem das referências bibliográficas dos trabalhos de pesquisa mais sérios sobre o tema, para não mencionar as vindas dele ao Brasil como convidado. Contudo, não cremos que essa seja a única motivação.

PREFÁCIO 17

independentemente dos comentários e avaliações do próprio filósofo húngaro, desenvolve suas leituras e comentários de forma autônoma, por sua própria conta e risco, e, por vezes, chega a endereçar críticas ao velho mestre. No presente livro, os casos são abundantes e estão espalhados por suas várias páginas. São eles: Brecht, Thomas Mann, Adorno, Heidegger, Nietzsche, Kierkegaard, Steiner, Bourdieu, Sartre, Merleau-Ponty, Gadamer e Croce. Ademais, Tertulian desenvolveu pesquisa sobre Emil Cioran, escritor romeno também radicado na França. Seguem-se também os nomes de Carl Schmitt, Hegel, Schelling, Hartmann... e do próprio Marx, é claro.

É interessante observar também que em sua autobiografia Tertulian descreve e comenta a recepção, em grande medida calorosa, da obra de Heidegger entre intelectuais do Leste Europeu, em especial na Romênia, no período em que lá viveu e também nos anos subsequentes. Parece que os escritos do Filósofo da Floresta Negra acabaram por preencher um vazio no plano das ideias, galvanizando a atenção do bloco dos insatisfeitos com o marxismo oficial, o que sem dúvida é a tônica dos dias de hoje, assolados por vertentes irracionalistas de vários matizes e colorações.

Ademais, parece se tratar de um fenômeno que apresenta semelhanças com as tentativas de conciliar a fenomenologia com o marxismo, que caracterizou, em certa medida, parte do esforço de Sartre, sobre cuja obra Tertulian também se debruçou longamente, denunciando graves erros e incorreções do filósofo francês, principalmente em relação a suas críticas e admoestações a certos escritos de Lukács que Tertulian denuncia como desprovidas de fundamento, em particular as contidas nos ensaios que compõem o livro *Questões de método*. Tertulian chega a afirmar que Sartre "nunca digeriu as duras críticas a seu existencialismo feitas por Lukács em seu livro redigido em 1947, *Existencialismo ou marxismo?*" (p. 92).

Entretanto, Tertulian, também no caso de outros autores examinados no livro, não se restringe a ser um mero comentador das posições lukacsianas, embora em todas as páginas seja visível seu empenho em fazer justiça aos vários "*affaires* Lukács" que despontaram tanto na Europa Ocidental quanto na Oriental e pelo mundo afora. Tertulian analisa caso a caso, valendo-se de citações dos autores compulsados, em que todos os juízos emitidos por ele são comprovados textualmente, sendo impossível encontrar qualquer juízo extemporâneo, qualquer avaliação gratuita. Os exemplos são inúmeros, e os leitores desta magnífica obra poderão ver com os próprios olhos, mas acreditamos que seja necessário listar aqui alguns exemplos, além de Sartre, já citado. A propósito, convém mencionar a denúncia de Tertulian a respeito da forte influência de Kierkegaard, sobretudo em relação à "primazia do vivido". Esta desempenhou um papel fundamental como base da crítica de Sartre a Lukács, cuja acusação central estava na suposta presença unilateralizadora dos "universais abstratos" em detrimento da singularidade e da particularidade, coisa que para nosso filósofo era desprovida de sustentação.

Pode-se assim afirmar que o grande mérito de Tertulian foi o de ter realizado um esforço digno de respeito e admiração na devida divulgação da obra de Lukács. Contudo, seus esforços não se restringiram a isso: em grande parte de seus textos é perceptível seu empenho em demonstrar que a obra de Lukács se equipara à de qualquer filósofo de renome no cenário contemporâneo – e em certos casos a ultrapassa. Nesse sentido, ele procurou demonstrar a densidade filosófica da obra lukacsiana em dois contextos particularmente hostis: na Romênia e na França. Na Romênia, Lukács era tido, na melhor das hipóteses, como um revisionista burguês, e, na França, como um stalinista empedernido.

É bom lembrar que os livros de Lukács foram introduzidos com grande atraso na França, a partir de traduções e do trabalho de divulgação de Lucien Goldmann, que, como é sabido, privilegiava as obras do jovem Lukács e, é claro, *História e consciência de classe*. Michael Löwy também se notabilizou na França nesse mesmo sentido. Restou a Tertulian esclarecer o equívoco de tais posicionamentos, bem como revelar a riqueza e a fecundidade das reflexões de Lukács, sobretudo em sua fase tardia, na *Estética* de 1963 e em *Para uma ontologia do ser social*. Tarefa difícil de ser realizada em um país que, embora o tenha acolhido como exilado, revela certa – digamos assim – resistência a posições destoantes daquelas que possuem guarida no meio universitário local. Lembremos que os adeptos e continuadores de Heidegger e Nietzsche já dominavam as cenas acadêmica e cultural francesas, além do althusserianismo entre os marxistas.

Outro exemplo da participação ativa de Tertulian em disputas cujo centro era a figura de Lukács foi o quiproquó em torno do personagem Naphta, do livro *A montanha mágica*, de Thomas Mann. Trata-se de seu artigo publicado em *La Quinzaine Littéraire* em 1973, de conteúdo contrário ao livro intitulado *Figures de Lukács*, de Yvon Bourdet, antigo membro do grupo Socialismo ou Barbárie, que rapidamente desencadeou uma forte reação por parte do filósofo romeno. O objeto da polêmica foi a tese (ainda bastante disseminada) de que o romancista alemão teria se inspirado em Lukács para criar o personagem do "pequeno jesuíta terrorista que desenvolve, em relação a seu antagonista Settembrini, teorias que misturam pensamento medieval, com fortes traços obscurantistas, e doutrina comunista, com elogio da ditadura do proletariado" (p. 75). Ainda que Mann, em várias ocasiões, tenha rejeitado tal afirmação,

> Yvon Bourdet, ao lado de muitos outros (é necessário dizer que seu nome faz parte de uma legião numerosa, desde inimigos jurados de Lukács, como seu compatriota Karl Kerényi, especialista conhecido da mitologia grega, ou Daniel Bell, autor de *O fim da ideologia*, até mentes muito próximas a ele, como o historiador de literatura

Hans Mayer), tentou utilizar a figura de Naphta, da qual Thomas Mann não deixou de dizer que se tratava de uma construção puramente imaginária, como uma chave hermenêutica para desenhar o retrato ideológico de Lukács. (p. 75)

Em clara oposição a essa teoria esdrúxula, cujo caráter duvidoso é flagrante, Tertulian se empenhou em demonstrar que o personagem do referido livro nada tinha a ver com Lukács, denunciando tratar-se de uma "operação ideológica tendenciosa", cujo teor buscava "transformar Lukács em um protótipo do intelectual sectário, fanático, porta-voz por excelência de uma ideologia totalitária" (p. 76).

Depois desse evento, Daniel Bell prosseguiu e ampliou a tese de Bourdet em seu conhecido livro *O fim da ideologia*.

Quando "a guerra fria contra Lukács estava no auge", Tertulian, apoiando-se na correspondência e nas anotações do diário de Mann, ou seja, municiando-se de todas as evidências possíveis, característica típica de seu procedimento, afirmou que o escritor alemão "desaprovou fortemente a exploração tendenciosa da figura de seu personagem de *A montanha mágica* com o objetivo de comprometer Lukács" (p. 78). E, apesar de todos os fatos contrários, o chamado caso Naphta-Lukács continuou a prosperar, ganhando novos adeptos sobretudo a partir da divulgação dos escritos de Bell contra Lukács publicados em periódicos de renome. O próprio Lukács recusou sua identificação com as ideias do personagem jesuíta realizada por seus adversários, chegando mesmo a qualificá-la de "absurda" (p. 80). Há muitas distorções nessa malfadada história, e seus patrocinadores não hesitaram em falsificar fatos concernentes à relação de Thomas Mann com Lukács, atribuindo ao primeiro, por exemplo, leituras não realizadas de *História e consciência de classe*, de autoria do segundo.

Diante das impropriedades evidentes com que a questão foi tratada e disseminada, mais uma vez Tertulian investiu na tarefa de esclarecer devidamente a confusão criada por mais essa difamação da figura de Lukács. Além de contraditar a tese levantada por Bourdet por meio de artigos voltados à sua recusa, Tertulian se vale, como assinalado acima, de testemunhos do próprio Mann e de Lukács, além de uma avaliação geral dos rumos que o debate assumiu ao longo dos anos, chamando a atenção para o papel odioso que Daniel Bell assumiu no processo de difamação do filósofo húngaro.

O envolvimento de Tertulian nas diversas polêmicas concernentes à obra de Lukács é certamente um dos traços peculiares de seus escritos, mas sua contribuição não se limita a esse tipo de atividade, por mais importante que seja. Ao contrário. Com o objetivo de esclarecer, por exemplo, o modo como o pensamento lukacsiano se defrontou com a herança hegeliana, sobretudo com a figura da Razão, ou ainda seu posicionamento tardio a respeito do caráter "logicista" do sistema especulativo de Hegel, o pesquisador franco-romeno procurou elaborar, antes de mais nada, um panorama contemporâneo em relação ao problema, buscando identificar, de um lado, o modo como filósofos como Adorno, Horkheimer e mesmo Heidegger facearam a questão e, de outro, diferenças e semelhanças entre eles, inclusive por meio das controvérsias explícita ou implicitamente aí existentes.

Outro momento do livro digno de nota é o capítulo dedicado às reações dos membros da chamada Escola de Frankfurt (Habermas inclusive) às movimentações estudantis de 1968, em que Tertulian denuncia a reação dos expoentes da Escola como no mínimo problemática, tendo em vista que os manifestantes se mostravam contrários, por exemplo, a fenômenos da sociedade contemporânea fartamente identificados e analisados pelos expoentes da Escola. Nesse sentido, Tertulian denuncia o posicionamento de

> Adorno e Horkheimer [que] se mostraram particularmente reticentes, até hostis, em relação a um movimento que, no entanto, reivindicava para si boa parte da crítica desenvolvida pelos dois teóricos contra a "sociedade administrada" e contra seus mecanismos de controle autoritário dos indivíduos. (p. 157)

Ademais, aproveita a ocasião para indicar a posição de Lukács sobre o assunto, com vistas a demonstrar a superioridade de sua avaliação comparativamente aos frankfurtianos, assinalando que o filósofo húngaro "não deixou de apontar sua importância e aproveitou a ocasião para levantar as contradições em que os protagonistas da Escola de Frankfurt se encontravam enredados" (p. 157).

Tertulian explica que, nessa ocasião, o filósofo húngaro, de mais a mais,

> reiterou suas antigas críticas contra Adorno, apontando, em sua desaprovação das ações dos estudantes, a confirmação de uma posição que ele qualificava de "schopenhaueriana", a de um hóspede de um "Grande Hotel do Abismo", que se comprazia com a denúncia do desespero e da negatividade, mas que se recusava a qualquer engajamento "positivo", sob o pretexto de cair em uma nova alienação. (p. 157)

O exemplo citado acima não apenas ilustra o procedimento de Tertulian, já destacado por nós, qual seja o domínio teórico acerca dos embates cruciais transcorridos no século XX, por ocasião de relevantes acontecimentos sociais que marcaram aquele período (como a Guerra do Vietnã), como também, e sobretudo, o posicionamento de Lukács diante deles, sempre com o objetivo de marcar seu caráter profundamente arraigado à realidade e a seus desdobramentos possíveis, distinguindo-o de seus adversários.

Isso não significa, no entanto, que nosso autor não tenha desenvolvido qualquer tipo de admiração ou respeito pelos pensadores em tela. É o caso de Herbert Marcuse, que, diante da movimentação estudantil e da Guerra do Vietnã, não compartilhou das mesmas posições que Adorno e Horkheimer. Um testemunho eloquente das divergências existentes entre eles se encontra na correspondência entre Adorno e Marcuse, pesquisada por Tertulian, em que

> o autor de *O homem unidimensional* se mostrou muito crítico com a ocultação da "prática" cultivada por Adorno e Horkheimer, e apontou-lhes a "regressão" provocada, segundo seu ponto de vista, pela atitude dos dois, caso se tomasse por referência o espírito da "teoria crítica" fundada por eles. (p. 158)

É importante enfatizar mais uma vez que as análises desenvolvidas por Tertulian ao longo das várias páginas que compõem este livro, além de recuperar o próprio itinerário intelectual e simultaneamente resgatar os debates envolvendo o posicionamento de Lukács sobre vários temas, também tratados nas obras de seus adversários, não somente aquelas voltadas à crítica ou mesmo à rejeição de textos do filósofo húngaro, demonstra o esforço do autor em caracterizar os contornos fundamentais gerais das obras em destaque, fornecendo assim ao leitor um quadro teórico mais completo de cada uma delas. Esse recurso se torna evidente quando ele coloca frente a frente, além do exemplo que vimos acima, autores como Sartre, Adorno e Heidegger, pensadores que assumiram predominância em uma importante fatia da filosofia contemporânea.

Seja como for, é fundamental seu intento de retirar Lukács da condição marginal a que foi lançado por seus adversários ou por seus seguidores, que o isolaram entre os muros do "gueto ideológico". Tertulian não se conformava que um filósofo da grandeza de Lukács não fosse reconhecido como tal. Desse modo, a despeito de todos os entraves e resistências, Tertulian demonstrou que era possível retirar Lukács do "gueto ideológico" e inseri-lo no panteão dos grandes sistemas filosóficos. Gentil e polido no trato pessoal, revelou dureza e rigor na interlocução crítica com as posições adversárias e principalmente com os detratores de Lukács.

Por fim, para se ter uma ideia do difícil caminho percorrido por Tertulian, é vital enfatizar que ele continuou a receber críticas de seus pares romenos mesmo depois dos acontecimentos que marcaram a queda violenta do regime de Ceauşescu e a debacle soviética. Trata-se de antigos membros do *apparatchik* que rápida e oportunamente "se converteram" aos ventos neoliberais. Tertulian morreu sem nunca ter colocado de novo os pés em seu país de origem.

À procura do verdadeiro Marx

Um capítulo pouco estudado da vida intelectual dos países do Leste Europeu no período comunista é o das tensões entre a ideologia reinante – o marxismo canonizado pela burocracia do partido – e o número restrito de intelectuais que buscavam no pensamento de Marx o fermento da resistência contra o que aparecia como um desvio patológico de seu pensamento. Na segunda metade dos anos 1960, Lukács, diante de seus interlocutores, tinha o hábito de comparar a situação dos seguidores de Marx àquela dos primeiros cristãos no Império Romano, forçados a viver nas catacumbas. Que o autor de obras marxistas tão célebres como *História e consciência de classe* e *O jovem Hegel** se ressentisse de sua posição como a de um desterrado é algo que diz muito sobre a situação do marxismo no bloco do Leste. Para os dirigentes comunistas, pouco inclinados a entender as críticas de "especialistas" sempre suspeitos de miopia e de frouxidão revolucionária, para esses autocratas habituados a decidir tudo sem consulta ou de acordo com as ordens vindas de Moscou, não havia contestação pior que a dos filósofos que reivindicavam Marx, um outro Marx que não o deles. Lukács fazia parte desses intelectuais e influenciou pensadores mais jovens que ele. Evald Ilyenkov na União Soviética, Wolfgang Harich na República Democrática Alemã (RDA), István Mészáros na Hungria desenvolveram uma reflexão filosófica autônoma com base no exemplo de Lukács, chegando a conflitos, às vezes dramáticos, com as práticas e os dogmas do socialismo "real". São conhecidas as vicissitudes de Karel Kosík na Checoslováquia depois da Primavera de Praga, em que ele foi um dos atores (prisão, interrogatórios, confisco de manuscritos, marginalização); Evald Ilyenkov, que iniciou em 1956 a tradução de *O jovem Hegel* para o russo, se suicidou em 1979; Wolfgang Harich

---

* G. Lukács, *História e consciência de classe: estudos sobre a dialética marxista* (trad. Rodnei Nascimento, 3. ed., São Paulo, WMF Martins Fontes, 2018) e *O jovem Hegel: e os problemas da sociedade capitalista* (trad. Nélio Schneider, São Paulo, Boitempo, 2018). (N. E.)

foi condenado em 1956 a dez anos de prisão depois de um processo organizado por Walter Ulbricht, no curso do qual o procurador-geral colocou Lukács no pelourinho como a inspiração ideológica do acusado. István Mészáros, ligado a Lukács, deixou a Hungria depois dos eventos de 1956 e publicou a maior parte de suas obras no exílio, em Londres. A maioria desses filósofos não era "dissidente" no sentido consagrado do termo, eles nem sequer sonhavam em questionar a doutrina de Marx, mas contestavam fortemente a interpretação que era dada pela burocracia staliniana e preconizavam uma reforma radical, em nome de uma reflexão mais aprofundada e mais justa sobre seu pensamento. Essa foi mais ou menos a posição de Lukács nos últimos quinze anos de sua vida.

Minhas primeiras tentativas para divulgar o pensamento desse filósofo na Romênia datam da segunda metade dos anos 1950 e enfrentaram muitos dissabores. Mas, inicialmente, gostaria de esclarecer que meu encontro com Lukács não foi por acaso. Eu o encontrei porque procurava por ele. Jovem intelectual que conhecia as perseguições raciais e via no marxismo hegeliano um projeto libertador universal, e implicitamente a solução do problema judaico, comecei muito cedo a estudar o marxismo com ardor. Primeiro nos textos que circularam logo após a guerra e que, suspeitava-se, nem sempre eram os melhores. Depois de ter, mal saído da adolescência, patinado no terreno das obras do "corifeu" do pensamento marxista, do camarada Stálin, das resoluções do camarada Zhdanov ou das brochuras do esteta Kemenov, eu procurava um verdadeiro filósofo marxista, alimentado por textos fundamentais, capaz de me fazer sair da pobreza intelectual que caracterizava as interpretações tão triunfalistas quanto simplistas de um pensamento que eu imaginava vivo de outra forma. Quando, depois de 1954, certas obras de Lukács editadas na RDA pela editora Aufbau chegaram à Romênia, tive a impressão de ter encontrado quem procurava. No começo de 1958, surgiu a oportunidade de entrar em contato epistolar com ele. A revista literária *Viața Românească*, em que eu trabalhava, estava preparando um número sobre crítica literária e convidou os nomes mais prestigiados das letras romenas, como o professor Georges Călinescu* ou o esteta Tudor Vianu**, e personalidades estrangeiras como Gaëtan Picon*** ou Hans Mayer****. Eu propus que Lukács também fosse convidado. O filósofo

---

* George Călinescu foi um crítico literário romeno, historiador, romancista, acadêmico, jornalista e escritor de tendências classicistas e humanistas. (N. T.)

** Tudor Vianu foi um crítico literário, crítico de arte, poeta, filósofo, acadêmico e tradutor romeno. Ele teve um papel importante na recepção e no desenvolvimento do modernismo na literatura e na arte romenas. (N. T.)

*** Gaëtan Picon foi um ensaísta e crítico de arte francês. (N. T.)

**** Hans Mayer foi um estudioso literário alemão, jurista e pesquisador social reconhecido internacionalmente como crítico, autor e musicólogo. (N. T.)

À PROCURA DO VERDADEIRO MARX 25

respondeu favoravelmente a nosso pedido, enviando um fragmento de seu livro *Introdução a uma estética marxista: sobre a particularidade como categoria da estética**, do qual alguns capítulos tinham sido publicados na revista alemã de filosofia *Deutsche Zeitschrift für Philosophie*, e cuja tradução integral acabara de sair na Itália, pela Editori Riuniti, de Roma, com o título de *Prolegomeni a una estetica marxista* [Prolegômenos a uma estética marxista] (1957). Na carta que redigi em nome da redação (assinada pelo redator-chefe da revista, Ovid S. Crohmălniceanu), fiz referência a seu duelo com Sartre e às críticas expostas em *Questões de método***, e falei sobre o projeto de um dos membros da redação, um certo N. Tertulian, de abordar o tema em um ensaio. Em resposta, Lukács se mostrou interessado pelo projeto e desejava conhecê-lo assim que o autor o colocasse no papel. Lamentável! As autoridades interditaram a publicação do texto de Lukács e adiei meu projeto para dias melhores. Não só o número da revista foi severamente criticado no jornal do partido como nossa redação recebeu a ordem, pouco tempo depois, de publicar um texto redigido por Joseph Szigeti, discípulo de Lukács que se tornou um dos ideólogos oficiais do regime, em que ele denunciava o caráter revisionista e antimarxista das visões estéticas e políticas de seu antigo mestre (publicado primeiramente na revista mensal do partido húngaro e logo em seguida na RDA, o texto fazia uma advertência ameaçando aqueles que teriam sido incitados pelo espírito do Círculo Petőfi e pelas ideias funestas de Lukács). As consequências dos acontecimentos de 1956, dos quais o filósofo tinha participado e que lhe valeram seis meses de deportação, justamente na Romênia (o que na época evidentemente ignorávamos), ainda não tinham acabado. O pensador húngaro fazia parte das *nomina sunt odiosa**** em todos os países ditos socialistas, onde a imprensa, a começar pelas revistas soviéticas, alemãs e evidentemente húngaras, não cessavam de atacá-lo como "revisionista". Na RDA, uma coletânea intitulada *Georg Lukács und der Revisionismus* [György Lukács e o revisionismo], reunindo o conjunto desses ataques, foi publicada em 1960. Depois desse número dedicado à crítica literária e considerado como fortemente influenciado pela ideologia burguesa, nossa redação foi "limpa" no começo do verão de 1958; vários de seus redatores, privados de seu trabalho, ficaram completamente sem recursos. O responsável pela cultura no comitê

---

*   Ed. bras.: *Introdução a uma estética marxista: sobre a particularidade como categoria da estética* (trad. Carlos Nelson Coutinho e Leandro Konder, 2. ed., Rio de Janeiro, Civilização Brasileira, 1970). (N. E.)

** Ed. bras.: *Questões de método*, em *Crítica da razão dialética* (trad. Guilherme João de Freitas Teixeira, Rio de Janeiro, DP&A, 2002). (N. E.)

*** Expressão latina que seria algo como "nomes importunos". (N. E.)

central do partido, um certo Pavel Tugui, antigo guarda de ferro agora comunista linha dura, havia exigido minha expulsão pelo motivo de que... eu estava à espera dos estadunidenses. Escapei por pouco dessa limpeza, graças à intervenção de um dirigente da União dos Escritores que pediu um prazo para juntar as provas. Esse episódio, que foi seguido por outros avatares, me estimulou a reconstituir em detalhe meu percurso intelectual e as razões de meu compromisso duradouro em favor da obra de Lukács. É preciso dizer que, sob a injunção dos *apparatchiks* do partido, a revista *Viața Românească* se viu obrigada a publicar artigos de grande virulência contra o pensamento estético e político de Lukács. Transformado em símbolo do revisionismo (Lukács lembraria mais tarde que durante esse período ele era objeto de uma "condenação moral absoluta" por parte do partido, e que o ostracismo que o atingia o tinha reduzido ao papel de "mausoléu passivo do revisionismo"[1]), carregando a pesada carga de ter sido um ator principal do Círculo Petőfi e ministro da Cultura no governo de Imre Nagy, o filósofo se tornou o alvo preferido dos ataques iniciados pela burocracia staliniana. Além do artigo acima mencionado de Szigeti (publicado na edição número 9, de setembro de 1958, da *Viața Românească*), o redator-chefe da revista, Ovid S. Crohmălniceanu, para se redimir de ter preparado um número estigmatizado pelo partido como um sério "erro ideológico", se viu obrigado a redigir e publicar um longo texto intitulado "O realismo socialista e o revisionismo" (veiculado na edição número 8, de 1958), em que Lukács foi excomungado por suas visões estéticas muito favoráveis ao realismo crítico e muito conciliadoras em relação à democracia burguesa, enfim, pela ausência de um verdadeiro espírito revolucionário e por sua compreensão errônea do realismo socialista (pouco tempo depois, as mesmas censuras, expostas de uma forma muito mais primária e rudimentar, foram publicadas em um artigo intitulado "Realismo crítico e realismo socialista", assinado por Mihai Novicov, fiel representante da ortodoxia do partido. Crohmălniceanu era um crítico refinado e culto, mas em um clima de terror ideológico e político (o ano de 1958 foi um período de forte endurecimento e de graves repressões, com os responsáveis do partido se mostrando mais que nunca assombrados pelo espectro da revolta húngara, pela "heresia" iugoslava e pelas possíveis consequências do Relatório Kruschev e do XX Congresso do Partido Comunista da União Soviética) ele dobrou sua inteligência às injunções oficiais. Podemos ainda acrescentar que a operação anti-Lukács não lhe custou muito, pois seus gostos literários, muito marcados

---

[1] G. Lukács, *Pensée vécue, mémoires parlés* (trad. Jean-Marie Argelès, Paris, L'Arche, 1986), p. 189-90 [ed. bras.: *Pensamento vivido: autobiografia em diálogo*, trad. Cristina Alberta Franco, São Paulo, Estudos e Edições Ad Hominem/Universidade Federal de Viçosa, 1999, p. 138].

À PROCURA DO VERDADEIRO MARX 27

pela experiência surrealista e pelas correntes da vanguarda europeia, estavam longe de coincidir com a forte inclinação pelo "grande realismo" do crítico húngaro (seu artigo, por exemplo, fazia dentre outros o elogio a Aragon, um escritor que não figurava, como romancista, entre os favoritos de Lukács).

***

Pertenço a uma geração em que a infância e a adolescência foram marcadas pela ascensão do fascismo. Entre 1938 e 1944, conheci as humilhações reservadas aos adolescentes não arianos de minha geração em um país que já tinha uma pesada herança antissemita. Em 1940, depois da instauração da ditadura conjunta dos guardas de ferro e do general Ion Antonescu, fui excluído do liceu "Nacional" de Iasi, onde comecei meus estudos, e obrigado a usar a estrela amarela (sobretudo durante o primeiro ano da guerra; depois o regime suavizou um pouco). Ainda em 1940, a pequena empresa de meu pai, uma destilaria de álcool, foi "confiscada" pelo proprietário de um bistrô, membro da Guarda de Ferro, que chegou, com revólver em punho, acompanhado pelo prefeito de Iasi, exigindo os títulos de propriedade e as chaves do local. Daí em diante, a situação material de nossa família foi se deteriorando, e, embora sob o comunismo meus pais não tenham tido praticamente nenhum rendimento, carreguei por todos esses anos o fardo de minha origem "burguesa" e "malsã". A instauração, no começo de 1941, da ditadura militar-fascista do marechal Antonescu, que havia subjugado a revolta dos guardas de ferro, desejosos que estavam de serem os únicos senhores do país, não melhorou a situação dos judeus. Ion Antonescu, o *Führer* romeno (*Conducător*), prosseguiu a obra dos guardas de ferro fornecendo a base "legal" para os confiscos "selvagens", como o de que meu pai foi vítima, para a introdução do trabalho obrigatório, para a proibição de os judeus exercerem certas profissões, de habitar as cidades etc. Uma semana após o início da guerra contra a União Soviética, um ataque gigantesco teve lugar entre a população judaica de Iasi, acusada de guiar, por meio de sinais luminosos, a aviação inimiga que bombardeava a cidade. Nessa ocasião, meu avô materno pereceu em condições atrozes, asfixiado dentro do trem da morte, e um tio médico desapareceu sem deixar rastros, enquanto se dirigia a seu consultório. Um irmão mais novo de meu pai, que se encontrava em Paris, foi deportado e morto em Auschwitz. Da janela de meu apartamento no primeiro andar, acompanhei, amedrontado (eu tinha doze anos), as atrocidades das quais a rua foi o teatro. Uma patrulha alemã que se apresentou queria levar meu pai para "registrar uma declaração". Ele se salvou graças a um oficial austríaco alojado em nosso apartamento, que interveio dizendo que ele se apresentaria mais tarde. Muitos de meus colegas do liceu foram massacrados no pátio da prefeitura, onde tinham sido agrupados antes de serem embarcados nos trens da morte; outros morreram asfixiados como meu avô[2].

Iasi, minha cidade natal, à qual eu permaneci muito ligado apesar desses infortúnios, herdou do passado tradições contraditórias. Na capital da Moldávia, muitos grandes intelectuais democratas viveram e desenvolveram uma atividade prodigiosa nas primeiras décadas do século XX, em particular aqueles reunidos em torno da revista *Viața Românească*, fundada em 1906 e dirigida por Constantin Stere, um velho revolucionário moldavo exilado na Sibéria, de onde escapou, e por Garabet Ibrăileanu, autor de uma importante obra sobre o espírito crítico na cultura romena. Mas Iasi era também o berço da extrema direita e dos movimentos antissemitas, incluindo a Liga de Defesa Nacional Cristã (Lanc na sigla original), de A. C. Cuza, e a Guarda de Ferro, de Corneliu Zelea Codreanu. Essa dupla tradição influenciou muito minha formação intelectual. O espírito da revista *Viața Românească* alimentou meu engajamento a favor de um pensamento de esquerda e de uma democracia radical, e dediquei muito de minha energia para estudar e combater as correntes de pensamento que inspiraram os movimentos políticos de extrema direita europeia e romena. Meu interesse especial em relação à obra de Lukács se explica também pelo fato de que ele surgiu para mim como uma das grandes

---

[2] O pogrom de Iasi, com seu balanço sinistro de mais de 10 mil judeus assassinados, foi um terrível indicador do antissemitismo romeno; ele condensa os traços mais sórdidos e repugnantes de uma conduta e de uma mentalidade forjadas durante os anos de propaganda nacionalista. Ordenado pelo ditador romeno da época, o marechal Antonescu, e organizado por seus subordinados no Exército e no aparelho do Estado fascista, com a colaboração ativa da Wehrmacht alemã, mas também com a participação não menos ativa de membros da sociedade civil romena (cegos pela raiva, mas frequentemente incentivados pelo simples desejo primário de se apropriar dos bens), o pogrom marcou com uma mancha negra a história romena. Ele inaugurou uma série de ações repressivas contra a população judaica, que culminou com as deportações e os massacres da Bessarábia, de Bucovina e da Transnístria, cujo balanço foi de mais de 200 mil mortos. O volume que contém as atas de um colóquio organizado em Iasi no fim de junho de 2006 pelo Instituto Elie Wiesel para lembrar o pogrom (o livro foi publicado no mesmo ano aos cuidados exemplares do cientista político George Voicou pela editora Polirom de Iasi) traz uma contribuição notável para a elucidação dos acontecimentos trágicos de junho de 1941, indicando acertadamente sua conexão com toda uma vertente da história romena. Graças à publicação da tradução francesa pela editora Denoël do volume intitulado *Cartea Neagră: le livre noir de la destruction des Juifs de Roumanie 1940-1944* [*Cartea Neagră*: o livro sombrio da destruição dos judeus da Romênia] (2009), escrito logo depois da guerra pelo advogado Matatias Carp, de Bucareste, se dispõe de uma documentação em primeira mão sobre essa página sinistra da história. Testemunha aterrorizada dos acontecimentos, e marcado por eles por toda a vida, nunca cessei de interrogar suas condições de possibilidade, preocupado em reconstruir a fisionomia ideológica e política daqueles que os desencadearam e perpetraram.

À PROCURA DO VERDADEIRO MARX 29

figuras europeias que mais se preocupou em elucidar as origens intelectuais do nacional-socialismo e do fascismo em geral.

Os antecedentes que acabo de recordar podem explicar em parte o estado de espírito com o qual os jovens de minha geração enfrentaram os anos do pós-guerra. Certamente, esses anos foram aqueles da ocupação e da instalação progressiva, com a ajuda soviética, da ditadura do Partido Comunista. Mas não posso esquecer o grande alívio que nós sentimos, meu pai e eu, em um dia de agosto de 1944, de manhã cedo, quando vimos, a partir de uma pequena janela, os últimos soldados alemães se retirando, após uma batalha encarniçada, e alguns minutos depois o primeiro soldado soviético aparecendo.

Após a guerra, a vontade de romper com o passado era real, e a reforma da sociedade romena, cujas perversões se agravaram durante os anos do fascismo, era necessária. Pode-se dizer que o grande elã democrático que animava o país depois de tantos anos de privações, de sofrimentos e de sacrifícios impostos pelo fascismo e pela guerra foi confiscado pelo Partido Comunista. Encontramos a expressão desse elã nas cartas que Eugen Ionescu (o futuro Eugène Ionesco) enviava de Paris a Tudor Vianu, professor de estética na Universidade de Bucareste, e sobretudo em suas *Scrisoare din Paris* [Cartas de Paris], publicadas entre 1945--1946 na *Viaţa Românească*.

Na última dessas cartas, Eugen Ionescu denunciou com violência as instituições do antigo Estado romeno, a magistratura, o ensino e, sobretudo, o exército, o que lhe valeu uma condenação de mais de dez anos, justamente em função dos insultos ao exército. Isso pôs fim à sua colaboração para uma revista romena e a suas ilusões. Nas cartas de 1944-1945 a Tudor Vianu, ele se mostrou implacável com os intelectuais de sua geração que haviam patrocinado no plano espiritual o fascismo da Guarda de Ferro, a começar por seu homônimo, Nae Ionescu, professor de metafísica na Universidade de Bucareste e principal ideólogo da extrema direita romena, que, segundo expressão do primeiro, havia criado "uma estúpida, uma horrenda Romênia reacionária". O futuro autor de *O rinoceronte** exigia "a supressão na raiz do patrimônio ideológico da extrema direita ("a doença nazista", a "especificidade étnica", o "ódio do universal"). Ele expressava também a esperança de ver surgir "uma nova geração de intelectuais, generosa, universalista, aberta aos problemas gerais do homem, uma geração de esquerda, desinibida"[3]. Esse desejo permanece atual. Uma boa parte do meio intelectual romeno, sobretudo aquela que, para combater a ideologia funesta do fascismo, tinha fundado sua esperança sobre ilusões comunistas, pagou um

---

* Ed. bras.: *O rinoceronte* (trad. Luís de Lima, Rio de Janeiro, Nova Fronteira, 2015). (N. E.)

[3] Carta de Eugen Ionescu a Tudor Vianu de 19 de setembro de 1945, em *Scrisori către Tudor Vianu II (1936-1949)* (Bucareste, Minerva, 1994), p. 276.

tributo pesado ao stalinismo. O oportunismo, seguramente, desempenhou um papel no alinhamento de certos intelectuais à esquerda – ao que eles considera-vam, aliás de forma equívoca, como se viu depois, como esquerda –, mas não se pode negar que existia uma parte de sinceridade, uma sede real de renovação. O fato de um ideal emancipador e universal ter sido desviado não retira nada nem da força de atração desse ideal nem das motivações daqueles que dentre nós sinceramente aderiram à causa da esquerda. Nós não optamos nem pelo gulag, cuja existência ignorávamos, nem pela censura à imprensa, nem por sufocar o pensamento ou a livre expressão, nem por uma sociedade repressiva e policial; o marxismo prometia exatamente o contrário. E apesar de todas as críticas que não deixaram de ser feitas, isso nos diferenciou desde o início dos jovens nazistas e fascistas; estes aderiram a um programa que previa abertamente a submissão, ou mesmo a exterminação dos povos tidos como inferiores em relação a uma raça declarada superior.

Na Universidade de Bucareste, meus camaradas membros dos "partidos his-tóricos" (o Partido Nacional Camponês e o Partido Liberal) tinham um discurso que não trazia nada de novo, o ideal deles se reduzia à ressurreição da Romênia de antes da guerra, na qual eles enxergavam um refúgio para a democracia[4]. Os

---

[4]   Quão pouco singular era minha maneira de ver as coisas na época, quão, ao contrário, podia ser encontrado mesmo em intelectuais renomados da velha geração, que tinham um conhe-cimento íntimo e direto das realidades da Romênia antes da guerra, pude confirmar lendo a correspondência de Tudor Vianu, meu professor de estética na Universidade de Bucareste, que em 1946 aceitou representar seu país e o novo regime como embaixador na Iugoslávia. Em uma carta enviada de Belgrado à sua mulher em 30 de março de 1946, Vianu se expres-sa com tom bastante severo sobre o Partido Liberal, uma das duas grandes forças da oposição ao novo regime instaurado depois de 6 de março de 1945. Ele fala de seu "encontro penoso" com Farcasanu, líder do partido, da hostilidade dos liberais contra ele, esclarecendo da se-guinte maneira seu pensamento em relação aos liberais: "O fanatismo político deles é repul-sivo, agora que sua velha camarilha de especuladores está um tanto marginalizada" (Tudor Vianu, *Opere*, v. 14, Bucareste, Minerva, [s. d.], p. 265). O quadro da época não estaria, no entanto, completo se não lembrássemos que logo a carapaça de chumbo das práticas stalinis-tas, cultivadas pela burocracia do partido hegemônico, afetaria também esses intelectuais mais ilustres da velha geração (Vianu, Călinescu, Ralea, D. D. Roşca), e que muitos outros universitários de primeiro plano sofreram os efeitos da política sectária e primitiva do apara-to local. Mais tarde, tive a oportunidade de conversar com Tudor Vianu, que tinha aprecia-do um estudo sobre o pensamento sociológico e estético de Eugen Lovinescu (1881-1943), publicado por mim em 1959, a propósito de seus encontros com Lukács, o qual ele viu na Iugoslávia e em Budapeste por ocasião de congressos de história literária e de quem ele fala-va com admiração. Quando em 1964 eu lhe dei a notícia da publicação dos dois volumes de *Die Eigenart des Ästhetischen* [A peculiaridade da estética] de Lukács na Alemanha Federal, ele não escondeu seu espanto diante da amplitude de tal empreendimento: ele mesmo autor de um tratado de estética publicado antes da Segunda Guerra Mundial, obra fundadora na

espectros de um passado ainda recente me pareciam sempre prestes a ressurgir. Em fins de 1947, início de 1948, minha escolha havia sido feita, uma escolha filosófica e ideológica, pois no plano político eu não me engajei, nem nas Juventudes Comunistas, nem no partido. De qualquer forma, minha origem "malsã" me fez suspeitar que não me restava alternativa senão provar minha sinceridade por meio de um infalível apego intelectual à causa do proletariado. Na universidade, aonde me apressei a chegar, passando pelos exames do último ano do liceu e pelo exame do ensino médio durante o verão, comecei a ler as obras de Marx e de seus continuadores. Seu pensamento encarnava a meu ver o ideal de justiça social e de abolição de todas as formas de discriminação às quais eu aspirava. *Introduction à l'esthétique* [Introdução à estética], de Henri Lefebvre, e *Existencialismo ou marxismo?**, de Lukács, estavam entre minhas leituras da época. Li também atentamente, na biblioteca da universidade, "Que é metafísica?", de Heidegger, na tradução em francês de Henry Corbin (o volume continha também fragmentos de *Ser e tempo*)**, *Ideias para uma fenomenologia pura e para uma filosofia fenomenológica*, de Husserl***, segundo volume, *Existenzerhellung* [Filosofia existencial], de Jaspers, e adquiri *O ser e o nada***** de Sartre. A força especulativa de Heidegger me impressionava, apesar da dificuldade que tive para aceitar a ontologização do *Nada* em sua famosa aula inaugural de 1929. As considerações de Jaspers sobre o caráter por excelência "interrogativo" do ser humano reforçavam minha convicção. Mas foram, sobretudo, as páginas de Sartre sobre a capacidade do sujeito de ultrapassar o dado e instaurar uma dialética entre o mundo dos possíveis do para-si e a inércia do em-si que mais me marcaram. O debate entre existencialismo e marxismo, que causava furor à época, me apaixonava. Eu entrevia a possibilidade de uma filosofia da subjetividade que, sem abandonar a força da emergência do sujeito e recusando-se a confiná-la em uma soberania quimérica, levasse em conta a densidade e a substancialidade do mundo objetivo: o sujeito estaria destinado

---

cultura romena (ver Tudor Vianu, *L'esthétique*, trad. Veaceslav Grossu, Paris, L'Harmattan, coleção Ouverture Philosophique, 2000), se tornou mais cético sobre a possibilidade de elaboração de novos sistemas de estética.

* Ed. bras.: *Existencialismo ou marxismo?* (trad. José Carlos Bruni, São Paulo, Ciências Humanas, 1979). (N. E.)

** O texto "Que é metafísica?" em edição brasileira está presente na obra *Conferências e escritos filosóficos* (trad. Ernildo Stein, São Paulo, Abril Cultural, coleção Os Pensadores, 1983), p. 35-44. Já o livro *Ser e tempo* foi publicado separadamente (trad. Fausto Castilho, Petrópolis, Vozes, 2012). (N. E.)

*** Ed. bras.: *Ideias para uma fenomenologia pura e para uma filosofia fenomenológica* (trad. Marcio Suzuki, 9. ed., São Paulo, Ideias e Letras, 2012). (N. E.)

**** Ed. bras.: *O ser e o nada* (trad. Paulo Perdigão, 24. ed., Petrópolis, Vozes, 2015). (N. E.)

a interrogar incessantemente as redes causais do mundo objetivo, a fim de inscrever nele sua própria intencionalidade. Parecia-me pressentir essa dialética sujeito-objeto, que se distanciava do determinismo mecânico do marxismo staliniano, sem aderir ao subjetivismo da filosofia da existência, nos escritos de György Lukács, que foram editados no fim dos anos 1940 e na primeira metade dos anos 1950 pela Aufbau, em Berlim.

Mas a pressão do marxismo staliniano era muito forte no fim dos anos 1940 e no começo dos anos 1950 (e, sob uma forma ou outra, nunca cessou). O ensino ministrado nas escolas do partido, e nas universidades que frequentávamos, estava impregnado dele. Tendo ingressado aos 19 anos na redação da revista *Contemporanul*, encarregada de defender a linha do partido no terreno cultural, sofri, como muitos outros de minha geração, todo o peso dessa pressão. Constantemente culpabilizados por nossa origem social, que fatalmente nos teria incutido uma mentalidade "pequeno-burguesa", nós éramos as vítimas consentidas dos responsáveis ideológicos que supervisionavam nossos artigos, intervindo sem escrúpulos em nossos textos para torná-los mais "combativos". Teria sido impensável, por exemplo, colocar em dúvida a superioridade da ciência soviética em relação à ciência "burguesa", e não perdi a ocasião de dar meu apoio à famosa fraude Mitchourine-Lyssenko, que, a propósito, também enganou mentes penetrantes como Jean-Toussaint Desanti na França, ou o próprio Lukács na Hungria, e até certos especialistas em biologia. Mas, acima de tudo, éramos incitados a revisitar as obras dos filósofos e escritores do passado para sublinhar seus "limites" ideológicos e a cegueira que impediu esses autores de ver e prever o papel de vanguarda do proletariado. Os grandes escritores realistas, os melhores romances de crítica social, os filósofos cuja posição democrata estava fora de dúvida, revelavam à luz dessa ideologização desmesurada "limites" inacreditáveis, para não falar daqueles que tinham ligações políticas, reais ou supostas, com o fascismo, mesmo se suas obras não possuíssem nenhum vestígio disso. O despertar ocorreu pouco a pouco a partir de nós mesmos e graças, se assim eu posso dizer, à literatura "nova", fabricada segundo os desejos do partido, em que os autores viam enfim o papel de vanguarda da classe operária. Essa literatura nova, evidentemente ainda imperfeita, mas representando o novo e, portanto, voltada de modo dialético a um grande futuro, colocava em cena proletários extremamente clarividentes, cujos bom senso e mentalidade sã faziam envergonhar os intelectuais mais brilhantes, mas hesitantes, dubitativos, que complicavam tudo e que constituíam uma presa fácil do inimigo de classe, sempre ativo nas sombras. A primeira tentativa, por parte de nosso colega Ovid S. Crohmălniceanu, que exigiu dessa literatura proletária, ideologicamente exemplar, qualidades propriamente literárias, culminou em um grande debate com os mais altos responsáveis culturais do partido sobre o "cosmopolitismo". Por que o "cosmopolitismo"?

Porque a atitude de menosprezo em relação à nova literatura fazia parte de todo um complexo, na base do qual se detectava a influência nociva da ideologia burguesa sobre a crítica literária, contra a qual o camarada Zhdanov já tinha alertado a comunidade de escritores de todos os países, principalmente aqueles do "campo da paz e do progresso". A "*nomenklatura*"* do partido triunfara: eu me lembro do sorriso irônico com o qual dois de seus representantes, Nicolae Moraru e Mihai Novicov, nos olhavam, meu amigo Crohmǎlniceanu e eu, na saída da famosa sessão que se desenrolou em um prédio do Comitê Central. Apesar das reações, nós perseveramos na tentativa de impor o critério estético e, ao fazê-lo, de nos liberar dos esquemas e dos clichês funestos no interior dos quais estávamos presos. Uma poesia dedicada ao 1º de Maio, o dia do trabalho? Muito bem, com a condição de que seja verdadeira poesia (muito cedo, em um artigo publicado na revista *Contemporanul* na primavera de 1948, utilizei uma bela poesia não conformista de Maiakóvski dedicada à festa do 1º de Maio para contestar o convencionalismo e a indigência da poesia da época). Uma peça de teatro se desenrolando em uma fábrica, tendo como protagonistas personagens que não são simples marionetes, repetindo os slogans do partido (depois que um dramaturgo muito dócil, Mihail Davidoglu, modificou a trama de sua peça *Schimbul de onoare* [Troca de honra] sob a ordem expressa de um responsável cultural do partido, a fim de vergá-la ao dogma staliniano de intensificação da "luta de classes", pude demonstrar, em um artigo publicado ainda na *Contemporanul*, os efeitos desastrosos dessa mudança no plano da coerência da ação). Foi na mesma época, no início dos anos 1950, que teve lugar na Casa dos Escritores** um debate sobre uma peça de teatro, *Lumina de la Ulmi* [A luz de Ulmi], de Horia Lovinescu, autor, aliás talentoso, antigo simpatizante da Guarda de Ferro que, para se redimir, aderiu ao pior conformismo *proletkultista****, do qual essa peça era uma ilustração perfeita. Para defendê-la, o partido mobilizou uma atriz muito conhecida, Lucia Sturdza-Bulandra, mas o debate terminou com a derrocada dos defensores da linha oficial; eu estava entre os oradores e não creio exagerar quando julgo esse episódio como significativo do combate contra a sujeição da literatura aos slogans dos *apparatchiks* do partido. Ao mesmo tempo, tentamos apoiar o surgimento de verdadeiros escritores, como Marin Preda, um jovem autor que marcou uma viragem na literatura romena dedicada ao campesinato, rivalizando com o clássico do gênero, o fundador do romance romeno moderno,

---

* "Burocracia" ou "casta dirigente" do Partido Comunista. (N. T.)

** Em francês, *Maison des Écrivains*. A partir de 2007, porém, passou a se chamar Maison des Écrivains et de la Littérature, como um centro cultural e de apoio a escritores sediado em Paris. (N. E.)

*** "*Proletkult*", em russo, significa "cultura proletária". O termo "*proletkultista*" seria algo como "cultura proletarista". (N. E.)

Liviu Rebreanu. Os artigos que publiquei sobre seus escritos da época (início e fim dos anos 1950) tinham sido acolhidos por Marin Preda com gratidão, durante um período em que ele foi alvo de severas repreensões por parte da imprensa do partido, que fazia pesar sobre ele a acusação de "naturalismo" por conta de seu romance intitulado *Ana Roşculeţ*.

Os desvios, e até mesmo o abismo, que se ampliavam entre as práticas do partido e o espírito da doutrina da qual ele usurpou o nome se tornaram evidentes. Lembro-me da estupefação com a qual nós soubemos que um de nossos colegas da redação do semanário *Contemporanul*, Alexandre Léon, havia sido preso por razões misteriosas e enviado para trabalhos forçados no canteiro de obras do canal que devia unir o Danúbio ao Mar Negro. Editorialista na *Contemporanul*, Léon era economista de formação, jornalista talentoso, colaborador já antes da guerra de revistas de esquerda, nas quais Lucien Goldmann tinha publicado seus primeiros artigos: sua prisão no início dos anos 1950 mostrou que o regime estava pronto para as piores ações repressivas contra pessoas em relação às quais não havia dúvidas quanto a suas convicções de esquerda (lembremos que, no mesmo momento, um processo foi aberto contra o principal intelectual do partido, Lucreţiu Pătrăşcanu, e contra seus amigos, processo esse que terminou com a condenação à morte e a execução em 1954 do principal acusado). Outro membro da mesma redação, Ion Bălănescu, marxista mais que ortodoxo na época, que foi um militante na ilegalidade em Iasi durante a guerra, viveu um verdadeiro pesadelo para obter sua reintegração no partido: desgostoso pela inutilidade de seus esforços, ele escolheu finalmente o caminho da emigração. Um dos mais brilhantes filósofos da nova geração, Imre Toth, professor da Faculdade de Matemática, que também foi combatente comunista durante a guerra, foi preso e condenado pelas autoridades horthystas (ele era originário da Transilvânia), e se tornou no fim dos anos 1950 um crítico vigoroso das práticas do regime na universidade à qual ele pertencia, atraindo para si a ira das autoridades. Ele também escolheu a via do exílio. Minha irmã, que ensinava na mesma Faculdade de Matemática, foi afastada nessa época (fim dos anos 1950) do partido por conta de sua origem social "malsã": um dos promotores lembrou, na sessão de sua exclusão, que nosso pai havia sido um "proprietário de imóvel". Um dos meus colegas de liceu, jovem filósofo muito talentoso, possuidor, desde a adolescência, de sólidas leituras marxistas, Petru Vaida, se viu expulso da Faculdade de Filosofia em razão de suas raízes judaicas (estávamos ainda no fim dos anos 1950, sob o regime de Gheorghiu-Dej): os dirigentes da propaganda do partido (eles mesmos de origem judaica!) consideravam que era necessário melhorar a "composição nacional" entre os professores de filosofia e tomaram providências para substituir por "arianos" puros aqueles que eram de origem judaica. Pessoalmente, eu só podia me regozijar em não ter que solicitar o ingresso no partido (como eu seria obrigado a fazer vinte anos mais tarde, para não ser expulso da universidade), protegido por um pedigree incompatível com esse título de honra. O famoso comerciante de livros Theo Pinkus, antigo militante de esquerda, próximo de Bloch e de Lukács, que encontrei no final dos anos 1960 em Zurique, não acreditou que eu nunca tivera a intenção de pertencer ao partido, ao mesmo tempo que conservei minha fidelidade ao pensamento de Lukács. Tentei convencê-lo de que as práticas stalinianas ou neostalinianas dos partidos, no poder nos países do Leste, se situavam no exato oposto do espírito autêntico do pensamento de Marx: assisti a tudo de camarote para saber do divórcio irremediável que se ampliava entre essas práticas e o espírito da doutrina cujo título esses partidos usurpavam. Deveríamos desistir das convicções de esquerda que eram o resultado filosófico e ético de uma "crítica da razão histórica"?

Os anos 1950-1953 foram um "período obscuro" para aqueles que trabalhavam na redação da *Contemporanul*: a revista foi transformada em um simples boletim de propaganda do partido, os redatores, dentre os quais eu mesmo, eram enviados "em missões" para reportar o trabalho de alfabetização nas áreas rurais, os ativistas do Comitê Central intervinham sem escrúpulos nos artigos. Pode-se imaginar minha humilhação quando por duas vezes vi minha assinatura colocada em textos sem que uma linha fosse de minha autoria? Quando o autor de um desses artigos, ao recusar as modificações introduzidas pela censura, retirou sua assinatura, a direção da revista contornou o problema assinando o texto em questão com o nome do editor – eu, no caso (o artigo em questão foi dedicado aos problemas da agricultura socialista, domínio no qual eu não tinha a menor competência, mas os dirigentes da revista não se embaraçavam com tais escrúpulos).

∗∗∗

O contato com os escritos de Lukács teve sobre mim um efeito catártico. A partir dos anos 1954-1955, pude ler *Problèmes du réalisme* [Problemas do realismo], *Beiträge zur Geschichte der Ästhetik* [Contribuições à história da estética], *O jovem Hegel*, *O romance histórico** e alguns capítulos do livro sobre a particularidade como categoria da estética. Mais tarde, eu descobriria progressivamente os limites de seu pensamento, a amplitude de suas concessões à linha de seu partido, certa unilateralidade de seus gostos estéticos, o caráter inaceitável de várias de suas análises, em particular as críticas injustas dirigidas, em *A destruição da razão***, a Benedetto Croce, minha outra admiração da época. Os julgamentos

---

* Ed. bras.: *O romance histórico* (trad. Rubens Enderle, São Paulo, Boitempo, 2011). (N. E.)

** Ed. bras.: *A destruição da razão* (trad. Bernard Herman Hess, Rainer Patriota e Ronaldo Vielmi Fortes, São Paulo, Instituto Lukács, 2020). (N. E.)

36 Por que Lukács?

muito dogmáticos, como aquele sobre Proust na introdução de *A destruição da razão*, não me agradavam (sobre esse ponto, ele mais tarde reviu radicalmente sua posição, como mostra a entrevista concedida a Naïm Kattan em 1966, publicada em *La Quinzaine Littéraire*). Mas naquele momento meu estado de espírito era de entusiasmo. Eu estava impressionado pela coerência de seu marxismo, por sua concepção do "grande realismo", que me parecia o antídoto mais poderoso contra o realismo socialista tal qual ele foi codificado pela estética soviética, admirava a hermenêutica inovadora de seus estudos de crítica e de história literária. E pude constatar, em seguida, que minha reação não era uma exceção. Em seu livro sob tantos aspectos premonitório, *La Pensée cative* [*Mente cativa*] (1953)[5], Czesław Miłosz mencionou "o caso Lukács" desencadeado em Budapeste em 1949-1950, quando as autoridades húngaras chegaram até a acusar o filósofo de ser "um Rajk da cultura". Nessa ocasião, o futuro Prêmio Nobel chamava a atenção para "as razões profundas e ocultas" do "entusiasmo suscitado por suas obras entre os marxistas das democracias populares": "víamos nele o precursor de um renascimento filosófico e de uma nova literatura, diferente daquela da União Soviética". Miłosz apontava também, com pertinência, sempre a propósito dessa excomunhão de Lukács, que nada assustava tanto os dirigentes dos partidos comunistas no poder que os "heréticos" da doutrina; "o menor afastamento" e "o menor desvio da linha" pareciam um "fermento de agitações políticas".

Na Polônia, Jan Kott, o autor do célebre *Shakespeare, nosso contemporâneo*[*], estava entre aqueles que haviam se mostrado mais sensíveis aos ensaios de Lukács sobre o realismo, como ele mesmo diz em seu livro autobiográfico *La Vie en sursis* [A vida em suspenso]. Ele conta que, estando em Paris antes da guerra, foi influenciado por três personalidades tão diferentes como André Breton, Jacques Maritain e György Lukács. O surrealismo, o neotomismo e a doutrina do realismo coabitavam pacificamente em seu espírito, graças à aversão comum que seus defensores devotavam ao "naturalismo". Foi efetivamente o antinaturalismo consubstancial à teoria de "grande realismo" de Lukács que seduziu Kott, e sobretudo a presença, como pano de fundo, dos grandes movimentos históricos nas análises literárias lukacsianas (ele faz referência notadamente aos ensaios sobre Balzac e Stendhal). A ideia de "Grande Mecanismo", que estrutura seu livro sobre Shakespeare, não me parece ser alheia a essa constante presença

---

[5] Czesław Miłosz, *La Pensée cative: essai sobre as logocracias populares* (trad. André Prudhommeaux e o autor, Paris, Gallimard, coleção Les Essais, 67, 1953), p. 288-9 [ed. bras.: *Mente cativa*, trad. Regina Przybycien, São Paulo, Companhia das Letras, 2004].

[*] Ed. bras.: *Shakespeare, nosso contemporâneo* (trad. Paulo Neves, São Paulo, Cosac Naify, 2003).

da face oculta da história nos ensaios de Lukács[6]. Jan Kott enviou seu livro sobre Shakespeare a Lukács, que lhe comunicou o recebimento em uma carta datada de 15 de agosto de 1964. Lukács se mostrou sensível à perspicácia e à originalidade de certas análises de Kott (sobretudo à desmistificação da imagem "romântica" de Shakespeare), mas fundamentalmente não escondeu seu desacordo com a "kafkazação" do universo shakespeariano, mais precisamente com o propósito de remodelar esse universo segundo as experiências da barbárie e das atrocidades do século XX (o hitlerismo e o stalinismo). Inspirado por essas experiências, o conceito de "Grande Mecanismo", por meio do qual Kott reconstruía o universo shakespeariano das peças, recebeu de Lukács um comentário crítico a respeito da ausência de figuras como Horácio ou Brutus, e de um personagem tão importante para as "peças históricas" como Henrique V, o que traduziu a unilateralidade de sua perspectiva. Sua antiga familiaridade com o mundo das peças de Shakespeare (ao qual ele dedicou páginas notáveis desde seu primeiro livro sobre a história do drama moderno, e alguns decênios depois em *O romance histórico*, sem deixar de lado também um texto tardio como "Über einen Aspekt der Aktualität Shakespeares" [Sobre um aspecto da atualidade de Shakespeare, 1964] ou as considerações desenvolvidas na *Estética*[7]) permitiam mostrar de modo convincente os limites da interpretação de Jan Kott. A carta é um documento significativo sobre o "historicismo" inflexível da abordagem lukacsiana da literatura: a gênese do universo shakespeariano é projetada sobre o pano de fundo dos grandes conflitos sócio-históricos situados na encruzilhada do crepúsculo do feudalismo e da afirmação dos valores da Renascença, e a "modernização" empreendida por Kott é refutada tanto em nome de considerações sócio-históricas quanto no plano estritamente estético (o "trágico" shakespeariano metamorfoseado por Kott em "absurdo" beckettiano)[8].

No início e em meados dos anos 1950, a literatura romena, submetida ao controle estrito do partido, sofria de um esquematismo aflitivo, ao qual muitas vezes foram sacrificados até escritores de primeira linha, que, depois, foram traduzidos com sucesso na França e em outros lugares, entre eles Zaharia Stancu, cujos livros aparecem no catálogo das edições Albin Michel, ou Petru Dumitriu. No

---

[6] Jan Kott, *La Vie en sursis: esquisses pour une biographie* (trad. Marie Bouvard, Paris, Solin, 1991), p. 266-9.

[7] Os dois volumes de *Die Eigenart des Ästhetischen* foram reunidos pelo editor alemão sob o título *Ästhetik*. Depois da publicação do texto, esse título curto em francês foi o utilizado, mesmo que não existisse ainda a tradução para o francês da obra. Ver G. Lukács, *Werke*, v. 11-2: *Die Eigenart des Ästhetischen*, I e II (Neuwied, Luchterhand, 1963).

[8] Ver também nesse sentido as linhas sobre Kott no texto "Lob des 19. Jahrhunderts" ["Elogio do século XIX"] (1967), em G. Lukács, *Werke*, v. 4: *Essays über Realismus* (Neuwied, Luchterhand, 1971), p. 659-60.

Por que Lukács?

final de 1954, tive a ideia de escrever um pequeno ensaio intitulado "Schematism și realism" [Esquematismo e realismo]. Com o objetivo de dar bases teóricas a minhas observações sobre o caráter falso e o moralismo insuportável de certos livros, aludi à troca de cartas entre Marx e Engels, de um lado, e Ferdinand Lassalle, de outro, a propósito do drama *Franz von Sickingen*. Os fundadores do marxismo refutavam a retórica schilleriana sobre as falas da peça em nome de um realismo shakespeariano. Eu não conhecia ainda o texto de Lukács dedicado a esse debate epistolar, um importante ensaio demonstrando que a oposição estética, shakespearização ou schillerização, refletia duas concepções opostas de história: a de Marx e Engels, impregnada de realismo histórico, e a de Lassalle, que se sacrificou ao moralismo e a um idealismo subjetivo fichtiano. Minhas precauções (a referência aos textos de Marx e Engels) não serviram para nada. Publicado em dois números pelo semanário *Gazeta Literară*, meu ensaio provocou a cólera do partido, que divulgou um ataque devastador. Pouco depois, fui convocado pelo responsável do setor literário do comitê central do partido, um certo Virgil Florea, que me enviou uma advertência severa. No ano seguinte, no congresso dos escritores, Zaharia Stancu, um dos escritores visados pelo meu artigo, não se esqueceu de atacar meus "erros ideológicos"[9]. A sensibilidade dos escritores às críticas é conhecida, e é normal que eles protestem, mas, nas condições em que vivíamos, as acusações ideológicas assumiam uma importância ainda maior. Eu mesmo a usei, com o ímpeto e a inconsciência da juventude, e fui punido pelo pecado que cometi.

No contexto das grandes agitações de meados do século XX, que tiveram grande influência na sensibilidade dos escritores e dos artistas, o peso da *Weltanschauung*, da "concepção de mundo", e da capacidade de dominar uma matéria histórica em ebulição ou, dito de outro modo, os problemas da autonomia e da heteronomia da arte, exigia ser repensado. Em seus escritos, Lukács defendia a autonomia da imaginação produtiva do escritor em relação a sua ideologia discursiva (a "vitória do realismo" em grandes escritores como Balzac e Tolstói, que, entretanto, professavam pontos de vista conservadores), mas

---

[9] Um livro intitulado *Conferinta (secretă) a Uniunii Scriitorilor din iulie 1955*, publicado em 2006 em Bucareste pela editora Vremea sob os cuidados de Mircea Coloşenco e que reproduziu os trabalhos de uma conferência (secreta!) de escritores presidida por um dos líderes do partido, Gheorghe Apostol, oferece, por meio dos textos das intervenções, um quadro eloquente da repressão que se abatia sobre os críticos literários que, fiéis a sua vocação, ousaram expor o nível deplorável das produções submetidas aos slogans triunfalistas e mentirosos do Partido. Meu artigo acima mencionado, sobre esquematismo e realismo, foi alvo de boa parte das intervenções, a começar por aquelas dos ativistas situados nos mais altos postos do partido, entre eles o denominado Tugui, que julgava "irresponsáveis" e mesmo "condenáveis" os "princípios estéticos" defendidos em um artigo que, no fundo, tinha ambições muito modestas (p. 158).

atribuía uma grande importância, em suas análises literárias, à visão de mundo imanente à criação, ou seja, à qualidade da apreensão da história. Seu método de análise literária supunha a imersão na interioridade da obra para descobrir as conexões entre a visão de mundo do escritor e a estrutura estética, valorizando as tonalidades afetivas que impregnavam o tecido da obra e sua expressão estilística. Ele se preocupava, do mesmo modo que Benedetto Croce, em distinguir entre *poesia*, *não poesia* e *antipoesia* (a distinção de Croce assumia em Lukács a forma de uma oposição entre *Kunst* e *Belletristik* (a arte e as belas-letras), mas se recusava a dissociar o valor estético da "perspectiva" ou do "ponto de vista" do escritor. Em seu ensaio "Narrar ou descrever?", a comparação entre duas cenas que acontecem em um hipódromo – uma em *Anna Karenina*, de Tolstói, e outra em *Naná*, de Zola – tinha o objetivo de mostrar, no nível da estrutura narrativa, os efeitos divergentes da "atitude" dos respectivos escritores: a de um "participante", no caso de Tolstói, e a de um "observador", no caso de Zola[10]. Lukács visava assim suprimir a antiga dicotomia entre crítica estética e crítica ideológica, preconizando a fusão dos dois pontos de vista. Um exemplo: em sua *Estética*, ele cita um depoimento de Musil segundo o qual os escritores modernos teriam desaprendido a criar "tensão" (*Spannung*) em seus romances e se contentavam em "captar o interesse" (*fesseln*), com frequência pelos meios de ensaísta. Em outra carta a Cesare Cases, de 15 de maio de 1961, ele associa essa crise da representação à crise ideológica de Musil diante da escalada do fascismo. Não discuto aqui a pertinência dessa observação, recordo-a somente como muito característica da abordagem de Lukács.

A crítica literária romena entre as duas guerras foi dominada pela tese da "autonomia da arte". As questões sobre a "atitude" do escritor, sobre seu "ponto de vista", sobre sua visão da história, eram consideradas deslizes para uma posição extraestética, transgredindo a pura imanência da obra. Eugen Lovinescu foi o representante mais eminente dessa doutrina; ele se apoiava no formalismo da estética kantiana e na tese de Croce da arte como "intuição pura". Eugen Lovinescu travou uma polêmica quase constante contra as posições de Garabet Ibrăileanu, partidário de uma crítica que integrava as perspectivas sociológica e psicológica à análise estética. Após a Segunda Guerra Mundial, o aparecimento de uma nova geração de críticos literários e a publicação de certo número de obras literárias de primeira linha, tendo a história antiga ou recente como pano de fundo – penso no romance *Descult* (em francês, *Les Nu-pieds*), de Zaharia Stancu, traduzido por todo o mundo, em *Morometii* (em francês, *Les Moromete*), de Marin Preda,

---

[10] G. Lukács, "Raconter ou décrire?", em idem, *Problèmes du réalisme* (trad. Claude Prévost e Jean Guégan, Paris, L'Arche, 1975), p. 130-1 [ed. bras.: "Narrar ou descrever", em *Ensaios sobre literatura*, trad. Giseh Viana Konder, Rio de Janeiro, Civilização Brasileira, 1965].

na trilogia *Un om între oameni* (em francês, *Un Homme parmi les hommes*), de Camil Petrescu, em *Bietul Ioanide* [O pobre Ioanide], de George Călinescu, ou em *Cronică de familie* (em francês, *Les Boyards*), de Petru Dumitriu –, tornaram necessário um reexame dos fundamentos doutrinários da crítica. Em 1958, publiquei, inicialmente na revista *Viaţa Românească* e depois sob a forma de livro, um estudo sobre a doutrina sociológica e estética de Eugen Lovinescu. Tratava-se, de um lado, de fazer justiça a sua luta pela emancipação da literatura da tutela de ideologias extrínsecas (principalmente a corrente do tradicionalismo camponês, conhecida como *samanatorismo*), a sua defesa enérgica da especificidade da atividade estética, a seu apelo em favor da diferenciação dos valores, vista como um processo irreversível da modernidade; e, de outro lado, por se opor justamente no terreno da autonomia da atividade estética à sua tentação de transformar uma distinção legítima sobre o plano lógico-epistemológico em uma "dissociação de fato", à separação, portanto, nítida da atividade estética da atividade ética, por exemplo, expulsando do campo do julgamento estético toda consideração de ordem ética, religiosa ou filosófica. Minha geração, brutalmente confrontada com a violência da história, não se encontrava mais no credo do que Lovinescu chamava de seu "estetismo".

Com o tempo, ampliei o campo de minhas pesquisas, voltando-me aos fundamentos filosóficos e especulativos das duas doutrinas que se confrontavam sobre a questão muito debatida imediatamente após a guerra, a da autonomia e da heteronomia da arte: a de Benedetto Croce, que fundamentava a autonomia da imaginação criativa e a teoria da arte como "intuição lírica" sobre uma filosofia do espírito se designando como um "espiritualismo absoluto", e a de György Lukács, que defendia a tese da arte como *mimese* e afirmava o caráter por excelência *socialmente mediatizado* da subjetividade estética, procurando apoio em uma ontologia do ser social. Tratava-se de colocar à prova a reforma preconizada por Benedetto Croce, que concebia a história da literatura e da arte como uma sucessão de individualidades autônomas, confrontando-a com a de György Lukács, que estabelecia uma conexão íntima entre a história da literatura e a história da sociedade. Na época, havia na Itália um debate entre os partidários da linha De Sanctis-Croce e os da linha De Sanctis-Gramsci para determinar quem era o verdadeiro continuador do grande historiador da literatura, Francesco De Sanctis. Em meados dos anos 1950, chegou a Bucareste Francesco Flora, um eminente discípulo de Croce. Por ocasião de uma recepção na Academia presidida por Tudor Vianu, a discussão girou justamente em torno da alternativa De Sanctis-Croce ou De Sanctis-Gramsci. Mais tarde, ao participar várias vezes dos Encontros Internacionais de Genebra, tive a oportunidade de discutir esses problemas com Georges Poulet e Jean Starobinski. O primeiro manifestou certo rigorismo na defesa de uma concepção monadológica da subjetividade estética, mesmo se

À procura do verdadeiro Marx 41

declarando pronto a ficar no meio do caminho em direção aos partidários de uma interpretação sócio-histórica da literatura; o autor de *A relação crítica* se mostrava mais flexível, preconizando um equilíbrio sutil entre as duas abordagens.

O confronto entre Croce e Lukács, a que dediquei minha tese de doutorado, defendida em 1972 em Bucareste, me pareceu abrir novos caminhos principalmente no campo da crítica e da história literária. Que fique bem claro, o horizonte do pensamento dos autores ia muito além dessa esfera de problemas. Os dois eram dialéticos poderosos, formados na escola de Hegel e do idealismo clássico alemão. Mas ainda que Croce fosse um partidário convicto do *storicismo assoluto* na filosofia, o historicismo de Lukács me parecia mais concreto e mais bem ancorado na realidade sociopolítica. Tomemos como exemplo Heine, sobre quem Lukács e Croce escreveram. Em seu ensaio, Croce define a *forma mentis* do poeta como *cômica** (*la celia*) e considera que suas escolhas ideológicas e políticas estavam subordinadas a essa qualidade primordial. Ele não leva verdadeiramente a sério a atitude revolucionária de Heine, negando-lhe até mesmo a qualidade de pensador, e afirma que o governo prussiano da época se equivocou ao censurar seus escritos. Um problema estético se encontra no cerne de seu ensaio: o da compatibilidade entre a comicidade, que é muito mais um ato prático, e a verdadeira poesia, que é substancialmente contemplação serena[11]. Lukács, ao contrário, leva muito a sério a fisionomia ideológica do poeta e suas convicções políticas, nas quais ele enxerga fontes essenciais de sua obra poética. Ele examina atentamente o hegelianismo e o saint-simonismo sensualista de Heine, o fervor de sua crítica contra o antigo regime e contra a sociedade burguesa, sua atitude contraditória em relação à religião, sua repulsa ao ascetismo puritano; ele reconstitui a personalidade do poeta levando em conta a multiplicidade de seus aspectos, tornando, a meu ver, sua obra poética mais inteligível e mais rica de significação[12]. Essa reconstrução que permite uma autêntica contextualização histórica da obra compõe o essencial do método de análise literária de Lukács. É nessa abordagem das formas literárias que eu tentei me inspirar em minhas análises dos escritos de alguns dos grandes escritores romenos, como Eminescu, Sadoveanu, Caragiale, Camil Petrescu ou Lucian Blaga[13].

---

* No sentido de não pretender dizer a verdade. (N. T.)

[11] Benedetto Croce, "Heine", em idem, *Poesia e non poesia* (6. ed., Bari, Laterza & Figli, 1955), p. 171-85.

[12] G. Lukács, "Heinrich Heine als nationaler Dichter", em idem, *Werke*, v. 7: *Deutsche Literatur in zwei Jahrhunderten* (Neuwied/Berlim, Luchterhand, 1964), p. 273-333.

[13] Ver minha coletânea *Eseuri*, publicada em 1968 pela Editura Pentru Literatură. A desfiguração do marxismo pela ideologia oficial cultivada pelos *apparatchiks* do partido contribuiu massivamente para comprometer, na visão de muitos, o próprio pensamento de Marx. Valorizar os feitos realizados em seus escritos por pensadores que se inspiraram em Marx, falando de Lukács ou de Sartre, de Adorno ou de Marcuse, de Gramsci ou de Bloch, significava restituir

Em 1954, li atentamente vários capítulos da obra de Lukács *Über die Besonderheit als Kategorie der Ästhetik* [Sobre a particularidade como categoria da estética], publicados na *Deutsche Zeitschrift für Philosophie* [Revista alemã de filosofia] de Berlim. Li esses capítulos como uma reação ao sacrifício das determinações e das mediações concretas praticado pelos marxistas oficiais. Lukács demonstrava que uma verdadeira lógica do concreto não pode abstrair o campo da particularidade (a *Besonderheit*), zona móvel situada entre a singularidade e a generalidade, e insistia no papel das mediações concretas. No plano estético, a valorização da categoria do particular assumiu o sentido de um vigoroso apelo ao realismo e de uma rejeição do universalismo abstrato que era regra na má literatura da época, uma mistura de bons sentimentos e slogans políticos. Ao discursar em 1956, no primeiro congresso dos escritores romenos, a que já me referi, tentei aproveitar a lição de Lukács insistindo na importância do particular na prática literária; mencionei, em apoio a essa tese, o sucesso de um romance histórico que acabava de ser publicado, *Un om intre oameni*[14]. Seu autor, Camil Petrescu, que nutria ambições filosóficas, elaborou antes da guerra uma teoria do concreto em uma obra, inédita na época (e só publicada após sua morte), sobre a doutrina da substância. Ele se mostrou sensível a minha abordagem e me transmitiu isso de forma calorosa.

Tomei conhecimento do papel desempenhado por Lukács por ocasião dos eventos da Hungria em 1956, em particular de suas conferências ou de suas intervenções no Círculo Petőfi, por meio da revista *Aufbau*, de Berlim (em que foi publicado, no número 9 de 1956, seu importante texto intitulado "Der Kampf des Fortschritts und der Reaktion in der heutigen Kultur" [A luta entre progresso e reação na cultura atual] ou das publicações italianas que se podia

---

para Marx sua verdadeira estatura filosófica e desenvolver um antídoto em relação à deformação de seu pensamento. Representantes ilustres da antiga *intelligentsia* romena se mostraram sensíveis à fecundidade da abordagem marxista dos fenômenos da cultura e expressaram publicamente interesse por tal abordagem. Tudor Vianu e G. Călinescu deixaram testemunhos nesse sentido, sem falar de Mihai Ralea ou de D. D. Roşca, cuja formação intelectual os predispunha a se abrirem a esse tipo de pensamento. Lembrei a opinião favorável de Vianu em relação a meu estudo sobre Eugen Lovinescu, concretizando seu desejo, expresso por ocasião de uma reunião pública na biblioteca da Academia, de que sua obra de esteta fosse objeto de um exame efetuado com igual espírito. Da mesma forma, Lucian Blaga, grande figura da poesia e da filosofia romenas, colocado no índex pelo regime a partir de 1948 e que reencontrei em Cluj em 1960, testemunhou confiança e curiosidade por meu projeto de estudo sobre sua obra, mesmo que minha orientação fosse diferente da de seus escritos (ver Dorli Blaga, *Tatăl meu, Lucian Blaga*, Cluj-Napoca, Biblioteca Apostrof, 2004, p. 51).

[14] O texto dessa intervenção aparece no volume que reuniu os trabalhos do congresso: *Lucrarile primului Congres al Scriitorilor din Republica Populară Romînă, 18-23 iunie 1956* (Bucareste, Editura de Stat Pentru Literatură Şi Artă, 1956), p. 384-90.

consultar na biblioteca do Instituto de Relações Exteriores de Bucareste (onde lia o semanário *Il Contemporaneo,* a publicação mensal *Società* ou o jornal do partido comunista italiano *L'Unità*, os únicos meios de saber o que se passava efetivamente na Hungria). Lukács desenvolveu em seus textos e em suas intervenções uma crítica aberta e sistemática ao stalinismo. Denunciava o subjetivismo e o despotismo staliniano e reivindicava uma via democrática, orgânica, de transição para o socialismo, fundada na persuasão e não na arbitrariedade e na violência. Visando aos métodos dos partidos comunistas existentes, que, em caso de necessidade do apoio do Exército Vermelho, podiam fazer qualquer coisa, ele citou em um de seus discursos a famosa frase de Talleyrand: "Pode-se fazer tudo com as baionetas, exceto sentarmos em uma delas". Somente muito mais tarde soube de sua prisão e da de Imre Nagy, que durou seis meses, em Snagov, perto de Bucareste.

Na época, nosso isolamento era tal que mesmo o "Relatório Kruschev" permaneceu desconhecido para nós. As conclusões do XX Congresso não nos diziam respeito, pois o partido comunista romeno considerava que suas práticas estavam acima de qualquer suspeita. Em seu discurso no Círculo Petöfi em junho de 1956, Lukács dirigiu uma acusação contra o regime de Mátyás Rákosi, sublinhando o desvirtuamento do pensamento de Marx e a maneira como seu espírito havia sido ocultado por uma escolástica estéril, fiel à fórmula *glossant glossarum glossas*. Ele não hesitou em dizer que a situação do marxismo estava pior sob o regime de Rákosi do que sob o regime do chefe almirante Horthy[15].

À medida que eu tomava conhecimento dos diferentes textos publicados por Lukács após 1956 e da radicalização de sua crítica ao stalinismo (por exemplo na carta endereçada, em 1962, a Alberto Carocci ou em seu ensaio sobre o conflito entre a China e a União Soviética, publicado em 1964 em *Les Temps Modernes*), me dava conta das razões profundas que o haviam levado a se associar ao movimento insurrecional húngaro em 1956 (ministro da Cultura no governo de Imre Nagy, ele declarará mais tarde que esperava conferir uma expressão ideológica ao movimento). Por ocasião de sua deportação para a Romênia, ele recusou categoricamente as imposições para se dissociar das posições de Nagy. Em seu livro publicado em Bucareste, que reuniu documentos concernentes ao grupo de Imre Nagy durante sua deportação para Snagov[16], Ileana Ioanid

---

[15] G. Lukács, "Georg Lukács Rede in der philosophischen Debatte des Petöfi-Kreises am 15. Juni 1956" (extrato), em Peter Ludz (org.), *Schriften zur Ideologie und Politik* (Neuwied/Berlim, Luchterhand, 1967), p. 593.

[16] Ileana Ioanid (org.), *Nagy Imre Insemnări de la Snagov: corespondenta, rapoarte, convorbiri* (Bucareste, Polirom, 2004). Esse importante livro evidentemente requer estudo e comentário aprofundados.

relatou anotações feitas pelo secretário-geral do partido, Gheorghe Gheorghiu-Dej, à margem dos processos verbais das discussões destinadas a fazer Lukács se curvar. O movimento húngaro de 1956 assombrava, no mais alto grau, a mente dos dirigentes do partido comunista romeno, e as anotações de Gheorghiu-Dej provam isso: em certo momento, ele manifesta grande irritação com a defesa de Lukács do espírito do movimento insurrecional de 1956 e exprime seu desprezo pelos caminhos políticos do "filósofo".

Ao voltar da deportação, Lukács foi submetido em seu país a um regime severo de ostracismo intelectual e político, com a proibição de toda manifestação pública. As vexações, as humilhações e as perseguições se sucederam (negaram-lhe, por exemplo, o direito de enviar o manuscrito de sua *Estética* para seu editor na Alemanha Federal ou para a Editori Riuniti em Roma; os *apparatchiks* do partido comunista húngaro propuseram que ele se exilasse no Ocidente se quisesse ver sua obra publicada, proposta que o filósofo rejeitou com desprezo[17]). As desventuras de Lukács adquiriram o valor de símbolo do destino reservado a um pensamento autenticamente marxista pela burocracia reinante nos partidos comunistas no poder (sem esquecer, é claro, da posição semelhante dos ideólogos do partido comunista francês, pois, em 1959, Jean Kanapa ridicularizou Lukács em um texto publicado nos *Cahiers du Communisme* [Cadernos do comunismo], colocando-o no topo da lista dos pensadores "revisionistas", seguido do nome de Henri Lefebvre).

Em diversas ocasiões, naquela época, tive chance de perceber a animosidade profunda que o nome de Lukács suscitava entre os ideólogos oficiais orientais. Durante o verão de 1964, por ocasião de uma reunião internacional de escritores em Lahti, na Finlândia, da qual participei com dois outros escritores romenos, o poeta Nichita Stănescu e o prosador Dumitru Radu Popescu (era a primeira vez e seria a única em que a União dos Escritores Romenos me designava como membro de uma delegação enviada ao exterior, a virada "independentista" da política romena implicava certa abertura para o mundo ocidental), encontrei, entre os participantes, Alexandre Tchakovski, o redator-chefe do semanário soviético *Literaturnaya Gazeta*, uma das figuras mais proeminentes do *establishment* ideológico soviético. Minha menção ao nome de Lukács na discussão

---

[17] Os documentos concernentes à história grotesca da recusa das autoridades húngaras de deixar Lukács publicar sua *Estética*, a começar pelo texto da carta de protesto endereçada nessa ocasião pelo filósofo János Kádár, chefe do partido, em 18 de outubro de 1960, são reproduzidos com o título de *Parteidokumente bezüglich Lukács* em *Lukács Jahrbuch 2004* (Bielefeld, Aisthesis, p. 35-64). Lukács menciona esse episódio em sua entrevista autobiográfica concedida a István Eörsi e Erzsébet Vezér (em G. Lukács, *Pensée vécue, mémoires parlés*, cit., p. 190) [ed. bras.: *Pensamento vivido*, cit., p. 139].

desencadeou comentários repletos de ódio contra ele por parte do temível ideólogo soviético. Tchakovski queria que eu soubesse que o "revisionismo" de Lukács não era um caso recente, mas datava da Segunda Guerra Mundial, e que eles, na União Soviética, tinham denunciado o caráter antimarxista de seus caminhos estéticos desde os anos 1930, por ocasião dos debates sobre as relações entre ideologia e literatura. Sabe-se que Lukács e o grupo reunido em torno da revista *Literaturnyj kritik* [Crítica literária] foram efetivamente alvo de ataques dos representantes oficiais da linha soviética, Fadeev e Ermilov, que lançaram o anátema sobre o modo como o filósofo húngaro interpretava a tese de Engels a respeito da "vitória do realismo": Lukács a utilizava como uma arma para defender a autonomia da imaginação criativa do escritor em relação a sua ideologia discursiva[18].

Alguns anos mais tarde, por ocasião da visita de uma delegação de escritores do leste alemão a Bucareste, pude ouvir um deles expressar descontentamento em relação ao fato de Lukács não ter sido condenado à morte após sua participação no levante húngaro de 1956: o regime de Walter Ulbricht e seus aduladores guardavam um rancor tenaz contra aquele que encarnava, na visão deles, o espírito do Círculo Petőfi e que teria sido o inspirador da contestação ideológica em seu partido[19].

Por fim, gostaria de mencionar brevemente um terceiro episódio que me concerne mais pessoalmente, mas que ilustra mais uma vez as razões da hostilidade

---

[18] Uma sucinta, mas muito pertinente, reconstituição dos conflitos que se desenvolveram na União Soviética na segunda metade dos anos 1930 entre a ortodoxia ideológica e literária staliniana (Fadežev, Ermilov) e o grupo reunido em torno da revista *Literaturnyj kritik* (Lukács, Lifschits etc.) pode ser encontrada no livro de Michel Aucouturier, professor da Universidade de Paris-Sorbonne, *Le Réalisme socialiste* (PUF, 1998, coleção Que Sais-je?). O autor escreveu como conclusão de sua análise: "Uma parte das censuras dirigidas a Lukács parece não ter sido senão um pretexto para manter à distância um pensador culto e original, perigoso, *portanto, para o obscurantismo staliniano* [...]. *O exemplo de Lukács mostra que, levada a sério, a doutrina do socialismo realista corre o risco de* se voltar contra a prática literária que a inspira e, em última análise, contra o sistema político do qual se origina" (p. 80-1).

[19] Ver Walter Janka, *Schwierigkeiten mit der Wahrheit* (Reinbek, Rowohlt Taschenbuch, 1989); e Brigitte Hoeft (org.), *Der Prozess gegen Walter Janka und andere: eine Dokumentation* (Reinbek, Rowohlt Taschenbuch, 1990), dois pequenos livros que contêm o conjunto da documentação sobre o processo organizado pelos filiados de Walter Ulbricht contra o grupo Harich-Janka e as acusações documentadas contra Lukács de ser o inspirador ideológico desse grupo designado pelo procurador-geral como "contrarrevolucionário". Ver também meu estudo "Georg Lukács et le stalinisme", *Les Temps Modernes*, n. 563, jun. 1993, p. 2-3 [ed. bras.: "György Lukács e o stalinismo", trad. Carolina Peters, *Verinotio*, Rio das Ostras, v. 27, n. 1, p. 88-124, jan./jun. 2021); disponível em: <https://www.verinotio.org/sistema/index.php/verinotio/article/view/621/532>; acesso em: 26 out. 2022].

profunda dos marxistas stalinianos em relação às posições lukacsianas. No início dos anos 1970, chegou a Bucareste um dos mais conhecidos filósofos soviéticos, Mikhail Trifonovitch Iovtchouk, redator responsável por uma história da filosofia em vários volumes, divulgada nos países socialistas como uma obra de referência. Iovtchouk era, portanto, um representante autorizado da linha soviética oficial. Em um discurso pronunciado no Instituto de Filosofia da Academia, ele desaprovou fortemente um texto sobre Lukács que eu havia publicado na época, em particular minha afirmação de que, com as "teses de Blum" formuladas em 1928 e que preconizavam uma via democrática de passagem ao socialismo na Hungria, diferente da ditadura proletária soviética, Lukács tinha razão contra as posições defendidas pela direção de seu partido (liderado por Béla Kun) e pela Internacional Comunista. Iovtchouk reiterou esse ataque na Hungria em uma intervenção diante dos quadros ideológicos do partido, julgando inadmissível que se pudesse justificar a posição de Lukács após ele ter sido condenado por seu partido e pela Internacional. Eu tinha violado, com minha justificativa das "teses de Blum", um dos dogmas mais caros à ortodoxia comunista, a infalibilidade do partido, chegando à heresia de apoiar escolhas políticas condenadas pelo partido e pela Internacional. De fato, mas Iovtchouk silenciou sobre o seguinte "detalhe": alguns anos após a formulação das "teses de Blum", diante do avanço do fascismo e do nazismo, a política de ampla coalizão das forças democráticas (a linha da Frente Popular), antecipada de modo profético pelas "teses de Blum", se tornou a linha oficial da Internacional.

É bem possível que esse ataque por parte de um filósofo oficial soviético esteja na origem de certos dissabores que sofri pouco tempo depois em Budapeste, onde estive várias vezes, a partir de meados dos anos 1960, para encontrar Lukács e, depois de seu falecimento, para encontrar seu filho Ferenc Janossy, ou ainda para frequentar o Arquivo Lukács. Nos anos 1970, retornando a Bucareste após ter participado dos Encontros Internacionais de Genebra, quando o trem parou na estação de Budapeste, vi entrar no vagão um oficial da polícia húngara que pegou meu passaporte e me proibiu de deixar meu assento durante a parada do trem. Após cerca de meia hora, um minuto antes da partida, ele voltou para me devolver o passaporte e me pediu para ficar em minha cabine até a fronteira com a Romênia. A meus pedidos de explicação sobre esse tratamento inabitual, ele respondeu com um sorriso malicioso, cujo motivo eu podia adivinhar por conta própria, e, quando perguntei abertamente se eu era *persona non grata* na Hungria, ele respondeu com um sinal afirmativo. Na época, fiquei tentado a atribuir a origem desse episódio completamente inesperado (não era comum confiscar passaporte de um cidadão de um "país irmão" e impedi-lo de pisar no território húngaro) a minhas boas relações com Ágnes Heller e Ferenc Fehér, antigos discípulos de Lukács, que, na época, eram muito malvistos pelas autoridades de seu país (pensei que suspeitavam que eu estivesse levando alguma mensagem de seus amigos da Europa Ocidental e queriam me impedir de transmiti-la a eles). Mas Fehér e Heller, a quem eu contei mais tarde o que havia acontecido, me deram outra explicação, completamente diferente: na opinião deles – e eles estavam em melhores condições para avaliar a situação –, foi muito mais o anátema lançado por Iovtchouk, o representante oficial soviético, que levou as autoridades húngaras a me submeter ao tratamento discriminatório e me impedir de ter qualquer contato com quem quer que fosse em Budapeste. Nessa época, um veredicto negativo pronunciado por um representante ideológico do grande país irmão pesava muito na balança.

***

A iniciativa para tornar o pensamento de Lukács conhecido na Romênia se deu com a publicação, em 1969, de uma antologia de seus escritos de crítica e história literária, entre os quais alguns estudos mais conhecidos sobre o realismo. Redigi para essa coletânea, cujo sumário foi proposto por mim, um amplo estudo introdutório que retraçava a biografia intelectual do autor. Submeti o sumário à aprovação de Lukács, que concordou plenamente com ele, mas sugeriu que fosse acrescentado seu ensaio sobre *Minna von Barnhelm*, de Lessing, um texto de 1963, ao qual ele estava nitidamente muito ligado. Após a publicação do livro[20], ele expressou, em uma carta datada de 31 de março de 1969, sua grande satisfação em ver seus textos acessíveis aos leitores romenos pela primeira vez. Disse, ainda, que tinha tomado conhecimento de minha introdução parcialmente, pois a revista *Kortárs* de Budapeste havia publicado vários fragmentos em tradução húngara.

Um ano depois, o texto integral foi publicado em húngaro na revista de filosofia *Magyar Filozófiai Szemle* (n. 3-4, 1970), editada pela Academia de Ciências de Budapeste. Lukács me escreveu dizendo que desejava fortemente conhecer minha tese de doutorado – que eu estava redigindo e que era, em grande parte, dedicada a ele. E ainda me perguntou se eu pretendia traduzi-la para uma língua ocidental que fosse acessível.

Um detalhe significativo: ele me especificou que a tradução húngara de um livro sobre ele seria inconcebível ("*hier wäre eine eigene Übersetzung etwas hoffnungsloses*"). Em 1969, ele ainda se considerava, portanto, marginalizado em seu próprio país, apesar das mudanças de clima que aconteceram.

A tradução romena dos escritos de Lukács continuou com a publicação, em 1972 e 1974, dos dois volumes de sua grande *Estética*, prosseguiu com a publicação do livro *O romance histórico* e de *A teoria do romance* e foi finalizada com a edição romena dos dois volumes de sua *Ontologia do ser social*, no

---

[20] G. Lukács, *Specificul literaturii și esteticului* (Bucareste, Univers, 1969).

início dos anos 1980, depois que dois capítulos dessa última obra, sobre Hegel e sobre o trabalho, foram publicados em um pequeno livro lançado em 1972 na coleção Idées Contemporaines, da Éditions Politiques. Para cada um desses livros, redigi estudos introdutórios, por vezes bastante amplos. Minha tese de doutorado dedicada a "Benedetto Croce e György Lukács ou sobre as relações entre estética e filosofia" foi retomada em um livro independente intitulado *Critică, estetică, filozofie* [Crítica, estética, filosofia], publicado em 1972 por edições Cartea Românească. O prefácio a *O romance histórico* e os dois estudos escritos sobre a *Ontologia do ser social* foram incluídos em minhas duas coletâneas *Experiență, artă, gîndire* (1977, Cartea Românească) e *Perspective contemporane* (1981, Cartea Românească).

Pensador odiado pela ortodoxia ideológica da maior parte dos "países socialistas", a começar pela União Soviética, onde, desde 1939, data da publicação de sua obra sobre a história do realismo (violentamente atacada por mais de quarenta artigos, como o autor lembrou em uma carta a Frank Benseler de 27 de abril de 1961), nenhum dos livros de Lukács foi traduzido; ele pôde entretanto ser publicado na Romênia a partir do final dos anos 1960. O fato pode parecer bastante paradoxal, pois a Romênia neostaliniana e ultranacionalista de Ceaușescu não perdia em nada para os outros países do Leste no rigor da censura ideológica (que muitas vezes assumia formas ainda mais grotescas e mais caricaturais). A explicação desse aparente paradoxo está nas particularidades da posição romena dentro do campo socialista. Decidido a marcar a todo custo sua diferença em relação à linha seguida pela União Soviética e seus satélites e, assim, afirmar seu nacionalismo, Ceaușescu permitia a seu aparelho ideológico manifestar, com limites rigorosamente circunscritos, é claro, uma certa "abertura" na política editorial, incluído aí o sinal verde para publicação de autores marxistas pouco conformistas. O principal truque do regime consistia em mostrar certa liberalidade e tolerância na política das traduções, destinadas a consolidar a imagem de um país engajado em um caminho bem diferente daquele, dogmático e rígido, de seus vizinhos do Pacto de Varsóvia, ao mesmo tempo que seu objetivo real era assegurar, por meio de sua "autonomia nacional", um controle total sobre a vida social do país, praticando uma ditadura do mais puro tipo neostaliniano. Foi aproveitando essa ambiguidade da política do regime que pude iniciar e prosseguir durante mais de dez anos minha iniciativa de introduzir o pensamento de Lukács na Romênia, traduzindo vários de seus escritos representativos e publicando numerosos estudos sobre sua obra.

Na mesma época, surgiram, pela primeira vez, traduções de Gramsci e, em 1977, eu mesmo consegui publicar na Éditions Politiques, sempre na coleção Idées Contemporaines, uma volumosa antologia dos escritos de Herbert Marcuse, outro pensador que não desfrutava de qualquer credibilidade nos países do "campo socialista". A coletânea de textos de Marcuse era precedida por uma ampla biografia intelectual, na qual eu retraçava o trajeto do autor de *O marxismo soviético*. Ao contrário, todas as minhas tentativas de traduzir os escritos de Adorno, filósofo sobre quem eu havia publicado um estudo de síntese[21], se chocaram com obstáculos intransponíveis. Em seus textos, havia muitas passagens impregnadas de uma ironia corrosiva em relação ao "marxismo" praticado nos países do Leste para que pudesse ser digerido pelos censores romenos. Romul Munteanu, diretor da editora Univers, a quem eu havia enviado uma proposta de tradução da *Teoria estética* de Adorno, estigmatizou tal proposta durante uma reunião pública, apontando um dedo acusador contra o autor da proposição e contra o que ele considerava ser um grave "erro ideológico".

Um pequeno episódio, não desprovido de aspectos rocambolescos, pode ilustrar o destino particular de Lukács nessa época nos países do mundo socialista. O falecimento do pensador, em junho de 1971, não recebeu, nas publicações soviéticas, o menor comentário sobre sua personalidade nem sobre sua obra, boicotando dessa forma a figura de um filósofo que, no entanto, militou durante mais de cinquenta anos pela causa do marxismo. Imaginando que ao menos uma revista de filosofia destinada a especialistas, como a *Voprosyi Filosofii*, editada pela Academia de Ciências, não poderia deixar em completo silêncio o falecimento de um autor de obras tão célebres como *O jovem Hegel, História e consciência de classe* ou *A destruição da razão*, e que havia passado doze anos de sua vida na União Soviética, consultei a coleção da revista de 1971 e fiz uma descoberta surpreendente. Enquanto o sumário em inglês no final do número de julho de 1971 – um mês após a morte de Lukács – anunciava um obituário assinado por três dos filósofos soviéticos mais conhecidos, o artigo não aparecia em lugar algum e o sumário russo também não o mencionava. Para quem conhece o funcionamento da burocracia soviética staliniana em vigor na União Soviética da época, não é difícil reconstituir o que se passou: a redação da revista tinha tomado a iniciativa de dedicar um artigo a Lukács por ocasião de seu falecimento, apelando a três de seus colaboradores (a convocação de três filósofos para redigir o texto indica a vontade de se assegurar certa blindagem ideológica, dada a reputação duvidosa de Lukács no meio soviético). O artigo realmente apareceu no número em questão, mas no último momento, provavelmente em razão de uma ordem vinda do "alto", ele foi retirado e sua presença apagada no sumário em língua russa. Na pressa, no entanto, se esqueceram de eliminar também a menção no sumário em inglês. Esse incidente grotesco oferece um testemunho eloquente do embaraço em que

---

[21] Nicolas Tertulian, "Theodor W. Adorno-filozoful şi esteticianul!", *Revista de Istorie şi Teorie Literară*, v. 24, n. 1, 1975, p. 25-36. O texto foi reeditado no livro *Experienta, artă, gindire* (Bucareste, Cartea Romaneasca, 1977), p. 87-108.

a figura de Lukács mergulhou na burocracia ideológica soviética. Na Romênia, a redação da revista semanal *Gazeta Literară*, publicada pela União dos Escritores – que, como todas as outras publicações, estava submetida à censura ideológica das instâncias do partido –, aceitou, no entanto, publicar meu artigo intitulado "György Lukács ou a 'síntese impossível'", escrito por ocasião do falecimento do filósofo e que continha um elogio sincero a seu pensamento. Maurice Nadeau publicou uma versão francesa desse texto em *La Quinzaine Littéraire* (n. 122, 16-31 jul. 1971) e Elena Croce, a filha mais velha de Benedetto Croce, a versão italiana em sua revista romana *Settanta* (n. 16-17, 1971). Depois da publicação do texto na *Quinzaine*, recebi uma carta, expedida de Chicago, da parte da filósofa americana de origem indiana Gayatri Chakravorty Spivak, que queria saber mais sobre a obra e o pensamento de Lukács. Na França ou na Itália, Lukács desfrutava de um público e de um prestígio muito maiores do que nos então chamados "países marxistas". Mesmo na Hungria, seu país natal, que se orgulhava de ter produzido um filósofo da estatura de Lukács, seu pensamento da maturidade teve que superar uma série de obstáculos para se impor – já mencionei as brigas a que as instâncias do partido submeteram o filósofo quando ele quis publicar sua *Estética*. Certas obras importantes como *O jovem Hegel* ou *A destruição da razão*, redigidas em alemão, da mesma forma que a maior parte de seus escritos, só foram publicadas em húngaro após a morte do filósofo, na segunda metade dos anos 1970. Na União Soviética, Lukács permaneceu, durante décadas, um autor absolutamente desconhecido, mais precisamente até 1985-1986, anos de degelo gorbacheviano, quando enfim se publicou a tradução de sua *Estética*. Não se deve acreditar que na Romênia o resultado final tenha sido muito diferente, apesar do êxito notável da publicação de vários de seus escritos representativos, inclusive da *Estética* e da *Ontologia do ser social*, graças às circunstâncias particulares já mencionadas. Nenhuma obra de Lukács traduzida em língua romena teve direito a um comentário, por menor que fosse, na imprensa ou em revistas publicadas pelo partido comunista romeno (nem na *Scînteia*, o jornal diário do partido, nem em sua publicação mensal, a *Era Socialistă*, nem em qualquer outra publicação). Os ideólogos do partido receberam com silêncio glacial a publicação de seus escritos, como se nada tivesse acontecido.

Nada de surpreendente nesse mutismo. O partido comunista romeno era profundamente staliniano, e suas referências superficiais ao "materialismo dialético e histórico" não poderiam enganar ninguém. O espírito vivo do pensamento de Marx, seu caráter crítico, desmistificador e emancipador não apenas eram completamente estranhos, mas causavam medo. Marx foi um oponente implacável da censura à imprensa (que o partido romeno instaurou e exerceu durante décadas por meio de formas rigorosamente institucionalizadas), um opositor vigoroso da autocracia e do despotismo de Estado (um dos livros que meus amigos do

Ocidente tentaram enviar para mim em Bucareste, e que nunca pude receber porque a censura estava decidida a não deixá-lo entrar, era a célebre obra de Karl August Wittfogel, *O despotismo oriental*, que se ocupou, na realidade, das antigas monarquias asiáticas, mas cujo título isolado parecia evidentemente assustar muito os vigilantes censores romenos, já que um espírito mal-intencionado poderia achar que a fórmula se aplicava perfeitamente ao regime de Ceauşescu). Marx era também um teórico da autodeterminação e do "controle dos produtores associados" sobre a vida social. A política do partido comunista romeno, que parecia, ao menos no início, após a tomada do poder, se inspirar nos ensinamentos de Marx e de Lênin (seus escritos eram efetivamente traduzidos e difundidos em edições de grande tiragem, mesmo que a maior parte fosse reservada aos escritos do camarada Stálin e, sobretudo, dos dirigentes romenos), foi apenas uma variante nativa da linha staliniana, suplantada gradualmente por um nacionalismo delirante. A constante da política dos dirigentes do partido, do tempo de Gheorghiu-Dej, assim como de seu sucessor Nicolae Ceauşescu, foi reprimir qualquer tentativa de democratização real da vida social do país (as ações repressivas e a onda de purificação desencadeadas em 1958, dois anos depois dos acontecimentos da Hungria, são apenas um episódio, certamente significativo, dessa política). A conservação a qualquer custo do poder discricionário da oligarquia do partido era sua principal preocupação. A marginalização cada vez mais intensa de tudo que pudesse lembrar a inspiração originária do pensamento de Marx, em particular de sua vocação crítica e desmistificadora, era um corolário dessa política. Um verdadeiro ostracismo se instaurou progressivamente em relação àqueles que ousavam reivindicar o espírito vivo do pensamento marxiano para buscar uma reflexão crítica sobre a sociedade romena.

A virada da política do partido romeno de um stalinismo linha dura, calcado no modelo soviético, para um nacionalismo não menos linha dura (essa virada começou a partir do fim do "reinado" de Gheorghiu-Dej, mais explicitamente em 1964, e encontrou sua plena realização sob Nicolae Ceauşescu, de 1964 a 1989, ano da queda do ditador) foi a expressão típica da estratégia dos dirigentes do partido para bloquear a qualquer custo a menor tentativa de democratização real da vida social do país. Seu objetivo era impedir de toda forma o questionamento do poder despótico do partido e assegurar a continuidade de sua dominação. Após o período de subjugação quase total à linha soviética, por meio da exaltação do sentimento nacional e da independência romena, enaltecendo o orgulho nacional dos romenos, Ceauşescu e sua equipe esperavam recuperar um pouco da confiança do povo e dos intelectuais, mas conservando o poder autocrático do partido (alguns, entre estes últimos, se mostraram efetivamente sensíveis a essa pretendida virada). A combinação *sui generis* de práticas stalinianas e nacionalismo escandaloso, de um verniz "marxista-leninista" (continuava-se a glorificar o "ideal comunista" e a santificar o partido) e de uma demagogia nacionalista elevada a formas extremas e frequentemente grotescas (Ceaușescu se proclamava o continuador direto dos antigos reis dácios Decébalo e Burebista), forneceu a marca específica do "socialismo nacional" promovido pelo partido comunista romeno sob o "reino" de Nicolae Ceaușescu.

Pôde-se assim ver um partido que se intitulava "comunista" – que reivindicava, portanto, uma ideologia nascida sob o signo do internacionalismo e da abolição de todas as discriminações nacionais ou raciais – institucionalizar a discriminação nacional e, sobretudo, antissemita, embora, como é evidente, se abstivesse de mencionar isso em documentos públicos para não oferecer provas demasiado tangíveis da continuidade com as práticas da antiga extrema direita romena. Nos ministérios e nas grandes instituições públicas, foram criadas comissões para examinar de perto a "composição nacional" do corpo de funcionários e garantir que a percentagem de judeus e outras pessoas estrangeiras fosse a mais reduzida possível, realizando operações de purificação étnica; a do Ministério da Cultura devia verificar a composição das redações das revistas sob sua égide. Radu Popescu, um amigo próximo, diretor da *Teatrul*, me contou horrorizado e, ao mesmo tempo, se divertindo, os acalorados debates suscitados na comissão por causa da presença em sua redação de um publicitário, Alecu Popovici, que as informações davam como judeu, apesar de seu nome soar rigorosamente romeno (soube-se depois que sua mãe era judia). A comissão, presidida pelo vice-ministro da Cultura, se perguntava se, nessas condições, ainda era desejável ter Alecu Popovici entre os redatores da *Teatrul*, pois sua presença desequilibrava ainda mais uma "composição nacional" julgada duvidosa pelas instâncias do partido.

Foi necessário evocar práticas desse tipo, que institucionalizavam o critério étnico, para ilustrar a maneira como se desenvolveu na Romênia, sob o estímulo direto da direção do partido e principalmente de seu secretário-geral, um clima de frenesi nacionalista que, combinado com o exercício do poder do mais puro tipo staliniano, deveria necessariamente ser acompanhado por uma animosidade cada vez mais profunda em relação a todo pensamento crítico, rejeitado por sua ação dissolvente e por seus efeitos "antipatrióticos". O regime mantinha o culto da "comunidade nacional" em um espírito totalmente análogo aos estereótipos do pensamento da antiga extrema direita romena e europeia, e exaltava, inspirado pelo mesmo modelo, o passado glorioso dos ancestrais daco-trácios, mantendo no esquecimento tudo o que pudesse remeter à doutrina marxiana da sociedade, suspeita de subverter por sua vocação crítica a coesão da nação. É preciso chamar as coisas pelo seu nome, pois, na literatura crítica sobre a história do comunismo romeno, muitas vezes elas são deixadas sob silêncio: o "comunismo nacional" promovido pelo regime de Ceaușescu se desembaraçou cada vez mais das referências à fundação marxiana do comunismo e as coisas foram tão longe que, na Faculdade de Filosofia da Universidade de Bucareste, era possível ouvir professores exigindo publicamente que se parasse de associar a doutrina do comunismo romeno com o nome de Marx. Eles expressavam sem reticências sua repugnância em ver o caminho especificamente romeno para o socialismo associado a um nome de conotações tão alógenas (subentendido: judaicas) e pediam *expressis verbis* que se parasse de utilizar a locução "socialismo marxiano". O nome do "conducător" devia servir de propaganda do partido, nas resoluções do Comitê Central ou nos diferentes documentos oficiais, como única referência político-ideológica.

Os principais ideólogos do regime de Ceaușescu não escondiam seu desprezo profundo por aqueles que insistiam em procurar nos escritos de Marx ou de pensadores marxistas esclarecimentos para a prática social, olhando-os ao mesmo tempo com grande desconfiança, pois eles testemunhavam por sua simples presença anacrônica e por sua atividade, por mais marginalizada que fosse, a distância abissal que separava as práticas do regime do espírito da doutrina da qual continuavam, hipocritamente, a usurpar o nome. As fórmulas rituais "partido marxista-leninista", "edificação do socialismo e do comunismo" foram esvaziadas de todo sentido, pois o jargão dominante se transformou em uma retórica nacionalista primária. O escritor Alexandru Ivasiuc, um dos poucos intelectuais romenos que continuavam a se interessar pelo pensamento de Marx e que publicou, na *Gazeta Literară*, uma série de artigos sobre o conceito de humanismo no jovem Marx (no início dos anos 1970), nos contou a respeito do sorriso zombeteiro com que Cornel Burtică, dirigente do partido e membro do birô político que, na época, era responsável pela propaganda e pelo trabalho ideológico, tinha acolhido sua iniciativa: o personagem em questão, grande adulador de Ceaușescu (que ele comparava, em seus artigos, a Napoleão Bonaparte, enquanto seu rival Dumitru Popescu, outro alto personagem do regime, considerava mais pertinente associar o papel histórico de Ceaușescu ao de Péricles e ao de César), havia dito a Ivasiuc que a "dialética" que o prosador elogiava em seus artigos era na verdade um simples truque, um jogo de prestidigitação (a expressão que ele empregou era "um *hocus pocus*", "um truque de mágica"), e que seria melhor não utilizá-la para não confundir a cabeça das pessoas (ele havia perguntado ironicamente a Ivasiuc se ele não teria se tornado "youpin", *jidan**, pois segundo ele a dialética era uma "invenção judaica"). Pode-se perceber bem a *forma mentis* dos quadros superiores do regime: a dialética hegeliana ou marxiana parecia-lhes uma perversão do pensamento, da qual era necessário livrar-se para dar lugar a um pensamento muito mais simples e luminoso.

---

* Termos pejorativos para designar o judeu. (N. T.)

Lukács ou o retorno à verdadeira especulação filosófica

Os esforços para divulgar o pensamento de Lukács na Romênia, em particular por meio da tradução de suas duas grandes obras de síntese, a *Estética* e a *Ontologia do ser social*, eram sinônimos de um retorno à grande tradição do pensamento especulativo. O pensamento de Marx, interpretado por Lukács, deixava de ser um pensamento de caráter puramente instrumental, uma ideologia submetida a objetivos puramente pragmáticos, para reencontrar suas verdadeiras bases teóricas. Os últimos livros de Lukács traziam um grande número de análises categoriais, algumas com caráter profundamente inovador. A vida cotidiana (*das Alltagsleben*) e o pensamento cotidiano (*das Alltagsdenken*) adquiriram direito de cidadania na fenomenologia da vida social e foram consideradas a terra nutriz das atividades superiores do espírito. A oposição entre desantropomorfização (vocação da ciência) e as formas variadas de antropomorfização (da qual a arte era o maior exemplo) foi colocada na base de sua *Estética*. Uma verdadeira explosão de categorias atravessava o discurso teórico dessa última obra: podemos citar o par categorial substancialidade-inerência, a utilização da célebre descrição hegeliana da "alienação de si e [de] sua retroação" (*die Entäusserung und ihre Rücknahme*) como modelo de inteligibilidade da criação artística, o conceito de "*mimese* evocadora", a potente reabilitação do conceito de catarse, a análise da categoria da particularidade (*die Besonderheit*), a valorização das categorias hegelianas do "em-si", "para-si" e "em-si-para-si" a fim de definir a obra de arte como "ser-para-si" (*das Kunstwerk als Fürsichseiendes*). A *Ontologia do ser social* aportava uma descrição sinfônica do ser social, na qual cada atividade encontra seu lugar específico, concretizando o projeto de uma "ontologia crítica" que rompia com os esquemas deterministas ou teleológicos do materialismo histórico canonizado pela tradição. Os conceitos de "especificidade do gênero humano" (*Gattungsmässigkeit* e *Menschengattung*), de "gênero humano em-si" e de "gênero humano para-si" (distinção introduzida pela primeira vez por

Lukács) ocupavam o primeiro lugar na reinterpretação do pensamento de Marx: não se tratava mais, como em *História e consciência de classe*, de mitologizar o proletariado como sujeito-objeto idêntico da história, mas de definir a *humanitas* do *Homo humanus* como entesouramento de qualidades e aptidões em perpétuo desenvolvimento. O conceito de alienação, completamente ocultado pelo marxismo staliniano, reencontrou sua forte pertinência. As consequências para a prática social de tal interpretação renovada de Marx eram consideráveis: a "estatolatria" e o fetichismo do partido eram atingidos no coração, pois o único verdadeiro sujeito da história era o gênero humano em sua historicidade e em sua universalidade. A passagem do reino da necessidade ao reino da liberdade era descrita no espírito do realismo histórico, sem nenhuma concessão ao voluntarismo de tipo staliniano.

O pensamento do último Lukács se distingue também pela abertura demonstrada em relação a vários filósofos importantes, totalmente estranhos ao marxismo, dos quais ele havia explorado a obra e se apropriado de alguns de seus resultados: os nomes que podem ser citados, em primeiro lugar, são os de Nicolai Hartmann, Arnold Gehlen e Werner Jaeger. Ele chegou assim a romper a guetização funesta que caracterizava o marxismo oficial da época, confinado pelo stalinismo e pelo zhdanovismo a uma autossuficiência não desprovida de arrogância. Devemos mencionar, no mesmo sentido, a forma como o autor da *Estética* e da *Ontologia do ser social* se baseou na obra de sociólogos americanos como Charles Wright Mills, David Riesman ou William H. Whyte, mas também nas obras de um grande economista liberal como John K. Galbraith, teses destinadas a sustentar suas próprias análises.

O projeto de edificar uma "ontologia do ser social" surgiu em Lukács sobre o pano de fundo da doutrina hartmanniana dos níveis ontológicos e de sua diferenciação progressiva (ser inorgânico, ser orgânico, ser social). Lukács se sentiu plenamente amparado em sua análise da categoria do trabalho como "fenômeno originário" da vida social pelas considerações de Hartmann sobre a unidade indissociável entre teleologia e causalidade (ver o livro deste último, *Teleologisches Denken*, publicado postumamente em 1951, muito apreciado por Lukács). Ele aproveitou o antiteleologismo fundamental do pensamento de Hartmann para desmistificar os fantasmas necessitaristas e providencialistas do marxismo dogmático (que tratava o socialismo como uma fatalidade do processo histórico e não como uma "possibilidade", cuja atualização depende de múltiplos fatores). Ele se identificou plenamente com a crítica feita por Hartmann à fenomenologia husserliana, ao neopositivismo e ao pragmatismo, e, sobretudo, com a desaprovação infligida, com sólidos argumentos especulativos, ao pensamento do Ser de Heidegger. Sem se deixar dissuadir pela dóxa difundida sobre a obsolescência do pensamento hartmanniano, ele enfatizou vigorosamente seus méritos históricos, sem poupar as críticas em relação a seus limites[1].

O forte interesse de Lukács pela antropologia filosófica de Arnold Gehlen mostrou outra face de seu pensamento: a necessidade de apoiar sua especulação ontológica e estética nas conquistas das ciências humanas, em particular nas pesquisas de antropologia genética. Para um pensador que, em seu tratado sobre estética, concedeu um lugar primordial à gênese da atividade estética, por meio de sua diferenciação progressiva de outras atividades da consciência, os trabalhos de Gehlen ofereciam uma riqueza de teoremas de caráter biológico e antropológico que encorajavam Lukács em sua abordagem genético-ontológica. A categoria de liberação (*Entlastung*), por exemplo, introduzida por Gehlen para explicar a especificidade das atividades humanas em relação às condutas animais (o olho humano está apto a apreender os aspectos táteis das coisas, liberando a mão e permitindo que ela se dedique a atividades superiores), é amplamente utilizada por Lukács em suas análises da gênese da atividade estética. Ele se empenhou em identificar as múltiplas mediações que conectam atividades cotidianas à atividade estética, a sua gênese progressiva por meio da liberação do sincretismo das práticas originárias (o modo, por exemplo, como a dança ou as representações figurativas se liberaram das práticas mágicas ou religiosas e se constituíram em práticas autônomas): as análises de Gehlen sobre a "cooperação dos sentidos" ou sobre a imaginação do movimento (*Bewegungsphantasie*) forneciam ao esteta fundamentos antropológicos para sua teoria da gênese da arte[2].

A abertura de Lukács a pensadores totalmente estranhos ao marxismo não deixou de ser fortemente contestada por seus adversários, que, ignorando seus últimos escritos, se esforçavam por apresentá-lo confinado aos esquemas de um marxismo reducionista. A fim de restabelecer a verdade sobre esse ponto, e também sobre outros, fui obrigado a me confrontar com aqueles que se empenhavam em desacreditar seu pensamento, prontos a acusá-lo de todos os estigmas possíveis. Na França, por ter sido criticado severamente pelo filósofo a respeito de seu livro sobre Heine em uma resenha publicada em 1947 em Budapeste

---

[1]   Para uma análise mais detalhada das relações entre os dois pensadores, ver meu estudo "Nicolai Hartmann et Georg Lukács: une alliance féconde", *Archives de Philosophie*, v. 66, caderno 4, inverno de 2003, p. 663-98 [ed. bras.: "Nicolai Hartmann e György Lukács: uma aliança fecunda", em *Lukács e seus contemporâneos*, trad. Pedro Campos Araújo Corgozinho, São Paulo, Perspectiva, 2016, p. 173-227].

[2]   O editor alemão dos escritos de Gehlen e seu principal intérprete, Karl-Siegbert Rehberg, dedicou sua comunicação no colóquio organizado em 1989 em Essen sobre a obra de Lukács às relações entre os dois pensadores: Karl-Siegbert Rehberg, "Instrumentalität und Entlastung. Motive Arnold Gehlens im Werk von Georg Lukács", em Werner Jung (org.), *Diskursuberschneidungen: Georg Lukács und andere* (Bern, Peter Lang, 1993), p. 101-25.

na revista *Csillag*, François Fejtö perseguiu seu compatriota durante décadas com sua atividade política e filosófica vingativa. Em 1985, após um artigo de Fejtö publicado na *Esprit* com o título "György Lukács et la politique" [György Lukács e a política], que além de numerosas inexatidões continha também a afirmação de que Lukács teria se "afastado deliberadamente das correntes de ideias extramarxistas do Ocidente" (Fejtö citava a *Estética* como exemplo de tal *sacrificium intellectus*), enviei à revista um texto de resposta, em que me propus a restabelecer a verdade sobre os pontos mais contestáveis do artigo de Fejtö. Contra sua afirmação sobre o suposto bloqueio do pensamento de Lukács em relação às correntes não marxistas, eu fazia justamente referência ao forte interesse demonstrado pelo último Lukács pelas obras de Nicolai Hartmann, Arnold Gehlen, Werner Jaeger etc.[3]. Mesmo que em sua resposta a meu texto François Fejtö tenha admitido os méritos de vários de meus esclarecimentos, notadamente sobre sua afirmação fantasiosa segundo a qual Lênin teria criticado *História e consciência de classe* por seu "hegelianismo" – me foi fácil lembrar que não há nenhum indício que ateste a existência de tal crítica, nem mesmo de que Lênin tenha conhecido tal obra –, constatei com surpresa que em vários de seus livros ulteriores ele retomou, de modo intacto, essa fabulação[4]. Diante de tal obstinação, eu me recordei da reação de Lukács a um de seus correspondentes brasileiros, Leandro Konder, que havia justamente apontado um artigo mal-intencionado sobre o assunto, publicado por Fejtö na *Esprit* (número de fevereiro de 1961). Lukács respondeu que era impossível levar Fejtö a sério como crítico, lembrando como exemplo que, em seu livro sobre Heine, Fejtö atribuiu a uma poesia desse autor as célebres palavras dirigidas, no *Wilhelm Meister* de Goethe, por Philine ao herói do romance: "[...] *und wenn ich dich lieb habe, was geht's dich an?*" ("e, se eu te amo, o que isso te importa?"). "Não se trata de uma brincadeira; no caso do senhor Fejtö, é uma triste verdade", concluiu Lukács[5].

Se foi necessário lembrar esses fatos incontestáveis, relativos à abertura a pensadores muito distantes do marxismo para se apropriar de seus conhecimentos, pode-se, entretanto, lamentar que Lukács não tenha se debruçado também sobre os escritos estéticos de filósofos como Croce, Dewey ou Ingarden, a fim

---

[3] François Fejtö, "György Lukács et la politique", *Esprit*, n. 106, out. 1985, e minha resposta "Lukács en question", *Esprit*, mar. 1986, p. 123-25, seguida de François Fejtö, "Réponse à Nicolas Tertulian", *Esprit*, mar. 1986, p. 125.

[4] Ver, por exemplo, François Fejtö, *Mémoires: de Budapest à Paris* (Paris, Calmann-Lévy, 1986), p. 202 e 219, ou *Où Va le Temps qui passe?: entretiens avec Jacqueline Cherruault-Serper* (Paris, Balland, 1991), p. 66-7.

[5] Carta de Leandro Konder a Lukács, datada de 12 de dezembro de 1961, e carta de resposta de Lukács a Konder, datada de 5 de janeiro de 1962, publicadas em português em Maria Orlanda Pinassi (org.), *Lukács e a atualidade do marxismo* (São Paulo, Boitempo, 2002), p. 135-6.

de estabelecer um diálogo crítico com suas posições. Tal confronto teria sido de grande interesse, pois permitiria que ele colocasse à prova sua própria doutrina.

No contexto romeno, a tradução e a publicação das últimas grandes obras de Lukács permitiram estabelecer convergências com as melhores tradições do pensamento democrático romeno. A poderosa valorização da obra de Hegel e das raízes hegelianas do marxismo (o capítulo sobre a falsa e a verdadeira ontologia de Hegel na *Ontologia* lukacsiana, publicada em romeno em 1975, é exemplar nesse sentido) encontrou a orientação fundamental dos escritos de um pensador como D. D. Roşca, autor aclamado por sua tese, defendida em Paris em 1928, a respeito da influência de Hegel sobre Taine. Em um estudo publicado em 1943 em seu livro *Linii şi figuri* [Linhas e figuras], D. D. Roşca preconizou um "renascimento do hegelianismo", e ulteriormente, em seus numerosos estudos sobre Hegel, dedicou-se a mostrar a fecundidade do pensamento hegeliano, sem escamotear seus limites. As considerações de antropologia filosófica que permeavam a *Estética* e a *Ontologia*, com a definição do homem como *ein antwortendes Wesen* (um ser que responde) e as análises da especificidade das condutas humanas, remetiam o leitor romeno às considerações simétricas formuladas por um pensador como Mihai Ralea, autor de *Explication de l'homme* [Explicação do homem] (1945), livro publicado em francês em 1949 pela PUF (com tradução de Eugène Ionesco). Os avanços das soluções trazidas pela *Estética* lukacsiana ao problema complexo da autonomia e da heteronomia da arte engendraram uma resposta ao dualismo que atravessava esse assunto na obra fundadora da estética romena, *A estética*, de Tudor Vianu (publicada em 1934-1936, em dois volumes).

A *Ontologia* de Lukács submeteu a um exame crítico as bases ontológicas de várias categorias fundamentais do pensamento de Marx, em primeiro lugar a do trabalho, concretizando-as por meio de distinções importantes (entre objetivação e exteriorização, por exemplo, ou entre reificação e alienação), até delimitar a passagem do reino da necessidade ao reino da liberdade por meio da distinção entre "o gênero humano em-si" e o "gênero humano para-si". Ele idealizou assim, dentro do marxismo, o que se chamou em outro lugar de uma "ontologia da intencionalidade" (a "instauração teleológica" – *die teleologische Setzung* – como a pedra angular de sua ontologia da sociedade), que conduziu a uma teoria da realização da personalidade, concebida como a sinergia das aptidões e das faculdades em uma unidade harmoniosa (ver o capítulo sobre a alienação).

O marxismo conquistou um verdadeiro estatuto especulativo, que ultrapassava definitivamente o abismo que o separava da vulgata oficial (que foi chamada de *Diamat*, o materialismo dialético de fonte staliniana). Longe de ser uma simples ideologia de legitimação, destinada a justificar a política dos partidos no poder,

60 Por que Lukács?

afirmou-se como uma "ontologia crítica", chamada a interrogar as relações complexas entre economia, direito, política e ética, o estatuto da ideologia, a dialética da alienação e da desalienação. Também na filosofia romena da época registravam-se tentativas de retorno à ontologia como ciência filosófica fundamental contra a expansão do neopositivismo e a "demonização da técnica": o tratado de ontologia publicado em 1981 por Constantin Noica (segunda parte da obra *Devenirea întru ființă*, da qual existe uma tradução em francês, *Le Devenir envers l'être* [O devir do ser], publicada em 2008 pela Olms) ofereceu o testemunho mais eloquente[6]. Mas uma distância considerável separava o espírito das duas obras dedicadas à reconstrução da ontologia.

O tratado de Noica era atravessado por um criptofinalismo, pois, em seu discurso, o ser estava marcado por uma forte ênfase axiológica (enquanto Nicolai Hartmann e Lukács se empenharam em distinguir firmemente o *ser* e o *valor*, as determinações do ser e o mundo dos valores, a ontologia e a axiologia). O tratado de Noica causava a impressão de um conto ontológico (podemos recordar que Roman Ingarden qualificou *Ser e tempo*, de Heidegger, de "fábula do Ser" – *ein Märchen vom Sein*). Ele promoveu uma visão hierárquica dos níveis de existência (o caos, a mudança, o devir, o "tornar-se ser" [*devenirea întru ființă*], um "ser de primeira instância" e um "ser de segunda instância", um ser "inconcluso" – o conceito de "precariedade ontológica", de forte conotação finalista, desempenha um papel central em Noica – e um ser "concluso" etc.), sem que se chegue a dar ao conceito de plenitude do ser – a finalidade última de seu discurso ontológico – um conteúdo exato. A distinção lukacsiana entre "gênero humano em-si" e "gênero humano para-si" é, nesse sentido, mais precisa e mais rica de conteúdo. Em Noica, o ser às vezes aparece como uma entidade sobreposta à historicidade, tese que um verdadeiro pensamento da imanência, que recusa toda disjunção entre ser e historicidade, não poderia aceitar. Havia em Noica uma poderosa influência heideggeriana, cuja rejeição da modernidade como época da *Dürftigkeit* (indigência ontológica) e o apelo a reinvestir o mundo do "sentido do ser" (*der Sinn des Seins*, conceito fundador de *Ser e tempo*) são testemunho. É necessário, entretanto, determinar que o discurso ontológico de Noica continha um elogio da razão e da racionalidade que o afastava de um heideggerianismo consequente. Os privilégios com que o autor investia o "sentimento romeno do ser" (esse é o título de uma de suas obras, publicada em 1978) e os ataques contra o Ocidente, portador da decadência ontológica, só poderiam atrair a simpatia

---

6   Em seu *Jurnal de idei* [Diário de ideias], editado postumamente em 1991, Constantin Noica faz em certo momento referência à obra *Para uma ontologia do ser social* de Lukács (ver a seção V, p. 248-9).

do então regime nacionalista. O "protocronismo"* (orientação que designava a primazia romena na criação histórica e cultural), ideologia oficial do regime, encontrava uma legitimação de peso na doutrina de Noica. Suas recriminações contra o espírito "faustiano", questionado devido a seu voluntarismo e a seu racionalismo conquistador (Noica retomou um argumento spengleriano com a finalidade de definir o espírito ocidental), convergiam com a crítica heideggeriana da "vontade da vontade"; os dois pensamentos se identificavam também na exaltação da "comunidade" em oposição à "sociedade". Pode-se observar nessa ocasião que o pensamento heideggeriano, cuja celebração do Ser pode oferecer as bases especulativas para uma mitologização da consciência nacional (é necessário lembrar a forte presença da concepção de destino da "comunidade" e do "povo" no parágrafo 74 de *Ser e tempo*), convinha muito melhor ao nacionalismo reinante do que um pensamento crítico e desmistificador por excelência, como o de Marx, Lukács ou da Escola de Frankfurt.

---

* Protocronismo é uma tendência moderna no nacionalismo cultural. O termo foi cunhado na Romênia para descrever a tendência acentuada que o regime de Nicolae Ceauşescu atribui, com base essencialmente em dados questionáveis e interpretações subjetivas, a um passado idealizado para o país como um todo. (N. T.)

Benedetto Croce *versus* György Lukács

Os teoremas ontológicos e estéticos que estruturaram o pensamento de Lukács precisavam ser colocados à prova por meio do confronto com os pensamentos que alimentavam as mesmas ambições especulativas, mas cujas bases filosóficas eram muito diferentes das suas – e até mesmo opostas a elas. A "ontologia fundamental" de Heidegger, tal como é desenvolvida em *Ser e tempo*, e seu pensamento sobre o Ser, que atravessa os escritos da segunda metade do período, forneciam nesse sentido uma primeira grande possibilidade. Mas havia na filosofia contemporânea pensadores que, como Lukács, se inspiravam na filosofia clássica alemã e principalmente na herança hegeliana e que, por sua vez, se confrontavam bastante com o pensamento de Marx e haviam desenvolvido, também como Lukács, uma rigorosa filosofia da imanência (sendo adversários irredutíveis das "transcendências" e das filosofias da história de caráter teleológico), mas que apoiaram sua reflexão sobre bases filosóficas totalmente opostas, definindo-se como partidários convictos do idealismo: esse foi o caso de Benedetto Croce. O confronto Croce-Lukács, como já mencionei, estava no centro da tese de doutorado que eu defendi em 1972, em Bucareste.

As proximidades entre Croce e Lukács tinham, no meu ponto de vista, várias razões. Os dois pensadores se encontravam na defesa de uma concepção puramente intramundana da filosofia, afastada de toda mistagogia* e das contaminações teológicas. Croce celebrou uma filosofia integral e soberbamente mundana, que era essencialmente, no dizer de Shaftesbury, uma *home-philosophy* (uma filosofia das coisas humanas, ligada à "casa dos homens") e não uma *mock-philosophy*, objeto de derrisão para seus fantasmas especulativos; uma *Weltweisheit* (sabedoria do mundo) e não uma *Gottweisheit*, um sucedâneo da

---

* Ato de iniciar e instruir (alguém) nos aspectos misteriosos de uma religião. (N. T.)

teologia: como não notar a posição próxima de Lukács, que não deixou de defender um pensamento ancorado exclusivamente na imanência (a *Diesseitigkeit*), recusando a tese de Hegel segundo a qual haveria para a religião um lugar ao lado da arte e da filosofia, entre as formas do "espírito absoluto" (a finalidade da religião, de acordo com Lukács, era de ordem prática e não especulativa)? O "historicismo absoluto" de Croce implicou a ideia de que a arte, assim como a filosofia, só poderia ser compreendida em seu enraizamento nos "afetos e necessidades práticas" da época e de que, na presença de todo teorema filosófico, por exemplo, é necessário se perguntar contra que outra proposição filosófica dominante da época ele se dirigia e qual "inquietude" ele estava destinado a apaziguar: a conjunção entre história, arte e filosofia foi também um axioma do pensamento lukacsiano. A abordagem de Lukács, que, em seu tratado de estética, propôs identificar a especificidade da atividade estética por meio da comparação com a atividade científica, com as práticas mágicas ou religiosas ou com a atividade ética, me pareceu estar em certa convergência com a *logica dei distinti* crociana, que dissociava as atividades práticas (economia e ética) das atividades teóricas ou contemplativas (a atividade estética e a atividade conceitual ou lógica), sublinhando também tanto sua distinção quanto sua unidade no que o filósofo italiano chamava "a circularidade das formas do espírito". Apesar da oposição evidente entre o método ontológico-genético, cujo caráter era explicitamente materialista, praticado por Lukács e o idealismo filosófico de Croce, que se apoiava em seus desenvolvimentos sobre a síntese *a priori* kantiana, é possível encontrar conclusões comuns a respeito de certos pontos: os teoremas estéticos crocianos sobre "aconceitualidade da atividade do ser" ou sobre o "ateologismo prático" da arte, assim como a crítica da concepção hierárquica da arte de Hegel, que situava a arte acima da religião e da filosofia na tríade das formas do espírito absoluto – a ponto de a arte aparecer como uma "filosofia imperfeita" –, encontravam seu equivalente, *mutatis mutandis*, na *Estética* de Lukács. Assinalei essas proximidades em minha tese de doutorado.

Convocar Lukács e Croce para o combate a favor de uma filosofia concebida como atividade crítica e discriminante, emancipada de toda tendência mística ou irracionalista, não me parecia uma tarefa tão arriscada. Não se pode esquecer que Benedetto Croce foi um crítico implacável do irracionalismo. A severidade de seus julgamentos sobre o pensamento do último Schelling, sobre Schopenhauer e Nietzsche, a rejeição definitiva do pensamento de Heidegger e a firme desaprovação de Spengler ou de Klages mostravam que seu racionalismo dialético convergia com os de Lukács na escolha de seus alvos. Este último se equivocou, em minha opinião, quando tentou incluir Croce na família de pensadores irracionalistas, forçando o espírito de seus escritos no capítulo introdutório de *A destruição da razão* (as duas páginas dedicadas a Croce mostram um conhecimento muito sumário de sua obra[1]). Mas no centro de minha tese de doutorado e do livro que se seguiu, *Critică, estetică, filozofie*, pode-se encontrar uma tentativa de confrontação entre vários teoremas estéticos fundamentais dos dois pensadores. É a questão da "historicidade" e da "a-historicidade" da arte e da literatura que estava no cerne do debate.

Croce recebera muito mal o livro de Lukács sobre Goethe, publicado em 1947 na Suíça, do qual ele não havia lido nada além do capítulo sobre a "tragédia de Marguerite". Esse autor divulgou uma análise violentamente negativa em sua revista *Quaderni della Critica* (n. 14, 1949), na qual questionava a sociologização excessiva da análise; em sua opinião, Lukács teria projetado de um modo mais que abusivo o infanticídio de Marguerite e sua tragédia sobre o pano de fundo da condição feminina na sociedade da época. Os conhecedores da obra de Lukács sabem, entretanto, que ele foi um adversário declarado do "sociologismo" na interpretação literária (sua desaprovação em relação a Taine era tão firme quanto a de Croce) e que seu objetivo era estabelecer uma conjunção orgânica entre a análise histórica e a crítica estética. Benedetto Croce, por outro lado, defendeu, em sua polêmica contra a interpretação "estetizante" da literatura, a necessidade da contextualização histórica das obras, reprovando justamente o "estetismo por sua cegueira diante dos pressupostos históricos da criação artística"[2]. Ainda na última síntese de seu pensamento estético – o livro *La poesia: introduzione alla critica e storia della poesia e della letteratura* (publicado pela Laterza em Bari em 1936; traduzido para o francês em 1951 pela PUF) –, Croce enfatizou fortemente o caráter "a-histórico" das imagens poéticas, intimamente associado, em seu ponto de vista, ao "lirismo" fundamental da arte: ele enfatizou vigorosamente a dissolução da matéria histórica na universalidade do sentimento. A *Estética* de Lukács trouxe uma solução própria para os dilemas suscitados pela questão da historicidade e da a-historicidade das criações artísticas, em seu esforço de fazer justiça tanto para a "historicidade" quanto para a "transcendentalidade" da arte.

Confrontado com um problema considerado central para a estética, o da distinção entre as produções pertencentes à categoria das "belas-letras" (*die Belletristik*) e as verdadeiras obras de arte (Croce também distinguiu cuidadosamente a expressão literária e a expressão poética, a literatura e a poesia), Lukács recorreu a seu conceito fundamental de "especificidade do gênero humano" (*Gattungsmässigkeit*) para fixar a linha de demarcação entre as primeiras e as segundas. O que se poderia chamar de "ênfase transcendental" das verdadeiras

---

[1] Ver meu texto "Benedetto Croce: critique de l'irrationalisme", *Les Temps Modernes*, n. 575, jun. 1994, p. 95-121.

[2] Benedetto Croce, "Il torto e il diritto dell'estetismos", em idem, *Problemi di estetica e contributi alla storia dell'estetica italiana* (6. ed., Bari, Laterza & Figli, 1966), p. 33-41.

obras de arte devia-se, de acordo com seu ponto de vista, à expressão em sua imanência da substância humana em sua universalidade, ao fato de incorporarem um momento duradouro no devir histórico dessa substância. A historicidade e a universalidade se uniriam na perenidade das obras. A substância humana era, portanto, concebida como uma entidade dinâmica, que se enriqueceria a cada momento no devir histórico.

A especulação estética lukacsiana contestou a concepção das obras como simples expressão de uma "ideologia de classe" (são os produtos do beletrismo que se caracterizavam pela expressão literária de uma simples "particularidade", sociológica ou nacional), procurando na imanência das obras de arte autênticas a expressão de uma *vox humana* de dimensão universal. Os desenvolvimentos da *Estética* giraram em torno de conceitos como *der Mensch ganz* (o homem em sua plenitude condensada), "catarse", a expressão do "núcleo" da personalidade (a distinção goethiana entre o homem como "núcleo" e o homem como "casca" – *Der Mensch als Kern oder Schale* – deu o título de um dos capítulos mais importantes da obra), ou como aquele do mundo na perspectiva da "adequação" (*die Angemessenheit*) às exigências da plenitude das faculdades. Definindo a arte como "consciência de si do gênero humano" (*Selbstbewusstsein der Menschengattung*), Lukács concentrou sua atenção em uma espécie de condensação transcendental do devir histórico: a "consciência de si" era justamente uma cristalização no nível da subjetividade profunda de uma experiência histórica determinada.

As divergências e as convergências com a estética de Croce estavam no centro de meu livro *Critică, estetică, filozofie*. É certo que Lukács concedia muito mais peso à contextualização sócio-histórica das obras. Bastaria comparar seu estudo sobre o *Werther* de Goethe e o capítulo sobre o mesmo romance no livro de Croce a respeito desse autor para medir a distância que os separava (já apontei essa distância anteriormente, lembrando a divergência de abordagem entre eles sobre a obra de Heine). Lukács estava convencido de que a substância estética do romance, sua dimensão universal, portanto, não podia ser dissociada de suas fortes implicações sócio-históricas: a heterogeneidade profunda entre as aspirações do herói e a estrutura sócio-histórica do mundo que o envolvia estavam no centro de suas considerações. Croce via aí sobretudo o romance de uma "doença" e o interpretava como a catarse dessa doença. Historicidade e universalidade eram para Lukács inseparáveis, enquanto Croce permanecia fiel a seu teorema sobre a "a-historicidade" da dimensão poética do romance. Mas, além dessa oposição fundamental, os dois estetas se aproximavam nos fortes destaques colocados no caráter "cósmico" ou de "totalidade" do universo das obras, na vocação catártica da arte ou na imanência do "infinito" na verdadeira atividade estética.

Pode-se mensurar os efeitos que essa constelação de ideias exerceu no clima ideológico de um país de "socialismo real". Em 1971, foi publicado, nas edições científicas de Bucareste, um livro contendo o *Breviário de estética* e a *Aesthetica in nuce*, de Croce, para o qual redigi uma longa introdução[3]: era a primeira tradução de escritos de Croce na Romênia após a Segunda Guerra. Um ano depois, foi publicada a tradução do primeiro volume da *Estética* de Lukács, também com minha introdução[4]. Os dois pensamentos estéticos, por sua aversão comum a toda forma de "utilitarismo" ou de "pragmatismo" na concepção da arte e pela forte ênfase colocada na vocação à universalidade, representavam um forte antídoto contra a ideologização desenfreada praticada pela política oficial. Lukács pôde, aliás, denunciar em sua *Estética* os efeitos funestos das práticas stalinianas na arte e na literatura, atendo-se, em especial, à nulidade da fórmula de Stálin: os escritores são os "engenheiros da alma"; ele manifestava aí um utilitarismo tacanho, uma assimilação da literatura às atividades práticas de caráter técnico, que revelava uma total incompreensão da natureza da atividade estética[5].

Pode-se deduzir até que ponto Lukács era pessimista em relação às perspectivas de uma regeneração do "verdadeiro marxismo" no mundo do Leste a partir da resposta que ele deu a um intelectual inglês, Riggins, que havia manifestado o desejo de ir a Budapeste para estudar o marxismo na universidade. Em uma carta de 2 de setembro de 1968 (ela pode ser consultada no Arquivo Lukács de Budapeste), ele dissuadiu fortemente Riggins de procurar um "ensino do verdadeiro marxismo" na universidade húngara da época, afirmando que uma mudança radical dessa situação não era viável em um futuro previsível. O pensamento autêntico de Marx, que ele chamava de "o verdadeiro marxismo", parecia-lhe proscrito por muito tempo no ensino universitário e nas publicações oficiais do "mundo socialista".

---

[3]   Uma versão italiana dessa introdução foi publicada no mesmo ano em três números sucessivos da *Rivista di Studi Crociani* em Nápoles com o título "Introduzione all'estetica di Croce" (n. 2, 3 e 4, 1971).

[4]   A versão francesa dessa introdução constitui o capítulo intitulado "La grande esthétique" de meu livro *Georges Lukács: étapes de sa pensée esthétique* (Paris, Le Sycomore, 1980), p. 179-378 [ed. bras.: *Georg Lukács: etapas de seu pensamento estético*, trad. Renira Lisboa de Moura Lima, São Paulo, Editora da Unesp, 2008, p. 189-234].

[5]   Ver G. Lukács, *Werke*, v. 11: *Die Eigenart des Ästhetischen*, I (Neuwied, Luchterhand, 1963), p. 842-3.

Lukács e a crítica literária

Fundada numa estética que, por sua vez, estava enraizada numa teoria geral das atividades da consciência (numa "filosofia do espírito", segundo a fórmula de Croce), a crítica literária lukacsiana se situava no lado oposto do impressionismo e de toda forma de relativismo ou ceticismo estético. O jovem Lukács, no célebre texto que abre sua coletânea de ensaios intitulada *A alma e as formas* (1911), definiu o ensaísta como aquele que, "por ocasião" das obras, levanta grandes questões existenciais, transcendendo a pura imanência estética para se elevar até as "ideias" geradoras; o crítico era, para o autor do texto "Sobre a essência e a forma do ensaio", um espírito platônico (Lukács adotava uma fórmula de Rudolf Kassner) que se elevava ao mundo dos protótipos[1]. Mais tarde, Lukács não deixará de reiterar sua convicção de que a crítica é muito mais que uma questão de gosto, pois a identificação por empatia com o movimento interior da obra é apenas a primeira etapa do ato crítico: o verdadeiro crítico inclui em sua análise um conjunto de conceitos que se articulam dentro de uma estética e de uma reflexão mais geral sobre a relação da obra com a sociedade e a história. O ensaio "Escritor e crítico" (1939), que figura no final da coletânea *Problemas do realismo*, privilegia a figura do crítico-filósofo (Lessing, Diderot, Bielinski estão entre os nomes citados), aquele que, em suas análises, levanta questões estéticas ou sócio-históricas de alcance universal. Era necessário, portanto, agir de forma enérgica para dissipar o preconceito estetizante, de acordo com o qual haveria um hiato entre o puro juízo do gosto e a reflexividade filosófica. Segundo esta última maneira de ver as coisas, é necessário encerrar-se na pura espontaneidade da reação estética, sem se deixar sobrecarregar com as distinções áridas dos tratados de estética e menos ainda com as filosofias da história ou com as especulações ontológicas.

---

[1] Ver, nesse sentido, meu "Prefácio" ao *Journal 1910-1911*, de Lukács (Paris, Payot & Rivages/ Rivages Poche/Petite Bibliothèque, 2006), p. 14-5.

De Benedetto Croce a Adorno, passando por Lukács, a ideia de que o verdadeiro ato crítico está sustentado nos conceitos estéticos e filosóficos que permitem fundar as distinções entre "poesia", "não poesia" e "antipoesia" (para retomar as fórmulas de Croce) e contextualizar de modo adequado as obras, estabelecendo tanto sua "historicidade" quanto sua "transcendentalidade", se impôs intensamente. Basta recordar que Croce salientou em seu *Breviário de estética* que o crítico é "um filósofo adicionado ao artista" (*philosophus additus artifici*), pois o ato crítico é chamado a levar a luz do pensamento ao processo de reevocação fantástica da obra; Lukács, por sua vez, contestou explicitamente a ideia de que a crítica seria uma atividade artística, uma forma de arte que se desenvolveria à margem da obra originária; ele defendeu, ao contrário, a conexão íntima entre crítica e reflexão filosófica; Adorno, enfim, sublinhou em diferentes lugares e, mais particularmente, em sua *Teoria estética* que a experiência estética não chega a se explicitar verdadeiramente senão por meio de conceitos concretos, no sentido hegeliano da palavra, tendo por definição um caráter filosófico. O texto de Croce, "La critica letteraria come filosofia" (1918), reproduzido na edição definitiva dos *Nuovi saggi di estetica*, no qual ele mostrou que mesmo um crítico que se reivindicasse puramente "impressionista", como Jules Lemaître, era de fato tributário, em sua posição, dos teoremas estéticos kantianos formulados na *Crítica da faculdade de julgar*, reforçou, na época, minhas afinidades com a abordagem filosófica lukacsiana da literatura: meu livro *Critică, estetică, filozofie* se iniciava com um texto intitulado "Crítica estética", em que eu defendi as posições supramencionadas, e era finalizado com um capítulo dedicado à "Crítica e filosofia", no qual demonstrei o mesmo ponto de vista por meio de uma comparação entre os pensamentos sobre a arte de Croce, de Heidegger e de Lukács.

Na França, no início dos anos 1950, Gaëtan Picon publicou *L'écrivain et son ombre* [O escritor e sua sombra], com o subtítulo *Introduction d'une esthétique de la littérature* [Introdução de uma estética da literatura] (Gallimard, 1953), que abordava a questão das relações entre crítica e estética a partir de uma perspectiva bem particular, com a marca das melhores tradições da crítica impressionista francesa. Picon era um dos raros críticos literários franceses que tinham grande interesse pela estética filosófica contemporânea, mas seu objetivo último era estabelecer uma distinção, aliás bastante discutível, entre estética e filosofia da arte. A abordagem filosófica da arte parecia encobrir o momento especificamente estético do juízo do gosto, pois ele interrogava por definição o ser da arte, mas não o valor das obras. As considerações de Picon gravitavam incessantemente em torno da distinção entre juízo de fato e juízo de valor, com a finalidade de salvaguardar a autonomia do juízo estético em relação a uma abordagem doutrinária, seja ela qual for. O marxismo, a psicanálise, as teorias sociológicas da arte, mas, mais globalmente, a estética filosófica enquanto tal, tanto a de Hegel quanto a de

Croce, eram alternadamente visadas, em nome do mesmo postulado da irredutibilidade do juízo de valor a toda teoria da essência da arte: é nesse sentido que estabeleci a filiação com a tradição impressionista da crítica francesa. A distinção operada por Picon entre estética e filosofia da arte me pareceu dificilmente sustentável, assim como a dicotomia entre juízo de fato e juízo de valor aplicada à esfera estética. Em um artigo publicado em 1957 na *Viața Românească*, tentei mostrar que uma verdadeira filosofia da arte, longe de se esquivar do problema do valor, deveria oferecer critérios teóricos para distinguir as criações autênticas dos produtos artísticos de qualidade inferior. A autonomização do juízo de valor em relação ao juízo de fato é impossível, pois na esfera da arte e da literatura o ser da obra coincide com seu valor. Mais tarde, o contato com a estética fenomenológica, em particular com os escritos de Roman Ingarden (meu último livro publicado na Romênia, *Perspective contemporane* [Perspectivas contemporâneas], lançado em 1981, incluía um texto sobre a estética fenomenológica), me permitiu descobrir uma reflexão a respeito da arte que abordava a questão levantada por Gaëtan Picon sobre uma base mais rigorosa e mais sistemática. Ingarden admitia efetivamente uma distinção entre as qualidades das obras que seriam "axiologicamente neutras" e as qualidades especificamente estéticas, que seriam por definição saturadas de valências axiológicas (*ästhetisch wertvolle Qualitäten*), distinguindo-as mesmo entre "qualidades artísticas" e "qualidades estéticas". Mas, diferentemente de Picon, ele enfatizava fortemente o caráter *objetivo* das qualidades estéticas, atribuindo ao sujeito receptor apenas a função de revelá-las. A autonomização do juízo estético considerada por Picon eminentemente subjetiva, em oposição ao discurso objetivo das filosofias da arte, era para o crítico francês, no contexto da época – após Sartre ter publicado seu famoso texto *Qu'est-ce que la Littérature?* [O que é a literatura?] (1948) e do qual a interpretação marxista da literatura conheceu na França e em outros lugares uma audiência crescente –, uma tarefa teórica destinada a marcar os limites de uma abordagem bastante ideológica do fenômeno estético e a destacar a irredutibilidade da abordagem estritamente estética. O grande elogio atribuído por Gaëtan Picon às perspectivas estéticas de André Malraux, no estudo que ele lhe dedicara e que era um hino à potência demiúrgica da arte e a sua vocação de instaurar mundos autônomos, ia no mesmo sentido. O interesse que *Introduction a une esthétique de la littérature* [Introdução a uma estética da literatura] demonstra pela estética filosófica moderna e contemporânea e, nesse contexto, as reservas expressas por Gaëtan Picon em relação ao reducionismo ideológico das interpretações marxistas ou marxisantes (ele lembrava Sartre de que a frieza ou a hostilidade manifestadas por Flaubert em relação à Comuna não prejudicavam em nada a qualidade estética de seus romances) me levaram a aproveitar uma de minhas primeiras estadas em Paris, na segunda metade dos anos 1960, para lhe pedir um encontro e falar da estética de Lukács como uma tarefa teórica que se propunha a procurar na interioridade das obras, em sua "forma interna", a inscrição sublimada das tensões sócio-históricas, abolindo assim o hiato entre "crítica ideológica" e "crítica estética" e respondendo desse modo implicitamente ao desafio que ele havia lançado à crítica marxista. Eu poderia ter lembrado, no mesmo sentido, os escritos sobre estética de Adorno, em particular seus notáveis textos de crítica musical, que se distinguiam pelo mesmo projeto de buscar na interioridade das obras a "migração" (Adorno emprega essa fórmula em suas lições sobre a sociologia da música) da exterioridade histórico-social; ele chegou a interconectar de modo plausível a análise estritamente estética e a perspectiva sociológica. Gaëtan Picon, que ocupava na época um cargo importante no Ministério da Cultura dirigido por Malraux (ele era diretor de Artes e Letras), me recebeu muito gentilmente e, com interesse, tomou conhecimento de minhas pesquisas. Diretor de estudos na École des Hautes Études en Sciences Sociales (Ehess), ele me convidou para ir a Paris a fim de fazer uma exposição sobre a estética de Lukács em seu seminário nessa instituição. De Lukács ele conhecia sobretudo o livro *O romance histórico*, e estava convencido de que o método lukacsiano obtinha seus melhores resultados na análise de produções literárias, em que a junção entre história e literatura acontecia de maneira direta. Picon acolheu favoravelmente minha exposição sobre *Estética* de Lukács, da qual ele tomava conhecimento pela primeira vez, e no longo comentário que se seguiu manifestou, para minha grande surpresa, um interesse particular pelo conceito lukacsiano de mimese. Sua assistente, Geneviève Bollème, especialista em literatura popular, também presente no encontro, se mostrou interessada principalmente pela ligação de Lukács com o pensamento de Vico (eu recordei a filiação Vico-Hegel-Lukács ao falar do profundo historicismo do método lukacsiano).

Retornando por um instante à situação romena e às relações de poder com os intelectuais sob o regime de Ceauşescu, gostaria de lembrar brevemente as circunstâncias em que cheguei a estabelecer e desenvolver um certo número de contatos com personalidades intelectuais do mundo ocidental. Poder-se-ia perguntar, com razão, como tais relações foram possíveis sob um regime que levava ao extremo a vigilância policial das pessoas, que perseguia o objetivo de controlar cada um de seus movimentos e que desconfiava terrivelmente dos contatos que os intelectuais autóctones podiam estabelecer com escritores, jornalistas ou filósofos ocidentais. Mencionei anteriormente a duplicidade da política do regime, que, de um lado, dirigia com mão de ferro a vida social do país, fazendo proliferar uma polícia política onipresente (sobre o pano de fundo de um nacionalismo frenético destinado a mobilizar a comunidade nacional em torno dos objetivos do partido e de seu guia), mas que, de outro lado, queria passar ao Ocidente a imagem de uma certa "abertura" para ganhar apoios econômicos e políticos para sua "política independente". Nesse contexto, mesmo estando submetido a um regime de vigilância draconiano, às piores vexações e humilhações da parte de um aparelho que fazia o indivíduo sentir constantemente sua total dependência da boa vontade do partido e do Estado, podia-se aproveitar a margem de liberdade criada pelo jogo enganador do poder em relação ao Ocidente. Em se tratando de minha experiência pessoal, os contatos que pude estabelecer com intelectuais ocidentais e os deslocamentos que fiz além da Cortina de Ferro foram possíveis pelo encontro de escritores ou de críticos vindos do Ocidente, que visitavam a Romênia em número cada vez maior depois da "détente" e da "abertura" citadas mais acima. As condições muito particulares em que se desenrolaram esses encontros na Romênia da época de Ceaușescu podem ser demonstradas com um pequeno exemplo. O correspondente do *Le Monde* em Bucareste, Manuel Lucbert, que minha esposa e eu tínhamos conhecido, nos visitava às vezes, ocasião em que trocávamos opiniões sobre eventos da vida literária e mais geralmente sobre a vida social do país. Perfeitamente informado sobre as práticas do regime e, portanto, sobre a vigilância policial onipresente, Manuel Lucbert chegava a nossa casa sem dar nenhum telefonema prévio, tomando o máximo de precauções possíveis para enganar a vigilância daqueles que estavam encarregados de vigiar e, assim, nos poupar de eventuais aborrecimentos (ele agia de forma natural, com nosso total acordo, pois todos nós sabíamos a que ponto os contatos com jornalistas estrangeiros eram malvistos). A chegada à Romênia, nos anos 1960 ou 1970, de escritores ou publicistas como Giancarlo Vigorelli, secretário-geral da Comunidade dos Escritores Europeus (Comes), Jean de Beer, secretário-geral do PEN Club Français, François Bondy, diretor da revista *Preuves*, publicação editada pelo Congresso Europeu da Cultura, foi para mim a oportunidade de estabelecer contatos que me permitiram receber ulteriormente os primeiros convites para participar de reuniões culturais nos países ocidentais. Vigorelli, por exemplo, sensível a meu forte interesse pela obra de seu ilustre compatriota Benedetto Croce, me propôs participar da primeira reunião da Comes, que aconteceu em Roma em 1965. Jean de Beer, que era um grande admirador de Teilhard de Chardin, ficou contente de encontrar em Bucareste um interlocutor para discutir o pensamento teilhardiano e o evolucionismo moderno (aí compreendidas as relações com o marxismo), e me convidou por vários anos seguidos para os colóquios Teilhard de Vézelay (devo a ele minhas duas primeiras idas à França). François Bondy, espírito de uma enorme mobilidade intelectual, interessava-se pela figura de Cioran, mas frequentemente também por Lukács, e se mostrava pronto a apoiar o máximo possível os contatos dos intelectuais do Leste com o mundo ocidental; graças a ele e a seu colaborador, Konstanty Jeleńskie, e também a Pierre Emmanuel, pude receber, por meio de sua associação, numerosos livros publicados na época na França e em outros lugares. Em Roma, por ocasião da primeira assembleia geral da Comes, durante o verão de 1965 (da qual participei a título puramente pessoal, como convidado de Vigorelli, fora da delegação oficial dos escritores romenos enviados por Bucareste e dirigida pelo presidente da União dos Escritores, Zaharia Stancu), conheci André Frénaud e Bernard Pingaud, com quem estabeleci uma amizade duradoura. Também em Roma conheci Maurice Nadeau, que mais tarde me solicitaria diferentes artigos para *La Quinzaine Littéraire*, em particular sobre Lukács e Heidegger, enviando--me, por exemplo, a Bucareste o livro de Yvon Bourdet, *Figures de Lukács* (Paris, Éditions Anthropos, 1973), me pedindo ainda uma resenha para sua revista.

O caso Naphta

Meu artigo sobre *Figures de Lukács* [Figuras de Lukács] suscitou a réplica de Yvon Bourdet, a quem Nadeau havia enviado meu texto, e, assim, uma disputa se estabeleceu nas páginas da *Quinzaine* (ver n. 170, 1-15 de setembro de 1973). Recordo essa polêmica porque o objeto da controvérsia foi muito discutido, tanto na literatura crítica sobre Lukács como na de Thomas Mann, e ainda não deixou de alimentar os comentários e as hipótese mais contraditórios: trata-se da tese de que Lukács teria servido de modelo para Thomas Mann compor, em seu romance *A montanha mágica*, o retrato de Naphta, o pequeno jesuíta terrorista que desenvolve, em relação a seu antagonista Settembrini, teorias que misturam pensamento medieval, com fortes traços obscurantistas, e doutrina comunista, com elogio da ditadura do proletariado. Yvon Bourdet, ao lado de muitos outros (é necessário dizer que seu nome faz parte de uma legião numerosa, de inimigos jurados de Lukács, como seu compatriota Karl Kerényi, especialista conhecido da mitologia grega, ou Daniel Bell, autor de *O fim da ideologia*, até mentes muito próximas a ele, como o historiador da literatura Hans Mayer), tentou utilizar a figura de Naphta, da qual Thomas Mann não deixou de dizer que se tratava de uma construção puramente imaginária, como uma chave hermenêutica para desenhar o retrato ideológico de Lukács. Em meu artigo de *La Quinzaine Littéraire* sobre o livro de Bourdet, me opus fortemente àquilo que me parecia ser uma operação ideológica tendenciosa. Eu me empenhei em demonstrar o quanto o autor se enganava fazendo de Naphta, personagem de ficção que encarnava uma figura típica da "revolução conservadora", o protótipo do militante "leninista-staliniano", para o qual Lukács teria servido de modelo. O contrassenso me parecia flagrante e a réplica de Bourdet a meu artigo, publicada no mesmo número da revista, seguida de um último esclarecimento de minha parte, não corrigiu essa impressão. Maurice Nadeau introduziu o debate com uma curta nota explicativa, justificando o lugar

76 Por que Lukács?

"excepcional" que sua revista concedia a esse intercâmbio, devido ao interesse particular em situar a figura de Lukács na paisagem ideológica francesa. Com uma visão retrospectiva, constata-se que, efetivamente, o que estava em jogo no debate ultrapassava em muito o julgamento pontual sobre o pequeno livro de Yvon Bourdet (tenho que deixar claro que, conhecendo-o mais tarde, mantive excelentes relações com o autor de *Figures de Lukács*, apesar de tudo o que nos separava, por ocasião de nosso confronto). Yvon Bourdet, próximo de Raymond Aron durante certo tempo, se sentiu tentado pelo jogo de similitudes entre a *forma mentis* do intelectual comunista de tipo "leninista-staliniano", subserviente aos dogmas de seu partido, e a do fanático medieval, que pregava a submissão do pensamento à Igreja e aos dogmas teológicos. A figura de Naphta parecia personificar essa conjunção. Levando a sério a versão amplamente difundida, segundo a qual Thomas Mann havia composto seu personagem a partir da figura de Lukács, ele acabou por transformar Lukács em um protótipo do intelectual sectário, fanático, porta-voz por excelência de uma ideologia totalitária. Daniel Bell retomou amplamente a mesma argumentação no ensaio que figura como um capítulo da versão francesa de seu livro *O fim da ideologia*. O capítulo intitulado "Après l'âge du péché absolu. Georg Lukács et les racines mystiques de la révolution" [Depois da época do pecado absoluto. Georg Lukács e as raízes místicas da revolução] é, essencialmente, a repetição de um texto que o autor havia publicado anteriormente no *Times Literary Supplement* na Inglaterra e no semanário *Die Zeit* na Alemanha.

Minha reação contundente ao que eu considerava ser uma operação de disfarce de caráter ideológico em relação à figura de Lukács, já que a identificação Naphta-Lukács destinou-se a transformar o autor de *História e consciência de classe* em uma figura emblemática do descaminho totalitário do pensamento, se apoiou não apenas em trazer à luz sua verdadeira fisionomia intelectual e política, da qual o humanismo de fonte hegeliana e marxiana era componente fundamental (aliás, não é possível imaginar Naphta fazendo o elogio da bondade, como fazia o jovem Lukács em 1912 em seu diálogo *Da pobreza do espírito – Von der Armut am Geiste*, amplamente inspirado por Mestre Eckhart[1]), mas também nos próprios

---

[1] Ver meu "Prefácio" ao *Journal 1910-1911* de Lukács (Paris, Payot & Rivages/Rivages Poche/ Petite Bibliothèque), p. 41. A literatura crítica sobre Lukács às vezes se desviou em tentativas extremas de estabelecer a todo preço um isomorfismo entre a figura do jovem Lukács e o personagem de Naphta. O livro de Judith Marcus-Tar, *Thomas Mann und Georg Lukács* (Budapeste/Colônia/Viena, Corvina Kiadó/Böhlau, 1982), é exemplar nesse sentido. A autora, que quer a todo custo mostrar similitudes entre as ideias defendidas por Lukács em seus textos de juventude e as homilias de Naphta, chega a desafiar as evidências. Na verdade, é impossível estabelecer a menor proximidade entre a inspiração eckhartiana do diálogo sobre a pobreza do espírito, com seu elogio patético da bondade e sua evocação de uma figura como

depoimentos do autor de *A montanha mágica*, que, em várias ocasiões, se posicionou sobre um caso que obviamente não o deixou indiferente. Thomas Mann se viu, efetivamente, confrontado várias vezes com essa famosa filiação Naphta-Lukács (a primeira quando, tendo lido para sua esposa as páginas em que Naphta aparecia, ele teve a surpresa de ouvi-la declarar ter reconhecido nessa descrição o retrato físico de Lukács). Mas se depois Thomas Mann admitiu, por exemplo, em uma carta endereçada ao crítico suíço Max Rychner, em 24 de dezembro de 1947, ter se inspirado no personagem de Lukács para desenhar a figura de Naphta (as semelhanças físicas são efetivamente impressionantes, e sabemos que Lukács visitou Thomas Mann em Viena em janeiro de 1922, quando o escritor ainda estava trabalhando em seu romance), não é menos incontestável que ele manteve uma recusa categórica à tentação, de alguns de seus exegetas, de pintar um retrato de Lukács a partir da fisionomia de Naphta. É bem conhecida a carta, de 18 de fevereiro de 1952, endereçada por Mann ao germanista francês Pierre-Paul Sagave, em que ele dissuadiu fortemente seu correspondente de estabelecer qualquer relação entre Lukács e seu personagem de *A montanha mágica*[2]. Pode-se encontrar um depoimento ainda mais significativo no próprio diário do escritor.

Em 27 de julho de 1952, Thomas Mann anotou em seu *Tagebücher* (Diário) que tinha acabado de tomar conhecimento de um artigo sobre Lukács, publicado no semanário *Die Weltwoche*, em que o autor, um crítico suíço bem conhecido na época, Georg Gerster, apresentou como uma evidência a filiação Naphta-Lukács. Gerster afirmou peremptoriamente que, por meio de seu personagem, calcado no modelo de Lukács, o autor de *A montanha mágica* teria pintado o retrato do "intelectual comunista anti-humanista e antiliberal". "O caso Lukács" – título do artigo – exemplificava, segundo a interpretação na *Weltwoche*, "a abdicação do espírito diante da obediência tacanha" (*die Abdankung des Geistes vor dem sturen Gehorsam*). É evidente que, em 1952, a guerra fria contra Lukács e sua obra estava no auge.

Se falei do caráter particularmente significativo da reação de Thomas Mann, é porque o escritor comentou em termos graves as afirmações do crítico suíço e, sobretudo, porque, na conclusão de seu comentário, ele escreveu que estava considerando fazer uma réplica (*Erwägung einer Replik*) para esse artigo que

---

o príncipe Míchkin, herói de *O idiota*, de Dostoiévski, ao lado do Abraão de Kierkegaard, e as perorações de Naphta, mente frágil e sardônica, cujos paradoxos reacionários prefiguram os *leitmotivs* das ideologias de extrema direita. Judith Marcus-Tar é pouco sensível ao espírito de um texto como "A metafísica da tragédia" (publicado na coletânea *A alma e as formas*), que opõe o "eu trágico" ao "eu místico" e oculta, assim, completamente o hiato que separa o fervor humanista do jovem Lukács das nostalgias teocráticas de Léo Naphta.

[2] A correspondência entre Thomas Mann e Pierre-Paul Sagave foi publicada por este último nos *Cahiers du Sud*, n. 340, 1955; ver particularmente p. 384.

78 Por que Lukács?

com certeza o havia irritado. Thomas Mann, que, ainda em 1952 em seu *Diário*, detalhe picante, se referia a Lukács com o nome de Georg von Lukács (reminiscência de seu período de juventude, quando o escritor elogiou, em suas *Considerações de um apolítico*, o autor de *A alma e as formas*), desaprovou fortemente a exploração tendenciosa da figura de seu personagem de *A montanha mágica* com o objetivo de comprometer Lukács. Se o escritor criticou o artigo da *Weltwoche* por ter tentado "desnudar Lukács de maneira imprudente (*rücksichtloserweise*) e não autorizada (*unautorisiert*) como modelo de Naphta", é porque ele percebeu claramente os objetivos de tal identificação[3].

Fiquei impressionado com a magnitude alcançada pelo caso Naphta-Lukács, tanto na literatura crítica sobre Lukács quanto naquela sobre Thomas Mann, e me pareceu necessário elucidar as relações reais que existiram entre o grande escritor e o crítico marxista, a fim de dissipar as lendas e as mistificações. Sem ter a intenção de tratar aqui profundamente o problema, é necessário ao menos esclarecer que, na resposta à pergunta "Por que Lukács?", as relações com a obra e a personalidade de Thomas Mann podem trazer mais esclarecimentos significativos.

A polêmica troca com Yvon Bourdet nas páginas de *La Quinzaine Littéraire* foi apenas um episódio no confronto com um problema que continuava a me preocupar. Reproduzi o texto integral da polêmica em meu livro *Experiență, artă, gîndire* [Experiência, arte, pensamento], publicado em 1977 em Bucareste, acompanhado da tradução de vários outros textos que abordavam o mesmo problema – é preciso acrescentar que não era comum, sob um regime que cultivava por definição o monolitismo ideológico, permitir uma troca de opiniões contraditórias sobre um problema tão nevrálgico como o das relações entre os intelectuais e o poder, pois no fundo o debate com Yvon Bourdet sobre a figura de Lukács girava em torno dessa questão (lembremos que a tese do autor de *Figures de Lukács* era que Lukács havia se dobrado à lei do partido, assim como Naphta à lei da Igreja...). O debate não deixou de ter certo eco: uma versão italiana do artigo sobre o livro de Bourdet foi publicado com o título "Naphta, Lukács, Thomas Mann" na revista napolitana *Logos* (n. 1, 1973). Maurice Nadeau me contou que, depois da publicação do número de *La Quinzaine Littéraire* que deu espaço ao debate, François Bondy, diretor da revista anticomunista *Preuves*, o visitou na redação e o informou sobre seu grande interesse com a leitura dessa polêmica. François Bondy, já o mencionei anteriormente, se interessava muito pela figura de Lukács, em quem via o representante de um pensamento marxista independente, não alinhado e

---

[3] Ver Thomas Mann, *Tagebücher 1951-1952* (Inge Jens [org.], Frankfurt, S. Fischer, 1993), p. 248. O artigo de Georg Gerster intitulado "Der Fall Lukács" [O caso Lukács] foi publicado em *Die Weltwoche*, ano 20, n. 976, 25 jul. 1952.

"herético" por excelência: ele foi diversas vezes visitá-lo em Budapeste e, em 1970, um ano antes do falecimento do filósofo, gravou uma entrevista, divulgada na televisão francesa, cujo vídeo é mantido na Biblioteca Nacional. Em 1965, logo depois de uma visita a Bucareste, Bondy publicou um artigo em que assinalou o quanto Lukács era pouco conhecido na Romênia e, em seu ponto de vista, uma carência significativa devido ao isolamento intelectual no qual vivia boa parte da *intelligentsia* romena[4].

A exploração ideológica da pretensa filiação Naphta-Lukács continuou, portanto, a proliferar, enquanto as verdadeiras questões que diziam respeito às relações entre Lukács e Thomas Mann permaneceram obscuras. Os textos dedicados a Lukács por Daniel Bell são, talvez, o exemplo mais significativo nesse sentido, e levá-los em consideração pode ser útil para compreender a estratégia utilizada pelos críticos e adversários de Lukács em sua guerra ideológica contra sua atividade e contra sua obra. A reatualização da lenda Naphta surgiu como uma peça importante nesse dispositivo, e é necessário novamente nos determos sobre ela, caso queiramos prosseguir no périplo das controvérsias em torno da figura de Lukács.

Pode-se efetivamente indagar por que um sociólogo como Daniel Bell, que ocupava um lugar de destaque no *establishment* intelectual americano, se dispôs a dedicar, durante dez ou quinze anos de sua vida, vários ensaios inspirados na ideia de que o pensador húngaro encarnaria, de modo exemplar, a figura de um "gnóstico da ação", mais precisamente a de um místico da revolução, pronto a justificar o mal e o terror em nome de sua utopia redentora. Pode-se observar que os textos de Daniel Bell sobre Lukács se beneficiaram de uma audiência importante e foram reproduzidos em várias publicações de prestígio nos Estados Unidos, na Inglaterra, na Alemanha e, *last but not least*, na França: a *Partisan Review*, o *Times Literary Supplement*, o semanário *Die Zeit* ou o mensal *Merkur*, a revista dos aronianos franceses *Commentaire*, sucessivamente publicaram um ou outro.

Como já mencionei, a tradução francesa do mais célebre livro de Bell, *La Fin de l'idéologie*, publicado em 1997 pela PUF, com prefácio de Raymond Boudon, incluiu a tradução de dois importantes textos dedicados pelo sociólogo a Lukács, sobre Max Weber e Lukács, e o ensaio intitulado "Após a 'era do pecado absoluto'. Georg Lukács e as raízes místicas da revolução". Por que essa obsessão pela figura de Lukács, escolhida como exemplo privilegiado do destino do intelectual comunista, em um século que foi profundamente marcado pela experiência histórica inaugurada pela revolução de Outubro? O prefaciador do livro de Bell, Raymond

---

4 François Bondy, "La Roumanie désatellisée", *Preuves*, n. 170, abr. 1965, p. 30: "Na filosofia se faz silêncio sobre György Lukács [...]. O 'degelo' é o subproduto de uma mudança na política externa; não é de forma alguma a expressão de uma influência crescente da *intelligentsia* romena em relação à autoridade do Estado".

80 POR QUE LUKÁCS?

Boudon, explicou bem as razões desse interesse particular: "O caso Lukács é, sem dúvida alguma, paroxístico. A descida ao inferno desse brilhante intelectual, desta figura eminente do pensamento marxista, foi favorecida pelas circunstâncias, mas ela se explica antes de tudo pelas crenças que o habitavam"[5]. Compreende-se bem por que todos esses autores estavam tão decididos a iluminar a figura de Lukács por meio da fisionomia de Naphta (o retrato de Lukács pintado por Daniel Bell é atravessado de uma ponta à outra por essa filiação). O destino de Lukács é passível de ilustrar tanto a fascinação exercida pela ideia comunista quanto a cegueira diante das consequências que dela decorrem. A fisionomia de Naphta serve maravilhosamente ao projeto de Bell, pois se trata de mostrar que sua dialética perversa, seu fanatismo e seu espírito escatológico se encontram em consonância com a fisionomia de Lukács. Lendo os ensaios de Daniel Bell e o prefácio de Raymond Boudon, eu disse a mim mesmo que a filiação Naphta-Lukács fez uma bela carreira.

Se Lukács reconheceu, finalmente, sem hesitação que Thomas Mann o tomou como modelo para o personagem de Naphta, pensando exclusivamente em seu aspecto físico (mesmo com certas restrições sobre esse ponto, pois ele ressaltou que não estava, de modo algum, tão "elegante" quando visitou Mann em seu quarto de hotel em Viena em janeiro de 1922, já que a "elegância" era um traço constitutivo de Naphta), ele denunciou como "absurda" a tentativa de vários de seus críticos de estabelecer qualquer isomorfismo entre as ideias professadas pelo pequeno jesuíta e seu próprio pensamento. Em cartas para Michail Lifschitz e para o professor alemão Podach, enviadas no mesmo dia (8 de agosto de 1964), ele reprovou firmemente a agitação em torno do "caso Naphta", visando particularmente Melvin Lasky, que dirigia o mensal *Encounter*. Em outro lugar, ele retorquiu, no mesmo sentido, seu compatriota Karl Kerényi, outro patrocinador da lenda Naphta. Quando se lê na biografia de Lukács, publicada em 1991 nos Estados Unidos e na Inglaterra por Arpad Kadarkay, a seguinte passagem: "[...] tudo leva a crer que Mann, assim como utilizou seus traços físicos, imortalizou as ideias de Lukács no marxista-jesuíta Naphta[6]", continuamos desconcertados com o atrevimento de identificar homilias ultrarreacionárias de Naphta com as ideias do autor de "Metafísica da tragédia" e de *História e consciência de classe*. Arpad Kadarkay se mostra muito mal informado quando atribui a Thomas Mann o conhecimento do livro de Lukács *História e consciência de classe* (p. 278), apesar do desmentido categórico do escritor, em suas cartas a Pierre-Paul Sagave, sobre a afirmação de que ele teve em suas mãos a obra lukacsiana.

---

[5]   Raymond Boudon, prefácio a Daniel Bell, *La Fin de l'idéologie*, cit., p. 19.

[6]   "[...] *there is strong evidence that Mann, as well as employing his physical features, immortalized Lukács ideas in the Jesult-Marxist Naphta*"; Arpad Kadarkay, *Georg Lukács: Life, Thought and Politics* (Cambridge/Oxford, Blackwell, 1991), p. 276.

Lukács e Thomas Mann

Para mim, certas convergências entre Lukács e Thomas Mann na interpretação da história alemã e no combate comum contra o pensamento irracionalista, considerado expressão ideológica do *Sonderweg* alemão, são o verdadeiro centro de interesse para uma história das ideologias do século. E é – aparente paradoxo! – dessa perspectiva que se pode igualmente chegar a restabelecer a plena verdade sobre a fisionomia do personagem de *A montanha mágica*. As severas críticas feitas por Thomas Mann após ter abraçado a causa da democracia e da república nos anos de Weimar (mais precisamente no início dos anos 1920, contra o pensamento de Spengler, Klages, Baeumler e, de modo mais geral, contra as correntes da tradição romântica conservadora alemã) suscitaram em Lukács uma forte aprovação. Ele, por sua vez, dará início a um vasto processo contra a linha de pensamento irracionalista, em uma perspectiva mais radical, mas igualmente enraizada na grande tradição humanista, da qual Goethe foi uma das figuras tutelares. É possível notar, aliás, que um consenso semelhante pode ser detecta-do entre Thomas Mann e Benedetto Croce. O filósofo italiano foi também um crítico notável da filosofia irracionalista alemã e italiana, pois chegou até mesmo a associar suas críticas sobre Heidegger àquelas que ele dirigia a Gentile, acusando os dois autores por sua adesão à extrema direita. A correspondência entre Thomas Mann e Croce tem início com uma carta em que o escritor comunicava ao filósofo sua forte aprovação do texto "Anti-historicismo", comunicação apresentada no congresso de filosofia de Oxford (1930), que é um verdadeiro manifesto contra o irracionalismo contemporâneo, no qual Thomas Mann se reconhecia plenamente[1]. A concordância de pontos de vista entre Croce e Thomas Mann, comparada com aquela entre Lukács e Thomas Mann, mostra as afinidades criadas entre as posições

---

[1] A carta é datada de 28 de novembro de 1930 e foi reproduzida em *Croce-Mann Lettere 1930-1936*, publicado em 1991 pelo editor Flavio Pagano, de Nápoles.

da democracia radical (em nome da qual falava Lukács) e as de um humanismo liberal (o de Benedetto Croce e de Thomas Mann) no grande combate contra o fascismo e o nacional-socialismo. Pode-se acrescentar que a *História da Europa no século XIX*, expressão maior do melhor liberalismo europeu, livro publicado em 1932, foi dedicado por Croce a Thomas Mann.

Em diversas ocasiões, o autor de *Doutor Fausto* expressou em suas cartas, em seu *Diário* e também em outros escritos sua estima pela personalidade e pela obra de Lukács. Deixando de lado os testemunhos mais conhecidos sobre sua reação após a leitura de *A alma e as formas* (as linhas dedicadas a Lukács em seu livro publicado em 1918, *Considerações de um apolítico*, foram muito comentadas), ou o julgamento muito elogioso expresso sobre esse livro e sobre *A teoria do romance* na carta endereçada, em 1928, a Seipel, chanceler da Áustria, quero me deter por um instante nas reações de Thomas Mann diante da atividade crítica do marxista Lukács, ou seja, diante dos escritos do período da maturidade do filósofo. Trata-se certamente, em primeiro lugar, do acolhimento dado pelo escritor aos ensaios que Lukács lhe dedicou e que foram reunidos em um volume autônomo, *Thomas Mann*, publicado em 1949 em Berlim pela Aufbau, e cuja segunda edição incluiu o texto escrito em 1955, intitulado "Felix Krull: das Spielerische und seine Hintergründe" [Felix Krull: o lúdico e suas motivações], publicado após a morte de Mann[2]. Sem esquecer as impressões mencionadas em seu *Diário*, nos anos 1930, mais precisamente a reação bastante favorável ao ensaio intitulado "Thomas Mann über das literarische Erbe" [Thomas Mann sobre a herança literária], publicado por Lukács em 1936 na revista *Internationale Literatur*, por ocasião do lançamento de uma coletânea de ensaios de Mann, texto que o escritor qualificou como "extremamente interessante"[3]. Ou ainda a reação, não menos positiva, ao ensaio intitulado "Nietzsche als Vorläufer der faschistischen Ästhetik" [Nietzsche como precursor da estética fascista], associada, entretanto, às reticências diante do que Mann qualificava de caráter "um pouco escolástico-marxista" do texto (é, no entanto, significativo que Thomas Mann tenha considerado, em 1935, esse texto "importante" [*bedeutend*], sobretudo se levamos em conta a grande admiração devotada a Nietzsche pelo escritor[4]). Mas é necessário lembrar, acima de tudo, a acolhida reservada aos estudos de Lukács "Auf der Suche nach dem Bürger" [À procura do burguês], publicado em 1945 na *Internationale Literatur*, em Moscou, por ocasião do septuagésimo

---

[2] A tradução francesa de Paul Laveau, lançada pela Maspero em 1966, segue essa última edição; o texto de 1955 foi intitulado "Le Jeu et ses raisons profondes".

[3] Thomas Mann, *Tagebücher 1935-1936* (Peter de Mendelssohn [org.], Frankfurt, S. Fischer, 1978), p. 310 (registro de 2 jun. 1936).

[4] Ibidem, p. 210 (registro de 21 nov. 1935).

aniversário do autor de *Os Buddenbrooks*, e "Die Tragödie der modernen Kunst" [A tragédia da arte moderna], publicado em 1948 em dois números da revista *Aufbau*, em Berlim Oriental. Não é possível deixar de se impressionar com a página datada de 2 de dezembro de 1945 do *Diário* de Thomas Mann, em que ele fala do efeito "quase perturbador" (*fast erschütternd*) causado pela leitura do ensaio "Auf der Suche nach dem Bürger" de Lukács. Ele também manifestou a vários de seus correspondentes (Agnes E. Meyer, Max Rychner) a forte impressão causada por um texto que ele qualifica de "melhor artigo" escrito sobre ele, por ocasião de seu aniversário (essa apreciação foi reiterada publicamente no *Diário do Doutor Fausto*). Não menos elogiosa foi sua reação à leitura do ensaio sobre *Doutor Fausto*: "Há ali coisas notáveis" (*Es stehen vorzügliche Dinge daran*), escreveu ele em seu *Diário*, em 11 de fevereiro de 1949[5]. As cartas enviadas na época para Hans Mayer e para Gertrud Lukács (esposa do filósofo) dão conta de sua satisfação, e nelas ele não hesitou em designar Lukács como "provavelmente o mais importante crítico literário de nosso tempo" (*den wohl bedeutendsten Literaturkritiker unserer Tage*[6]).

A gratidão demonstrada por Thomas Mann aos ensaios dedicados por Lukács a sua obra e o elogio que fazia da compreensão manifestada pelo crítico de seus escritos são ainda mais significativos pelo fato de o escritor nunca esquecer que seu intérprete pertencia a um mundo sociopolítico totalmente diferente do seu e que uma linha divisória muito nítida separava o universo do mundo comunista, ao qual pertencia o crítico marxista, do mundo por excelência burguês e liberal que o escritor encarnava. No entanto, podemos notar que para Thomas Mann Lukács representava, dentro do mundo comunista, um espírito totalmente diferente daquele instaurado pela burocracia em vigor. Por ocasião de uma entrevista concedida a um redator da *Neue Zeitung* em Munique, em 1955, na véspera de sua viagem a Weimar para a festa do bicentenário de Schiller (onde ele iria encontrar Lukács pela segunda vez na vida), respondendo àqueles que se espantavam que ele tivesse aceitado ir à Alemanha Oriental, o escritor esclareceu, sem ambiguidades, sua posição negativa em relação à doutrina comunista. "Eu não posso imaginar que o comunismo seja a forma adequada para a Alemanha", respondeu ele a uma pergunta do jornalista alemão. Mas,

---

[5] Thomas Mann, *Tagebücher 1949-1950* (Inge Jens [org.], Frankfurt, S. Fischer, 1991), p. 20.

[6] Carta de Thomas Mann a Gertrud Lukács, "Briefwechsel: Georg Lukács-Thomas Mann", *Sinn und Form*, n. 5, 1955, p. 669-71. Em outra carta endereçada a Bodo Uhse, redator da *Aufbau*, após a publicação em dois números da revista do estudo de Lukács sobre o *Doutor Fausto*, Thomas Mann escreveu: "Estou orgulhoso de que minha obra tenha incitado o crítico literário, provavelmente o mais importante de nosso tempo, a um estudo tão penetrante (*eine tiefschürfende Studie*)". As duas cartas foram citadas por Judith Marcus-Tar em seu livro *Thomas Mann und Georg Lukács* (Budapeste/Colônia, Corvina Kiadó/Bohlau, 1982), p. 48-9.

ao mesmo tempo, ele registrou sua hostilidade à propaganda anticomunista corrente, por trás da qual percebeu as "agitações de círculos reacionários". Nesse contexto, ele utilizou o exemplo de Lukács para destacar a ideia de que não se devia reduzir o mundo do Leste Europeu às práticas repressivas dos regimes no poder e de que era necessário introduzir nuances no quadro (o colaborador da *Neue Zeitung* mencionara, em suas perguntas, as violações da liberdade de consciência nos países comunistas). Thomas Mann lembrou a seu interlocutor que fora um "teórico comunista da literatura", ou seja, György Lukács, quem havia publicado um ensaio sobre *Doutor Fausto*, evidenciando uma "compreensão profunda" de sua obra.

Encontram-se, nessas cartas e no *Diário* de Thomas Mann, outros depoimentos de sua reação favorável aos ensaios de Lukács, em particular àqueles dedicados à literatura alemã: os estudos sobre o *Fausto* de Goethe (*Fauststudien*), sobre Heine, Fontane, Gottfried Keller ou Raabe. Durante a Segunda Guerra Mundial, quando um certo Araquistain atacou, no prestigiado *Times*, as posições pangermanistas que ele havia defendido em seu antigo livro *Considerações de um apolítico*, ao ver ali uma prefiguração do pangermanismo nazista, o autor de *Morte em Veneza* se apoiou em um artigo de Lukács, publicado em Moscou em 1943 na *Internationale Literatur* com o título "Preussentum" [Prussianidade], para refutar os ataques de que ele fora objeto e para restabelecer as proporções exatas das coisas. A carta endereçada por Thomas Mann, em 21 de janeiro de 1944, a Clarence B. Boutell, um influente jornalista americano que reagiu fortemente ao ataque de Araquistain, se refere em termos muito elogiosos ao ensaio de Lukács, sublinhando o paradoxo de uma situação em que "um teórico da literatura de convicções comunistas" (*ein Literaturgelehrter kommunistischer Gesinnung*) fez verdadeiramente justiça, em uma publicação que saiu em Moscou, à complexidade de sua posição em relação ao espírito prussiano, enquanto se viu exposto a ataques de baixo nível nas páginas de um jornal representativo do mundo ocidental como o *Times*. O escritor se mostrou muito sensível à acuidade das considerações de Lukács sobre a "ironia trágica" que envolve o destino do "ethos prussiano" em *Morte em Veneza*, representado no destino de Gustav von Aschenbach, que o crítico contrastou com o elogio do espírito e de sua figura emblemática, Frederico, o Grande, em *Considerações de um apolítico*. "Como essas reflexões", escrevia Mann a propósito do texto de Lukács, "são superiores às chicanas triviais do patriota inglês no estrangeiro!"[7].

Ao reconstituir o quebra-cabeça das apreciações feitas por Thomas Mann sobre Lukács, e ao descobrir os ecos frequentemente muito favoráveis encontrados pelos

---

[7] Thomas Mann, *Briefe 1937-1947* (Erika Mann [org.], Frankurt, S. Fischer, 1963), p. 353 (carta de 21 jan. 1944 a Clarence B. Boutell).

estudos do crítico marxista junto a um espírito tão pouco suspeito de complacência em relação ao radicalismo de esquerda, me senti confortado pela ideia de que Lukács tinha conseguido tirar o marxismo do gueto no qual o stalinismo e o zhdanovismo o haviam aprisionado, e de que ele tinha conseguido, sobretudo, dissipar a aura de pensamento sectário, limitado, impregnado de suficiência e arrogância, que envolvia um tipo de reflexão que efetivamente gerou monstros (penso na confusão ideológica disseminada, sob o rótulo do "marxismo", nos países do Leste, cuja história da filosofia em vários volumes elaborados pelos filósofos soviéticos oficiais, sob a direção do já mencionado Iovtchouk, constitui um exemplo convincente).

Evidentemente, eu não ignorava certas reservas ou certas observações críticas formuladas por Thomas Mann, mas retive, sobretudo, a consubstancialidade dos dois espíritos em seus julgamentos sobre a cultura e o destino alemães. De fato, pode-se falar de uma certa ambivalência nas reações de Thomas Mann aos estudos de crítica e história literária de Lukács, em particular em relação àqueles que diziam respeito a ele diretamente. A perspectiva "sociológica" do crítico marxista (é a fórmula de Mann) estava longe de descontentá-lo; ele defendeu Lukács contra as críticas que o condenavam (por exemplo, as de sua amiga Agnes E. Meyer). Como vimos, Thomas Mann se sentia em sintonia com a reconstrução lukacsiana de seu universo espiritual, mesmo admitindo que uma perspectiva unilateralmente sociológica não fazia total justiça à estrutura estética de sua obra. Lendo, por exemplo, o longo estudo de Lukács sobre Heine, ele o acolhe favoravelmente ("Gut über Heine", observa ele em seu *Diário* em novembro de 1951), mas deplora o peso reduzido das considerações propriamente estéticas. Em uma noite na casa de Feuchtwanger, recordou, sobretudo, a propensão lukacsiana a "racionalizar" e "infletir" sociologicamente suas simpatias estéticas. O escritor alemão expressou suas reservas diante da classificação de sua obra na categoria de realismo "social". Ao mesmo tempo, ao ler um estudo de Hatfield sobre o romance realista, ele concordou com o autor, referindo-se ao ciclo de *José* e de *O eleito* como obras "realistas" (ele remete também às teses estéticas de Lukács, que teriam falado do "realismo de toda a arte verdadeira"[8]), por mais que se recuse a se ver confinado nas fronteiras do realismo "social"[9]. As observações feitas diante de Feuchtwanger, reproduzidas no *Diário*, mostram um certo desconforto do escritor em relação à unilateralidade de uma perspectiva excessivamente sociológica sobre sua literatura. Thomas Mann não tornou públicas as reticências desse gênero; ao contrário, no texto enviado para o septuagésimo aniversário de Lukács, assim como no *Diário do Doutor Fausto*, ele se expressou de forma

---

[8] Thomas Mann, *Tagebücher 1951-1952*, cit., p. 134 (registro de 13 nov. 1951).

[9] Ibidem, p. 136 (registro de 16 nov. 1951).

bastante favorável sobre a abordagem lukacsiana de sua obra. O escritor não conheceu o estudo de Lukács sobre seu romance satírico *Confissões do impostor Felix Krull* (romance publicado após a morte de Mann), estudo que se distingue pela fineza das observações estéticas. Talvez seja o momento de lembrar que em sua *Estética* Lukács se distanciou de modo convicto da interpretação puramente "sociológica" da literatura. Sua definição da arte como "a consciência de si do gênero humano" implica por si só uma transferência de entonação para a *vox humana* de alcance universal que ressoa em toda obra de arte válida. Bem entendido, fiel a sua antropologia de caráter sócio-histórico, Lukács se recusa a dissociar a presença da "universalidade humana" nos conflitos sócio-históricos que a nutrem e a subentendem; tal abordagem está presente também em seus últimos escritos sobre Thomas Mann.

As convergências entre Lukács e Thomas Mann são impressionantes quando se trata dos questionamentos sobre as origens intelectuais da "catástrofe alemã" (isto é, da responsabilidade dos intelectuais, em particular dos filósofos, no triunfo do nacional-socialismo e na identificação das raízes espirituais do mal absoluto representado pelo totalitarismo nazista). A vigorosa recusa de Thomas Mann à concepção histórica de Spengler (ver seu texto Über die Lehre Spenglers, que data de 1922), sua reação não menos incisiva à tentativa de Alfred Baeumler de utilizar os escritos de Bachofen para impulsionar o romantismo alemão mais conservador, de Görres, Arnim, irmãos Grimm e Karl Otfried Müller (em seu texto de 1926, intitulado *Pariser Rechenschaft*, Thomas Mann reagiu com uma lucidez premonitória ao "obscurantismo revolucionário", à la *Dunkelmännerei*, às ideias desenvolvidas por Baeumler em sua grande introdução aos escritos de Bachofen, reunidos sob o título de *Der Mythus von Orient und Occident: eine Metaphysik der alten Welt* [O mito do Oriente e do Ocidente: uma metafísica do velho mundo]), a reprovação infligida ao procedimento similar de Ludwig Klages de reabilitar as forças ctônicas* da pré-história para opô-las à ação mortífera do "espírito" e da "civilização" (ver a conferência de 1929 sobre "A posição de Freud na história moderna do espírito"), todo esse conjunto de posicionamentos pode ser visto como uma antecipação direta da síntese crítica sobre o irracionalismo alemão operado por Lukács em *A destruição da razão* (1954). Se é verdade que a abordagem lukacsiana do romantismo conservador, identificado como uma das fontes principais da decadência irracionalista do pensamento, suscitou fortes contestações (voltaremos a esse ponto), é incontestável que espíritos tão diferentes como Lukács, Thomas Mann ou Benedetto Croce (poderíamos acrescentar o nome de Albert Béguin, grande intérprete da "alma romântica") designaram o

---

* Designa os deuses ou espíritos do mundo subterrâneo, ou a eles se refere, por oposição às divindades olímpicas. (N. T.)

movimento romântico resultante da reação à Revolução Francesa (Coleridge, na Inglaterra, e sobretudo o romantismo conservador alemão ilustrado por Görres, Arnim ou Adam Müller) como o terreno das correntes intelectuais e políticas mais reacionárias do século XX. Certamente, Lukács levou mais adiante sua "arqueologia" do irracionalismo, indo procurar em Pascal ou Jacobi, em Schelling ou Schleiermacher, as raízes do desvio irracionalista do pensamento e, sobretudo, estabelecendo conexões estreitas entre o que ele considerava ser uma perversão do pensamento e as opções conservadoras ou reacionárias sobre o plano histórico--social (compreende-se, portanto, que o subtítulo inicial de *A destruição da razão*, "O caminho do irracionalismo de Schelling a Hitler", tenha soado como uma provocação e que tenha contribuído para o clamor contra o livro). Mas o fato é que a posição do autor encontrou correspondências significativas nos escritos de filósofos e escritores de orientação intelectual completamente diferente[10].

Quando constatamos que, bem antes de Lukács, Thomas Mann foi o primeiro a detectar na admiração pela tradição romântica em Alfred Baeumler ou Ludwig Klages, com sua acentuada propensão a reabilitar, de zonas infrarracionais e "demoníacas" da psique, uma tendência perigosa também no plano sócio-histórico, sinônimo da neutralização do pensamento do Iluminismo e do idealismo clássico, e o encorajamento dos mitos da "terra" e mesmo os da "raça", percebemos como a iniciativa lukacsiana de denunciar o conluio entre a "destruição da razão" e o crescimento potencial das forças políticas mais reacionárias se inscrevia na continuidade das tradições humanistas. Vimos que Thomas Mann, nos anos 1930, ao tomar conhecimento de vários textos de Lukács dedicados à crítica do irracionalismo (por exemplo, o já mencionado sobre a estética de Nietzsche de 1934, outro dirigido à coletânea de Mann, *Leiden und Größe der Meister* [Sofrimentos e grandeza dos mestres], de 1936, sem falar do ensaio de 1943 sobre prussianidade), se mostra cada vez mais sensível às considerações lukacsianas.

---

[10] Sobre as afinidades entre Croce e Lukács na crítica do romantismo e do irracionalismo, ver meu estudo "Benedetto Croce critique de l'irrationalisme", *Les Temps Modernes*, n. 575, jun. 1994, p. 95-121, especialmente p. 114-8.

A razão lukacsiana e seus adversários

Contudo, não deixamos de ouvir gritos de indignação, senão de horror, diante do fato de que Lukács tenha ousado buscar em pensadores da envergadura de Schelling ou de Schopenhauer, de Kierkegaard ou de Nietzsche, ou ulteriormente em Dilthey ou Simmel, em Bergson ou Scheler, a matriz de uma linha de pensamento que, levada a suas consequências extremas, devia chegar à catástrofe do nacional-socialismo. Adorno e Kołakowski, entre tantos outros, não escondiam sua cólera diante de *A destruição da razão*, um livro que, segundo eles, acusou brutalmente a obra de tantos importantes pensadores alemães, anatematizando-os como "precursores do fascismo". "De maneira muito pouco dialética", escreveu Adorno, "o dialético oficialmente aprovado resolveu, de um só golpe, colocar todas as correntes irracionalistas da filosofia moderna na conta da reação e do fascismo [...]"[1]. É preciso admitir que mesmo pensadores mais próximos de Lukács em sua orientação ideológica, como Ernst Bloch, expressaram sua contrariedade a certas teses do livro. Muito ligado desde sua juventude à filosofia de Schelling, inclusive à "filosofia positiva" do segundo período, cujo misticismo abissal o seduzia muito, o autor de *O princípio esperança* manifestou a seu antigo amigo suas reservas na carta em que confirmou o recebimento da obra: "Há um caminho que leve diretamente da 'intuição intelectual' a Hitler?", comentou Bloch ironicamente em sua carta de 25 de junho de 1945, fazendo alusão ao subtítulo do livro *Three Cheers for the Little Difference* [Três vivas para a pequena diferença]. "Isso não seria conferir um brilho totalmente indevido

---

[1] Theodor W. Adorno, "Une réconciliation extorquée", em idem, *Notes sur la littérature* (trad. Sibylle Muller, Paris, Flammarion, 1984), p. 172 [ed. bras.: *Notas de literatura,* trad. Jorge de Almeida, São Paulo, Editora 34, 2003, p. 165].

ao estandarte, ou melhor, às latrinas hitlerianas?"[2] A interpretação do pessimismo schopenhaueriano – para Bloch, o autor de *O mundo como vontade e representação* continuava um "grande filósofo", mesmo que estivesse pronto a admitir que a linha Schopenhauer-Wagner-Nietzsche era um "paralelo um tanto malsão" da linha Hegel-Feuerbach-Marx[3] – parecia-lhe submetida a certo "sociologismo", que ele tinha dificuldade em compartilhar. É necessário dizer que as divergências entre Lukács e Bloch sobre Schelling ou Schopenhauer remontam aos próprios fundamentos do pensamento ontológico de ambos, o que deve ser analisado comparando-se a *Ontologia do ser social* ao *Experimentum Mundi*. Bloch censurava Lukács por ter retomado e acentuado, nas páginas de *A destruição da razão* dedicadas à intuição intelectual schellingiana, as famosas críticas formuladas por Hegel, mas Lukács não estava disposto a fazer nenhuma concessão aos acenos de Bloch ao irracionalismo e às suas inclinações de raiz schellingiana ou schopenhaueriana pela ideia de um "fator subjetivo-intensivo" ("um intensivo da ordem do querer"), como um substrato metafísico do mundo (ideia assimilada por Bloch por meio da influência de Eduard von Hartmann, pensador fortemente tributário das metafísicas do último Schelling e de Schopenhauer[4]). A poderosa influência do pensamento de Schelling sobre Heidegger, em particular de *Investigações filosóficas sobre a essência da liberdade humana,* corrobora a genealogia do irracionalismo estabelecida por Lukács e mostra que as críticas dirigidas por *A destruição da razão* contra a intuição intelectual schellingiana como uma "teoria aristocrática do conhecimento" estavam longe de ser um fantasma dogmático, como sugeria Bloch em sua carta[5]. Era evidente que Bloch subestimava tanto o alcance

---

[2] A carta de Bloch foi publicada pela primeira vez no livro *Ernst Bloch und Georg Lukács: Dokumente zum 100. Geburtstag* (Budapeste, Arquivo Lukács de Budapeste, 1984), p. 139-40. Ela também foi incluída no primeiro volume das cartas de Bloch publicado pela Suhrkamp: Ernst Bloch, *Briefe, 1903 a 1975* (Karola Bloch [org.], v. 1, 1985), p. 202. Sobre as relações entre Bloch e Lukács a partir da correspondência deles, ver meu artigo em *La Quinzaine Littéraire*, n. 455, jan. 1986, p. 16-31. Uma discussão mais ampla das relações entre os pensadores de inspiração marxista e o pensamento de Schelling, destinada a ilustrar as implicações das divergências sobre esse assunto entre Lukács e Bloch, foi apresentada em meu estudo "De Schelling à Marx: le dernier Schelling et sa postérité", *Archives de philosophie*, v. 50, n. 4, out.-dez. 1987, p. 621-41.

[3] Ernst Bloch, *Sujet-objet: éclaircissements sur Hegel* (trad. Maurice de Gandillac, Paris, Gallimard, 1977), p. 357.

[4] Ibidem, p. 373.

[5] Heidegger levava as coisas a tal ponto que chegou a dizer, em seu curso de 1936 sobre Schelling, que o *Tratado sobre a liberdade* deste último "abalava *antecipadamente* a *Lógica* de Hegel" (Martin Heidegger, *Schellings Abhandlung über das Wesen der menschlichen Freiheit [1809]*, Tubinga, Max Niemeyer, 1971, p. 117). Um episódio, que eu saiba, nunca notado pela posteridade de Schelling

da demonstração de Lukács como a extraordinária clarividência das críticas dirigidas por Hegel a seu amigo e companheiro de juventude Schelling, em seu célebre prefácio à *Fenomenologia do espírito*.

Entre as reações dos contemporâneos ao livro *A destruição da razão*, é preciso mencionar a de Sartre, que a ele se referiu claramente no texto intitulado "Le Réformisme et les fétiches" [Reformismo e os fetiches][6], publicado em fevereiro de 1956 na revista *Les Temps Modernes*. Lukács enviou um exemplar de sua obra

---

ilustra bem a precisão da análise de Lukács sobre as origens do irracionalismo moderno ao pensamento do segundo Schelling, e encontra uma continuidade entre certas orientações desse pensamento e tendências que vão se afirmar com o nacional-socialismo: em 1937, por ocasião do Congresso Descartes de Paris, organizado para celebrar os 300 anos da publicação do *Discurso sobre o método*, Arnold Gehlen, membro da delegação designada pelo Terceiro Reich para representar a Alemanha (Gehlen havia aderido depois de 1933 ao partido nazista e era autor de vários trabalhos significativos), apresentou uma comunicação intitulada "Descartes im Urteil Schellings" [Descartes julgado por Schelling]. O futuro autor de *Der Mensch* (1940) se apoiou nas críticas formuladas por Schelling em suas *Lições de Munique* (1837) sobre o *cogito* cartesiano, por ter apontado um dedo acusador contra a "concepção idealista" e "subjetiva" da pessoa, que seria, segundo ele, o fundamento do cristianismo. Gehlen se apoiava na crítica feita por Schelling contra Descartes para colocar em dúvida mais globalmente a ideia da autossuficiência da pessoa, fundamento da ideologia ocidental. A convergência com as motivações da ideologia do nacional-socialismo, da qual conhecemos as animosidades com o cristianismo, aparecia nessa sutil valorização do pensamento do último Schelling e em sua rejeição ao cartesianismo. Pode- -se acrescentar que, em um ensaio publicado em 1933 com o título de *Der Idealismus und die Lehre vom menschlichen Handeln*, Gehlen formulou uma crítica ao cristianismo cuja finalidade ideológica e política era transparente: "Depois de Descartes", escreveu ele, "a filosofia não pode pensar em nada senão em *conceitos* e *coisas materiais* – mas não no que não é nem conceito nem matéria: Deus ou a Alma ou o Povo ou a Raça. Além disso, Descartes está corretamente situado no início da modernidade. Ele é revolucionário, ditatorial [!] e democrata: o que o bom senso não percebe deve ser falso ou confuso". As críticas endereçadas pelo primeiro Gehlen ao que ele chamou na época de "idealismo logocrático", e em particular ao cartesianismo, sob o pretexto de que tal pensamento não faria justiça por seu intelectualismo à primazia da ação (*die Handlung* vai se tornar o pivô da reflexão antropológica de Gehlen), tudo isso sobre o pano de fundo de um credo nacional-socialista, confirmam as análises de Lukács, que, falando do livro *Anticartesianismus*, de outro adulador do nazismo, Franz Boehm, lembrou que foi o último Schelling que inaugurou o combate contra Descartes, prolongado em um combate contra Hegel, no irracionalismo alemão moderno (ver *Die Zerstörung der Vernunft*, Berlim, Aufbau, 1955), p. 459 [ed. bras.: *A destruição da razão*, trad. Bernard Hesse, Rainer Câmara Patriota e Ronaldo Vielmi Fortes, São Paulo, Instituto Lukács, 2020]: pode-se notar, portanto, que o nome de Gehlen nunca é mencionado na obra de combate de Lukács; é evidente que ele ignorava seus escritos na época).

6   Jean-Paul Sartre, "Le Reformisme et les fétiches", em idem, *Situations VII* (Paris, Gallimard, 1964, p. 111-2) [ed. bras.: *Situações VII*, trad. Carlos Nelson Coutinho e Sérgio Bath, Rio de Janeiro, Nova Fronteira, 1965].

para Sartre e Simone de Beauvoir, após ter recebido dela seu último romance, *Os mandarins*. O livro foi enviado com uma pequena carta endereçada à romancista, datada de 18 de outubro de 1955, cuja cópia foi conservada no Arquivo Lukács de Budapeste. Lukács disse a Simone de Beauvoir que havia enviado a ela e a Sartre sua última obra filosófica, *A destruição da razão*, com o objetivo de dar continuidade às conversas que eles tinham tido quando se encontraram no congresso pela paz em Helsinque. De fato, Simone de Beauvoir lembrou esse encontro em *A força das coisas*, especificando que Lukács estabelecera com Sartre uma discussão sobre a questão da liberdade que parece não ter animado muito Sartre: este "ouvira polidamente" os desenvolvimentos do filósofo húngaro, outrora severo crítico e adversário (Simone de Beauvoir sublinha, portanto, o caráter "ameno" da discussão, muito embora seja bom lembrar da dureza do embate que alguns anos antes opusera os dois filósofos nas páginas do jornal *Combat*, por ocasião da visita de Lukács a Paris, em 1949). A verdade é que Sartre nunca digeriu as duras críticas a seu existencialismo feitas por Lukács em seu livro redigido em 1947, *Existencialismo ou marxismo?* (publicado em 1948 pela Nagel), e que ele, Sartre, contestou com firmeza em *Questões de método* (1957). Ainda mais surpreendente pode parecer a referência elogiosa a *A destruição da razão*, na passagem citada anteriormente do ensaio "Reformismo e os fetiches", em que Sartre, ao deplorar a estagnação da pesquisa marxista na França, remete, a título de contraexemplo, ao livro de Lukács, lamentando que não tenha sido traduzido em francês: "[...] o único, na Europa, que tenta explicar os movimentos do pensamento contemporâneo por meio de suas causas é um comunista húngaro, Lukács, cujo último livro nem sequer foi traduzido"[7]. Escritas alguns meses após ter recebido o exemplar da obra, essas linhas dizem respeito, sem dúvida, a *A destruição da razão*. Mas é pouco provável que Sartre tenha feito mais do que folhear o livro, pois não se encontra o menor traço de uma leitura aprofundada e, sobretudo, nenhuma menção no livro *Questões de método*, redigido pouco depois, na mesma época.

Costuma-se isolar *A destruição da razão* do conjunto da produção filosófica lukacsiana, a fim de estigmatizar essa obra como uma descida do autor ao nível mais baixo de sua reflexão, uma excrescência "lamentável" de seu pensamento, a ser esquecida o mais rápido possível. Kostas Axelos expressou bem esse ponto de vista quando, no prefácio à tradução francesa de *História e consciência de classe*, publicada em 1960 por Éditions de Minuit (o livro foi várias vezes reeditado depois), acompanhou seu elogio, apoiado no livro de juventude de Lukács, de um julgamento muito rápido sobre a "lamentável

---

[7]   Jean-Paul Sartre, "Le Réformisme et les fétiches", em idem, *Situations VII*, cit. Ver também Simone de Beauvoir, *La Force des choses*, t. 2 (Paris, Gallimard, 1972 [1963], coleção Folio), p. 69.

destruição da razão", qualificada como um polêmico atalho de "homenagem 'filosófica' ao gênio de Stálin"[8].

Para fazer justiça ao conceito de "razão" defendido por Lukács em *A destruição da razão* e a seu antagonista, o conceito de "irracionalismo" (o autor emprega às vezes o conceito de *irratio*), é necessário levar em conta o desenvolvimento de sua reflexão filosófica em suas grandes obras de síntese: a *Estética* e a *Ontologia do ser social*. Sem falar do necessário conhecimento do livro sobre *O jovem Hegel*, redigido antes de *A destruição da razão*, que fornece uma contrapartida positiva, pois a razão dialética hegeliana é um pilar central do conceito lukacsiano de "razão". Leszek Kołakowski intitulou o capítulo dedicado a Lukács em seu *História do marxismo** de "Georg Lukács – a razão a serviço do dogma" (é preciso relembrar que em meados dos anos 1950 ainda se podia ler na *Deutsche Zeitschrift für Philosophie*, revista que era publicada em Berlim Oriental, textos de Kołakowski de um marxismo perfeitamente ortodoxo, rigorosamente alinhados ao "marxismo soviético"). Se ouvirmos Kołakowski, a confiança de Lukács na "razão" não é outra coisa senão um ato de "fé cega": ele teria sacrificado seu pensamento ao princípio de "autoridade" e enaltecido uma "razão" que não seria um princípio fundado em argumentos, mas um sucedâneo de seu credo comunista[9]. O filósofo polonês se esquece de mencionar os ataques de que *A destruição da razão* foi objeto por parte de vários ideólogos stalinianos da época, que acusaram o livro de ter substituído o antagonismo entre o materialismo e o idealismo pelo antagonismo entre o racionalismo e o irracionalismo. Ele silencia sobre a coletânea *Georg Lukács und der Revisionismus*, publicada em Berlim Oriental em 1960, quando Lukács foi ridicularizado em todas as publicações oficiais do campo socialista, entre as quais se podia até encontrar um texto de Béla Fogarasi, antigo companheiro de luta de Lukács, convertido na época ao pior dogmatismo e sectarismo, em que denuncia o caráter "revisionista" de *A destruição da razão*[10].

---

[8] Ver Kostas Axelos, "Prefácio", em G. Lukács, *Histoire et conscience de classe* (trad. Kostas Axelos e Jacqueline Bois, Paris, Minuit, 1960), p. 6.

* Ed. bras.: *Principais correntes do marxismo* (trad. Waldéa Barcellos, São Paulo, Martins Fontes, 1989), 4 v. (N. E.)

[9] Leszek Kołakowski, *Die Hauptströmungen des Marxismus*, v. 3 (Munique, Piper, 1978), p. 311-2.

[10] Ver Béla Fogarasi, "Der revisionistische Charakter einiger philosophischen Konzeptionen von Georg Lukács", em Hans Koch (org.), *Georg Lukács und der Revisionismus* (Berlim, Aufbau, 1960), p. 303-21. No mesmo livro, pode-se ler o texto de um ideólogo oficial húngaro da época, Elemér Balogh, que atacou violentamente *A destruição da razão*. Lukács comentou também os ataques desse tipo em uma carta endereçada em 1º de outubro de 1959 a seu tradutor italiano Renato Solmi: "Claro que os sectários se mostraram muito escandalizados que o dogma de Zhdanov sobre a oposição entre materialismo e idealismo como único objeto da

Polêmicas à parte, para compreender o conceito de "razão" em Lukács seria necessário levar em conta, como eu sugeri, o mais recente desenvolvimento de sua reflexão. A *Ontologia do ser social*, em particular, permite descobrir os fundamentos ontológicos de seu conceito de "razão". Em *A destruição da razão*, essa perspectiva estava implícita, pois o autor ainda não tinha utilizado os instrumentos categoriais da ontologia para explicitar os fundamentos de seu pensamento. O contato com o pensamento ontológico de Nicolai Hartmann, cujo papel vai se mostrar decisivo nesse sentido, é posterior à redação de *A destruição da razão*.

Ao identificar a ontologia como uma doutrina das categorias, de acordo com o grande exemplo da *Metafísica* de Aristóteles e da *Ciência da lógica* de Hegel (ele seguia nesse ponto Nicolai Hartmann), Lukács pôde mostrar que o conceito de "razão" (ou de "racionalidade") encontra seu fundamento ontológico na coesão ou na coerência das categorias, mais precisamente em seu encadeamento rigoroso, segundo o princípio de um método ontológico genético. Evidentemente, é necessário ter em mente a definição das categorias como determinações *in re,* como princípios imanentes ao ser (*Existenzbestimmungen*, segundo a expressão de Marx; *Seinsprinzipien*, segundo a fórmula de Nicolai Hartmann), em oposição ao idealismo transcendental kantiano, que os considerava determinações do entendimento. Após a leitura da *Estética* e da *Ontologia do ser social*, não se pode acusar Lukács de ser um absolutista da razão, de submeter o devir do real ao tribunal da razão. Sabe-se que Heidegger, de um lado, Adorno e Horkheimer, de outro (ver em particular a *Dialektik der Aufklärung*), questionaram vigorosamente a hegemonia do "logocentrismo" no pensamento ocidental, apontando um dedo acusador contra a onipotência da Razão. Por outro lado, tomei emprestada a expressão "tribunal da razão" de Heidegger, que, em sua conferência de 1936 em Roma, intitulada "*Europa und die deutsche Philosophie*", utilizou, a propósito da dominação do pensamento sobre o ser, a imagem de um "Tribunal sobre o Ser" (*Gerichtshof über das Sein*) para ilustrar sua tese fundamental segundo a qual a metafísica teria se apoiado na lógica para submeter o ser a seu domínio[11]. Adorno e Horkheimer não estavam longe de compartilhar tal modo de ver as coisas, pois a tese de uma dialética do esclarecimento (*Dialektik der Aufklärung*)

---

história da filosofia – dogma tido por eles com odor de santidade – tenha sido ridicularizado e eles tentaram – por meio das mais grosseiras falsificações de citações – demonstrar o caráter 'revisionista' do livro" (os textos de Fogarasi e Balogh apareceram inicialmente nas publicações húngaras da época, no momento em que o partido húngaro atacava Lukács sem rodeios e iniciava contra ele uma campanha ideológica com apoio, após ter permitido que ele voltasse a Budapeste; aos olhos da burocracia reinante, Lukács continuava um símbolo ideológico do levante de 1956 e do famoso Círculo Petőfi).

[11] Martin Heidegger, "Europa und die deutsche Philosophie", em Hans-Helmuth Gander (org.), *Europa und die Philosophie* (Frankfurt, Vittorio Klostermann, 1993), p. 38.

estava baseada na ideia de que a razão se transformou de um instrumento de emancipação em um instrumento de dominação e repressão. Existe, entretanto, uma carta enviada por Adorno a Horkheimer, pouco tempo antes do surgimento dos *Holzwege*, dos *Caminhos que não levam a lugar nenhum*, de Heidegger (o livro foi publicado em 1959), em que aquele que vai se colocar como o crítico mais impiedoso do pensamento heideggeriano compartilhou com seu amigo o sentimento de que o pensamento de Heidegger não estava tão distante do deles[12]. Mentes brilhantes se encontram e, pelo menos uma vez, Adorno parecia admitir suas afinidades com o pensamento de Heidegger[13].

A crítica lukacsiana da "fetichização da Razão", tal como foi exposta, por exemplo, no capítulo sobre Marx da *Ontologia do ser social*[14], está totalmente em outro plano. Aparentemente, as críticas dirigidas por Lukács à hipertrofia da razão, em geral, e ao "logicismo" hegeliano, em particular, visavam ao mesmo processo que as de Heidegger ou de Adorno, mas, de fato, Lukács jamais sonhou em transformar o processo contra a supremacia da lógica (portanto, da "razão subjetiva", segundo a terminologia da *Dialética do esclarecimento*) em uma desaprovação da "metafísica" enquanto tal (de acordo com o exemplo de Heidegger), nem em um processo contra o caráter "dominador" e "repressivo" da Razão (segundo o exemplo de Adorno e Horkheimer). Já relatei anteriormente que na *Ontologia* aparecem, sem dúvida, novos aspectos na análise do conceito de "racionalidade" em relação à apodicidade que caracteriza a defesa da razão em *A destruição da razão*[15]. A explicação está no fato de que, entre a redação das duas obras, Lukács se beneficiou da leitura de Nicolai Hartmann, para quem

---

[12] Christoph Godde e Henri Lonitz (orgs.), *Theodor W. Adorno e Max Horkheimer: Briefwechsel, t. 3, 1945-1949* (Frankfurt, Suhrkamp, 2005), p. 351.

[13] Hans-Georg Gadamer observou uma vez que Adorno não se deu conta de como a crítica da dialética hegeliana na *Dialética negativa* (trad. Marco Antônio Casanova, Rio de Janeiro, Zahar, 2009) juntou-se às críticas formuladas por Heidegger em relação ao pensamento de Hegel: ver Hans-Georg Gadamer, *Heideggers Wege* (Tubinga, J. C. B. Mohr, 1983), p. 74 [em francês: *Les Chemins de Heidegger*, trad. Jean Grondin, Paris, Vrin, 2002, p. 105]. Gadamer foi assim o primeiro a assinalar certa proximidade entre os dois pensamentos inimigos, sem, entretanto, valorizar tudo o que os separava, sobretudo ao se recusar, como bom discípulo de Heidegger, a levar em conta a pertinência das críticas agressivas formuladas pela *Dialética negativa* contra a *Seynsphilosophie*.

[14] G. Lukács, *Werke*, v. 13: Frank Benseler (org.), *Zur Ontologie des gesellschaftlichen Seins*, I (org. Frank Benseler, Darmstadt, Luchterhand, 1984, cap. "Die ontologischen Grundprinzipien von Marx"), p. 635-6 e 641 e seg. [ed. bras.: "Os princípios ontológicos fundamentais de Marx" (cap. 4), em *Para uma ontologia do ser social*, São Paulo, Boitempo, 2012, p. 370].

[15] Nicolas Tertulian, "La Destruction de la raison – trente ans après", em *Réification et utopie: Ernst Bloch et György Lukács, un siècle après* (Arles, Actes Sud, 1986), p. 172-4 [ed. bras.: "A destruição da razão: 30 anos depois", *Verinotio on line*, n. 13, ano 7, abr. 2011, trad. Antônio

a importância da Razão é rigorosamente circunscrita ao que o filósofo alemão denomina de "transintelegibilidade" do Ser (o que, em meu ponto de vista, não implica de modo algum nenhuma concessão ao irracionalismo). Outro aspecto talvez ainda mais importante é que o principal adversário filosófico apontado na *Ontologia* se tornou, para Lukács, o neopositivismo, que, absolutizando a "razão científica", impunha um novo esclarecimento da questão da "racionalidade". É nesse contexto que Lukács avança seu conceito de "racionalidade *post festum*"[16], a fim de barrar o caminho da dogmatização da razão, praticada pelo cientificismo neopositivista, e de abrir o pensamento para a infinidade das categorias do ser. Certamente, Heidegger e Adorno eram também adversários declarados do neopositivismo e críticos incisivos da razão tecnicista ou instrumental, mas Lukács não cogitava relegar ao descrédito, a partir de sua dura crítica da "manipulação" (em que ele se uniu efetivamente à denúncia heideggeriana da "maquinação performante", a *Machenschaft*), o próprio conceito de Razão, como preconizava Heidegger (que nos *Holzwege* designou a Razão, "tão glorificada há séculos", como a "adversária mais obstinada do pensamento"[17]). Seu objetivo era destacar a mobilidade e a flexibilidade das categorias em função da diversidade das regiões ontológicas para ancorar o conceito de razão em seu único fundamento incontestável: o ser na multiplicidade de suas determinações. A imagem de um Lukács possuído por um dogmatismo da Razão, exasperando o racionalismo hegeliano, a ponto de estigmatizar os não hegelianos como "irracionalistas" – ouviu-se essa censura dirigida ao livro *A destruição da razão* –, levou um sério golpe depois dos desenvolvimentos sobre a "racionalidade" na *Ontologia do ser social* (em particular sobre a "racionalidade *post festum*"). As palavras de Marx destacadas por Lukács em sua *Estética* – "*Sie wissen es nicht, aber sie tun es*" (eles não o sabem, mas o fazem) – mostram quão pouco ele era um fanático do saber: defender a prioridade do Ser em relação ao Saber, o caráter secundário e derivado do segundo em relação ao primeiro, implica, consequentemente, uma recusa categórica do logicismo e do intelectualismo em favor de uma abertura para a substancialidade do real, cuja riqueza de categorias nenhum funcionalismo positivista é capaz de alcançar.

Adorno acusara o autor de *A destruição da razão* de não ter compreendido que o "irracionalismo" tinha certa legitimidade como reação ao "idealismo

---

José Lopes Alves, p. 15-25; disponível em: <https://www.verinotio.org/sistema/index.php/verinotio/article/view/114/104>; acesso em: 26 out. 2022].

[16] G. Lukács, *Werke*, v. 13: Frank Benseler (org.), *Zur Ontologie des gesellschaftlichen Seins,* cit., p. 637 [ed. bras.: *Para uma ontologia do ser social*, cit.].

[17] Martin Heidegger, *Chemins qui ne mènent nulle part* (trad. Wolfgang Brokmeier, Paris, Gallimard, 1962, coleção Idées), p. 322.

acadêmico" (Adorno provavelmente tratava de pensadores como Kierkegaard, Schopenhauer ou Nietzsche, censurados por Lukács em seu livro): a inflexibilidade de Lukács em relação ao irracionalismo era, para Adorno, sinônimo de uma "reificação" do pensamento, e o protagonista da Escola de Frankfurt gostava de lembrar que o autor de *A destruição da razão* desenvolvera nos velhos tempos uma crítica magistral da reificação em *História e consciência de classe*[18]. Um exame objetivo do livro mostra, no entanto, que a crítica de Lukács pretendia ser uma crítica "imanente" dos desvios irracionalistas do pensamento, traçando a gênese das construções conceituais de caráter irracionalista (seja da "vontade" como substância metafísica do mundo em Schopenhauer, seja da "existência" como antípoda do "palácio de ideias" hegeliano em Kierkegaard, ou da "vontade de potência" e do "super-homem" em Nietzsche).

Em sua história sobre as diferentes formas de reação ao aumento do poder do *pensamento dialético*, em sua crítica, portanto, ao irracionalismo, a despeito de tudo, o autor de *A destruição da razão* acabou errando o alvo, ao estigmatizar como "irracionalistas" correntes de pensamento ou posições filosóficas que não justificam esse qualificativo. Eu já havia relatado que se trata do caso dos julgamentos mais que sumários sobre a obra de Benedetto Croce, cuja dialética idealista se situa como antípoda do irracionalismo. O mesmo ocorre com os julgamentos realizados sobre o método fenomenológico de Husserl, quando Lukács pretende detectar nele os germes de um irracionalismo que o aproximaria das posições da "filosofia da vida" (a *Lebensphilosophie*)[19]. Ele insiste muito na ideia de que a "intuição da essência" (a *Wesensschau*) possa legitimar também construções arbitrárias do espírito, mas *A destruição da razão* ignora o fervor racionalista do pensamento do último Husserl e seu apelo patético à "filosofia como ciência rigorosa". Lukács perde, assim, a chance de fazer justiça ao combate do filósofo alemão contra o "ceticismo, o irracionalismo, o misticismo" (essas são as fórmulas empregadas por Husserl nas primeiras páginas da *Krisis* para designar os perigos aos quais sucumbe a filosofia contemporânea[20]). É somente nos *Prolegômenos para a ontologia*, seu último texto filosófico, que Lukács vai se corrigir, homenageando a "tenacidade intelectual" e o combate "quase heroico" de Husserl contra os desvios irracionalistas de seu pensamento.

---

[18] Theodor W. Adorno, "Une réconciliation extorquée", cit., p. 172.

[19] G. Lukács, *Die Zerstörung der Vernunft* (Verlag, Viena, 1954), p. 381 e seg. [ed. bras.: *A destruição da razão*, trad. Bernard Herman Hess, Rainer Patriota e Ronaldo Vielmi Fortes, São Paulo, Instituto Lukács, 2020, p. 351 e seg.].

[20] Edmund Husserl, *Die Krisis der europäischen Wissenschaften und die transzendentale Phänomenologie: Eine Einleitung in die phänomenologische Philosophie*, revista *Philosophia* (Belgrado), v. 1, 1936, p. 77-176 [ed. bras.: *A crise da humanidade europeia e a filosofia*, trad. Urbano Zilles, Porto Alegre, EDIPUCRS, p. 75 e seg.].

Em *A destruição da razão*, a atitude em relação a Nicolai Hartmann também não está isenta de certo sectarismo ou dogmatismo. Com certeza, Lukács tem razão em contestar a afirmação de Hartmann, segundo a qual o pensamento dialético é um "dom" comparável ao "gênio" do artista e que não poderia ser "aprendido". Mas Hartmann testemunhava, fundamentalmente, uma compreensão profunda da dialética, o que o singularizava na paisagem da filosofia alemã da época (ver seu estudo intitulado *Hegel und das Problem der Realdialektik*, publicado em 1935 e incluído no segundo volume dos *Kleinere Schriften*). Falar de sua "capitulação" diante da "teoria aristocrática do conhecimento", diante, portanto, do irracionalismo[21], me parece totalmente excessivo, tendo em vista que se trata de uma abstração do espírito dominante de seu pensamento.

Livro de combate, *A destruição da razão* se excede em formulações escandalosas e, por vezes, simplificações tendenciosas de posições adversas (é o caso, por exemplo, das considerações sobre Jaspers, de quem Lukács ignora as análises críticas sobre o nacional-socialismo, especialmente seu livro sobre a culpabilidade alemã). O posfácio do livro, redigido em janeiro de 1953 e dedicado ao irracionalismo do período posterior à Segunda Guerra Mundial, contém todos os estigmas da Guerra Fria, em que Lukács dispõe suas polêmicas sobre os estereótipos do pensamento da época. As críticas severas de que ele foi alvo nos anos precedentes, por parte da direção de seu partido no famoso "caso Lukács" (1949-1951), tiveram certamente um efeito compulsivo sobre ele, levando-o a submeter seu pensamento ao puro conformismo.

---

[21] G. Lukács, *A destruição da razão*, cit., p. 492, 498 e 499.

Controvérsias em torno de Lukács

As visões estéticas de Lukács, em particular sua crítica do "modernismo" e seus severos julgamentos sobre os representantes literários do "vanguardismo", levantaram uma poderosa onda de contestação. Seu livro sobre o realismo crítico suscitou uma forte oposição, desde o célebre e polêmico artigo de Adorno, "Uma reconciliação extorquida", até os posicionamentos diversamente nuançados de Harold Rosenberg (seu artigo "Georg Lukács e a terceira dimensão", dedicado à refutação das teses lukacsianas, foi traduzido e publicado por *Les Temps Modernes* no número de novembro de 1964) ou de Susan Sontag (que, distanciando-se da concepção considerada muito "ética-vitoriana" da literatura de Lukács, reconheceu tratar-se "de um ataque potente, em muitos aspectos brilhante", contra o modernismo[1]). Foi especialmente o capítulo intitulado "Franz Kafka ou Thomas Mann?" que irritou os ânimos, de tão insustentável que essa alternativa parecia ser. O tradutor húngaro dos escritos de Lukács, o ensaísta e dramaturgo István Eörsi, em um artigo publicado em 1986 com o título "Der unliebsame Lukács" (Lukács, o desagradável), pôde afirmar que, ao publicar seu texto em 1957, Lukács perdeu de repente a simpatia que desfrutava entre os intelectuais depois de sua atividade como ministro do governo Nagy, em 1956, e de sua deportação para a Romênia[2]. Lukács reconhecerá mais tarde, em uma carta enviada a Carlos Nelson Coutinho, em 1968, as insuficiências de seu texto, devidas a uma redação apressada.

No capítulo final de sua *Estética*, Lukács traçou um amplo quadro da luta secular para emancipar a arte da tutela da religião, dedicando uma seção especial

---

[1] "[...] *a powerful, in many ways brilliant attack* [...]" (Susan Sontag, "The literary criticism of Georg Lukács", em *Against Interpretation and Other Essays* (Nova York, Octagon, 1978), p. 82-92.

[2] István Eörst, *Der rätselhafte Charme der Freiheit* (Frankfurt, Suhrkamp, 2003), p. 131.

às tensões entre a arte alegórica (no centro de suas considerações estava a conexão íntima entre a transcendência religiosa e a alegoria como princípio artístico) e a arte simbólica, que tem suas raízes exclusivamente na imanência do real, identificada pura e simplesmente com a arte realista. A resistência às representações alegóricas do real decorre, portanto, de uma opção específica em favor de uma concepção puramente imanente da realidade (a *Dieseitigkeit*), da qual a historicidade é o atributo constitutivo, que rejeita qualquer espaço à transcendência e à abstração. As críticas formuladas em seu pequeno livro sobre o realismo crítico contra a alegoria, como princípio artístico de numerosas obras da vanguarda, encontram seu verdadeiro fundamento filosófico nos desenvolvimentos do último capítulo da *Estética*, sobre a oposição entre transcendência e imanência na representação do real, entre arte alegórica e arte simbólica. Nem Adorno, nem Harold Rosenberg, nem Susan Sontag, nem qualquer um dos vários opositores das visões estéticas de Lukács cogitaram se debruçar sobre sua *Estética* para apreender os fundamentos filosóficos de seu pensamento sobre a literatura.

É essa extrema fidelidade à historicidade, como atributo constitutivo do real, que leva Lukács, por exemplo, a reprovar em um romance como *A peste*, de Camus, o excesso de abstração e indeterminação na figuração da misteriosa doença que atinge os personagens: a ausência de perspectiva que ele contesta reside na ausência de concreção histórica das origens ("de onde", *Woher*?) e do ponto de chegada ("para onde?", *Wohin*?) da misteriosa epidemia. A peste surge como uma "figura alegórica" da "condição humana", e não como uma força com contornos sócio-históricos bem definidos. Esse tipo de censura (alegorização em oposição à simbolização) é representativa da crítica formulada por Lukács em relação à estética do vanguardismo. O elogio feito por Camus à literatura de Roger Martin du Gard, no prefácio escrito para a edição de La Pléiade, do ponto de vista de Lukács era uma espécie de autocrítica implícita de um dos representantes eminentes da vanguarda literária, que reflete a superioridade da figuração realista das situações e dos personagens em comparação à abstração inerente a uma visão alegórica do real[3].

Com a publicação da *Estética* e da *Ontologia do ser social*, foi possível descobrir como os pontos de vista literários de Lukács (aí compreendidos seus julgamentos estéticos pontuais, como sua grande admiração por Thomas Mann ou sua forte reviravolta em relação à obra de Kafka) estavam intimamente associados a um pensamento preciso sobre a história, a uma crítica rigorosamente elaborada das ideologias de seu tempo e, sobretudo, a uma interpretação ontológica da

---

[3] G. Lukács, *La Signification présente du réalisme critique* (trad. Maurice de Gandillac, Paris, Gallimard, coleção Les Essais, 1960), p. 112-3 [ed. bras.: *Realismo crítico hoje*, trad. Ermínio Rodrigues, Brasília, Editora Coordenada de Brasília, 1969].

condição humana (mesmo que ele rejeitasse a utilização deste último conceito por receio de retirar a realidade do gênero humano de seu contexto histórico e social). Ele se apoiava em uma dialética da particularidade e da universalidade que promovia a pura imanência na autoafirmação das forças humanas. Se em sua *Estética* ele contrapôs *O processo* de Kafka ao *Molloy* de Beckett, é porque ele descobriu no primeiro um imenso protesto contra a inumanidade do século (a "revolta humanista" era sua referência principal – seu conceito-chave – já no livro *Realismo crítico hoje*). Seu julgamento estético invocava a forte presença da "consciência de si do gênero humano", da *Gattungsmässigkeit*. Em uma carta de 16 de maio de 1967, ele me comunicou sua "impressão cada vez mais forte" de que "as doutrinas tão dogmática e fortemente proclamadas vanguardistas estão se aproximando do colapso" (ele nutria então muitas ilusões, subestimando a vitalidade dos movimentos da vanguarda artística e literária). No entanto, seus vigorosos elogios à literatura de Thomas Mann, e também à de outros grandes escritores realistas que ele apreciava (de Sinclair Lewis a William Styron ou Thomas Wolfe, de O'Neill a Dürrenmatt, de Elsa Morante a Semprún), permitiam-lhe fazer valer a combinação entre sua crítica da alienação e sua estética do realismo. Seu entusiasmo por um romance como *Doutor Fausto* ilustra bem essa unidade entre a perspectiva histórica e o julgamento estético. A produção dos romances de Thomas Mann é projetada sobre o pano de fundo da história da Alemanha, e a crítica identifica com sagacidade a concrescência entre o trágico destino artístico de Adrian Leverkühn, o Fausto moderno, e as malformações da história alemã, aprisionada em seu distanciamento do grande caminho da democracia moderna. A comparação entre o *Fausto* de Goethe, aberto para o "grande mundo", e o *Fausto* de Thomas Mann, enclausurado no "pequeno mundo" da província alemã (designada por Lukács como uma "*Raabe Atmosphäre*", de acordo com o nome do prosador alemão que expressou da maneira mais marcante esse universo mesquinho da Alemanha depois de 1848), permite fixar o quadro sócio-histórico da tragédia de Leverkühn. Thomas Mann, o "mestre das mediações", segundo a fórmula de Lukács, se tornou para o crítico o paradigma do "grande realismo" na literatura do século XX. Adorno, muito próximo de Thomas Mann durante a elaboração de *Doutor Fausto*, permaneceu ancorado na convicção de que as visões estéticas de Lukács portavam a marca de um espírito "restaurador classicista", como prolongamento da admiração juvenil por um escritor neoclássico como "o inefável Paul Ernest"[4]. Parece-me, contudo, que as páginas dedicadas por Lukács a Thomas Mann revelam a envergadura de seu conceito do realismo.

---

[4]   Ver a carta endereçada por Adorno a Frank Benseler em 25 de abril de 1968, em que ele dirige a Lukács o epíteto de "burguês", reivindicando para si a verdadeira transgressão do espírito burguês: Rolf Tiedemann (org.), *Frankfurter Adorno Blätter VI* (Munique, Text + Kritik, 2000), p. 64.

102 Por que Lukács?

Quanto ao "stalinismo" que marcaria "notavelmente" o "Lukács tardio" (pode-se encontrar acusações desse tipo na literatura recente sobre Lukács), é importante constatar que nada parece abalar as convicções bem enraizadas dos admiradores exclusivos do jovem Lukács. Nessas últimas décadas, tomamos conhecimento das principais obras do último Lukács – a *Estética* e a *Ontologia do ser social* –, livros atravessados, de uma ponta a outra, pela crítica ao stalinismo, da coletânea *Marxismus und Stalinismus*[5], que reúne os textos mais anti-stalinistas de Lukács. Contudo, as mentes marcadas pelo pensamento de Trótski, que jamais digeriram os julgamentos críticos de Lukács sobre seu diretor de consciência e sobre a corrente fundada por ele (Lukács não deixava de refutar o sectarismo da corrente trotskista, recordando suas lembranças da figura de Trótski, de quem havia ouvido um discurso em 1921, e de se reportar aos comentários de Lênin, em uma carta a Górki, sobre o lado "lassaliano" de Trótski), continuam a cultivar o discurso sobre o stalinismo do "Lukács tardio". A perspicaz ironia da carta endereçada por Lukács, em 1º de outubro de 1959, a Lucien Goldmann, mentor daqueles que exaltam a obra do "jovem Lukács" minimizando ou rejeitando completamente o "Lukács tardio", não exerceu, aparentemente, nenhum efeito sobre os antigos discípulos do autor de *Le Dieu caché*[6]. Lukács anunciava aos defensores de seus livros de juventude, ao mesmo tempo depreciadores de sua obra de maturidade, que eles queriam compará-lo ao imperador da Idade Média, Carlos V, que passara o último ano de sua vida em um mosteiro contemplando seu túmulo, mas que tendo o acaso feito com que ele, Lukács, não tivesse morrido em 1924 e tivesse realizado, entretanto, o que deveria ser chamado de "a obra de sua vida" (*mein Lebenswerk*), lhe era difícil se posicionar sobre o trabalho daqueles que persistiam em ignorar o essencial de sua atividade.

Os pensadores fiéis à herança de Trótski, a começar pelo mais notável deles, Isaac Deutscher, autor de uma obra fundamental, a trilogia dedicada à biografia de Trótski, jamais perdoaram Lukács por suas escolhas políticas e estéticas, o filósofo húngaro personificando um tipo de intelectual revolucionário que sempre negou ao trotskismo legitimidade política e intelectual. O ensaio de Isaac Deutscher, "Lukács crítico de Thomas Mann", publicado em 1965 em uma revista inglesa (traduzido para o francês e publicado em *Les Temps Modernes* em junho de 1966), inaugurou uma linha interpretativa que tende a apresentar a evolução literária e filosófica de Lukács, no período posterior à *História e consciência de classe*, como a expressão de uma renúncia às posições revolucionárias

---

[5] A coletânea foi publicada em 1970 pela Rowohlt na Alemanha Federal.

[6] Já citei essa carta em meu livro *Georges Lukács: étapes de sa pensée esthétique* (trad. Fernand Bloch, Paris, Le Sycomore, 1980), p. 286 [ed. bras.: *Georg Lukács: etapas de seu pensamento estético*, trad. Renira Lisboa de Moura Lima, São Paulo, Editora da Unesp, 2008, p. 292].

defendidas em seu livro de juventude e, sobretudo, como uma submissão (às vezes sob formas muito sutis) aos cânones do "stalinismo", seguindo, em última instância, sua opção, em 1926, em favor da tese staliniana sobre a possibilidade do "socialismo em um só país" e sua rejeição às posições contrárias defendidas por Trótski. Lukács teria entrado em um período "termidoriano" de sua atividade, caracterizado por sua reconciliação com a "má realidade" do stalinismo e pela extinção da utopia revolucionária que outrora havia nutrido sua inspiração filosófica.

Os argumentos utilizados contra Lukács para ilustrar sua regressão merecem ser seriamente examinados. O que pensar, por exemplo, da tese de Isaac Deutscher, segundo a qual a compreensão particular expressa por Lukács em relação à obra de Thomas Mann e, principalmente, seu elogio da "busca do burguês" (Lukács havia identificado na nostalgia de Mann pela integridade do antigo espírito burguês, em oposição à decomposição figurada por personagens como Hagenström em *Os Buddenbrook*, um dos princípios fecundos de sua obra) seriam expressão clara de sua estética conservadora e de seu espírito de compromisso com os valores burgueses, que traduziria a orientação direitista de seu pensamento, seu alinhamento à linha staliniana de aliança com as forças burguesas, à época da Frente Popular, a partir de 1935? Para o revolucionário inflexível Isaac Deutscher, mesmo a defesa da Razão em *A destruição da razão* apenas expressaria esse espírito de compromisso em relação aos valores burgueses. Por consequência, Deutscher repreende Lukács por seu respeito a valores como "a dignidade patrícia" na obra de Thomas Mann, ou por um valor como "a razão", afirmando que "não é papel de um marxista invocar a 'razão' contra o nazismo". O objetivo dessas considerações é retirar de Lukács a aura de pensador resistente ao stalinismo e de reduzi-lo a "um grande crítico literário staliniano"[7].

No entanto, o esquerdismo do trotskista revolucionário era necessário para interpretar a doutrina estética do "grande realismo", defendido por Lukács em seus escritos dos anos 1930 e 1940 como a expressão de uma "obra de bajulação" dos valores burgueses, epifenômeno de sua adesão "de todo coração" às "correntes moderadas, de direita, do stalinismo", em um momento histórico em que, sob a ameaça do fascismo, os stalinistas teriam procurado a aliança com as forças burguesas. Na realidade, a doutrina do "grande realismo" se constituiu como uma poderosa reação contra as práticas stalinianas de manipulação da arte e da literatura, contra "o realismo incompreendido" da literatura ilustrativa exaltada pelos stalinianos (*Wider den mißver standenen Realismus* é o título escolhido por Lukács para seu livro publicado em Hamburgo em 1957). Os ataques concêntricos

---

7   Isaac Deutscher, "Lukács critique de Thomas Mann", *Les Temps Modernes*, n. 241, jun. 1966, p. 2.256.

aos quais Lukács foi submetido na URSS desde o fim dos anos 1930 por parte dos representantes designados pela política cultural staliniana, os Fadeyev e os Ermilov, mostram como o cenário construído por Deutscher era tendencioso. Sua tentativa, ao final de seu artigo, de extrair o argumento da resistência com que Lukács se opôs às "peças didáticas" de Brecht, para ilustrar a carência de espírito revolucionário, enquanto a exaltação de Thomas Mann exemplificaria *a contrario* suas tendências burguesas, de acordo com as mudanças direitistas do stalinismo, não é mais convincente. Lukács se explicou longamente sobre as razões de suas divergências estéticas com Brecht. Isaac Deutscher ignorou os elogios feitos por Lukács às últimas peças de Brecht, em que ele situou seu teatro na extensão da tradição shakespeariana, enfatizando justamente a continuidade com a grande herança do teatro democrático-revolucionário (Lukács lembrava o enraizamento de autores como Púchkin, autor de *Boris Godunov*, ou de Büchner, autor de *A morte de Danton*, na grande tradição shakespeariana[8]).

Lukács teria assim conseguido dar, graças a sua "sutileza" e a sua "erudição", um brilho de verossimilhança à linha política e ideológica staliniana. O antigo ideólogo próximo a Trótski pretendia demolir a "fascinação enganosa" exercida pela figura de Lukács (Deutscher se mostrou inquieto com a audiência que ele começava a ter na *Nova Esquerda*), indo tão longe a ponto de mostrar que sua fisionomia intelectual não era de todo a de um verdadeiro marxista, na linha de Marx e Engels: seu "racionalismo", sua "estética conservadora", seu "hegelianismo acadêmico" faziam de Lukács, do ponto de vista de Deutscher, o antípoda de um verdadeiro pensador revolucionário. Mas seria necessário muito mais, apesar das qualidades eminentes do autor do texto, para abalar seriamente a estrutura doutrinal do autor de *Problemas do realismo*. Deutscher acreditava poder reduzir Lukács à figura de um intelectual que apenas se alinhava ao regime em vigor, mas nunca conseguiu medir o alcance do pensamento estético e filosófico do crítico contra o qual lutava. Ele se recusava a levar em conta a imensa distância que separava o conceito lukacsiano de realismo da pobreza intelectual do conceito soviético de realismo socialista, mistura de naturalismo e de "romantismo vermelho" do qual Lukács se mostrou um crítico combativo. Ele teria que voltar ao pano de fundo especulativo do conceito lukacsiano de realismo: o grande realismo clássico alemão e seu patrimônio de categorias (em primeiro lugar, a

---

[8] Em tradução brasileira de Franco de Almeida, o texto de Lukács recebeu o título *O humanismo de Shakespeare* e foi publicado em G. Lukács, *Ensaios sobre literatura* (Rio de Janeiro, Civilização Brasileira, 1965). Sobre as relações entre Lukács e Brecht, ver meu texto "Distanciation ou catharsis?" no número sobre Brecht da revista *Europe*, n. 856-7, ago.-set. 2000, p. 63-78 [ed. bras.: "Distanciamento ou catarse?", em *Lukács e seus contemporâneos*, trad. Pedro Campos Araújo Corgozinho, São Paulo, Perspectiva, 2016, p. 275-95].

de totalidade, mas também a dialética da imediaticidade e das mediações, do fenômeno e da essência etc.), mas, como Deutscher se mostrava bastante irritado com o "hegelianismo acadêmico" de Lukács, não se podia esperar da parte dele tal maneira de ver as coisas.

Isaac Deutscher, a exemplo de todos os outros críticos esquerdistas de Lukács (incluído aí Alain Brossat, autor do ensaio "Staliniens en situation" [Stalinianos em situação], publicado inicialmente em *L'Homme et la société* em 1988 e retomado em seu livro *Un communisme insupportable* [Um comunismo insuportável], sem falar de Michel Novak, que sobrecarregou Lukács com seus anátemas em um artigo publicado no órgão trotskista *La Vérité* [A verdade] em junho de 1970), se julgava dispensado de levar em consideração o livro *O jovem Hegel* ou a *Estética* do crítico e filósofo que estava em julgamento. Mas as visões literárias e artísticas de Lukács não podem ser compreendidas fora de sua *forma mentis* hegeliano-marxista (ver, a título de exemplo, o conceito de "segunda imediaticidade", de onde ele parte para explicar seu conceito de realismo, na correspondência com Anna Seghers), assim como não podem sê-lo fora de suas visões políticas. Deutscher atribuiu a adesão à linha da Frente Popular como um ato de lealdade às orientações stalinianas e reprovou fortemente Lukács por ter transformado uma "simples tática" (ou seja, uma manobra staliniana) em uma "ideologia", até mesmo em uma filosofia social. A conexão entre as visões defendidas no livro sobre Hegel e a linha política das "teses de Blum" (ampla coalizão das forças democráticas para vencer a reação) escapava ao autor de *A revolução inacabada: Rússia, 1917-1967*.

Contra a arrogância e o simplismo daqueles que destacavam a ruptura entre a "cultura proletária" e a "cultura burguesa" (lembremos do desprezo de um Zhdanov e dos filósofos soviéticos oficiais em relação a Hegel), Lukács empregou todas as suas forças para valorizar a grande herança da cultura burguesa, mostran-do, por exemplo, a profunda continuidade entre as obras de Goethe e de Hegel e o espírito do pensamento de Marx. Ele gostava de denunciar a atitude obtusa manifestada por um jacobino muito sectário como Börne em relação a Goethe lembrando, *a contrario*, como exemplo, a admiração de Heine dedicada a seu grande predecessor. Não poupava nem mesmo seu antigo amigo Ernst Bloch, a quem chegou a se expressar com condescendência sobre "os problemas de asseio da antiga camada dos burgueses"[9] (*soignierten Bürger problemen älterer Schicht*) que teriam sido tratados nos escritos de Thomas Mann e Jacob Wassermann (mesmo essa justaposição de nomes irritava profundamente Lukács, pois a diferença considerável de nível entre os dois escritores ficou obscurecida). Ele recordou para Bloch o precedente deplorável do julgamento sectário de Börne

---

[9]   Ernst Bloch, *Héritage de ce temps* (trad. Jean Lacoste, Paris, Payot, 1978), p. 194.

sobre Goethe e Hegel, qualificados pelo jacobino alemão de "escravos com rima ou sem rima" do poder[10].

A propósito da conversão de Lukács ao "stalinismo", é necessário citar a tese de Michael Löwy de que a admiração demonstrada pelo futuro autor de *O jovem Hegel*, a partir de 1926, ano da publicação de seu estudo intitulado *Moses Hess und die Probleme der idealistischen Dialektik* [Moses Hess e o problema da dialética idealista], pelo "realismo" hegeliano, mais precisamente sua compreensão da vontade de Hegel de se "reconciliar" com a realidade pós-revolucionária (termidoriana), seria uma expressão disfarçada da "reconciliação" do próprio Lukács com a realidade termidoriana da Rússia staliniana, portanto, de sua virada para o stalinismo. Essa tese me parece uma construção ideológica discutível[11]. Lukács se empenhou em mostrar que o distanciamento de Hegel das convicções democráticas que ele nutria na época de Berna (da nostalgia de uma ressurreição da *Polis* antiga) e sua vontade de enfrentar a realidade pós-revolucionária da sociedade burguesa, com suas contradições específicas, foram o cadinho de seu grande pensamento dialético: é esse mergulho no "fermento das contradições" (*mitten im Dünger der Widersprüche*, segundo a expressão de Marx) que Lukács celebra como o "realismo hegeliano". Não posso esconder meu mal-estar diante da tentativa de apresentar como uma regressão o que foi claramente um grande progresso do pensamento (Lukács continua enfatizando que, ao contrário de Fichte, que permaneceu confinado nas ilusões jacobinas de seu primeiro período, Hegel se decidiu por uma "reconciliação com a realidade", o que lhe permitiu forjar seu método revolucionário de pensamento). Mas é a tese de Michael Löwy que, em seu texto "Lukács e o stalinismo", publicado ao final de sua tese *Para uma sociologia dos intelectuais revolucionários: a evolução política de Lukács 1909-1929**, por sinal uma obra notável em sua reconstrução do trajeto do jovem Lukács, vê no elogio lukacsiano do "realismo" hegeliano os germes de uma capitulação do autor de *História e consciência de classe* diante da realidade do stalinismo, o abandono da utopia fecunda de seu primeiro livro marxista em favor de uma "reconciliação" com a prosaica realidade pós-revolucionária. As nostalgias fichtianas desafiam a realidade do imenso progresso filosófico alcançado por Hegel em relação a Fichte, que Marx aproveitou plenamente.

---

[10] G. Lukács, *Werke*, v. 7: *Deutsche Literatur in zwei Jahrhunderten* (Neuwied, Luchterhand, 1964), p. 13.

[11] Ver, sobre esse assunto, a posição equilibrada expressa por Claude Prévost em sua introdução para a coletânea *Textes* de Lukács, publicada em 1985 por Éditions Sociales, p. 34 e seg.

* Michael Löwy, *Pour une sociologie des intellectuels révolutionnaires: l'évolution politique de Lukács* (Paris, PUF, 1976) [ed. bras.: *Para uma sociologia dos intelectuais revolucionários: a evolução política de Lukács*, trad. Nélio Schneider, São Paulo, Expressão Popular, 2007].

A recusa de Lukács do fichtianismo de Moses Hess ou de Lassalle mantém sua pertinência filosófica e, a meu ver, Michael Löwy se engana tentando defender jovens hegelianos como Cieszkowski ou, sobretudo, ao defender Fichte contra o "realismo" da dialética hegeliana.

É perfeitamente correto que, ao enfatizar com veemência o "antiutopismo" consubstancial da dialética hegeliana e ao se opor à "fichtianização" operada por Moses Hess, Lukács realizou uma virada para o "realismo" e demarcou um distanciamento do utopismo que impregnava seu primeiro livro marxista. Mas essa assimilação do "realismo" da dialética hegeliana não significou, de modo algum, uma submissão do pensamento ao *status quo* social e menos ainda uma legitimação da "Realpolitik não revolucionária de Stálin", segundo a expressão de Michael Löwy, uma capitulação diante do Termidor do período pós-revolucionário. Pode-se efetivamente decifrar, no grande estudo de Lukács dedicado ao desenvolvimento intelectual de Hegel (em que ele trabalhou durante longos anos, após seu período berlinense, 1931-1933, até a elaboração em 1937-1938 do manuscrito de *O jovem Hegel*), uma "alegoria" (Cesare Cases) de sua própria jornada filosófica, definida pelo abandono do utopismo que caracterizava *História e consciência de classe*, da visão do proletariado como encarnação de uma quimérica identidade sujeito-objeto da história e de sua decisão de aderir ao presente histórico (a realidade pós-revolucionária da estabilização do capitalismo e da ascensão do stalinismo), mergulhando na imanência de suas múltiplas contradições. Mas tendo em mente a perspectiva de um "humanismo crítico", como fez Hegel durante a transição de seu republicanismo utópico à interpretação realista das contradições da nova sociedade burguesa. Interpretar a assimilação do "realismo" dialético como uma negação da utopia revolucionária e como uma "reconciliação extorquida" com a triste realidade da Rússia staliniana (a tese de Adorno em seu artigo é retomada *expressis verbis* pelos críticos de Lukács, tanto Michael Löwy quanto Slavoj Žižek) é se confundir sobre tudo o que separa o marxismo lukacsiano da maturidade dos pobres esquemas do "materialismo dialético" staliniano. Michael Löwy leu o estudo de Lukács dedicado a Hölderlin, de 1935, em que o crítico sublinha que o caminho de Hegel, que escolheu abraçar as contradições da sociedade termidoriana, resultado da Revolução, se tornou muito mais fecundo e produtivo que o enclausuramento do poeta nos ideais jacobinos, como sendo uma apologia da via termidoriana na sociedade pós-revolucionária, portanto como "uma das tentativas mais inteligentes e mais sutis para justificar o stalinismo"[12]. É uma interpretação discutível da ideia de Lukács segundo a qual o caminho de Hegel, diferentemente dos jacobinos tardios como Georg Forster, Fichte ou Hölderlin, se mostrou muito mais próximo das realidades da sociedade

---

[12] Michael Löwy, *Pour une sociologie des intellectuels révolutionnaires*, cit., cap. "Lukács et le stalinisme", p. 233 [ed. bras.: *Para uma sociologia dos intelectuais revolucionários*, São Paulo, cit.].

burguesa pós-revolucionária: é justamente a recusa em permanecer confinado no utopismo e na vontade de imergir "do fermento das contradições", portanto, seu "termidorinismo", que está na origem do realismo dialético de Hegel, celebrado por Lukács em seu ensaio sobre Hölderlin e, sobretudo, em *O jovem Hegel*. Slavoj Žižek, em seu texto "György Lukács, philosophe du leninisme" [György Lukács, filósofo do leninismo], aponta a existência em Lukács de um "Termidor pessoal" após 1930, lamentando o distanciamento das posições defendidas no livro de 1923, escrito sobre o "Evento" de 1917[13]. Como já lembrei, Lukács se mostrou bastante duro com as correntes trotskistas até o fim: ele julgava as posições políticas de Trótski não menos sectárias que as dos stalinianos, questionando a combinação de "aventureirismo" e de sectarismo burocrático (ver, por exemplo, sua entrevista concedida a Günther Specovius em 1963). Mesmo se declarando pronto a admitir que "Trótski [havia sido] alguém extremamente honesto, um homem político talentoso, um orador excepcional"[14], ele o julgava "um ideólogo pobre", por quem nunca tinha alimentado a menor simpatia.

---

[13] Slavoj Žižek, "György Lukács, philosophe du leninisme", em Eustache Kouvélakis e Vincent Charbonnier (orgs.), *Sartre, Lukács, Althusser: des marxistes en philosophie* (Paris, PUF, 2005), p. 117-20.

[14] G. Lukács, *Pensée vécue, mémoires parlés* (trad. Jean-Marie Argelès, Paris, L'Arche, 1986), p. 152 [ed. bras.: *Pensamento vivido: autobiografia em diálogo*, trad. Cristina Alberta Franco, São Paulo, Estudos e Edições Ad Hominem/Universidade Federal de Viçosa, 1999, p. 110].

Lukács e Simmel

A destruição da razão suscitou a ira de outro pensador muito marcado por posições de ultraesquerda, Jean-Marie Brohm: dessa vez, foram as páginas a respeito de Simmel que atraíram sobre Lukács as iras e os anátemas. A *Lebensphilosophie* de Simmel suscitou uma grande paixão e um verdadeiro entusiasmo em Jean-Marie Brohm, o que explica sua indignação diante das críticas de Lukács.

As relações de Lukács com o pensamento de Simmel podem ser efetivamente consideradas um experimento para as posições que ele pretendia defender em *A destruição da razão*. Próximo do autor de *Filosofia do dinheiro* na juventude (ele sempre comentou como seu primeiro livro sobre a história do drama moderno, publicado em 1909, estava marcado em sua base teórica pelo livro de Simmel), muito particularmente receptivo às conexões estabelecidas por Simmel entre a arte e a vida social, Lukács, da mesma forma que seu amigo Ernst Bloch, se distanciou cada vez mais da filosofia e da sociologia de Simmel, até lhe dedicar as duras páginas de *A destruição da razão*. Seria o caso de se perceber, nas críticas dirigidas a Simmel pelo marxista Lukács, uma expressão do enrijecimento de seu pensamento, um exemplo da capitulação diante de uma ortodoxia dogmática, que teria levado o antigo participante do *privatissimum* de Simmel (o seminário restrito que se reunia na casa do filósofo) a renegar sua proximidade de outrora e pintar do autor de *Lebensanschauung* (o último texto de caráter metafísico de Simmel) o retrato de um protagonista do irracionalismo? Para os críticos de *A destruição da razão* (e nós vimos que, pela quantidade, são uma legião), as páginas sobre Simmel constituem um exemplo privilegiado da regressão sofrida por aquele que, em 1918, por ocasião da morte do filósofo, lhe dedicou um necrológio particularmente abrangente. Jean-Marie Brohm está entre os antagonistas do "livro de tese" de Lukács (*Tendenzbuch*, era assim que Lukács caracterizava seu livro), escolhendo justamente a atitude de Lukács em relação a Simmel como alvo de suas incursões polêmicas. O professor de sociologia de Montpellier, diretor da revista *La Prétentaine*, autor de um importante livro sobre o pensamento dialético, grande admirador de *História e consciência de classe* e do opúsculo sobre Lênin publicado por Lukács em 1924 (que ele traduziu para o francês e prefaciou em 1965 para Éditions Études et Documentation Internationales), se empenhou contra *A destruição da razão*, que ele denunciou em várias ocasiões como uma expressão da metamorfose dogmática (staliniana) do pensamento de Lukács[1]. São principalmente as críticas dirigidas a *Lebensphilosophie* (filosofia da vida) que irritam Jean-Marie Brohm, a ponto de fazê-lo abandonar todas as cautelas e recorrer à injúria ("o reducionismo cientificista e positivista, do qual Lukács foi a caricatura [...]", entre outras). Diante dessas palavras, que transformam Lukács em um inquisidor ideológico, comparado aos *apparatchiks* que o perseguiram (os Rudas e Révai de triste memória), poder-se-ia se perguntar em que seu questionamento sobre a consistência filosófica do conceito de *vida*, transformado por Simmel em substância metafísica do mundo, carece de relevância e em que a busca das derivações ideológicas e políticas da *Lebensphilosophie*, objeto de uma seção importante de *A destruição da razão*, seria uma operação ilícita, expressão de um deslize dogmático de seu pensamento.

É necessário esclarecer que não estou contestando o grande interesse de certos comentários críticos de Jean-Marie Brohm sobre o pensamento de Simmel, em particular aquele sobre o ensaio intitulado "A metafísica da morte", comentários esses que podem ser encontrados em sua obra notável por sua originalidade: *Figures de la mort**. Trata-se, nesse último livro, de estabelecer os fundamentos epistemológicos de uma "tanatologia que se pretende científica". Mas aqui minha intenção é discutir a *Lebensanschauung*, pois foi essa obra de Simmel que ocupou o centro da polêmica contra *A destruição da razão*.

Ao contrário do que querem fazer crer os diferentes críticos de Lukács[2], o questionamento crítico do conceito de "vida" e, a partir dele, da corrente da *Lebensphilosophie* em seu conjunto se revela profundamente legítimo. O grande público desse movimento de ideias (não apenas na Alemanha, mas também na França – basta pensar em Bergson e em sua vasta influência – ou na Espanha –

---

[1] Ver o prefácio de Brohm ao livro de Lukács, *Le Jeune Marx* (Paris, Éditions de la Passion, 2002), p. 17-8, e seu texto intitulado "Georg Simmel et la transcendance de la vie", *La Prétentaine*, n. 14-15, dez. 2001, p. 60.

* Jean-Marie Brohm, *Figures de la mort* (Paris, Beauchesne, 2008). (N. E.)

[2] Na Alemanha, o questionamento severo da *Lebensphilosophie* em *A destruição da razão* suscitou fortes reações de Herbert Schnadelbach, de Otto Pöggeler ou de Karl Albert, autor de um livro intitulado *Lebensphilosophie: von den Anfangen bei Nietzsche bis zu ihrer Kritik bei Lukács* (Friburgo/Munique, Karl Alber, 1995). Na França, as páginas sobre Simmel encontraram não somente a reprovação de Jean-Marie Brohm, mas também a resistência de François Léger, autor de uma tese sobre Simmel em 1989.

com o impacto exercido por Ortega y Gasset, sem esquecer o pragmatismo americano, tributário até certo ponto da mesma estrutura de pensamento) e sobretudo seu papel fundamental na derivação conservadora e reacionária do pensamento de Spengler, Klages (grande adversário do "espírito" em favor da "vida") ou Ernst Jünger (cujo *O trabalhador* pode ser considerado uma politização ativa da *Lebensphilosophie* para a revolução conservadora), justificavam a retomada lukacsiana das raízes filosóficas e ideológicas da corrente. Simmel se situa explicitamente na continuidade de Schopenhauer e de Nietzsche (ele aponta a "vontade" do primeiro e a "vontade de potência" do segundo como os precursores diretos do conceito de "vida"[3]), e sua ambição de transformar "a vida" em último substrato do mundo é marcada pelo mesmo arbítrio e pelos mesmos preconceitos das construções especulativas de seus predecessores.

A inspiração neokantiana de Simmel é uma característica de seu pensamento que não pode ser negligenciada quando se examina seu conceito de "vida". A ideia do caráter eminentemente subjetivo das categorias formativas da natureza e da história volta como um *leitmotiv* em seus escritos. A "vida" é definida pelo atributo fundamental da "autotranscendência" (*Selbst-Transzendenz*), mas, quando se elimina por um golpe de força a existência da "coisa em si" e do caráter objetivo de suas categorias constitutivas (é essa a *démarche* fundamental do neokantismo), nos privamos do terreno real da dialética sujeito-objeto, ou seja, da verdadeira fonte da "inquietude" e do "desenvolvimento" que caracterizam a "vida", segundo Simmel. Jean-Marie Brohm se apressou em cobrir Lukács de acusações de "cientificismo" e de "positivismo", porque ele apontou a ausência de todo e qualquer fundamento científico rigoroso do conceito de "vida" no autor de *Lebensanschauung* (em *A destruição da razão*, Lukács enfatizou que a "metafísica da vida" simmeliana se importava muito pouco com as conquistas da biologia como ciência da vida). Mas é o caso de se indagar que legitimidade filosófica pode reivindicar um conceito metafísico (vimos que a "vida" de Simmel se apoia na mesma *démarche* que a "vontade" de Schopenhauer ou que a "vontade de potência" de Nietzsche) se ele abstrai os resultados das diferentes ciências, tanto da natureza quanto da sociedade. Examinado de perto, o conceito de "vida" em Simmel – que expande o de Dilthey e prefigura aquele que vai proliferar em Spengler, Klages, Jünger – é uma estilização metafísica da "consciência de si", portanto, de uma forma particular da subjetividade, depurada de suas determinações reais. A "metafísica da vida" não menciona em nenhum momento a tensão dialética entre a teleologia dos atos intencionais e a rede das cadeias causais objetivas como verdadeiro *principium movens* da "autotranscendência".

---

[3] Georg Simmel, "Der Konflikt der modernen Kultur Ein Vortrag (1918)", em idem, *Gesamtausgabe*, v. 16 (Frankfurt, Suhrkamp, 1999), p. 188-9.

Ao contrário, Simmel destaca, na *Lebensanschauung*, o caráter extrateleológico da "vida", e o discurso sobre a fluidez, a inquietude e a efervescência permanecem suspensos em uma imprecisão que justifica as acusações de "não cientificidade" e de "irracionalismo"[4].

Lukács tinha várias razões para se distanciar da *Lebensphilosophie* simmeliana. Ele questionou, corretamente, o "relativismo" gnosiológico de Simmel, lembrando a afirmação do autor da *Lebensanschauung*, segundo a qual as leis da natureza estabelecidas pela ciência moderna se revelariam quase "superstições", a serem equiparadas com as verdades da astrologia ou de qualquer fé em milagres. É nesse contexto que ele menciona afinidades explícitas de Simmel com o pragmatismo (não existe para Simmel verdade objetiva ou conhecimento que transcenda os interesses práticos do sujeito vital). Lukács questiona, também de modo crítico, o conceito simmeliano de tragédia da cultura, recusando-se a legitimar a tese de que as formas da cultura seriam alienações devido à sua própria objetividade ou, mais exatamente, desvios enrijecedores da substância vital. E, principalmente, ele recusa a "metafísica da vida" que parecia uma nítida regressão em comparação ao idealismo clássico de Kant e Hegel, por seu antirracionalismo ostensivamente exibido, pois Simmel não deixava de afirmar, seguindo os passos de Bergson, a incomensurabilidade da vida confrontada com a ação "usurpadora" do conceito. Sobre esse último ponto, pode-se observar que os críticos de Lukács subestimam o alcance de seus argumentos contra um dos conceitos-chave da "filosofia da vida" de Simmel, aquele da "lei individual" ("Das individuelle Gesetz" é o título do último capítulo de *Lebensanschauung*, livro que no passado provocou o entusiasmo de Jankélevitch e agora o de François Léger e de Jean-Marie Brohm). Desde o livro *O jovem Hegel*, Lukács se dedicou a mostrar a distância que separa a crítica de Hegel ao "formalismo" da moral kantiana daquela desenvolvida por

---

[4] Em seu livro *La Pensée de Georg Simmel* (Paris, Kimé, 1989, com prefácio de Julien Freund), François Léger acreditou que seria possível estabelecer uma aproximação entre a "experiência vivida" diltheyniana ou simmeliana e a "práxis" de Marx, caindo na mesma situação que aqueles que estabelecem uma proximidade entre a concreção do *Dasein* heideggeriano e o sujeito histórico marxiano. Segundo François Léger, Lukács não teria se dado conta dessa convergência entre a "filosofia da vida e o papel central da práxis em Marx, cujo traço comum seria a superação do 'sujeito abstrato' kantiano, e suas objeções teriam um caráter 'escolástico'" (p. 228). A confusão me parece total. Um abismo separa no plano filosófico o *Erlebnis* diltheyniano ou simmeliano da práxis de Marx, o mesmo abismo que separa o idealismo neokantiano do materialismo ontológico. A transgressão do sujeito abstrato kantiano se efetua, no caso do pensamento de Marx, por meio de uma verdadeira "destranscendentalização" do sujeito e sua ancoragem no plano sócio-histórico concreto, enquanto Dilthey e Simmel não deixam o perímetro do kantismo; ao contrário, radicalizam-no por meio de sua ligação com o neokantismo. A concreção da filosofia da vida permanece uma *pseudoconcreção* (para retomar a expressão de Günther Anders sobre isso).

Simmel: ao estabelecer uma proximidade entre as posições de Jacobi e de Simmel, Lukács mostrou que as críticas dirigidas por Hegel em *Fé e saber* ao subjetivismo romântico de Jacobi e de Schleiermacher se aplicavam também à "lei do *Dasein* heideggeriano", desde que a experiência vivida seja desvinculada de sua verdadeira ancoragem ontológica. Teria sido aconselhável que tanto François Léger como Jean-Marie Brohm tivessem tomado conhecimento da dialética sujeito-objeto desenvolvida por Lukács em sua *Ontologia* e em sua *Estética*, especialmente dos principais momentos que a destacam – interpelação, interrogação, resposta –, a fim de mensurar a imensa distância que separa o conceito marxiano de práxis do *Erlebnis* da filosofia da "vida individual" de Simmel[5]. Ao exaltar, por meio do conceito de "lei individual", os imperativos da pura subjetividade, despojada de qualquer ancoragem em um "conceito", Simmel se uniu às posições de Jacobi e de Schleiermacher (ele também afirma explicitamente essa filiação com a "ética romântica" nas páginas finais da *Lebensanschauung*): as críticas formuladas por Lukács à *Lebensphilosophie*, que seus adversários atribuem à dogmatização de seu pensamento em nome do "materialismo dialético" reducionista (ver acima), se revelam enraizadas na grande tradição hegeliana e kantiana (pois, apesar das importantes ressalvas à ética kantiana, Lukács defende a exigência da universalidade da moral kantiana contra o "vitalismo" relativista de Simmel). Aqueles que se apressam a denunciar o conceito de irracionalismo forjado por Lukács como um expediente polêmico silenciam sobre esta genealogia histórica de seu combate: a recusa absoluta do conceito de "vida", tal qual aparece em Dilthey, Bergson ou Simmel, dá continuidade, do ponto de vista do autor de *A destruição de razão,* ao combate de Hegel contra o romantismo filosófico, pois nos dois casos, para ele, se trata de defender "a potência do conceito", portanto, dos direitos imprescritíveis da objetividade, contra aqueles que visam subvertê-la.

A radicalização da posição crítica de Lukács em relação a Simmel – pois mesmo o artigo publicado em 1918 na *Pester Lloyd*, por ocasião da morte do filósofo, não ficou isento de um sutil distanciamento, visível na designação de Simmel como o "filósofo do impressionismo", um "Monet da filosofia", que não teria sido seguido até então por nenhum Cézanne – está certamente ligada à forte escalada do poder da *Lebensphilosophie* na cena filosófica alemã na época do declínio da República de Weimar e da tomada de poder pelos nazistas. O manuscrito redigido por Lukács em agosto de 1933, com o título *Wie ist die faschistische Philosophie in Deutschland entstanden?* [Como nasceu a filosofia fascista na Alemanha?], faz efetivamente referência a uma passagem reveladora do discurso pronunciado por Simmel, em novembro de 1914, a favor da guerra

---

5 G. Lukács, *Der junge Hegel* (Berlim, Aufbau, 1954), p. 345 (nota) e p. 347-8 [ed. bras.: *O jovem Hegel e os problemas da sociedade capitalista*, trad. Nélio Schneider, São Paulo, Boitempo, 2018].

114   POR QUE LUKÁCS?

desencadeada alguns meses antes. O autor do discurso intitulado "Deutschlands innere Wandlung" [A transformação interior da Alemanha] foi envolvido por um verdadeiro frenesi belicista pró-alemão e, em seu entusiasmo, chegou, em certo momento, a uma concretização *sui generis* de seu credo *lebensphilosophisch*. Ao proclamar em alto e bom som seu amor pela Alemanha, ele pediu para mandar ao diabo qualquer tentativa de justificar "objetivamente", com argumentos lógicos, a guerra alemã. A "vontade pela Alemanha" se situava acima de tudo o que é logicamente demonstrável, e Simmel lançou uma expressão destinada a fazer carreira: "*Unwiderleglich ist nur das Unbeweisbare*" (somente o que é indemonstrável é irrefutável). De seu ponto de vista, a guerra conduzida pela Alemanha era uma evidência translógica, que "o filósofo da vida" exaltava em perfeita consonância com as premissas de seu pensamento. A retomada da expressiva formulação de Simmel na coletânea *Krieg und Krieger*, editada em 1930 por Ernst Jünger, em um texto assinado por Werner Best[6] defendendo que a guerra que ele desejava não poderia se fundamentar com argumentos lógicos, mostra bem como essas formulações podiam seduzir as novas gerações do nacionalismo alemão. Foi sob efeito de tais explorações ideológicas dos postulados da "filosofia da vida" que Lukács começou suas investigações sobre as fontes filosóficas do nacional-socialismo: em seu manuscrito de 1933, primeiro esboço de seu futuro *A destruição da razão*, ele retorna ao texto de Werner Best e a um livro de Franz Schauwecker, *Deutsche allein* [Alemães sozinhos], para apontar as consequências *in politicis* da filosofia da vida[7]. O texto inflamado redigido por Lukács em agosto de 1933, no calor de seu combate anti-hitlerista (ele acabava de escapar das perseguições da Gestapo em Berlim após a instauração do poder nazista e estava refugiado na URSS), traz certamente a forte marca das visões políticas sectárias do autor na época. O termo social-fascismo, designando a social-democracia, retorna como um *leitmotiv*, testemunhando o alinhamento do autor às posições ultrassectárias da Terceira Internacional, que não cessavam de denunciar o conluio da social-democracia com o fascismo e de defender como única alternativa política viável: fascismo ou comunismo. Mas, na minha opinião, seria precipitado inferir que a radiografia crítica da filosofia alemã da época empreendida por Lukács, que desvelava o perigoso potencial ideológico político das tendências irracionalistas (em primeiro lugar a da *Lebensphilosophie*), fosse uma projeção do mesmo sectarismo e, portanto, estivesse privada de sua pertinência. Confrontado com a ressurreição

---

[6]   É bom lembrar que Werner Best, na época próximo de Jünger e de seu amigo Hielscher, iria se tornar uma das cabeças pensantes da SS, um formidável doutrinário do nazismo, e que mesmo Carl Schmitt, em 1940, não escaparia de sua censura.

[7]   G. Lukács, *Wie ist die faschistische Philosophie in Deutschland entstanden?* (org. László Sziklai, Budapeste, Akadémiai Kiadó, 1982 [1933]), p. 173 e 276.

das ondas heideggeriana e schmittiana e do "revisionismo histórico" inspirado por elas na Alemanha dos anos 1990, Jürgen Habermas lembrou-se do livro de Lukács e de seu grande processo contra o irracionalismo, enfatizando, em uma carta endereçada a Christa Wolf, o caráter premonitório e o bem fundamentado trabalho crítico realizado por seu predecessor:

> Lukács praticava, sem dúvida, uma filosofia vigorosa quando ele retraçava, em 1955, as vias do irracionalismo de Schelling até Hitler. Mas mesmo essa abordagem esquemática não podia nos fazer esquecer esse momento de verdade que o título do livro, *A destruição da razão*, já sinaliza. Não correríamos o risco de perder o fruto desse ato de salutar autorreflexão se essa mistura de ideias abissais e nebulosas, com a qual tivemos que lutar por tanto tempo, reaparecesse hoje?[8]

---

[8] Jürgen Habermas a Christa Wolf, carta de 26 nov. 1991, em Christa Wolf, *Adieu aux fantômes* (trad. Alain Lance, Paris, Fayard, 1996), p. 103.

A CRÍTICA DO ROMANTISMO

Os pontos de vista de Lukács sobre a oposição entre a apreensão dialética e a apreensão romântica das contradições da sociedade burguesa ainda aguardam para serem compreendidos em sua justa dimensão. A obstinação com que o filósofo húngaro se dedicou, por exemplo, a contestar a interpretação do pensamento do jovem Hegel desenvolvida por Dilthey, na qual ele via um travestimento "romântico" do pensamento hegeliano (Dilthey falava, em seu célebre livro dedicado ao jovem Hegel, do "panteísmo", e mesmo do "misticismo", do jovem Hegel), só poderia ser explicada pela convicção de que essa interpretação abriu o caminho para uma "irracionalização" do pensamento hegeliano, que encontraria sua expressão no neo-hegelianismo ulterior (em Glockner, em particular, mas também em Richard Kroner, em Theodor Haering etc.). Lukács se mostrou, no mesmo espírito, não menos crítico à interpretação de Hölderlin apresentada por Dilthey em *Das Erlebnis und die Dichtung* (1905), um livro do qual ele também reconheceu a influência em seus próprios escritos de juventude. O vigor com que ele se opôs a toda tentativa de situar Hegel ou Hölderlin entre os "românticos", se empenhando em marcar, ao contrário, a oposição radical entre o espírito de suas obras e o espírito do romantismo (ele se situava assim deliberadamente como antípoda de muitas ideias preconcebidas), mostra a que ponto a crítica ao *Romantik* tinha para ele um interesse capital. Sua preocupação constante em recolocar a gênese da ideologia nacional-socialista no contexto das tradições conservadoras do pensamento alemão, dentro das quais o "romantismo" e sua crítica regressiva da modernidade ocupavam um lugar central, explica sua extrema vigilância em relação a essa linha de pensamento. É necessário salientar que ele estava longe de ser o único a afirmar as origens românticas do pensamento conservador e reacionário de seu tempo. Benedetto Croce estabeleceu a mesma genealogia em seus escritos dedicados ao *Dissidio spirituale della Germania con l'Europa*

[O desacordo de ordem espiritual da Alemanha com a Europa][1]. Antes ainda, os estudos sobre o romantismo de Arthur O. Lovejoy iam no mesmo sentido, e é possível encontrar a mesma filiação no livro de Victor Klemperer, *LTI, Lingua Tertii Imperi* [LTI, A língua do Terceiro Reich] (ver em particular o capítulo XXI, "Die deutsche Wurzel" [A raiz alemã]).

Lukács teve que lutar muito para defender seu ponto de vista, pois, mesmo entre seus aliados ideológicos (penso em autores marxistas como Ernst Fischer ou Hans Mayer, sem falar de Ernst Bloch), seu antirromantismo suscitou reservas, críticas e por vezes a mais forte contestação. No clima pós-staliniano, do fim dos anos 1950 e início dos anos 1960, animados pela necessidade bastante legítima de afrouxar o estrangulamento que tinha asfixiado durante décadas todo pensamento marxista vivo, e também de abolir os esquemas do pensamento dominante da época staliniana, se vê, em vários desses pensadores, a tentativa de contestar a hegemonia muito longa do conceito de "realismo" no campo da estética marxista. Tratava-se de ampliar sensivelmente os critérios do julgamento estético e de valorizar em um novo espírito, por exemplo, os movimentos românticos (visava-se à literatura romântica do fim do século XVIII e do início do século XIX) ou as correntes da vanguarda (no que diz respeito ao século XX). Foi nesse espírito que Ernst Fischer começou a redigir uma obra sobre o romantismo, mencionada por ele nas cartas enviadas a Lukács em 26 de dezembro de 1960 e 21 de abril de 1961. Foi com um espírito similar que Hans Mayer redigiu seu livro sobre Heinrich von Kleist, grande figura do romantismo alemão, obra publicada em 1962 com o título *Heinrich von Kleist: der geschichtliche Augenblick* pela Neske na Alemanha Federal. Foi mais ou menos nessa época que Henri Lefebvre empreendeu uma espetacular revalorização do romantismo nas páginas da *NRF* (ver seu notável texto intitulado "Le romantisme révolutionnaire", publicado no verão de 1957) e em seu livro *La Somme et le reste* (1959).

Lukács acolheu essas iniciativas com um olhar crítico, pois se, de um lado, ele compartilhava inteiramente da necessidade de uma renovação radical da reflexão marxista sobre a arte (*Wir sind alle mit den Schemen unserer bisherigen Kunstauffassung tief uneinverstanden* – "Nós estamos todos profundamente em desacordo com os esquemas do que era até o presente nossa concepção de arte", escreveu ele a seu amigo Ernst Fischer em 23 de janeiro de 1961), de outro, não pretendia, no entanto, renegar seus princípios fundamentais e cair em

---

[1] Benedetto Croce, *Il dissidio spirituale della Germania con l'Europa* (Bari, Laterza, 1944) e o artigo-programa escrito em 1945 para o *Quaderni della "Critica"* intitulado "Il problema morale del nostro tempo", reproduzido no livro *Pensiero politico attuale* (Bari, Laterza, 1946). Croce retoma um artigo publicado em 1945 por um de seus discípulos, Carlo Antoni, intitulado "Il nazismo e la civiltà di Europa" (*Pensiero politico attuale*, cit., p. 21).

um ecletismo, que ele acreditava não ser menos nocivo que o dogmatismo do qual queriam sair (ver nesse sentido sua pouca estima pela fórmula de Roger Garaudy: "realismo sem margens"). As cartas enviadas para Ernst Fischer em 23 de janeiro e em 13 de junho de 1961, em que ele expõe seu ponto de vista sobre o romantismo e suas discordâncias sobre esse assunto com seu amigo, assim como a carta endereçada a Hans Mayer em 10 de maio de 1962, em que ele comunica o recebimento do livro sobre Kleist e manifesta para aquele que até então reclamava frequentemente da inadmissibilidade, sobretudo da questão do *Romantik*, são testemunhos de primeira linha sobre a posição singular de Lukács dentro dos movimentos erráticos que inquietavam a reflexão marxista da época (essas cartas, ainda inéditas, foram consultadas por mim no Arquivo Lukács de Budapeste). Lukács voltaria à questão do romantismo no prefácio redigido em novembro de 1963 e em dezembro de 1964 para os volumes 6 (*Probleme des Realismus*, III) e 7 (*Deutsche Literatur in zwei Jahrhunderten*) de suas obras publicadas pela Luchterhand na Alemanha Federal. Dessa vez, ele protesta contra o uso hipertrófico do conceito, que, de seu ponto de vista, acompanhava um verdadeiro processo de restauração do terreno ideológico.

A leitura desse conjunto de textos permite constatar que a concepção lukacsiana do realismo e, paralelamente, sua crítica ao romantismo, que visava, sobretudo, a ideologia corrente, estavam fundadas num estudo aprofundado de várias das grandes literaturas europeias, tendo portanto uma sólida base estética e filosófica. As tentativas de igualar sua posição com a dos apoiadores oficiais dos dogmas sobre o "realismo" (e, por extensão, do "realismo socialista"), que chegavam a identificar o realismo com a literatura ilustrada e com o cânone da "empiria", provêm, portanto, de uma má compreensão da substância de seu pensamento. Em uma carta de 26 de dezembro de 1960, endereçada a Lukács, Ernst Fischer citou seu projeto de refutar, por meio de seu livro sobre o romantismo, não apenas as posições dos marxistas "oficiais", mas também as de Lukács. A troca de cartas que se seguiu entre os dois amigos permitiu, assim, ao autor de *Problemas do realismo*, defender seus argumentos e, principalmente, contestar ponto a ponto o suporte construído por Fischer para justificar sua paixão pelo romantismo. O projeto de Fischer de redigir um capítulo sobre Rousseau para apresentar o autor de *Do contrato social* como uma figura emblemática do romantismo (ele argumentou com o fato de que Robespierre e Joseph de Maistre foram capazes de reivindicar Rousseau) contrariou muito Lukács. Ele viu nisso um típico exemplo da tentação de esconder, no conceito vago de "romantismo", direções muito heterogêneas de pensamento. Ele lembrou Fischer de que colocar a influência de Rousseau sobre Robespierre no mesmo plano que a influência sobre Joseph de Maistre é uma incongruência, pois enquanto o primeiro foi um verdadeiro continuador, apesar de suas contradições, do espírito de Rousseau, o segundo não pôde fazer mais que travestir por completo o pensamento rousseauísta.

Após Ernst Fischer ter comunicado a intenção de se concentrar na gênese do pensamento romântico na Inglaterra, país onde o capitalismo e suas contradições conheceram as formas mais precoces de desenvolvimento, Lukács aprovou o projeto, mas alertou seu correspondente sobre a tentação de generalizar de modo abusivo o conceito de romantismo, lembrando a Fischer que Mandeville e Ferguson não exerceram uma crítica de tipo romântico sobre a nova sociedade burguesa, mas sim uma crítica "imanente", e também que a ressurreição do conceito de "povo" não tinha, por si mesma, nada de romântica, pois se tratava da retomada do pensamento de Vico sobre a grandeza de Homero em relação a Virgílio, que nem o elogio da antiga poesia britânica (aí compreendido Ossian) nem a descoberta do espírito folclórico da Bíblia eram, de seu ponto de vista, tendências especificamente "românticas".

Vê-se em ação o método lukacsiano de interpretação da literatura, fundado numa grande capacidade de contextualização sócio-histórica. Ernst Fischer reuniu sob o signo do romantismo – seu conceito unificador é bem vago: "protesto pequeno-burguês" – uma grande variedade de escritores dos quais Lukács se encarrega de mostrar a heterogeneidade de sua orientação ideológica e, portanto, a impossibilidade de associá-los em um movimento único. A série romântica de Fischer começou com Macpherson, Young e Gray, prosseguiu com Blake, ficou um pouco confusa com o "espírito de renegado" de Coleridge, e atingiu seu ponto culminante com Byron e Shelley. Lukács protestou, levantando a questão decisiva sobre o critério descriminante para classificar um escritor no movimento romântico. Fiel a sua hermenêutica, ele situa na atitude diante da Revolução Francesa o centro de gravidade do problema, a fim de traçar a linha divisória entre romantismo e não romantismo. É assim que ele chega a recusar o epíteto de "romântico" para Blake (apoiando-se na atitude favorável do poeta em relação à Revolução na França), assim como a recusa para o caso de Keats, enquanto a concede completamente ao católico Coleridge; opõe-se categoricamente à designação de Hölderlin como romântico, considerando seu estilo muito mais o de um "jacobino tardio", contesta também a filiação de Shelley nessa corrente, salientando a "utopia socialista" que atravessa sua obra. Ele reserva a denominação de românticos a escritores como Chateaubriand ou Alfred de Vigny, justamente porque a antipatia deles quanto à Revolução Francesa é muito forte. Claro que ele também aceita a existência de uma corrente liberal no romantismo (fez referência a isso em uma de suas cartas, citando Victor Hugo como seu representante mais marcante, mas em seu livro sobre *O romance histórico* atribui a ele um lugar importante, não sem ter tomado distância no plano estético), porém a ênfase principal de sua definição de *Romantik* está na orientação conservadora, voltada para o passado: é o movimento romântico alemão e sua ideologia que estão, sobretudo, no centro de sua atenção, como já tive a ocasião de enfatizar.

Para compreender sua posição a respeito desse assunto, é necessário levar em conta sua interpretação renovada do *Aufklärung*, do pensamento e da literatura iluminista. É um ponto importante, pois o elogio lukacsiano do "realismo" dos grandes escritores do século XIX, de Stendhal e Balzac a Tolstói e Thomas Mann (Lukács vincula este último à corrente), se coloca na continuidade dessa interpretação ampliada do *Aufklärung*, que ele considera ponto de honra ter estabelecido. É efetivamente seu mérito ter valorizado, contra preconceitos fortemente enraizados, a presença de um potente espírito histórico nos escritos de pensadores que ele inscreve nesse movimento ampliado do *Aufklärung*, que ele situa para além do *Aufklärung* oficial e cujos nomes mais importantes são os de Vico e Herder. O estereótipo de pensamento de um espírito por definição "a-histórico" sobre a corrente iluminista recebeu um golpe decisivo ao reservar ao romantismo a descoberta do historicismo (até mesmo Benedetto Croce se colocava como porta-voz de uma tal visão das coisas). Lukács recordou ainda os trabalhos de grandes historiadores como Gibbon, em apoio a sua tese sobre a época do Iluminismo, impregnada de espírito histórico, e, em sua interpretação de Hegel (sabemos que o jovem Hegel se inspirou muito na obra de Gibbon), os enfoques completamente novos, em comparação com as interpretações atuais, foram colocados na continuidade entre Hegel e a *Aufklärung*. A importância de Lukács, no que se pode chamar de a *Geistesgeschichte* do século XX, está justamente nesse modo totalmente inédito de redesenhar o mapa da história das ideias e da literatura. Sua defesa do "realismo" e sua crítica ao *Romantik* não podem ser verdadeiramente compreendidas fora desse vasto panorama da história das ideias em geral e da época iluminista em particular. Poder-se-ia citar ainda, como exemplo, sua análise do significado da obra de Diderot, que ele situa entre Helvétius e Rousseau, a fim de sublinhar a forte presença do "realismo" na literatura do século XVIII e a prefiguração deste no século seguinte, sempre em oposição à orientação romântica.

As divergências com Ernst Fischer a esse respeito[2] se inscreviam em um processo mais amplo, que mencionei anteriormente. Lukács se viu contestado por críticos e teóricos que pertenciam mais ou menos à sua família espiritual e que pensavam que o "degelo" pós-staliniano exigia também um questionamento das certezas lukacsianas, em particular de seu rigorismo estético. Hans Mayer,

---

[2] Ernst Fischer não chegou a publicar seu trabalho sobre o romantismo. O manuscrito foi editado postumamente, em 1986 (Fischer faleceu em 1972), com o título "Ursprung und Wesen der Romantik" como terceiro volume da obra *Werkausgabe in Einzelbänden* (org. Karl-Markus Gauss, Frankfurt, Sendler, 1986).

crítico e historiador da literatura que reconhecia sua grande dívida em relação à obra de Lukács – foi professor até 1963 em Leipzig, na RDA, quando deixou o país para se instalar na Alemanha Federal, onde reencontrou Ernst Bloch; suas memórias, publicadas em dois volumes com o título *Ein Deutscher auf Widerruf*, em 1982 e em 1984, da mesma forma que seu livro de lembranças sobre a RDA, publicado após a queda do muro, *A torre de Babel*, são testemunho de suas relações com Lukács –, deu início, em seu livro já mencionado sobre Kleist, a uma revisão crítica de certos juízos literários de seu mentor. A questão do romantismo ocupou um lugar central na confrontação entre os dois historiadores da literatura, pois no texto de Lukács, fortemente questionado por Mayer, intitulado "Die Tragödie Heinrich von Kleists", datado de 1936, Kleist é analisado como a maior figura do romantismo literário alemão do final do século XVIII e início do século XIX. Tal ensaio abriu a coletânea publicada por Lukács com o título *Deutsche Realisten des 19. Jahrhunderts* (editado em Berlim em 1952 e incluído no volume 7 das *Werke*).

Ao confirmar o recebimento do pequeno livro de Mayer, Lukács não escondeu sua decepção. Sentindo muito bem o espírito do tempo, e desejoso de afirmar sua abertura de espírito e de marcar ostensivamente seu distanciamento do dogmatismo ideológico e estético, que havia reinado na época staliniana e que se perpetuava no país sob o domínio soviético, Hans Mayer escolhera a obra de Kleist, maltratada, de seu ponto de vista, pela historiografia literária oficial do campo socialista, como um terreno privilegiado para começar sua "revisão" dos dogmas poderosos e reabilitar um grande escritor que a ortodoxia ideológica havia ridicularizado por causa de seu "prussianismo" e de sua mentalidade de *Junker**. Na carta enviada a Hans Mayer em 1º de maio de 1962, Lukács assegurou a seu correspondente que ele compartilhava totalmente do projeto de um reexame crítico das posições defendidas durante décadas de hegemonia staliniana, em particular o de uma nova leitura de obras literárias como a de Kleist. Mas ele não escondeu que, relendo seu antigo ensaio sobre Kleist, utilizado por Mayer como contrapé em seu livro, não só não o considerou vulnerável aos pontos polêmicos de seu interlocutor, mas ainda constatou que, apesar das décadas transcorridas desde sua publicação, seu argumento ideológico e estético mantinham sua solidez e sua pertinência. Lukács, portanto, se opôs a Mayer de modo incisivo.

Claro que Lukács não estava feliz em ver as pessoas que eram próximas se afastarem de seus posicionamentos – Mayer ainda mais que Fischer (basta ler a autobiografia de Hans Mayer para entender o quanto ele foi marcado em sua

---

* O termo diz respeito à aristocracia agrária prussiana. (N. T.)

formação intelectual, primeiramente, em sua juventude, por *História e consciência de classe*, "livro do despertar" – *Erweckungsbuch* –, como ele qualifica, e, em seguida, pela obra de crítica e história literária de Lukács). O discurso de Mayer, unindo-se às posições de seus adversários ideológicos que tentavam congelá-lo sob a imagem de um espírito conservador, emparedado em sua rigidez ideológica, hostil às grandes transformações estéticas da modernidade, só poderia aborrecê-lo. Na carta citada, Lukács se mostrou diplomático ao declarar legítima a tentativa de Mayer de renovar a interpretação marxista da obra de Kleist, encontrou pontos de concordância, mas essencialmente refutou o livro como um fracasso, reprovando, em particular, a flagrante debilidade de sua análise estética. Mayer apresentou Kleist como um "iluminista tardio" (*verspäteten Aufklärer*) e não como um romântico. Lukács responde, então, que é impossível encontrar, em peças como *A família Schroffenstein* ou *Pentesileia*, qualquer influência de Rousseau e de sua crítica dos fundamentos da sociedade. Lukács denunciou também a fragilidade da construção crítica a partir da qual Mayer pretendeu ver uma inflexão ideológica positiva dos pontos de vista dos personagens de *O príncipe de Homburgo*. A suavização da fisionomia ideológica de Kleist, tendo em vista que Mayer desejava, a todo custo, dissipar a imagem de um espírito prussiano fanaticamente conservador e antinapoleônico, não agradou Lukács, que, ao recordar o estreito conluio entre Kleist e um romântico reacionário como Adam Müller, sobre o qual Mayer fez silêncio, se mostrou pouco disposto a transigir com aquilo que lhe parecia ser frouxidão ideológica de seu interlocutor.

Evidentemente, preocupado em ver a crítica legítima do dogmatismo e do sectarismo no interior do marxismo, correndo o risco de cair no abandono do que ele considerava serem seus princípios diretivos no terreno da estética, Lukács não escondia sua preocupação diante das "revisões" empreendidas por autores como Ernst Fischer e, principalmente, Hans Mayer. A gama de suas inquietações era de fato mais ampla, porque em uma carta endereçada a Fischer em 23 de janeiro de 1961 ele fez referência à evolução recente de pensadores que, aliás, ele estimava, como Kołakowski ou Henri Lefebvre, mas em quem detectava os sintomas de um mesmo distanciamento *vis-à-vis* do que para ele era a essência do marxismo. Claro que ele não podia prever quão diferente, ou mesmo oposta, seria a trajetória ideológica dos dois filósofos; alguns anos mais tarde saudou o posicionamento de Lefebvre no debate sobre o estruturalismo (ver sua carta endereçada em 26 de fevereiro de 1968 a Carlos Nelson Coutinho, em que ele elogia um artigo publicado por Lefebvre em *O homem e a sociedade*). Quando Hans Mayer o questionou tanto por seu "*veredict*" sobre Kleist quanto por sua responsabilidade no ostracismo que atingia grandes representantes da vanguarda literária nos países socialistas, Lukács reagiu fortemente contra-atacando principalmente a questão controversa da colocação histórica do "romantismo".

124 POR QUE LUKÁCS?

Lukács compreendeu perfeitamente as intenções de Mayer e a mentalidade subjacente que as sustentava, como mostram suas cartas da época; ele demonstrou até mesmo sua preocupação em não atropelar seu eminente discípulo com uma crítica ideológica muito severa, que poderia, segundo sua expressão, levar Mayer ainda mais "para a direita", mas se recusou a fazer concessões no terreno da interpretação histórico-literária. Atrair Kleist para o lado da *Aufklärung*, livrando-o de seus profundos laços com o romantismo, construir sua figura como a de um *Aussenseiter* (o livro mais conhecido de Hans Mayer tem justamente esse título e é dedicado aos grandes "marginais" da história), associá-lo a personagens como Shelley (Lukács salienta que, diferentemente de Kleist, este não tem nada de "problemático", porque é um precursor do "socialismo utópico"), Buchner (grande intérprete das contradições da revolução democrática), Heine, Lérmontov (ele também precursor da revolução democrática na Rússia) ou Hölderlin, lhe parece um cenário histórico forjado. Três anos após essa troca epistolar, a propósito do livro de Mayer sobre Kleist e depois do artigo publicado pelo crítico alemão no aniversário de 80 anos de Lukács[3], em que a homenagem, apoiada em seus méritos na instauração de uma nova abordagem da história da literatura alemã, foi acompanhada de algumas críticas agudas a respeito da fixação de Lukács em uma "ideia platônica do realismo socialista" e de sua rejeição da vanguarda, o velho mestre respondeu a Mayer, em uma carta de 18 de maio de 1965, dizendo que ele apreciava a "franqueza" de seu correspondente, mas também que considerava "muito perigosos" (*höchst gefährlich*) seus pontos de vista sobre Kleist e sobre o *Romantik*[4].

Hans Mayer – e seu nome vale aqui como exemplo para muitos críticos de Lukács – estava certo ao apontar em Kleist um limite sério de seu pensamento crítico, um "classicismo" atrasado, uma propensão à "goetheanização" da hierarquia dos valores literários, que o teria tornado resistente às grandes figuras da literatura desviantes dessa normatividade classicizante, insensível à sua singularidade e à sua "marginalidade" em relação à tradição. O julgamento negativo de uma grande parte da obra de Kleist e, de forma mais geral, a atitude muito crítica em relação ao *Romantik* eram para Mayer o exemplo mais convincente, mas ele também gostava de lembrar a incompreensão do "teatro não aristotélico" de Brecht (ele havia sido testemunha do discurso pronunciado por Lukács no enterro de Brecht, que continha, para estupefação dos "brechtianos", um elogio da catarse promovida por Aristóteles e por Lessing), sem esquecer as críticas reiteradas às grandes figuras

---

[3] O artigo é reproduzido como segunda parte de um texto intitulado "Zwei Ansichten über Georg Lukács" no livro de Hans Mayer, *Zur deutschen Literatur der Zeit* (Reinbek, Rowohlt, 1967), p. 245-50.

[4] Essa carta pode ser consultada também no Arquivo Lukács.

da vanguarda. Se nos limitamos aqui à discussão da questão controversa sobre o "romantismo", é preciso observar que a crítica de Lukács alcança um campo muito mais vasto que a literatura, se estendendo até a filosofia (ele visava Schleiermacher, Schelling e – com nuances importantes – Solger, e não menos Franz von Baader ou o segundo Friedrich Schlegel), a economia política (Sismondi), sem esquecer, claro, a estética ou a teoria da literatura. Hans Mayer parecia não se aperceber do grande alcance da crítica lukacsiana e ignorava uma filiação histórica fundamental: a atitude muito crítica de Hegel em relação a seus contemporâneos românticos, paralela, aliás, à de Goethe, que certamente marcou muito Lukács, que, por sua vez, ampliou, com os instrumentos intelectuais do marxismo, as tomadas de posição desses ilustres antecessores. Ora, se não levarmos em conta, no pensamento de Lukács, os traços indeléveis das reflexões críticas de Hegel sobre Schleiermacher, Jacobi ou Solger, sem falar da polêmica contra a "intuição intelectual" de Schelling, da influência da *Estética* hegeliana (em que as críticas contra os românticos – Novalis, Kleist, Tieck etc. – são às vezes muito aguçadas), e, sobretudo, da importância dada à oposição aos românticos no romance *Os anos de aprendizado de Wilhelm Meister*, de Goethe, no qual Novalis incriminou o "ateísmo artístico", mas que para Lukács sempre foi um verdadeiro paradigma do classicismo weimariano[5], não se pode compreender as raízes profundas de sua posição em relação à *Weltanschauung* romântica. É necessário enfatizar novamente: o pensamento de Lukács se inscreve na *Geistesgeschichte* do século, ele remonta a uma tradição que tem raízes profundas no passado, sua adesão ao marxismo implicou a continuidade com um vasto continente de pensamento europeu, e, de seu ponto de vista, Marx só é compreensível como conclusão dessa longa linha de pensamento. Essa perspectiva da *geistesgeschichtlich* é indispensável para compreender, por exemplo, por que seu profundo apego ao espírito da Ética de Spinoza o leva a se solidarizar com Lessing em sua admiração por Spinoza e rejeitar, por outro lado, a crítica de Jacobi em relação ao spinozismo de Lessing (não é, portanto, por acaso que ele situa Jacobi entre os precursores do irracionalismo moderno), ao mesmo tempo que demonstra tanta compreensão pela forte reação de Hegel às produções dos românticos como Schlegel ou Novalis (romances como *Lucinde*, do primeiro, ou *Heinrich von Ofterdingen*, do segundo), enquanto compartilha inteiramente o elogio do autor de *Fenomenologia do espírito* ao *Wilhelm Meister* de Goethe, uma vez que os julgamentos bastante críticos tanto de Goethe como de Hegel sobre certos escritos de Kleist vão encontrar uma amplificação em seus próprios ensaios etc. As páginas sobre Lukács do livro de Löwy e Sayre, *Revolta e*

---

[5] Ver o capítulo dedicado a Wilhelm Meister em *A teoria do romance*, ampliado três décadas mais tarde no texto intitulado "Os anos de aprendizado de Wilhelm Meister", em G. Lukács, *Goethe e seu tempo* [trad. Nélio Schneider, São Paulo, Boitempo, 2021].

melancolia[6], no capítulo intitulado "Marxismo e romantismo", não mencionam o nome de Solger (Hans Mayer também não faz referência a ele, demonstrando sua pouca sensibilidade ao horizonte especulativo da crítica lukacsiana do romantismo), mas seria possível debater seriamente essa questão controversa sem levar em conta a posição de Lukács sobre um pensador que ele qualifica de o "representante mais importante do romantismo filosófico[7]", grande teórico da "ironia", pilar da *Weltanschauung* romântica? Esse filósofo e esteta ocupa um lugar de destaque na obra de juventude de Lukács, *A teoria do romance*, em que a ironia é definida, a partir das pistas de Solger, como uma "mística negativa das épocas sem Deus", mas é citada com muita deferência, seguindo a admiração devotada por Hegel a seu contemporâneo, em *O jovem Hegel*, no qual ele traça a linha de demarcação entre a ironia romântica e o grande pensamento dialético. Aqueles que querem nos convencer de que o verdadeiro Lukács é o "romântico anticapitalista" dos escritos de juventude, e não o partidário do "realismo dialético" dos escritos da maturidade, fariam bem em meditar sobre o alcance especulativo das críticas formuladas pelo autor de *O jovem Hegel* em relação ao princípio da "ironia", tal como é elaborado em sua forma mais acabada por Solger (é a grande herança hegeliana que está explicitamente na base dessa crítica ao romantismo filosófico).

Lukács tinha 22 anos quando publicou seu primeiro ensaio significativo, sobre Novalis, que aparece com destaque em sua coletânea *A alma e as formas* (1911). Quase quarenta anos mais tarde, em *Breve história da literatura alemã* (1945), síntese redigida na perspectiva marxista, ele ainda mantém a admiração pelo "poeta autêntico", mas o centro de gravidade de suas considerações é deslocado para a crítica do "falso caminho" tomado pelo autor do opúsculo *Die Christenheit oder Europa* (é necessário dizer que mesmo seu ensaio de juventude terminava com uma crítica ao princípio romântico da estetização da vida – a *Lebenskunst* – e que, em sua *Estética*, Lukács não deixará de lembrar que seus ensaios de juventude sobre Novalis e Kierkegaard já sancionavam o fracasso do projeto romântico de uma "poetização da vida"[8]). Se ele afirma a legitimidade e a eficácia da crítica romântica do filistinismo burguês, não esconde, no entanto, sua preferência pela crítica do mesmo fenômeno feita pelas mentes formadas na escola do Iluminismo e do classicismo: ele vai então opor à "ironia romântica", que lhe parecia obscurecida

---

6   Michael Löwy e Robert Sayre, *Révolte et mélancolie: le romantisme à contre-courant de la modernité* (Paris, Payot, 1992), p. 144-60 [ed. bras.: *Revolta e melancolia: o romantismo na contracorrente da modernidade*, trad. Nair Fonseca, São Paulo, Boitempo, 2015, p. 119-51].

7   G. Lukács, *Der junge Hegel* (Berlim, Aufbau, 1954), p. 483 [ed. francesa: *Le Jeune Hegel*, v. 2, trad. Guy Haarscher e Robert Legros, Paris, Gallimard, 1981, p. 188]; [ed. bras.: *O jovem Hegel e os problemas da sociedade capitalista*, trad. Nélio Schneider, São Paulo, Boitempo, 2018].

8   Idem, *Werke*, v. 12: *Die Eigenart des Ästhetischen,* II (Neuwied, Luchterhand, 1963), p. 596 (nota).

pelo culto da subjetividade soberana, a conexão entre "indivíduo" e "cidadão", que se encontra no pano de fundo da *Aufklärung* e do idealismo clássico. Contra as nostalgias medievais de Novalis, que preconizava a restauração do antigo império romano-cristão, e, de forma mais geral, contra o culto das forças infrarracionais, do "noturno" ou do "demoníaco", ele defendia a ética de Goethe e o caminho por ele preconizado, ou seja, a conversão de Wilhelm Meister à moral social de personagens como Lothario ou Natalie, paradigmas desse caminho.

Portanto, as escolhas ideológicas e estéticas de Lukács estavam enraizadas em uma reflexão aprofundada sobre a história social e ideológica da Europa: basta ler o longo artigo dedicado por Hegel em 1828 aos dois volumes de escritos póstumos de Solger para descobrir como a crítica lukacsiana do romantismo estava em consonância com as posições hegelianas, aí compreendidos os juízos literários sobre Kleist, aspecto da questão que parece ter escapado completamente a Hans Mayer ou a Ernst Fischer. Lukács destaca a experiência da Revolução Francesa como um momento crucial para situar a gênese do movimento romântico, e insiste na ambivalência ideológica desse movimento: a crítica às vezes muito penetrante dos fenômenos negativos detectados na nascente sociedade burguesa é acompanhada, nos românticos, por uma volta ao passado; assim, eles evitam o mergulho na imanência das contradições do real, atitude que caracteriza eminentemente, do ponto de vista do filósofo húngaro, a posição de Hegel e está na origem da excepcional fecundidade de sua dialética. As abordagens tradicionais, às vezes muito convencionais, do romantismo (conflito entre o "sentimento" e a "razão", privilégio da imaginação sobre o entendimento, passadismo etc.) são recusadas, em proveito de uma abordagem sócio-histórica. A fim de apontar a insuficiência das formas correntes, utilizadas para definir o romantismo, como a que faz da nostalgia da Idade Média e da oposição à Antiguidade os traços definitórios, Lukács gostava de lembrar a Ernst Fischer, em uma de suas cartas, que "a 'Antiguidade' de Nietzsche não era senão puro romantismo, enquanto a Idade Média de Walter Scott não tinha nada a ver com o romantismo"[9]. O antinietzschianismo inflexível de Lukács o levava a ver no dionisíaco nietzschiano uma forma de "barbarização" da Antiguidade (a *Penthesilea* de Kleist, que desagradou tão profundamente a Goethe, foi designada como uma prefiguração dessa "barbarização" nietzschiana[10]), enquanto a evocação da vida clânica na Idade Média, nos romances de Walter Scott, era, para o autor de *O romance histórico*, a primeira grande afirmação da historicidade no romance moderno, portanto

---

[9]   Carta de 6 jan. 1961, Arquivo Lukács.

[10]   G. Lukács, "Die Tragödie Heinrichs von Kleist", em idem, *Werke*, v. 7: *Deutsche Literatur in zwei Jahrhunderten* (Neuwied, Luchterhand, 1964), p. 216.

um momento inaugural do realismo, que vai encontrar seu prolongamento no século XIX em Púchkin, Manzoni e Balzac[11].

Aqueles que identificam uma concepção muito limitada da literatura em Lukács, reprovando a absolutização do "realismo", a fidelidade à teoria do "reflexo" e a reatualização da mimese, ignoram o alcance real de seu pensamento estético e a dialética sutil da relação sujeito-objeto que ele desenvolve em sua *Estética*. Eles terão dificuldade de explicar, por exemplo, o elogio do "realismo fantástico" que acompanha sua crítica do romantismo, a admiração que ele dedicava aos escritos de E. T. A. Hoffmann ou ao *Melmoth réconcilié* (Melmoth apaziguado) de Balzac, à prosa fantástica de Gogol e de Dostoiévski, sem mencionar a filiação ideal que estabelece entre Swift e Kafka. Se ele desaprovou a tentativa de Hans Mayer de estabelecer uma continuidade entre o fantástico de Hoffmann e o de Poe, ou sobretudo de Huysmans, é porque neste último não se encontra mais traço do "realismo" que, de seu ponto de vista, sustenta a prosa do grande escritor alemão. A mimese lukacsiana não tem, portanto, nada a ver com a "imitação do real" (que ele ataca fortemente nos escritores naturalistas), sua *Estética* persegue, na arquitetura da subjetividade, a ultrapassagem da *particularidade* (da imediatidade), por meio de múltiplas mediações, para as zonas nucleares da *humanitas*, fiel sempre a seu princípio de que não é possível dissociar a interioridade da exterioridade e de que a subjetividade é sempre *mediatizada* pelo tecido das relações sociais nas quais está ancorada. É em nome dessas convicções que ele recusa a *ação gratuita* de André Gide, expressão simbólica, de seu ponto de vista, de uma subjetividade sem ancoragem, e aprecia pouco *Os moedeiros falsos*, enquanto não poupa elogios a *Os Thibault*, com seu autor, Roger Martin du Gard, figurando entre seus preferidos.

***

A crítica ao romantismo conservador alemão é, para Lukács, o ponto de partida de um vasto processo instruído a respeito de um conjunto de movimentos de pensamento que se constituíram como reações contra o crescimento da força da dialética na filosofia e do realismo na literatura. A recusa da "ironia" romântica como princípio de configuração estética e, de forma geral, como *Weltanschauung*, ou a crítica do "idealismo mágico" de Novalis, que cultiva o fantasma da estetização da vida, prefiguram as duras críticas dirigidas ao pensamento de Kierkegaard, um autor que Lukács considera ter levado ao extremo as tendências românticas, ainda que ele tenha criticado a filosofia romântica da vida[12].

---

[11] G. Lukács, *Der historische Roman*, em idem, *Werke*, v. 6: *Probleme des Realismus,* III (Neuwied, Luchterhand, 1965), p. 86 e seg. [ed. bras.: *O romance histórico*, trad. Rubens Enderle, São Paulo, Boitempo, 2011].

[12] Idem, *Werke*, v. 12: *Die Eigenart des Ästhetischen*, II, cit., p. 595-6.

A animosidade de Lukács contra a ideologia romântica pode também ser vista como contendo *in nuce* a crítica engajada contra a proliferação do irracionalismo, das tendências religiosas e das correntes antirrealistas na literatura e na arte dos dois últimos séculos. Para aqueles que se chocam com a ponte lançada entre o *Romantik*, que contou entre seus representantes tantas mentes nobres e criadores geniais (Kleist, por exemplo), e ideologias do século XX também primárias, brutais e reacionárias, eu só posso repetir: Lukács está longe de ter sido o único, após a terrível experiência das abominações nazistas, a se interrogar insistentemente sobre as origens intelectuais do nacional-socialismo e se voltar para a história a fim de encontrar os germes da catástrofe alemã. Já mencionei a profunda similitude com as reflexões de Benedetto Croce e de seu discípulo, Carlo Antoni, ou as de Victor Klemperer, mas ainda mais eloquente é a proximidade de Lukács com os pontos de vista de um especialista tão eminente do romantismo alemão como Albert Béguin.

Quando o autor de *A alma romântica e o sonho* (cuja primeira edição data de 1937, seguida de inúmeras reedições até o fim do século) publicou, em 1949, um número especial de *Cahiers du Sud* dedicado ao romantismo alemão, ele quis compartilhar, na introdução redigida para esse número, suas reflexões sobre certas conexões entre o espírito do romantismo alemão e o colapso ideológico do Terceiro Reich. Albert Béguin estava há muito tempo preocupado com um problema que se tornaria o núcleo de uma reflexão aprofundada em Lukács: as raízes do surgimento do fenômeno nazista na história da Alemanha. Um pequeno livro publicado logo após a Segunda Guerra, intitulado *Fraqueza da Alemanha**, reuniu textos que tentavam identificar as origens sócio-históricas e ideológicas da catástrofe nacional-socialista. O *leitmotiv* das considerações de Béguin era uma ideia que encontramos formulada quase nos mesmos termos em Lukács: o nazismo estava longe de ser um "acidente" na história alemã, suas raízes deveriam ser buscadas no acúmulo das malformações e das perversões do desenvolvimento da sociedade alemã. Grande admirador e intérprete do romantismo alemão, Albert Béguin não hesitou, entretanto, em interrogar com acuidade suas zonas obscuras. Sob o golpe das abominações hitlerianas, ele descobre o isomorfismo entre certas tendências espirituais da mentalidade romântica (em primeiro lugar, sua vocação reacionária, no sentido literal da palavra) e a ideologia nacional-socialista, e aponta as afinidades, enfatizando a distância abissal que os separa:

> Novalis, Arnim, Hölderlin não são culpados pelo hitlerismo que queria incorporá-los e para isso mutilou seu pensamento e suas obras. Mas em Novalis, Arnim, Hölderlin, Kleist, Hoffmann houve, por um lado, uma consciência muitas vezes angustiada do

---

* Maurice Bardèche, *La Faiblesse de l'Allemagne* (Paris, José Corti, 1946). (N. E.)

destino alemão, das ameaças inerentes a certas tendências do espírito nacional; e, de outro, uma atração obscura para abismos que não são muito diferentes daqueles que fascinaram a Alemanha recente, daqueles para onde ela quis jogar com ela todo o velho mundo europeu.[13]

O crítico francês, que já em seu pequeno livro *Fraqueza da Alemanha* acreditava ter identificado parentescos entre o "élan", que animava a aventura espiritual de Novalis ou que "fez Nietzsche se despedaçar contra as rochas", e aquele que acabava de lançar "a nação alemã à posse da terra" (no caso de Novalis, ele pensava na "grandeza germânica do sonho de unidade", que permeava seu pequeno livro *Die Christenheit oder Europa*), é ainda mais explícito em sua introdução ao número de *Cahiers du Sud*, no qual ele discute tanto a imensa distância quanto a filiação que uniu a ideologia do romantismo alemão e a terrível aventura nacional-socialista: "A aventura espiritual dos românticos alemães não toca nunca as regiões profundas onde se funde o mito larval de Hitler e de Rosenberg. Mas existe sempre uma misteriosa correlação entre as mais nobres aventuras ousadas pelo gênio superior de um povo e os monstros que nascem de suas entranhas". Para Albert Béguin não há nenhuma dúvida: "as demências alemãs nascem de um irracionalismo primário", e se uma perversão do cartesianismo pôde gerar "heresias racionalistas"', que são "erros franceses", o irracionalismo alemão foi portador de uma "idolatria da desordem" que levou às catástrofes conhecidas[14]. A semelhança com a crítica formulada por Benedetto Croce, até na terminologia, é impressionante (Croce havia efetivamente falado do romantismo como "[...] *di quel grandioso disordine spirituale, di quel irrazionalismo*") e se pode reiterar a proximidade com os pontos de vista de Lukács.

Em seu prefácio a *A teoria do romance*, Lukács reportou uma reação do historiador da arte Max Dvořák, muito famoso na época, que, em 1920, em Viena, havia comentado que seu livro era a publicação mais representativa das "ciências do espírito" (da *geisteswissenschaftliche Richtung*) inauguradas por Dilthey. Ainda que Lukács tenha se distanciado convictamente dessa corrente de ideias, pode-se supor que a fascinação exercida por seus escritos se deve em boa parte a essa faculdade de extrair do tecido histórico vastas constelações espirituais, estabelecendo correlações e filiações que abalam as classificações habituais, tendo em mente as grandes linhas diretrizes do desenvolvimento da cultura. Quando ele chega a esboçar, por exemplo, no capítulo sobre as relações entre a ética e a estética de sua *Estética*, uma comparação entre *O banquete* de Platão e o texto de Kierkegaard

---

[13] Albert Béguin, Prefácio ao número de *Cahiers du Sud* que ele organizou com o tema *Le Romantisme Allemand* (1949), reeditado em fac-símile (Marselha, Rivages, 1985), p. 12.

[14] Ibidem, p. 13.

intitulado *In vino veritas*, em que os dois diálogos tratam da questão do amor, é porque ele situa o filósofo dinamarquês na posteridade do romantismo, os personagens de seu diálogo figuram como seres desamparados, que procuram na estetização da vida uma solução de seus problemas existenciais, enquanto os contatos entre Sócrates, Diotima e Alcibíades, no diálogo platônico, atingem um nível de profundidade que confere a suas reflexões sobre o amor o estatuto de clássico, o de um momento insuperável na história do pensamento. Vemos, portanto, que o "classicismo" de Lukács é algo diferente do "'goetheanismo' enrijecido" (*der klassizistisch erstarrterte Goethe*) deplorado por um Hans Mayer[15], pois seus fundamentos remontam a uma sólida tradição de pensamento, a da grande filosofia e da tragédia grega (Mayer será também admoestado por seus comentários frívolos sobre a filiação entre Shakespeare e Sófocles, estabelecida por Lessing e retomada por Lukács[16]. Para o autor de *Die Eigenart des Ästhetischen*, uma linha direta reunia essa tradição com a arte da Renascença e, em seu prolongamento, com o "realismo" dos últimos séculos do milênio.

Desenha-se, assim, em Lukács, uma crítica do pensamento romântico de Schleiermacher, de Franz von Baader, de Schlegel e, sobretudo, do último Schelling, cuja *geistesgeschichtlich* ele situa no prolongamento do pensamento da Contrarreforma (para essas filiações e as seguintes, ver o importante capítulo final da *Estética* dedicado à luta pela emancipação da arte), à qual ele contrapõe a linha de pensamento que une o Iluminismo, Goethe e a dialética hegeliana, e a inversão filosófica operada por Marx. Apesar das críticas que ele endereçou a precursores românticos, Kierkegaard ocupa um lugar privilegiado nesse dispositivo conceitual: Lukács o designa como o pensador que teria levado ao extremo os temas do pensamento romântico (a estetização da vida, a exasperação da singularidade, enclausurada em seu "incógnito", a forte propensão religiosa etc.), escrevendo em uma página da *Estética* em que ele completa e explica o romantismo como a Quarta-feira de Cinzas do carnaval[17].

A crítica a Kierkegaard, à qual é dedicada uma longa seção de *A destruição da razão*, mas que é reiterada em vários lugares importantes da *Estética* e da *Ontologia*, abre um capítulo maior da atividade ideológica desenvolvida pelo último Lukács: a crítica da religião. A análise da "necessidade religiosa" e de seu lugar considerável na fenomenologia da modernidade é objeto de uma reflexão aprofundada nos últimos grandes escritos teóricos do autor da *Ontologia do ser social*. A relação com a crítica ao pensamento romântico se impõe se pensarmos no interesse particular concedido por Lukács à oposição entre a filosofia da

---

[15] Hans Mayer, "Zwei Ansichten über Georg Lukács", cit., p. 248.

[16] G. Lukács, "Vorwort", em idem, *Werke*, v. 7: *Deutsche Literatur in zwel Jahrhunderten*, cit., p. 15.

[17] Idem, *Werke*, v. 12: *Die Eigenart des Ästhetischen*, II, cit., p. 595.

religião de Hegel e a de seu adversário Schleiermacher, esta última considerada exemplar pelo pensamento romântico e, ao mesmo tempo, contendo *in nuce* a estrutura da religiosidade moderna, que vai conhecer seu florescimento na teologia do século XX (pode-se lembrar o interesse demonstrado pelo jovem Heidegger pelos *Discursos sobre a religião**, de Schleiermacher, sobre os quais ele proferiu uma conferência no fim da Primeira Guerra Mundial). Hegel, por outro lado, citou Jacob Böhme e seu misticismo abissal (e também Tauler) quando aludiu, em seu amplo texto sobre Solger, ao pano de fundo do movimento romântico.

De Kierkegaard, Lukács se mostra particularmente interessado pelas páginas de *Temor e tremor* e pelo ensaio em que o filósofo dinamarquês realiza uma comparação entre o gênio e o apóstolo, mais precisamente entre o sacrifício trágico e o sacrifício religioso (ou seja, entre Agamenon sacrificando Efigênia sob a injunção de interesses superiores da Cidade, e Abraão sacrificando Isaac a fim de obedecer aos mandamentos divinos). É a oportunidade para o autor de "Metafísica da tragédia", seu ensaio de juventude que culminou em uma comparação entre a tragédia e a mística e em que celebra a primeira por sua vocação ética, refutar a preeminência kierkegaardiana do religioso sobre o ético, do apóstolo sobre o gênio, defendendo contra a "suspensão teleológica da ética" a irredutibilidade da exigência moral, única forma rigorosamente intramundana de realização da personalidade. A superação das contingências da existência encerrada em sua singularidade e a elevação ao nível da autêntica *humanitas* são para o último Lukács a pedra angular da atividade ética.

O confronto com o pensamento de Kierkegaard anunciou uma orientação fundamental de sua ontologia tardia: muito preocupado com o lugar específico da religião no mundo contemporâneo, tendo em vista o ressurgimento dos movimentos religiosos, ele interrogou insistentemente em sua *Estética*, mas sobretudo em sua *Ontologia*, o estatuto da religião entre as atividades do espírito (estética, ética, filosofia), chegando a circunscrever a especificidade da "necessidade religiosa" e seu lugar geométrico na constelação espiritual do homem contemporâneo. As considerações bastante penetrantes de Kierkegaard a respeito da clivagem entre o ato de fé do homem religioso (Abraão) e o gesto de sacrifício do herói trágico (Agamenon) encontraram claramente um eco consensual em Lukács: penso principalmente na observação do filósofo dinamarquês segundo a qual, em seu gesto (o sacrifício de Isaac), Abraão age em virtude de uma "relação pessoal" com Deus, sem nenhum apelo aos mandamentos éticos, enquanto o personagem trágico age em virtude de normas que carregam o selo da "generalidade" (os imperativos sociais da Cidade, no caso de Agamenon), e a substância de sua ação é, por definição,

---

* Ed. bras.: Friedrich Schleiermacher, *Discursos sobre a religião para os seus descrentes* (trad. João Paulo Monteiro, São Paulo, Paulus, 2005). (N. E.)

ética. Lukács inverte a hierarquia kierkegaardiana, situando a ética num degrau superior, mas conservando em sua teoria da religião a ideia de que na "necessidade religiosa" é sempre o indivíduo em sua singularidade, o indivíduo "privado", que procura na transcendência (no ato de fé) um apaziguamento e uma solução para as aspirações que o atormentam. Kierkegaard observou com razão que a ação trágica é aquela que apela à mediação, à generalidade (a *Allgemeinheit*) das normas[18] para se justificar, sendo sua natureza, por excelência, ética, enquanto a ação do "cavaleiro da fé" desafia toda a racionalidade mundana, é movida pelo "paradoxo" e o salto na transcendência carrega o selo da imediatidade. Lukács aponta, portanto, as afinidades entre o estado ético e o estado religioso na trindade kierkegaardiana, e os dois conservam a absolutividade da singularidade (a *Einzelheit*), sem mediação verdadeira (estetismo e religiosidade, portanto, de mãos dadas), enquanto o centro de gravidade de sua reflexão está justamente nos processos da superação da singularidade, da pura individuação. A ênfase é colocada sobre as mediações introduzidas pela sociabilidade consubstancial aos indivíduos, cujos valores éticos fornecem a realização. À transcendência religiosa, que ele não deixa de enfatizar que é a projeção dos indivíduos confinados em sua existência privada, na singularidade de suas aspirações, Lukács opõe a forma superior da práxis, isto é, a atividade ética, portadora das mediações entre a singularidade dos indivíduos e a universalidade das normas sociais, superação verdadeira (no sentido da *Aufhebung*, da suprassunção hegeliana: superação, conservação, síntese) da pura individuação. Se não deixa de lembrar que a singularidade é um caráter indelével dos indivíduos[19], isto é, um dado ineliminável, ele discute a dimensão das atividades mediadoras, que permitem aos indivíduos quebrar o confinamento na contingência, de se elevar ao nível dos atores do gênero, unindo-se à verdadeira *humanitas*. Tocamos aqui em um tema central do pensamento de Lukács: o interesse considerável concedido à categoria da "particularidade" (*Besonderheit*), zona de mediações entre a singularidade e a generalidade, campo móvel de determinações que desempenha um papel de primeiro plano tanto nas análises da atividade estética como nas da atividade ética (em relação a esta última, basta pensar em sua valorização da *phronesis* aristotélica, da virtude da prudência, expressão por excelência do reconhecimento da particularidade das situações, tendo em vista sua solução). É necessário também mencionar a rejeição lukacsiana da moral do imperativo categórico kantiano, recusada com rigor pelo caráter abstrato de seus mandamentos (pela ausência da consideração da particularidade incontornável das situações, em que o imperativo categórico permanece fixo no nível da pura generalidade, o que valeu a Kant a censura de "formalismo" da parte de Hegel),

---

[18] Søren Kierkegaard, *Werke*, v. 3: *Furcht und Zittern* (Reinbek, Rowohlt, 1961), p. 54.

[19] G. Lukács, *Werke*, v. 12. *Die Eienart des Ästhetichen*, II, Neuwied, Luchterhand, 1965, p. 595.

mas igualmente o repúdio da ética existencialista, confinada também na pura "moral da intenção", consequentemente nos atos de escolha e de decisão de uma subjetividade emancipada de seus múltiplos condicionamentos objetivos, no nível de uma singularidade isenta de suas verdadeiras mediações. Compreende--se, assim, por que Lukács pode ser considerado o pensador, por excelência, das mediações: se lembramos as críticas violentas de Kierkegaard contra a mediação, das quais o antípoda Hegel seria o turibulário, medimos as fontes profundas da crítica lukacsiana, que pretende afirmar, no polo oposto, a grande fecundidade da herança hegeliana.

A valorização da categoria da particularidade é uma peça central na busca do objetivo lukacsiano: a elaboração de uma filosofia da pura imanência, de um pensamento ancorado exclusivamente na *Diesseitigkeit*. No campo da vida social, superar a singularidade significa levar em conta a rede de determinações sócio--históricas dos indivíduos, o agir sobre as múltiplas mediações que as vinculam às formações sociais que as condicionam (família, tribo, clã, classe social, nação), enfim, observar os indivíduos em sua concreção sócio-histórica. Os conflitos e as tensões resultantes da confrontação dos indivíduos com a exterioridade histórico-social são, para Lukács, o terreno fértil do pensamento dialético, e um de seus feitos teóricos foi mostrar a concrescência da dialética hegeliana e a experiência crucial da Revolução Francesa, a gênese das categorias centrais da primeira (por exemplo, a correlação quantidade-qualidade e, sobretudo, a categoria da contradição) sobre o pano de fundo da segunda (seu livro *O jovem Hegel* foi essencialmente dedicado a essa demonstração). Uma de suas principais críticas dirigidas a Kierkegaard e, de maneira geral, ao pensamento romântico foi ter rompido essa unidade indissociável entre interioridade e exterioridade (da qual Hegel e Goethe foram grandes defensores), autonomizando a primeira e desvalorizando a segunda. A hostilidade de Kierkegaard em relação à filosofia hegeliana da história, atacada por ter feito a necessidade reinar na história, ou seja, uma sucessão de universais abstratos, sem lugar para a presença de Deus, fornece o testemunho das fontes de sua rejeição da dialética hegeliana.

O capítulo de *A destruição da razão* sobre Kierkegaard é um dos mais impor-tantes para se compreender o pano de fundo histórico do pensamento filosófico de Lukács tal qual ele será desenvolvido na *Estética* e na *Ontologia*. Pode-se mencionar, *en passant*, que ele estava particularmente bem situado para falar do autor de *Ou bem... Ou bem**, pois muito cedo se deparou com a figura do pensador dinamarquês, quando produziu um de seus primeiros estudos publi-cados na Europa sobre um filósofo que até então tinha pouco público (seu texto

---

* Ed. bras.: Søren Kierkegaard, *Ou – Ou: um fragmento de vida* (trad. Álvaro L. M. Valls, São Paulo, Vozes, 2005). (N. E.)

intitulado "Quando a forma se estilhaça ao colidir com a vida", redigido em 1909, que continha uma crítica original ao estetismo kierkegaardiano, analisando o significado da ruptura entre Søren e Régine Olsen, aparece com destaque na coletânea *A alma e as formas**). O ensaio de Lukács antecipou em quase duas décadas a moda conhecida por Kierkegaard a partir da forte influência exercida na *Existenzphilosophie* de Jaspers e de Heidegger nos anos 1920. É necessário assinalar, ao mesmo tempo, o contraste vigoroso entre a abordagem de Karl Löwith, o primeiro a tentar estabelecer uma proximidade entre Kierkegaard e Marx a partir da rejeição de ambos ao sistema hegeliano, em seu célebre livro publicado em 1941, *De Hegel a Nietzsche* (os nomes dos dois figuram no subtítulo do livro como promotores de uma "ruptura revolucionária no pensamento do século XIX"), e a de Lukács, que reagiu de maneira muito polêmica à tese de Löwith, pois é fácil entender que traçar um trajeto filosófico que aproxima Kierkegaard e Marx sobre uma linha que uniria Hegel a Nietzsche só poderia suscitar uma forte contestação do autor de *A destruição da razão*[20]. Profundamente convencido da incompatibilidade fundamental entre a crítica materialista endereçada por Marx ao sistema hegeliano, que continha as premissas de uma verdadeira ontologia, e a crítica formulada por um pensador também ancorado na religião como o autor do *Pós-escrito às migalhas filosóficas*, Lukács quis se distanciar do livro no qual, aliás, reconhecia que, longe de ignorar Marx, segundo a prática de certa literatura filosófica da época, concedeu-lhe lugar de destaque na história da filosofia do século XIX. Se ele tivesse se aproximado, lembrando-se de sua empreitada juvenil, nos anos de 1914 e 1915, em Heidelberg, de escrever um manuscrito sobre a crítica kierkegaardiana de Hegel – o texto, infelizmente, desapareceu –, Lukács talvez tivesse admitido que o estudo dos escritos de Kierkegaard também teria deixado traços positivos em sua formação intelectual: penso na crítica ao "logicismo", que ocupará um lugar tão importante na *Ontologia do ser social* e que é frequente como um *leitmotiv* na crítica kierkegaardiana do "sistema", *id est*, do pensamento hegeliano. Ao avançar nessa ideia, apoio-me também em uma lembrança pessoal: durante meu último encontro com Lukács (em março de 1971, três meses antes de seu falecimento), fiz uma pergunta sobre

---

* Ed. bras.: *A alma e as formas: ensaios* (trad. Daniel Lins, Rio de Janeiro, Intrínseca, 2017). (N. E.)

[20] G. Lukács, *Die Zerstörung der Vernunft* (Berlim, Aufbau, 1955), p. 14 e 200. O livro de Karl Löwith, *Von Hegel zu Nietzsche*, foi publicado em Zurique e em Nova York em 1941 e reeditado várias vezes pela Kohlhammer em Stuttgart; a tradução francesa, de Rémi Laureillard, foi publicada pela Gallimard em 1969 na coleção Bibliothèque de Philosophie e, posteriormente, na coleção Tel [ed. bras.: *A destruição da razão*, trad. Bernard Hess et al., São Paulo, Instituto Lukács, 2020, p. 18-9 e 221; e *De Hegel a Nietzsche: a ruptura revolucionária no pensamento do século XIX – Marx e Kierkegaard*, trad. Luiz Fernando Barrére Martin e Flamarion Caldeira Ramos, São Paulo, Editora Unesp, 2014].

Kierkegaard, e sua reação imediata foi recordar o papel histórico dele na crítica do logicismo, problema que claramente ocupou o último Lukács, muito mais do que a crítica do irracionalismo que anteriormente havia absorvido longamente suas energias. Talvez Löwith, portanto, não estivesse totalmente equivocado ao associar os nomes de Marx e de Kierkegaard quando delineou o mapa filosófico da dissolução do hegelianismo na metade do século XIX. Ele, aliás, respondeu a Lukács em sua introdução à antologia sobre a esquerda hegeliana, publicado em 1962, insistindo sobre as proximidades entre diferentes protagonistas da crítica do hegelianismo[21].

---

[21] Karl Löwith, introdução à antologia intitulada *Die hegelsche Linke* (2. ed., Stuttgart, Frommann & Holzboog, 1988), p. 26.

O FACE A FACE COM KIERKEGAARD E NIETZSCHE

O combate contra o pensamento romântico e contra o pensador Søren Kierkegaard, designado por Lukács como a realização original de certas tendências do romantismo filosófico, envolve um dos temas mais profundos da reflexão lukacsiana e atravessa não somente seu pensamento estético, mas os próprios fundamentos de sua concepção ontológica: a dialética das relações entre subjetividade e objetividade. Quando interpretei a *Ontologia do ser social* como uma filosofia da subjetividade, me apoiando no conceito que forma o pivô do livro, a *teleologische Setzung* (o ato pelo qual o sujeito sobreforma – *überformt* – o objeto, a modelagem do dado para adaptá-lo às exigências do sujeito, portanto a "instauração teleológica"), pude registrar, pelas reações de desconfiança ou surpresa, o quanto a noção de ontologia remete a um pensamento eminentemente objetivo, portanto à soberania incondicional da objetividade. Mas é perfeitamente correto que Lukács não deixa de afirmar a primazia da objetividade, da *Gegenständlichkeit*, do ser-em-si, na relação sujeito-objeto (ele não seria o filósofo materialista que é se não partisse dessa afirmação de princípio), sua reflexão estética e ética, ancorada nesses postulados ontológicos. No entanto, não deixa de perseguir a interioridade do sujeito, na multiplicidade de suas expressões, por meio de seus condicionamentos objetivos, perseguindo a "migração" (utilizo aqui uma formulação de Adorno, outro pensador por excelência da relação sujeito-objeto) das situações objetivas na vivência do sujeito, o devir ramificado da subjetividade em ligação indissociável com as interpelações provenientes do mundo objetivo. Essa conexão indissolúvel entre interioridade e exterioridade, a *recusa categórica* à ideia de uma "interioridade pura", que se desenvolveria em uma pura autossuficiência (Lukács se apoia em Hegel, a quem ele exalta como um crítico por antecipação dos adoradores modernos da "introversão"[1]), se encontra na base da refutação

---

[1]   G. Lukács, *Werke*, v. 11: *Die Eigenart des Ästhetischen,* I (Neuwied, Luchterhand, 1963), p. 570.

de Kierkegaard, e mais globalmente do romantismo filosófico. Recordemos a ideia central que perpassa a principal obra filosófica do filósofo dinamarquês, o *Pós-escrito às migalhas filosóficas**, dedicada à polêmica com a filosofia hegeliana: a segregação entre o "histórico-mundial" e a "ética", a dissociação cortante entre os dois planos, o confinamento da filosofia hegeliana na "dialética quantitativa" do primeiro e a reivindicação da autonomia perfeita da subjetividade (da "ética"), investida do privilégio da "infinitude", caminho régio da revelação religiosa. O desafio lançado a Hegel, repreendido por ter se sacrificado à ideia de objetividade e, consequentemente, de opacidade ao movimento infinito da subjetividade, é retomado com força por Lukács, que aponta o preconceito religioso na base da especulação kierkegaardiana. É novamente a mutação introduzida por Schleiermacher na filosofia da religião, cujo efeito foi acentuado por Kierkegaard, que está no centro do mapa histórico-filosófico desenhado por Lukács: a experiência religiosa não engloba mais o grande mundo da objetividade, o cosmos, a sociedade e a história (como ainda é o caso na filosofia hegeliana da religião), mas a intimidade da pura subjetividade. Esse deslocamento de planos, introduzido pelo romantismo filosófico, marcará profundamente o pensamento moderno da religião, e Lukács focará suas análises críticas sobre essa especificidade do fenômeno religioso no século XX, em particular o "ateísmo religioso". A associação paradoxal dos dois conceitos pretendia circunscrever uma evolução do pensamento religioso considerada particularmente significativa.

O autor de *Die Eigenart des Ästhetischen* (título escolhido para seu tratado de estética: "A especificidade da esfera estética") assimilou substancialmente a crítica hegeliana da pura interioridade, que se recusa a ser contaminada pelo contato com a exterioridade (as críticas de Hegel e de Goethe à "bela alma" figuram entre suas referências favoritas). Ele pode, portanto, com razão, opor a concepção hegeliana da "substância ética" (*sittliche Substanz*) à estética romântica e, sobretudo, ao subjetivismo extremo da ética kierkegaardiana, terreno eleito pela religiosidade moderna. Basta lembrar a forte marca kierkegaardiana presente no primeiro livro importante de um grande teólogo como Karl Barth, *A carta aos romanos* [1919]). O alcance da crítica lukacsiana do romantismo filosófico mostra sua amplitude quando o autor de *A destruição da razão* estabelece uma filiação reveladora entre o pensamento teológico de Kierkegaard e a estrutura de pensamento posta em prática por Heidegger. Ele designa a última como uma "teologia sem Deus", mais precisamente como uma radicalização das posições kierkegaardianas, pois Heidegger expurgará o dualismo kierkegaardiano entre a "ética" e o "histórico-mundial" de seu conteúdo religioso e o infletirá em um sentido "ateu", conservando sua estrutura de base, que se traduz no dualismo do

---

* Ed. bras.: *Pós-escrito às migalhas filosóficas* (trad. Álvaro L. M. Valls Petrópolis, Vozes, 2001). (N. E.)

Ser e do Ente, do "ôntico" e do "ontológico". A leitura lukacsiana dos escritos de Heidegger tem como pano de fundo o pensamento de Kierkegaard: seu domínio da obra deste último lhe permite mostrar como a crítica que o autor de *Migalhas filosóficas* (e sobretudo do *Pós-escrito...*) faz da dialética hegeliana, e em particular da filosofia da religião de Hegel, repercute em Heidegger na rejeição da concepção hegeliana do tempo no campo do "tempo vulgar", reservando a "temporalidade autêntica" à emergência do *Dasein*, portanto à pura subjetividade (a crítica heideggeriana do "sujeito" não nos interessa neste momento; o essencial é a ênfase decisiva colocada por Kierkegaard e, em seguida, por Heidegger sobre a "existencialidade", ou seja, sobre a subjetividade, entendida como portadora da temporalidade autêntica). Kierkegaard criticou Hegel por ter dissolvido a religião na "especulação" (isto é, na filosofia) e, assim, ter retirado da experiência religiosa sua singularidade (devido a sua interpretação dos dogmas cristãos à luz de seus conceitos filosóficos, Hegel teria levado água ao moinho do ateísmo). Ao mostrar o fio que une em Heidegger a desvalorização ontológica do tempo objetivo, do qual falava Hegel (Heidegger o chama de "tempo vulgar"), e a valorização da temporalidade puramente subjetiva, com o anti-hegelianismo do pensamento religioso de Kierkegaard[2], Lukács inscreve a filosofia de Heidegger na tradição romântica, mas, sobretudo, mostra a gênese do que ele chama de "ateísmo religioso" do autor de *Ser e tempo* e de *O que é a metafísica?*. Os textos de Heidegger da primeira metade dos anos 1920, revelados recentemente pela publicação da *Gesamtausgabe*, aí incluído o famoso "manuscrito sobre Aristóteles" (que data de 1921-1922), editado com um prefácio de Gadamer intitulado "Um escrito 'teológico' de juventude", trazem a confirmação plena da abordagem lukacsiana. A jornada filosófica de Heidegger parece ter sido efetivamente atravessada pelas consequências de sua negação da religião desde suas origens (sua desistência do catolicismo data de 1919), que o leva a destacar, em um primeiro momento, o "ateísmo" consubstancial ao pensamento filosófico, acompanhado, entretanto, por uma forte nostalgia do "sagrado", da qual a conclusão de um texto como *Identität und Differenz** (1957) fornece um testemunho eloquente.

Ter insistido na especificidade do fenômeno do "ateísmo religioso" e em sua forte presença em pensadores representativos da história moderna da filosofia é um mérito importante da crítica ideológica exercida por Lukács. Suas análises de Schopenhauer, de Nietzsche, de Heidegger utilizam amplamente a seguinte conceituação, aparentemente paradoxal: o declínio das representações religiosas

---

[2] G. Lukács, *Die Zerstörung der Vernunft* (Berlim, Aufbau, 1955), p. 409 e seg. [ed. bras.: *A destruição da razão*, trad. Bernardo Hess et al., São Paulo, Instituto Lukács, 2020, p. 219 e seg.].

* Ed. bras.: *Identidade e diferença* (org. Tomaz Tadeu da Silva, trad. Ernildo Stein, Petrópolis, Vozes, 2001).

tradicionais, seguido dos enormes progressos da ciência, pôde gerar, nos espíritos sempre impregnados de uma "necessidade religiosa", uma aspiração a encontrar sucedâneos das religiões institucionalizadas, ao forjar construções ideológicas capazes de preencher essa função. Quando Hans-Georg Gadamer, ao falar do jovem Heidegger, nos confidencia que "ele era como todos nós, um filho do Iluminismo e da era da Ciência, e [que] ele tinha, como todos nós, suas dificuldades com a tradição dogmática cristã da Igreja" (falar de Heidegger como de um "filho do Iluminismo" não deixa de surpreender, mas retenhamos sobretudo a segunda parte da frase), sublinhando que o projeto filosófico do jovem pensador era fornecer "uma compreensão antropológica da consciência cristã", pois as "interrogações religiosas" não desapareceram[3], pode-se encontrar aí uma confirmação da utilização do conceito de ateísmo religioso para definir a abordagem do autor de *Ser e tempo*. O próprio Heidegger recordou o peso considerável da confrontação com o cristianismo, em sua trajetória intelectual, ao afirmar, em um texto retrospectivo sobre seu caminho filosófico intitulado precisamente "Mein bisheriger Weg" [Meu caminho até agora] (datado de 1937-1938), a ambivalência de suas relações com a religião em suas origens:

> uma explicação que não é nem foi um 'um problema' relatado, mas mantendo a mais clara proveniência – a da casa dos pais, do país-natal e da juventude – e simultaneamente a separação dolorosa de tudo aquilo (*Ablösung davon*) [...] Apenas quem estava enraizado assim no mundo católico, e efetivamente o viveu, poderá pressentir alguma coisa das necessidades a partir das quais o caminho de meu questionamento foi, até o presente, submetido a abalos telúricos subterrâneos. Os anos marburgueses aí acrescentaram a mais direta experiência de um cristianismo protestante – mas já como tudo que tinha que ser fundamentalmente ultrapassado (*überwunden*) sem ser derrubado.[4]

O método lukacsiano de estabelecer uma filogênese das ideias filosóficas, desvelando as conexões que ligam profundamente movimentos ideológicos aparentemente muito distantes um do outro, dá a medida de sua pertinência quando se vê o intérprete do pensamento de Kierkegaard remontar ao *Frühromantik* [romântico primitivo] do período de Iena para fixar as raízes da "subjetividade" kierkegaardiana. De acordo com ele, a primeira onda romântica impregnou-se do espírito "termidoriano", rejeitando o culto do "cidadão", o engajamento a favor do progresso por uma via sócio-histórica, para lhe opor os fantasmas de uma "harmonia" obtida por uma via mítico-religiosa. A "subjetividade" kierkegaardiana,

---

[3] Hans-Georg Gadamer, "Un écrit 'théologique' de jeunesse", prefácio a Martin Heidegger, *Interprétations phénoménologiques d'Aristote* (trad. Jean-François Courtine, Mauvezin, Trans-Europ-Repress – TER bilingue, 1992), p. 10.

[4] Martin Heidegger, *Gesamtausgabe*, v. 66: *Besinnung* (Frankfurt, Klostermann), p. 415.

O face a face com Kierkegaard e Nietzsche   141

situada na esteira do sujeito romântico, é sinônimo de uma emancipação das determinações sociais e históricas portadora de uma "trans-historicidade" que mergulha na imanência histórica. Essa des-socialização" e "des-historização" do sujeito kierkegaardiano, cujo complemento natural é a ancoragem na fé religiosa, prolonga a situação existencial do sujeito romântico, com seu culto do estetismo, da *arte de viver* (a *Lebenskunst*). A diferença, bem marcada por Lukács, seria que o estetismo romântico é menos atormentado que o do autor de *Diário de um sedutor* e de *In vino veritas*. Os protagonistas desses escritos kierkegaardianos são dominados pelo "desespero", assombrados pela crise e procuram uma saída na transcendência religiosa. Se no ponto mais alto surgem os nomes de Friedrich Schlegel, de Schleiermacher, de Novalis ou de Tieck, a fim de traçar a genealogia subterrânea das posições românticas tardias de Kierkegaard (sobre quem Lukács diz, como eu já lembrei, representar a "Quarta-Feira de Cinzas" que se segue ao carnaval romântico, como Heidegger encarnaria a "Quarta-Feira de Cinzas" após o carnaval da "interioridade fetichizada" anterior à Primeira Guerra[5]), no mais baixo aparecem Huysmans e mesmo Camus, epifenômenos na modernidade do estetismo e do desespero kierkegaardiano.

O confronto de Lukács com o pensamento de Kierkegaard permite também um esclarecimento imprevisível sobre as relações com a filosofia de Sartre se levarmos em conta o importante texto dedicado pelo autor da *Crítica da razão dialética* ao pensador que claramente exerceu uma forte influência sobre a gênese de seu existencialismo. Trata-se da conferência proferida por Sartre em 1964 no colóquio organizado pela Unesco sobre o tema "Kierkegaard vivo", publicada com o título "O universal singular" no livro que reuniu as conferências do colóquio, texto que testemunha a poderosa empatia do filósofo francês por aquele que ele designa, ao longo de seu discurso, por seu prenome: Søren. Sartre manifesta efetivamente uma grande intimidade com o pensamento do filósofo dinamarquês, e é surpreendente que esse notável texto não tenha retido por mais tempo a atenção dos comentadores. Mesmo após ter descoberto a profundidade especulativa do pensamento de Marx, assim como suas raízes hegelianas, e depois de tê-lo integrado a seu universo filosófico (ver, nesse sentido, *Questões de método*), Sartre manteve a convicção de que Kierkegaard permanecia uma presença "viva": ele encarnaria a irredutibilidade do vivido ao Saber, o poder do surgimento do "existente" (da realidade humana) comparado aos múltiplos determinismos que o condicionam. Certamente Sartre não se propõe a legitimar, de modo algum, o "irracionalismo" do dinamarquês, e muito menos o salto na transcendência religiosa; ao contrário, o que ele quer é expurgar esse pensamento da singularidade de sua ancoragem no irracional e no religioso. Para ele, Kierkegaard permanece o pensador que

---

[5]   G. Lukács, *Die Zerstörung der Vernunft*, cit., p. 228 [ed. bras.: *A destruição da razão*, cit., p. 252].

afirmou, contra Hegel e contra a onipotência do saber, a primazia do vivido. Ainda que ele esteja pronto para admitir que Hegel é o filósofo do "concreto verdadeiro", que não persiste na "subjetividade vazia" (Sartre visa explicitamente Kierkegaard), o autor de *Questões de método* não teme a contradição quando afirma que é igualmente verdade que "Kierkegaard tem razão contra Hegel" quando afirma a região ontológica do não saber, a incontornabilidade do vivido, "a dor, a necessidade, a paixão, a tristeza dos homens [...], as realidades brutas que não podem ser ultrapassadas nem alteradas pelo Saber"[6]. Marx teria fornecido uma solução para esse antagonismo entre Hegel e Kierkegaard ao exigir um "fundamento existencial da teoria", mas, tendo sua doutrina sido acometida de anemia, Kierkegaard e o existencialismo manteriam sua autonomia e sua atualidade. Na conclusão de sua conferência, Sartre pôde, portanto, pedir que o marxismo "incorpore a imanência kierkegaardiana à dialética histórica", fazendo justiça não somente à "subjetividade objetiva", mas também à "subjetividade subjetiva", ao trabalho da subjetividade sobre ela mesma: "Kierkegaard e Marx: esses mortos-vivos condicionam nossa ancoragem e se fazem instituir, desaparecidos, como futuro, como nossa tarefa futura [...]"[7]. Lukács não reagiu às asserções de Sartre, mas não é difícil imaginar que ele teria considerado a síntese de Marx-Kierkegaard um híbrido e questionado seus fundamentos especulativos. Não que ele refutasse em princípio a ideia sartriana da incomensurabilidade do ser e do saber, a finitude do conceito e da "transinteligibilidade" do ser (para empregar uma expressão de Nicolai Hartmann), mas porque sua concepção da arquitetura da subjetividade, enraizada nas ontologias de Hegel e de Marx, não deixava espaço para a "imanência kierkegaardiana": o que Sartre chamava de região ontológica do não saber (o ser em sua autonomia ontológica) era para Lukács algo diferente da "existência" no sentido kierkegaardiano ou heideggeriano da palavra; a concrescência entre subjetividade e objetividade, o caráter extremamente estruturado de suas relações, uma concepção estreitamente articulada da dinâmica da subjetividade sobre as interpelações da objetividade excluíam para Lukács, como já mostrei, a ideia de um "absoluto" da subjetividade, cujo caráter "trans-histórico" seria chamado a fundar a emergência da historicidade. Falar a linguagem da "trans-historicidade" ou da "intemporalidade" do ser estava fora de questão para Lukács, enquanto Sartre se mostrava compreensivo com essas teses kierkegaardianas[8]. O mundo das necessidades, das afecções, das paixões, guardava também para Lukács certa

---

[6] Jean-Paul Sartre, *Questions de méthode*, em idem, *Critique de la raison dialéctique*, cit., p. 19 [ed. bras.: *Questões de método*, em *Crítica da razão dialética*, cit., p. 19-135].

[7] Jean-Paul Sartre, "L'Universel singulier", em idem, *Situations philosophiques* (Paris, Gallimard, 1990, coleção Tel), p. 324.

[8] Ibidem, p. 307-8.

O face a face com Kierkegaard e Nietzsche   143

autonomia ontológica em relação ao trabalho do entendimento e da razão, mas ele não se sentia inclinado a celebrá-lo como a "região ontológica do não saber" (a famosa "existencialidade" proposta pelos filósofos da existência), pois, de seu ponto de vista, ela possuía sua própria racionalidade, ditada por suas conexões com as determinações do mundo objetivo. A teoria das afecções de Espinosa foi, para Lukács, um ponto de apoio mais sólido que a "primazia do vivido", que Sartre designava como a aquisição duradoura do pensamento kierkegaardiano.

Não se pode argumentar que Lukács tenha sido insensível à singularidade como categoria definidora para a existência dos objetos e dos indivíduos (ele retornará frequentemente à "particularidade" como sinônimo da singularidade), mas sua reflexão girará sobretudo em torno da triplicidade singularidade (*Einzelheit*) – particularidade (*Besonderheit*, dessa vez em um sentido totalmente diferente da *Partikularität*, ver acima, que vai adquirir um significado cada vez mais ligeiramente pejorativo) – generalidade (*Allgemeinheit*). É verdade que, em *Questões de método*, Sartre escolheu Lukács como alvo para denunciar o que chamou de "conceitualização *a priori*" (voltarei a esse ponto), mais precisamente por praticar o recurso aos "universais abstratos", fabricados pelas necessidades da polêmica ideológica (por exemplo: o existencialismo como "terceira via", como um idealismo que não quer dizer seu nome), portanto, por uma insensibilidade à singularidade, à particularidade irredutível dos trajetos e das situações concretas. Veremos em um exemplo preciso, o do trajeto de Heidegger (citado como apoio por Sartre em *Questões de método*), que essa crítica não se justifica. Lukács, ao contrário, manteve o sentimento de que Sartre, fascinado pela singularidade (por exemplo, pela contingência irredutível do ser-aí...), não fazia jus à superação desse dado originário, por meio de múltiplas mediações, em direção à universalidade, portanto à elevação à consciência do gênero (à *Gattungsmässigkeit*), à dialética da particularidade e da universalidade. Cito novamente uma lembrança pessoal: por ocasião de um encontro com Lukács em Yavor-Kut, um pequeno resort de montanha na Hungria onde ele passava férias com um de seus filhos, ouvi o velho filósofo murmurar, ao ouvir o nome de Sartre, uma frase em que o filósofo francês, do qual Lukács apreciava muito *As palavras*, e por quem não escondia sua admiração por seu combate audacioso aos eventos na Argélia e no Vietnã, não teria conseguido se afastar, em sua reflexão filosófica, do confinamento na "particularidade" (estava portanto convencido de que a consciência filosófica de Sartre estava atrasada em relação a seus posicionamentos políticos). O sentido dessas observações só se torna inteligível se levarmos em conta o peso decisivo que têm para Lukács os processos pelos quais os indivíduos reencontram, na imanência de sua consciência (e, portanto, em suas ações), o nível do gênero, fazem ressoar uma *vox humana* que lhes permitiria exclamar com as palavras de Horácio: *tua res agitur*. A dialética da "particularidade" (sinônimo, para Lukács, da individuação pura, isenta de mediações que lhe permitiriam se elevar ao nível de uma verdadeira "individualidade", de conquistar o estatuto de uma pessoa autônoma) e da universalidade do gênero está no centro de seu pensamento. Sartre intitulou sua conferência sobre Kierkegaard de "O universal singular", mas no centro de seu interesse permanecia "a irredutível opacidade do singular", isso que na "inscrição da pessoa no real" não é objeto de um saber objetivo, mas "permanece indecifrável como tal e remete ao segredo inacessível da interioridade"[9]. Citando ao final a frase de Marx: "Os homens fazem a história sobre a base de circunstâncias anteriores", Sartre acreditava que essa circularidade permaneceria "abstrata" se ela não se integrasse à "imanência kierkegaardiana": é essa a síntese Kierkegaard-Marx, citada anteriormente, que o conferencista preconizou no colóquio "Kierkegaard vivo". Para Lukács, e assim eu chego ao núcleo de sua concepção da religião, o essencial da experiência religiosa consistia justamente na conservação do estado da pura "particularidade" na existência dos indivíduos, que permanecem fixos na multiplicidade de suas necessidades singulares (é isso que define o estado "criatural", a *Kreatürlichkeit*, os "acasos não significativos do ser", para empregar uma expressão de Sartre), ao buscar seu apaziguamento na transcendência, ao apelar para a intervenção de uma força espiritual transsubjetiva visando à solução de suas inquietudes e de seus tormentos. O caminho defendido por Lukács foi o oposto dessa fixação na polaridade existência criatural-existência transcendente: uma de suas contribuições filosóficas significativas é ter mostrado como, por meio de múltiplas mediações, as contingências da pura individuação (do estado de "particularidade" pura) são superadas no nível da "personalidade", adquirem, por meio de um processo puramente imanente, com a exclusão de toda e qualquer transcendência, o estatuto de expressão do gênero, se elevam a um nível que permite aos outros se reconhecerem e se integrarem ao patrimônio da *humanitas*. O campo dessas mediações é o da particularidade (da *Besonderheit*) como zona intermediária entre a singularidade e a generalidade: é o campo de expressão por excelência da atividade estética e da ética, o da superação da pura singularidade e da aquisição de uma força de irradiação, aquela do gênero humano em sua universalidade. O caráter puramente imanente dessas atividades, o fato de se desenvolverem por meio de uma dialética unicamente interna, excluindo qualquer intervenção transcendente, colocam-nas como antípoda da religião: para Lukács, a arte e a ciência encarnam o triunfo da *Diesseitigkeit*, da imanência pura, são por excelência "antiteodiceias", as forças destinadas a suplantar a "necessidade religiosa" e a traçar um caminho puramente intramundano para a satisfação das exigências humanas.

---

[9] Jean-Paul Sartre, "L'Universel singulier", cit., p. 312 e 319.

O face a face com Kierkegaard e Nietzsche   145

Em *A destruição da razão*, as críticas dirigidas aos pensadores que, seguindo os passos do *Romantik*, cultivavam formas modernas de religiosidade (de Kierkegaard a Simmel) e, em particular, desenvolviam um ateísmo religioso (de Schopenhauer a Nietzsche e Heidegger) se prolongaram e se aprofundaram na luta em *Ontologia do ser social* (mas também no capítulo final da *Estética*, na seção dedicada à "vida cotidiana, pessoa particular e necessidade religiosa") contra a ressurgência da religiosidade no pensamento do século XX, cuja complementariedade com a expansão triunfante do neopositivismo Lukács se esforçava para mostrar. As duas orientações se reuniram em decorrência da vontade de barrar o caminho para a ontologia realista, portanto para qualquer metafísica intramundana. O ateísmo religioso foi um alvo privilegiado justamente porque a recusa, às vezes virulenta, das religiões tradicionais (o caso de Nietzsche, crítico implacável do cristianismo, está entre os mais brilhantes) não resultava em um ateísmo verdadeiro, portanto em uma ontologia materialista (como foi o caso de Feuerbach no terreno da antropologia), mas abria o campo para sucedâneos da religião, para mitologias que ocupassem, por assim dizer, uma função substitutiva em relação às crenças tradicionais.

O capítulo sobre Nietzsche de *A destruição da razão* que atraiu para o autor a ira de um grande número de comentadores (entre os mais recentes, dois autores israelenses da coletânea *Nietzsche, Godfather of Fascism: On the Uses and Abuses of a Philosophy**, Jacob Golomb e Robert S. Wistrich) se detém com insistência sobre a "radicalidade" do ateísmo de Nietzsche, com o objetivo de mostrar tudo o que o separa de uma verdadeira crítica materialista da religião. Sua diretriz conceitual (em primeiro lugar, o conceito de "vida") abre a porta para uma nova religião, justificando assim a denominação de "ateísmo religioso".

O grande clamor causado pela gravidade dos julgamentos de Lukács sobre Nietzsche (o tom foi dado por Adorno ainda em 1958 em seu ensaio "Uma reconciliação extorquida") se deveu essencialmente às implicações *políticas* da análise lukacsiana, enquanto a crítica filosófica foi menos considerada. A filiação direta estabelecida pelo autor de *A destruição da razão* entre Nietzsche e a ideologia nacional-socialista foi objeto das mais fortes recriminações. Algumas vezes mencionamos, a fim de apontar o "dogmatismo" de Lukács, a grande compreensão demonstrada ao pensamento de Nietzsche não somente pelos pensadores da Escola de Frankfurt, por Adorno, Horkheimer e Marcuse, mas também por um representante ilustre do pensamento de esquerda, pouco suspeito de complacência em relação à ideologia burguesa: Ernst Bloch.

---

*   Ed. bras: *Nietzsche, o padrinho do fascismo: sobre os usos e abusos de uma filosofia* (trad. Maria Cristina Franco Ferraz, Rio de Janeiro, Jorge Zahar, 2005). (N. E.)

146   Por que Lukács?

A interpretação blochiana do "dionisíaco" nietzschiano, presente ainda nas brilhantes páginas dedicadas à "Impulsão Nietzsche" no livro publicado por Bloch, em 1935, com o título *Herança deste tempo*, deu lugar a uma forte reação por parte de Lukács. Em 1943, em plena guerra contra a ocupação nazista, Lukács reagiu com uma longa carta, enviada de seu exílio soviético, sobre um artigo intitulado "Der Nazi kocht in eigenen Saft" [O nazismo cozinha em seu próprio caldo], publicado por Bloch – que vivia nos Estados Unidos – em uma revista da emigração alemã editada no México, *Freies Deutschland* (número de abril de 1942). Bloch tomou partido da propaganda antifascista que buscava as origens do nacional-socialismo em uma "perversão da alma alemã" (a expressão de Bloch: *die Bedenklichkeiten der deutschen Seele*), ao dar crédito ao patrocínio espiritual que poderia ter sido exercido por mentes da estatura de Wagner ou de Nietzsche sobre a ideologia do movimento nazista. Não se deve, a qualquer preço, disse Bloch em síntese, endossar o desejo dos nazistas de adornar sua ação criminosa, colocando-a sob o signo dessas figuras gloriosas do passado alemão. "Dionísio não ostenta de modo algum os traços de Himmler", lançou ele: a música dos nazistas é *Horst Wessel Lied** e não *Tristão e Isolda* ou *Navio fantasma*. A reação de Lukács a esse artigo, que o levou a enviar uma longa mensagem a seu antigo amigo, era ditada pelo sentimento de que Bloch se deixara levar com certa facilidade na defesa de uma tese de aparências sedutoras (o que haveria de mais legítimo do que "puxar o tapete" de um dos temas favoritos da propaganda nazista?), ao relatar, do ponto de vista de Lukács, argumentos mais que contestáveis.

O artigo de Bloch defendendo Nietzsche contra a usurpação de sua herança pelos nazistas, com argumentos que reencontraremos também, mais tarde, em certa literatura "de esquerda", inspirada pela mesma vontade de apagar da obra do filósofo alemão qualquer afinidade com a ideologia do nacional-socialismo, e a resposta de Lukács, que submeteu as afirmações de Bloch a um exame crítico minucioso, têm, me parece, um alcance mais amplo do que o de uma polêmica pontual. Tendo em vista que Bloch invocou a hostilidade de Nietzsche contra o Reich de Bismarck como um argumento central para dissociar os pontos de vista de Nietzsche do pangermanismo imperialista, para desacreditar, assim, a tentativa dos nazistas de incorporá-lo, Lukács convida seu amigo para uma séria reflexão sobre as razões históricas dos ataques de Nietzsche contra Bismarck e seu Reich. Propõe-se a mostrar que os julgamentos negativos de Nietzsche tinham suas raízes na animosidade que lhe inspiravam as grandes concessões do chanceler do Segundo Reich à "democracia" e às instituições parlamentares, que se tratava, portanto, de fato, de uma crítica de "direita" e não de "esquerda". De seu ponto de vista, Bloch estava se sacrificando a uma "lenda", que

---

*   Hino oficial do Partido Nazista. (N. T.)

não resistiria ao exame histórico. Outro argumento utilizado por Bloch para ampliar a distância entre Nietzsche e os nazistas diz respeito ao antissemitismo de Nietzsche. Lukács não se pronunciou sobre isso, mas se pode adivinhar que esse elemento não era suscetível de abalar suas convicções sobre a orientação fundamentalmente reacionária do pensamento nietzschiano (esse também será o caso com o destaque das fortes críticas dirigidas pelo autor de *Ecce homo* ao nacionalismo pangermânico; voltarei a esse ponto). Em contraste, o elogio de Bloch do "dionisíaco" nietzschiano suscitou em Lukács uma crítica muito vívida: por se tratar de um problema crucial para a interpretação do pensamento de Nietzsche e para situar seu lugar nas grandes confrontações ideológicas, é necessário se deter sobre ele nesse momento.

A tentativa de Bloch de "recuperar" para a causa revolucionária o dionisíaco de Nietzsche recebeu de Lukács uma desqualificação inflexível. Por duas vezes, em uma longa resenha redigida em 1935 sobre o livro de Bloch *Herança deste tempo* (o texto não foi publicado na época, foi descoberto após a morte de Lukács) e em sua carta enviada em 1943 a Bloch nos Estados Unidos, depois do artigo publicado no México, Lukács se esforçou para mostrar ao amigo que ele estava no caminho errado ao tentar defender o "ouro" que brilharia no dionisíaco nietzschiano. Com esse exemplo específico, pode-se avaliar a seriedade das divergências ideológicas e filosóficas que acompanharam o trajeto intelectual dos dois pensadores. Na verdade, basta perceber efetivamente as antíteses estabelecidas por Bloch entre "o homem burguês", reificado e congelado, e o coração incandescente do "homem" encarnado por Dionísio; ouvi-lo designar "Zeus" (e, portanto, Apolo) como personificação da "opressão", da "legalidade" e do "encantamento", do "descanso", portanto para lhe opor a "tensão dionisíaca" que aspiraria à luz. Bloch projetava em Dionísio as próprias aspirações para um "conhecimento que não fosse mais contemplativo", a recusa de tudo que é "mecânico", enaltecendo os grandes "subjetivistas" dos tempos modernos (a justaposição de seus nomes – "Münzer, Kant, Kierkegaard, Feuerbach, Nietzsche, os humanistas, os ateístas profundos que tornaram de novo fecundo o além exaurido [...]" – era por si só suscetível de fazer Lukács reagir fortemente, tão flagrante era a heterogeneidade, até mesmo a incompatibilidade, de sua fisionomia ideológica). A apologia do dionisíaco culminou naturalmente em anátemas lançados sobre os "grandes sistematizadores do mundo fechado extintos há muito tempo"[10].

À primeira vista, a posição de Bloch, que encontrou uma expressão teórica mais elaborada em seu livro *Herança deste tempo*, parece mais aberta e flexível que a de Lukács, cuja intransigência pode aparecer como expressão de uma rigidez

---

[10] Ver Ernst Bloch, *Héritage de ce temps* (trad. Jean Lacoste, Paris, Payot, 1978, coleção Critique de la Politique), p. 332-6.

ideológica, que corre risco de maniqueísmo. Foi possível observar também a distinção entre a corrente "quente" do marxismo, representada por Bloch, e a corrente "fria", de que a ortodoxia ideológica lukacsiana seria a portadora. As divergências de interpretação do "dionisíaco" nietzschiano permitem aclarar a oposição entre o método dos dois pensadores e restabelecer a justa medida das coisas. Tendo em vista que Bloch destaca o caráter "plebeu" das festas dionisíacas (ele evoca as saturnálias da Antiguidade), com o objetivo de valorizar o caráter profundamente democrático do espírito dionisíaco e vincular Nietzsche ao espírito de rebelião e de subversão contra a ordem estabelecida, Lukács observa que o dionisíaco nietzschiano foi concebido como a antítese do espírito cristão, que, para o autor de *Zaratustra*, é sinônimo do espírito democrático e, portanto, é o antípoda do plebeísmo glorificado por Bloch. O dionisíaco celebrado por Nietzsche está em conformidade com o "aristocratismo" fundamental de seu pensamento e não tem nada a ver com a religião "herética" e "subversiva" que Bloch queria obter disso. Uma comparação entre Bachofen e Nietzsche, o primeiro tendo descoberto verdadeiramente no passado da humanidade um período histórico que não conheceu a desigualdade e a estratificação social ("comunismo primitivo"), enquanto o segundo é um glorificador da desigualdade e das virtudes aristocráticas, permite a Lukács dissipar a aura com que Bloch queria cercar o dionisíaco nietzschiano[11].

Em sua réplica a Bloch, Lukács deu um exemplo deontológico, ao exigir que se levasse em conta a totalidade do pensamento de Nietzsche, suas diretrizes fundamentais, sua orientação de base, a fim de evitar a hipertrofia de um aspecto particular (as críticas dirigidas contra Bismarck, por exemplo, ou o antissemitismo) que, dissociado de seu contexto real e de sua real finalidade no conjunto do pensamento nietzschiano, leva à distorção da interpretação e ao crédito concedido a lendas fictícias. Bloch não se incomodava com as contradições de seus julgamentos sobre Nietzsche: o fato de estigmatizar a doutrina do super-homem como "fascismo claro como o dia" (*sonnenklaren Fascismus*)[12] não o impedia de celebrar o "dionisíaco" como uma religião libertadora, como o "reino inebriante" da utopia. Lukács se congratula com a primeira fórmula – embora observe maliciosamente que falar de um "fascismo" de Nietzsche é um contrassenso, até um puro anacronismo, pois se projeta arbitrariamente no século XIX um movimento ideológico e político surgido

---

[11] O texto de Bloch, "Der Nazi kocht in eigenen Saft", e a réplica de Lukács, publicada com o título "Kritik von rechts oder von links? Antwort an Ernst Bloch", podem ser lidos em *Ernst Bloch und Georg Lukács: Dokumente Zum 100. Geburtstag* (Budapeste, MTA Filozófiai Intézet/Lukács Archivum, 1984), p. 274-7 e 278-95.

[12] Ernst Bloch, *Erbschaft dieser Zeit* (ed. ampl., Frankfurt, Suhrkamp, 1962) [para os dados da edição francesa, ver nota 10, *supra*].

em circunstâncias históricas específicas do século XX –, mas rejeita a segunda[13]. Sobre o primeiro ponto, podemos observar que a distinção feita por Lukács acaba com as críticas que o acusam de ter identificado a ideologia de Nietzsche com o fascismo ou o nacional-socialismo. "Seria um anacronismo absurdo nomear Nietzsche como fascista, até porque em 1890, por razões sócio-históricas, ninguém podia ter uma ideologia fascista"[14]. Domenico Losurdo, autor de *Nietzsche, il ribelle aristocratico*, uma obra admirável publicada em 2002, que, seja dito entre parênteses, deve em parte sua inspiração fundamental à análise lukacsiana (seus longos desenvolvimentos, na maior parte fortemente esclarecedores e pertinentes, convergem, em grande medida, com as teses formuladas por Lukács cinquenta anos antes), acreditou que podia censurar Lukács por ter estabelecido uma proximidade muito grande entre as ideias de Nietzsche e o nacional-socialismo. Losurdo se mostra muito reticente sobretudo em relação à tese de Lukács sobre o *Sonderweg* alemão (a grande fraqueza das tradições democráticas na Alemanha, que remonta ao fracasso das guerras camponesas e da Revolução de 1848, em contraste com a história das democracias ocidentais, marcada pela vitória das revoluções inglesa, francesa e americana), que o autor de *A destruição da razão* utiliza como pano de fundo para explicar o surgimento no terreno filosófico de um irracionalismo específico em geral e a radicalidade das visões conservadoras de Nietzsche em particular. Se a objeção de Losurdo dirigida a Lukács por ter confinado Nietzsche na tradição alemã, negligenciando outras fontes de seu pensamento, merece um debate (pode-se observar, no entanto, que as relações com Carlyle ou com Brandes são mencionadas em destaque no capítulo sobre Nietzsche do livro de Lukács), seu ceticismo em relação à tese do *Sonderweg* alemão, como chave hermenêutica para explicar a gênese do nacional-socialismo, requer uma argumentação mais apurada, tendo em vista a plausibilidade das análises históricas lukacsianas. Falar de uma "distorção historiográfica", como faz Jan Rehmann, membro do grupo da revista berlinense *Das Argument* e defensor fanático do livro de Losurdo, e seu seguidor[15], é ir longe demais. No entanto, levar em conta a dimensão internacional do fascismo, como já exigia Ernst Bloch em seu artigo na *Freies Deutschland*, e como o faz Domenico Losurdo em seu livro, é uma exigência mais que legítima. Todavia, as reservas de Losurdo em relação à tese lukacsiana do *Sonderweg* alemão não são convincentes. Quem pode duvidar, por exemplo, da pertinência das considerações

---

[13] G. Lukács, "Kritik von rechts oder von links?", cit., p. 287.

[14] "*Es wäre ein antihistorischer Unsinn, Nietzsche einen Faschisten zu nennen, schon dèshalb, weil in 1890 noch niemand aus sozialhistorischen Gründen eine faschistische Ideologie haben konnte*" (ibidem, p. 285).

[15] Domenico Losurdo, *Nietzsche, il ribelle aristocratico* (Turim, Bollati Boringhieri, 2002), p. 657; Jan Rehmann, "Rileggere Nietzsche", *Marxismo Oggi*, n. 2, 2008, p. 62.

sobre as relações entre Schopenhauer e Nietzsche, da radicalização do irracionalismo do primeiro no pensamento do segundo, com a passagem do quietismo a um ativismo exuberante, e da conexão interna entre a moral dos senhores, a doutrina da eliminação dos fracos ou o credo do "tudo é permitido" e as práticas ulteriores do nacional-socialismo? O enraizamento dessa linha de pensamento em uma tradição especificamente alemã (Lukács mostra detalhadamente como se instituiu a clivagem entre Schopenhauer e Nietzsche, de um lado, e o idealismo clássico alemão, de outro, remontando com razão ao segundo Schelling e a Kierkegaard para sublinhar a hostilidade em relação à dialética hegeliana que se prolonga nos dois primeiros), com a finalidade de revelar a responsabilidade histórica do irracionalismo alemão no triunfo da reação extrema na Alemanha do século XX, significaria, como nos quer fazer crer Losurdo[16], hipertrofiar o papel da ideologia na gênese do fascismo? Lukács não poupa também a esquerda alemã, insistindo, por exemplo, na especificidade da figura de Ferdinand Lassalle, cuja ligação sincera com a causa da esquerda não o impediu de aderir à "estatolatria" bismarckiana. Estabelecer essas conexões internas significaria minimizar o caráter internacional do fascismo, como acusa Losurdo, quando todos sabem que o primeiro capítulo de *A destruição da razão* é dedicado ao caráter internacional do irracionalismo, ou seja, que no livro tanto Pascal, Kierkegaard e Bergson quanto James ou (por um grande erro) Croce, Sorel etc., estão presentes e que o âmbito universal do combate entre democracia e fascismo é, inclusive, a ideia central do livro? Um autor que se inspirou muito no campo da história da filosofia na obra de Lukács (ele, aliás, defende seu mentor contra as acusações de Montinari, Vattimo etc. sobre uma pretensa similitude entre as posições de Bäumler e as de Lukács a respeito das relações de Nietzsche com o nazismo) não deveria se apressar em apedrejar a quem muito se deve. Kurt Flasch, conhecido historiador do pensamento antigo e medieval, em uma resenha publicada na *Frankfurter Allgemeine Zeitung* sobre o livro de Losurdo, interpretou o livro, elogiado por ele, como uma desforra de Lukács a Adorno, após décadas em que o pensador da Escola de Frankfurt parecia ter levado vantagem no debate sobre o "caso Nietzsche"[17].

---

[16] Domenico Losurdo, *Nietzsche, il ribelle aristocratico*, cit., p. 659.

[17] Kurt Flasch, "Und er war doch ein Zerstörer der Vernunft. Ein neues Nietzsche-Bild, hart an den Quellen: Domenico Losurdo liest den Philosophen auf detaillierte Weise konsequent politisch" (o título refere-se explicitamente ao livro de Lukács, a passagem central do texto carrega o subtítulo "Mit Lukács gegen Adornos"), *Frankfurter Allgemeine Zeitung*, 21 fev. 2003. Jan Rehmann ficou descontente por Flasch colocar o livro de Losurdo sob o signo do "paradigma de Lukács" (ver o artigo citado, p. 61), mas contra evidências nada se pode fazer.

Lukács e a Escola de Frankfurt

Pode-se condenar Lukács por não ter compreendido o processo que Horkheimer e Adorno chamam de "dialética do esclarecimento" (*Dialektik der Aufklärung*), como sugere Michael Löwy? Já citei esse problema, ao recordar as críticas tenazes dirigidas pelo autor de *Ontologia do ser social* contra a estreita concepção da racionalidade fomentada pelo neopositivismo contemporâneo. Por ocasião de um encontro com Lukács, quando mencionei a *Dialektik der Aufklärung* de Horkheimer e Adorno, o velho filósofo reagiu com um sorriso malicioso ao se lembrar dessa obra. Era evidente que ele não compartilhava a ideia de que o racionalismo cientificista do neopositivismo era um avatar da racionalidade do Iluminismo. Não havia, portanto, nenhum motivo para aceitar o roteiro histórico, proposto por Horkheimer e Adorno, de uma "dialética do esclarecimento", mais precisamente de uma transformação da razão de um instrumento de emancipação em um instrumento de manipulação. Adversário não menos decidido do hiper-racionalismo, portanto do fato de dotar a razão de poderes demiúrgicos, crítico sério, nesse sentido, do teleologismo da filosofia hegeliana da história, Lukács pretendia questionar o caráter abstrato da racionalidade do Iluminismo a partir do caráter *concreto* da racionalidade dialética, hegeliana e marxiana (sem negar em nenhum momento a herança do Iluminismo e rejeitando, nesse sentido, as posições de Schelling, que, diferentemente de Hegel, falou da *Aufklärung* em tom insolente).

Adorno acreditou, no entanto, apontar em Lukács uma idolatria da Razão que o teria tornado insensível ao conteúdo de verdade das reações irracionalistas contra o idealismo acadêmico. Na parte final do segundo dos *Três estudos sobre Hegel*, ele critica Lukács por ter recuperado a tese de Hegel, de seu ponto de vista bastante contestável, da "racionalidade do real": o enaltecimento lukacsiano da "possibilidade concreta" contra a "possibilidade abstrata" (Lukács utilizou essa distinção hegeliana em seu livro *Realismo crítico hoje*) é para Adorno sinônimo de um sepultamento do "totalmente outro", de um pensamento que "se alinha

152 POR QUE LUKÁCS?

com os grandes batalhões"[1]. Em uma carta a seu amigo Max Horkheimer, Adorno elogiou o destinatário por sua posição autenticamente dialética no que ele chamava de *Irrationalismusstreit*, atacando novamente Lukács como um apóstolo dogmático da Razão: "Muito cedo, você tratou da querela do irracionalismo em sua dialética", escrevia ele sobre o estudo fundador da Escola de Frankfurt, *Traditionelle und kritische Theorie* [Teoria crítica e teoria tradicional], publicado por Horkheimer em 1937, "em vez do que fez mais tarde Lukács, ao glorificar cegamente as posições racionalistas, das quais você já estava muito próximo como defensor do Iluminismo"[2]. Lukács, por sua vez, não poupava suas críticas aos protagonistas da Escola de Frankfurt, comparando o não conformismo deles com um "academicismo secessionista"[3] e schopenhaueriano em sua negatividade total[4].

A consciência dos fortes limites do pensamento de Adorno, sobretudo sua cegueira diante da legitimidade da ontologia como ciência fundamental das categorias do ser, não me impediu de tentar contribuir com a difusão de seu pensamento na Romênia dos anos 1970, afirmando, em um artigo mencionado anteriormente, reproduzido em meu livro *Experientă, artă, gîndire* (1977), a dimensão inovadora de sua *Dialética negativa* e a originalidade de sua *Teoria estética*[5]. Mas a iniciativa se deparou com um duplo obstáculo, pois Adorno era um filósofo profundamente incômodo tanto para os *apparatchiks* culturais do partido quanto para os intelectuais submetidos à influência de Heidegger, cujo mentor intelectual era Constantin Noica. Os primeiros ressentiam-se, como um grave perigo, do espírito radicalmente não conformista do marxismo de Adorno. Suas diatribes contra o *Diamat* (o materialismo dialético staliniano) e contra a transformação do pensamento de Marx em ideologia de legitimação de um poder de Estado mergulhavam-nos no medo: foi assim que minha proposta, enviada às

---

[1] Theodor W. Adorno, *Trois études sur Hegel* (trad. Collège de Philosophie, Paris, Payot, 1979, coleção Critique de la Politique), p. 93.

[2] *"So hast du früh den philosophischen Irrationalismusstreit Aufklärer in seiner Dialektik entfaltet anstatt, wie später Lukács, die Positionen der Rationalität, die Dir als Aufklärer nahe genug war, blindlings zu verhimmeln"* (carta de Adorno a Horkheimer de 14 fev. 1965, reproduzida em Max Horkheimer, *Gesammelte Schriften*, v. 18: *Briefwechser 1949-1973* (org. Gunzelin Schmid Noerr, Frankfurt, S. Fischer, 1996), p. 597.

[3] G. Lukács, "Georg Lukács Gespräche mit Holz, Kofler, Abendroth", em idem, *Werke*, v. 18, Frank Benseler e Werner Jung (orgs.), *Autobiographische Texte und Gespräche* (Bielefeld, Aisthesis, 2005), p. 305 [ed. bras.: Hans Heinz Holz, Leo Kofler e Wolfgang Abendroth, *Conversando com Lukács*, trad. Giseh Viana Konder, Rio de Janeiro, Paz e Terra, 1969, p. 99].

[4] Ibidem, p. 419.

[5] Nicolas Tertulian, "Theodor W. Adorno-filozoful şi esteticianuls", *Revista de Teorie si Istorie Literară*, v. 24, n. 1, 1975, p. 25-36. O texto foi publicado também em *Experienta artà, gindire* (Bucareste, Cartea Românească, 1977), p. 87-108.

Edições Univers de Bucareste, para publicar a tradução da *Teoria estética* recebeu uma recusa categórica. Mesmo a proposição mais "razoável", enviada à Éditions Musicales para publicar a tradução da coletânea de estudos de crítica musical de Adorno, foi rejeitada, sem dúvida também por covardia.

Quanto aos intelectuais subjugados pelo pensamento de Heidegger, a reação de rejeição e mau humor em relação a Adorno estavam dentro da lógica das coisas. A combatividade das críticas dirigidas por Adorno à filosofia de Heidegger só poderia atingi-los de frente. Eles só podiam permanecer surdos e cegos ao poder desmistificador das análises de Adorno, presos em sua otimista admiração pelo mestre de Friburgo. Constantin Noica, que durante a guerra frequentara o seminário de Heidegger, não escondia de seus discípulos sua profunda contrariedade diante das acusações polêmicas de Adorno: ele acreditava que o pensador da Escola de Frankfurt permanecia apegado a um Heidegger que teria, nem mais nem menos, "feito a história sair de seus trilhos", suscitado, portanto, uma mutação e uma revolução do pensamento. Mas esses voos hagiográficos pesavam pouco diante da sagacidade do trabalho desmistificador de Adorno tanto na seção dedicada a Heidegger em sua *Dialética negativa* quanto nas páginas polêmicas do *Jargão da autenticidade** ou, ainda, em seus cursos publicados postumamente (dentre eles o ministrado em 1960, intitulado *Ontologie und Dialektik*, um dos mais notáveis sobre o assunto).

Minha adesão ao pensamento de Lukács não me impedia de ter em mente as principais realizações da Escola de Frankfurt, sua fidelidade às grandes tradições do pensamento dialético (tanto Adorno quanto Marcuse eram grandes hegelianos), sua hostilidade contra a *Seynsphilosophie* heideggeriana, cuja vocação restauradora Adorno denunciava constantemente, e também a crítica combativa do neopositivismo contemporâneo, cujo conluio com a indústria cultural e com a manipulação generalizada a *Dialektik der Aufklärung* evidenciou. A oposição ao marxismo corrompido em instrumento de poder e em ideologia apologética, que colocava em primeiro plano a vocação crítica e desmistificadora do pensamento de Marx (Lukács falava de "ontologia crítica"), tornava também plausíveis certas convergências entre posições separadas aliás por profundas divisões.

Diante da escolha entre os caminhos abertos pela "teoria crítica" da Escola de Frankfurt e a reconstrução da ontologia a partir de uma doutrina das categorias, que permitiria assentar sobre uma base rigorosa e sólida a teoria do ser social, eu não hesitei. A crítica da "razão instrumental" em nome de um conceito ampliado e eminentemente dialético da razão (e, portanto, a crítica do cientificismo e do neopositivismo) era um procedimento comum às duas correntes de pensamento. Mas a fixação de Adorno, e até certo ponto de outros membros da Escola de

---

* Ed. bras.: *Jargão da autenticidade* (trad. Artur Morão, Belo Horizonte, Autêntica, 2019). (N. E.)

Frankfurt, em um pensamento por excelência negativo, sua profunda desconfiança em relação a qualquer forma de pensamento afirmativo, sua convicção de que a era das grandes construções sistemáticas em filosofia estava definitivamente encerrada ("O todo é a não verdade" era um de seus aforismas favoritos) e sua recusa obstinada do pensamento ontológico (ele não parava de pensar na "ontologia fundamental" de Heidegger, cujos desafios ao pensamento dialético ele notavelmente percebeu, mas erroneamente identificou com o pensamento ontológico *tout court*), pareciam conduzir a um impasse filosófico. O pensamento da não identidade (refúgio e autodefesa diante do domínio totalitário dos mecanismos coletivos) me parecia pesar pouco no plano da consistência teórica em relação à construção teórica lukacsiana, que desenvolvia uma aproximação genético-ontológica das categorias fundamentais da existência. Tratava-se de uma verdadeira teoria crítica da sociedade, que culminava em um conceito elaborado da "especificidade do gênero humano", com seus dois níveis: "o gênero em-si" e o "gênero humano para-si".

O destino intelectual de Max Horkheimer, fundador da Escola de Frankfurt e amigo próximo de Adorno, oferece indiretamente uma ilustração dos méritos de certas teses lukacsianas. Ao deplorar incessantemente, como seu amigo Adorno, o "terrorismo" exercido pelo neopositivismo e a dominação totalitária da razão instrumental sobre a cena da vida contemporânea, Horkheimer se orientou cada vez mais em direção ao que ele denominava de "autodestruição da razão", ou seja, a uma ressurreição da religião. Ele expressava cada vez mais a convicção de que não se pode encontrar bases válidas para os valores morais e para a solução das grandes questões existenciais senão no patrimônio das religiões, aí compreendida a ideia de um Deus pessoal. A figura filosófica do "totalmente outro" (*das ganz Andere*), celebrada por Adorno como contraponto à dominação do "existente" (*das Bestehende*), ocupava, nos escritos do último Horkheimer, a figura do Deus da religião. Podemos citar a reação de Jürgen Habermas, por muito tempo próximo de Horkheimer e Adorno, que se distanciou da *Vernunftskepsis* (ceticismo em relação à razão), que, a seu ver, estava presente nos autores da *Dialektik der Aufklärung* e, muito particularmente, na virada para a religião do último Horkheimer[6].

---

[6] Ver Jürgen Habermas, "Zu Max Horkheimers Satz: 'Einen unbedingten Sinn zu retten ohne Gott, ist eitel'" [Sobre o axioma de Horkheimer: "Salvar sem Deus o princípio de um significado incondicional está fadado ao fracasso"], em idem, *Texte und Kontexte* (Frankfurt, Suhrkamp, 1991), p. 110 e seg. Sobre a abertura de Horkheimer à religião, ver os textos reunidos no sétimo volume de suas obras completas: "Theismus Atheismus" (1963), "Religion und Philosophie" (1967), "Bemerkungen zur Liberalisierung der Religion" (1971), "Die Sehnsucht nach dem ganz Anderen", "Gespräch mit Helmut Gummer" (1970), em Gunzelin Schmid Noerr (org.), *Gesammelte Schriften*, v. 7: *Vorträge und Aufzeichnungen 1949-1973* (Frankfurt, S. Fischer, 1985), p. 173-86, p. 187-196, p. 233-9 e p. 385-404.

Diante da desordem do mundo moderno e da onipresença da "existência administrada", com a proliferação da frieza, do egoísmo das pulsões dominadoras, Horkheimer e Adorno consideravam que o "pessimismo clarividente" de Schopenhauer respondia melhor a seu sentimento do mundo que o otimismo ontológico de Hegel (nos referimos à recusa adorniana da tese hegeliana sobre a "racionalidade do real"). Adorno elevou Nietzsche ao pináculo como o grande desconstrutor da "ontologia", pensador da emancipação das pulsões e coveiro de sistemas em filosofia. O último Horkheimer se voltou mais e mais para o pensamento de Schopenhauer, procurando em sua "ética da compaixão" uma saída para as aporias que o atormentavam[7]. Lukács só poderia acolher com ironia o que parecia ser uma associação funesta: Marx-Schopenhauer-Nietzsche (vimos que Habermas também tratou de se distanciar do deslocamento de seus mestres e amigos para a *Vernunftskeptizismus* e de questionar seriamente a *Dialektik der Aufklärung*). Em 1985, por ocasião de sua participação no colóquio organizado em Paris pelo Instituto Goethe, no centenário de Lukács e de Bloch, Leo Löwenthal, um dos últimos representantes da geração de fundadores da Escola de Frankfurt, interveio após minha comunicação dedicada a *A destruição da razão* de Lukács para explicar as razões de seu profundo desacordo – seu e de seus amigos – em relação ao livro. Ele afirmou que na leitura dos capítulos dedicados a Schopenhauer, Kierkegaard ou Nietzsche ele e seus amigos não haviam encontrado, de modo algum, a imagem que faziam desses pensadores. Tendo em vista os posicionamentos já mencionados de Horkheimer e Adorno, tal reação não tinha nada de surpreendente. Leo Löwenthal me contou, privadamente, que nunca renegara seu vínculo e sua estima em relação à obra de Lukács, principalmente como intérprete da literatura, e me contou, inclusive, um pequeno episódio significativo. Tendo contribuído para o livro de homenagem ao aniversário de 80 anos de Lukács, editado na Alemanha Federal por Frank Benseler (o livro foi publicado em 1965 pela Luchterhand com o título *Festschrift zum 80. Geburtstag von Georg Lukács*), recebeu severas repreensões de Adorno, que o criticou duramente por ter colaborado com a publicação. Adorno se mostrara particularmente vingativo em relação a um pensador que havia, no entanto, marcado de maneira decisiva sua formação intelectual[8].

---

[7] Ver Max Horkheimer, "Schopenhauer und die Gesellschaft", "Die Aktualität Schopenhauers", "Schopenhauers Denken im Verhältnis zu Wissenschaft und Religion", em idem, *Gesammelte Schriften*, v. 7, cit., p. 43-54, 122-42 e 240-52.

[8] Ver meu texto "Adorno-Lukács – polémiques et malentendus", *Cités*, n. 22, 2005, p. 197-220 [ed. bras.: "Adorno-Lukács – polêmicas e mal-entendidos", em *Lukács e seus contemporâneos*, trad. Pedro Araújo Corgozinho, São Paulo, Editora Perspectiva, 2016, p. 229-55].

A Escola de Frankfurt e o Maio de 68

O grande movimento da contestação estudantil que eclodiu nos países do Ocidente durante a primavera e o verão de 1968 foi um teste difícil para os fundadores da Escola de Frankfurt e seus discípulos (entre eles, Jürgen Habermas). Adorno e Horkheimer se mostraram particularmente reticentes, até hostis, em relação a um movimento que, no entanto, reivindicava para si boa parte da crítica desenvolvida pelos dois teóricos contra a "sociedade administrada" e contra seus mecanismos de controle autoritário dos indivíduos. Interrogado sobre sua posição em relação a um movimento social que questionava vários aspectos constitutivos das sociedades ocidentais, Lukács não deixou de apontar sua importância e aproveitou a ocasião para levantar as contradições em que os protagonistas da Escola de Frankfurt se encontravam enredados. Ele reiterou suas antigas críticas contra Adorno, apontando, em sua desaprovação das ações dos estudantes, a confirmação de uma posição que ele qualificava de "schopenhaueriana", a de um hóspede de um "Grande Hotel do Abismo", que se comprazia com a denúncia do desespero e da negatividade, mas que recusava qualquer engajamento "positivo", sob o pretexto de cair em uma nova alienação. Sabe-se que Adorno não quis se associar com a revolta estudantil, e inclusive com as manifestações contra a guerra do Vietná, reprovando o "praticismo limitado" dos contestadores e seu "ativismo pseudorrevolucionário" desprovido de uma verdadeira reflexão teórica. Horkheimer, por sua vez, se mostrou muito irritado com o antiamericanismo dos contestadores, lançando-lhes à guisa de réplica: "Ser radical significa hoje ser conservador" (*Radikal sein heisst heute konservativ sein*). Por ocasião de uma longa entrevista para a revista *Der Spiegel*, concedida em 22 de janeiro de 1970 e publicada na primavera do mesmo ano, Lukács não mudou suas opiniões críticas sobre as posições dos dois protagonistas frankfurtianos, observando ironicamente que para Adorno a Revolução Francesa teria encontrado seu desfecho na obra do marquês de Sade (provavelmente ele aludiu ao pródigo elogio a Sade

158   Por que Lukács?

na *Dialética do esclarecimento* de Horkheimer e Adorno). Pouco convencido das autênticas virtudes emancipatórias da obra do divino marquês (pode-se lembrar seu acolhimento bastante crítico da peça de Peter Weiss, que colocava em cena Marat e Sade no mesmo nível, como protagonistas da Revolução), Lukács não perdia a oportunidade de alfinetar seu tenaz adversário pego em flagrante pela revolta estudantil[1].

Durante os eventos de 1968-1969, Herbert Marcuse se colocou em posições totalmente opostas àquelas de seus amigos Max Horkheimer e Theodor Adorno. Sua correspondência com Adorno, reproduzida no primeiro volume da obra editada em 1998 por Wolfgang Kraushaar, com o título *Frankfurter Schule und Studentenbewegung* (uma tradução em inglês foi publicada no número de janeiro-março de 1999 da *New Left Review*), prova isso claramente. A recusa de Adorno em legitimar o protesto contra a guerra americana no Vietnã (Adorno escreveu que tal ação tem um caráter puramente "ideológico", tanto que não está acompanhada de uma condenação das "indizíveis torturas de estilo chinês" praticadas pelos vietcongues) rendeu uma réplica severa de Marcuse, que julgava existir nela qualquer coisa de "inumano" ao colocar no mesmo plano o inferno provocado pelos bombardeios americanos e o "combate desesperado daqueles que lutam contra tal inferno". Marcuse advertiu seu amigo contra o que parecia ser uma "justificativa e uma desculpa para o agressor"[2]. Sem contestar, de modo algum, o mérito da exigência de Adorno de uma reflexão teórica aprofundada, como fundamento da prática contestatória, o autor de *O homem unidimensional* se mostrou muito crítico com a ocultação da "prática" cultivada por Adorno e Horkheimer, e apontou-lhes a "regressão" provocada, segundo seu ponto de vista, pela atitude dos dois, caso se tomasse por referência o espírito da "teoria crítica" fundada por eles.

A influência dos escritos de Marcuse, começando por sua forte audiência entre os líderes do protesto estudantil (são conhecidas suas estreitas relações de amizade com Rudi Dutschke), era considerável na época. Deve-se acrescentar, porém, que seu pensamento crítico também exerceu uma poderosa sedução sobre os intelectuais dos países do Leste, que encontravam em seus conceitos um

---

[1]   O texto da entrevista de Lukács ao jornalista Dieter Brumm, publicado na *Der Spiegel*, n. 17, 1970, intitulado "Das Rätesystem ist unvermeidlich" [O sistema dos conselhos é inevitável], foi em *Werke*, v. 18: *Autobiographische Texte und Gespräche* (orgs. Frank Benseler e Werner Jung, Bielefeld, Aisthesis, 2005), p. 395-430 [ed. bras.: Hans Heinz Holz, Leo Kofler e Wolfgang Abendroth, *Conversando com Lukács*, trad. Giseh Viana Konder, Rio de Janeiro, Paz e Terra, 1969]. As referências a Adorno e Horkheimer estão nas páginas 418-21.

[2]   Ver a carta de Adorno a Marcuse de 5 de maio de 1969 e a resposta de Marcuse enviada de Londres em 4 de junho de 1969, em Wolfgang Kraushaar (org.), *Frankfurter Schule Studentenbewes*, v. 1 (Hamburgo, Rogner & Bernhard, 1998).

A Escola de Frankfurt e o Maio de 68   159

apoio para emancipar o pensamento de esquerda dos grilhões do stalinismo. A presença de Marcuse nos encontros de Korčula, organizados pelo grupo da revista *Praxis,* contribuiu para lançar uma ponte entre o pensamento contestatório do Ocidente e o movimento de emancipação no Leste[3]. O próprio Lukács, que, em outra ocasião, expressou fortes reservas em relação ao primeiro livro de Marcuse dedicado a Hegel[4], não ficou insensível ao grande interesse de seus recentes escritos. Seu amigo Ernst Fischer contou-lhe em uma carta seu encontro com Marcuse em Salzburgo no outono de 1967, e Lukács respondeu: "A conversa com Herbert Marcuse foi sem dúvida muito interessante. O que eu li dele é uma mistura original de verdadeiro e falso"[5].

Tendo tido a oportunidade de encontrar Herbert Marcuse duas vezes no fim dos anos 1960, fiquei muito marcado pelo contato com seus escritos e com sua personalidade. A primeira vez foi nos encontros organizados pela Sociedade Austríaca de Literatura (Österreichische Gesellschaft für Literatur) em Alpbach, no Tirol, dos quais pude participar durante vários verões graças a Wolfgang Kraus, presidente da sociedade e patrocinador ativo do diálogo entre intelectuais do Ocidente e do Leste. Marcuse foi convidado para ir a Alpbach em 1966, a fim de dirigir um seminário sobre seu primeiro livro sobre Hegel, publicado em 1932 pela Klostermann em Frankfurt. Ao sair de uma sessão do seminário, pude conversar longamente com ele no terraço do hotel, onde os convidados faziam suas refeições. Falamos da *Estética* de Lukács, da qual Marcuse tinha tomado conhecimento; ele acabara de publicar nos Estados Unidos seu livro *O homem unidimensional,* mas somente alguns anos mais tarde é que a obra se tornou o livro de cabeceira dos contestadores de 1968. Marcuse me informou

---

[3]   Infelizmente nunca tive a oportunidade de participar dos encontros de Korčula. Por isso, fiquei extremamente surpreso de encontrar meu nome na autobiografia de Ágnes Heller [traduzida para o alemão com o título *Der Affe auf dem Fahrrad* (Berlim/Viena, Philo, 1999), p. 301] entre os intelectuais húngaros que estariam em Korčula no verão de 1968 e que, ao contrário dos intelectuais incluindo Heller e seus amigos, não teriam assinado uma carta de protesto de seu grupo contra a invasão da Checoslováquia. Como eu nunca coloquei os pés em Korčula, a falsa memória de Ágnes Heller, com quem na época tinha relações cordiais, suscitou-me dúvidas sobre as razões que os levaram a fazer uma afirmação evidentemente falsa e obviamente comprometedora.

[4]   A tese de habilitação de Marcuse, realizada com Heidegger em 1932, foi publicada no mesmo ano com o título *Hegels Ontologie und die Grundlegung einer Theorie der Geschichtlichkeit.* Ver as falas de Lukács a respeito de Marcuse no capítulo sobre o neo-hegelianismo de *A destruição da razão* (trad. Bernardo Hess et al., São Paulo, Instituto Lukács, 2020).

[5]   Citei essa carta inédita de Lukács a Fischer, datada de 22 de novembro de 1932, consultada no Arquivo Lukács de Budapeste, em meu livro *Georges Lukács: étapes de sa pensée esthétique* (trad. Fernand Bloch, Paris, Le Sycomore, 1980), p. 292 [ed. bras.: *Georg Lukács: etapas de seu pensamento estético,* trad. Renira Lisboa de Moura Lima, São Paulo, Editora da Unesp, 2008].

de seu desejo de redigir uma síntese de suas ideias estéticas, porém confessou seu aborrecimento em ter que dedicar capítulos separados aos diferentes domínios da arte (fez referência a Lukács, que seguiu, em sua *Estética*, o exemplo dos tratados clássicos da disciplina, elaborando capítulos dedicados à arquitetura ou à música, ou mesmo às artes decorativas e à jardinagem). Herbert Marcuse realizou esse projeto apenas dez anos mais tarde, publicando em 1977, nas edições Hanser de Munique, um opúsculo intitulado *Die Permanenz der Kunst*, sua estética *in nuce*[6]: no qual se encontram os temas essenciais de seu pensamento, dessa vez focados na "dimensão estética".

Alguns anos mais tarde, o personagem reservado e modesto que havia mencionado *en passant* o livro *O homem unidimensional*, publicado pouco antes, se tornou uma celebridade internacional, a figura de proa da Nova Esquerda. Em setembro de 1969, os Encontros Internacionais de Genebra organizaram sua sessão anual sobre o tema "A liberdade e a ordem social" e convidaram Marcuse para proferir, ao lado de Paul Ricoeur, Raymond Aron e o cardeal Daniélou, uma das principais conferências dos Encontros. Jean Starobinski era o presidente dos Encontros, e eu o havia conhecido em uma visita minha a Genebra; depois disso, ele me honrou com sua amizade e me convidou para participar dessa reunião. A presença de Marcuse eletrizava os Encontros, habitualmente mais tranquilos e mais acadêmicos, em um período que seguia de perto os grandes movimentos contestatórios da juventude nos países ocidentais. A sala onde ele fez sua conferência estava lotada, com mais de duas mil pessoas que o receberam com entusiasmo. Antes de partir para Genebra, escrevi para Lukács, informando-o de minha viagem e também da intenção de defender nos debates uma concepção sobre a liberdade baseada em seus escritos recentes: a da liberdade como escolha alternativa. Lukács me encorajou fortemente, expressando seu desejo, em uma mensagem datada de 9 de setembro de 1969, de que eu interviesse no sentido de afirmar o *tertium datur* entre o necessitarismo histórico, que ele abominava, e uma concepção abstrata de liberdade, que ele também recusava energicamente: "Alegro-me que possa ir a Genebra para defender a boa causa da decisão entre possibilidades alternativas. É muito importante, desse ponto de vista, salientar a linha justa que se opõe tanto ao conceito abstrato hipertrofiado da necessidade social quanto àquele, também abstrato, da pretensa liberdade humana. Eu tenho certeza de que você será um digno representante dessa boa causa"[7]. A confiança

---

[6] A tradução francesa foi publicada com o título *La Dimension esthétique: pour une critique de l'esthétique marxiste* (Paris, Seuil, 1979).

[7] "*Es freut mich sehr, dass Sie nach Genf fahren und die gute Sache der Alternativ entscheidungen vertreten. Es ist sehr wichtig, hier die richtige Linie hervorzuheben. Wenn sie wendet sich sowohl gegen den übertrieben abstrakten Begriff der gesellschaft. Hichen Notwendigkeit, wie gegen den*

do velho mestre me estimulou muito; mas a viagem para Genebra também foi importante pela oportunidade de me encontrar com Herbert Marcuse, cujos escritos me atraíam cada vez mais.

É necessário notar que nessa época minhas relações pessoais com Lukács eram muito estreitas e calorosas. Ele acolheu com simpatia e encorajamento meus esforços para tornar conhecidos seus escritos na Romênia (já mencionei que a primeira coletânea de seus textos foi publicada em 1969 pelas Edições Univers de Bucareste). Por mais surpreendente que possa parecer, em seu próprio país, a Hungria, o ostracismo que o atingiu, após sua participação em 1956 no Círculo Petőfi e no governo insurrecional de Imre Nagy, se perpetuou durante anos, ainda que às vezes sob formas atenuadas. A desconfiança em torno dele, cultivada por membros poderosos do aparelho do partido por meio de uma instrução tácita, fazia com que reinasse o silêncio sobre seus escritos nas publicações húngaras, e também na maior parte dos países "socialistas". É por isso que Lukács demonstrou um forte interesse por minha iniciativa e até interveio junto a uma revista mensal húngara, *Kortárs*, com a qual, como ele escreveu em 31 de março de 1969, tinha "boas relações", para estimulá-la a publicar, ainda que de modo resumido, a versão húngara de minha introdução à antologia romena. Um ano mais tarde, como já mencionei, a versão integral do texto foi publicada na revista de filosofia da Academia de Ciências, a *Magyar Filozófiai Szemle* (n. 1-2, 1970). Lukács expressou seu contentamento por ter tomado conhecimento da íntegra do texto e me estimulou muito a realizar o projeto de uma tese de doutorado sobre sua obra. A partir daí, suas cartas começavam com o tratamento "*Lieber Freund Tertulian*" [Caro amigo Tertulian], o que me sensibilizava bastante, e sua última carta, expedida de Budapeste em 14 de janeiro de 1971 (sua única carta manuscrita que possuo, porque geralmente ele tinha o hábito de providenciar a datilografia de sua correspondência), era particularmente calorosa: eu tinha escrito para ele de Paris, onde havia proferido, na École des Hautes Études en Sciences Sociales (Ehess), duas conferências sobre seu pensamento estético (mencionadas anteriormente), e Lukács fez questão de me comunicar rapidamente sua reação, colocando no papel algumas linhas que me tocaram profundamente, pois era a primeira vez que ele expressava seus sentimentos a meu respeito. Decidi citar essa passagem, a despeito de seu caráter pessoal, porque ela revela, para além do que pode parecer uma expressão de cortesia puramente formal, um objetivo essencial de minha atividade. Após ter relatado a alegria experimentada ao receber minha carta, Lukács acrescentou: "Ver um homem com suas qualidades e habilidades dedicar tanta energia para esclarecer os problemas levantados

---

gleichfalls abstrakten Begriff der sogenanten menschlichen Freiheit. Sie werden die gute Sache sicher richtig vertreten."

pela minha obra é uma grande satisfação para mim como autor (e essa é a dimensão essencial da minha existência) (para não falar do proveito pessoal que eu tiro de seus escritos)"[8]. E o velho mestre se mostrou muito interessado pelo projeto de um livro sobre seu pensamento estético, me indicando que ele estava ciente da intenção da editora Gallimard de publicar a tradução de uma versão abreviada de sua *Estética*, mas expressou também dúvidas sobre a realização rápida dessa intenção (que, aliás, permanece letra morta até hoje!): de seu ponto de vista, a publicação de um livro de análise e de comentários poderia acelerar as coisas. Finalizando sua carta com as palavras *"Ihr Freund"*, Lukács me deu um emocionante sinal de amizade e de confiança.

A vontade de entrar em contato com Herbert Marcuse em Genebra, em setembro de 1969, por ocasião dos Encontros Internacionais, tinha relação com meus estudos lukacsianos. A ideia da subjetividade desenvolvida nos escritos de Marcuse, que operava uma síntese original entre o pensamento emancipatório de Marx e a metapsicologia de Freud, tinha aparência mais inovadora e mais audaciosa que a de Lukács, mais clássica em seu sólido enraizamento hegelo-marxista. Leitor atento de *A destruição da razão*, não fiquei indiferente às sérias críticas dirigidas por Lukács à presença de influências diltheynianas no livro de Marcuse sobre Hegel, elaborado em 1932 e apresentado como tese de habilitação sob a orientação de Heidegger (Marcuse obteve finalmente sua habilitação com Heidegger? Segundo uma carta de apoio a Marcuse dirigida por Edmund Husserl ao chanceler da Universidade de Frankfurt, Kurt Riezler, seguida de uma intervenção deste último junto a Max Horkheimer com o objetivo de que ele acolhesse Marcuse no Instituto de Frankfurt, Heidegger teria finalmente se recusado a avaliar a tese de seu doutorando)[9]. Em uma resenha crítica, redigida em 1935, sobre o livro de Ernst Bloch intitulado *Herança deste tempo*, Lukács reiterou suas críticas a Marcuse, repreendendo-o por distinguir entre uma "autêntica *Lebensphilosophie*", de Dilthey e de Nietzsche, e a "falsa *Lebensphilosophie*", dos fascistas (Lukács se referia a um artigo publicado em 1934 na *Zeitschrift für Sozialforschung*, a revista do Instituto de Frankfurt, da qual Marcuse era colaborador). De acordo com Lukács, a primeira havia fornecido as bases filosóficas e ideológicas da segunda. Eu queria perguntar para Marcuse sobre suas posições atuais a respeito de seu período heideggeriano de juventude (a tese sobre Hegel contém, na introdução,

---

[8]   "[...] *dass ein Mensch von Ihren Qualitäten und Ihren Möglichkeiten so vielse Energien auf das Klären der in meinen Schriften aufgeworfenen Probleme verwen ist für mein Autordasein (und das ist das wichtigste Moment meines Lebens) eines Genugtuung (Noch ganz abgesehen, von dem, was ich aus Ihren Schriften fur profitiere).*"

[9]   Ver Rolf Wiggershaus, *Die Frankfurter Schule: Geschichte. Entwicklung, Politische Bedeutung* (Munique, Carl Hanser, 1987), p. 122.

um testemunho eloquente sobre a influência de Heidegger) e sobre o modo como o último Marcuse se relacionava com autores como Dilthey ou Nietzsche, dos quais sofreu forte influência no início. As diferentes trajetórias intelectuais de Lukács e de Marcuse me pareciam reveladoras das vias, às vezes bem divergentes, seguidas pelos pensadores marxistas do século (a comparação é interessante, pois Marcuse havia sofrido, como muitos outros, forte influência dos livros de juventude de Lukács e, particularmente, de *História e consciência de classe*).

No dia de sua conferência em Genebra, telefonei para Marcuse e ele marcou um encontro comigo pela manhã no hotel onde se hospedara, o Hotel de Bergues, um nome muito sugestivo para mim, pois era o lugar onde, antes da guerra, se hospedara Nicolae Titulescu, ministro dos Negócios Estrangeiros da Romênia, defensor ardoroso da Sociedade das Nações e adversário da política agressiva das potências do Eixo. No que concerne às influências filosóficas sofridas na época de seus estudos e da redação de sua tese, a resposta de Marcuse foi inequívoca: ele limitava a influência de Dilthey e de Heidegger ao período 1927-1931, não reconhecendo nenhum traço perceptível dessa influência em seus escritos ulteriores. Sobre o papel de Nietzsche, em compensação, sua resposta foi diferente. Conhecendo suas fortes restrições em relação a *A destruição da razão* (expressas em uma nota de seu livro sobre o marxismo soviético, logo após um elogio em apoio à *História e consciência de classe*), propositalmente solicitei sua opinião sobre o capítulo dedicado a Nietzsche. É claro que eu tinha em mente as páginas de *Eros e civilização* que homenagearam a liberação dos instintos proclamada por Nietzsche, e nas quais a doutrina do "eterno retorno" foi exaltada como a expressão de uma atitude erótica em relação à existência. Marcuse falou de seu desacordo profundo com Lukács sobre esse ponto: ele considerava que a herança de Nietzsche era "recuperável". A ruptura entre as duas posições parecia irredutível. Lukács desconfiava muito da ideia de uma explosão dos instintos, fiel à grande tradição humanista que identificava a hominização com o domínio dos instintos e dos afetos (uma síntese Espinoza-Nietzsche ou Goethe-Nietzsche lhe parecia uma associação plenamente ilícita), enquanto Marcuse encontrou em Nietzsche um precursor da doutrina freudiana da supremacia do princípio do prazer e o apreciava como o grande crítico da culpabilização das pulsões.

Mesmo assim, Marcuse não deixava de lembrar, a propósito de Lukács, a que ponto ele havia sido marcado pela leitura de *História e consciência de classe*. Na época, em um de seus artigos, ele protestou contra os ataques que o livro sofrera por parte da burocracia comunista da Terceira Internacional. Mais tarde, no início dos anos 1950, ao escrever uma resenha para uma revista americana sobre o livro de Lukács *Goethe e seu tempo*, manifestou seu desprezo pelos anátemas lançados contra Lukács pelos ideólogos do partido húngaro, por ocasião do famoso "caso Lukács" dos anos 1949-1950. Não se trata, evidentemente, de minimizar os rumos muito diferentes tomados pelo pensamento dos dois filósofos, sobre o pano de fundo do enraizamento comum de ambos na grande tradição de Hegel e Marx. Durante uma conversa com Lukács, abordando o assunto Marcuse, o velho mestre formulou uma observação que revelou suas restrições sobre a estratégia do movimento contestatório, do qual o filósofo americano era o grande teórico: de acordo com Lukács, Marcuse não levara em conta suficientemente a dialética da paciência e da impaciência na ação revolucionária, referida por Lênin. Talvez seja necessário ver aqui explicitamente a explicação da restrição expressa na carta a Ernst Fischer, citada acima. O pensamento político de Lukács, desde que ele se distanciara definitivamente do messianismo e do utopismo que impregnavam ainda seu pensamento revolucionário juvenil (tendências de ultraesquerda sustentavam ainda seus ensaios reunidos em *História e consciência de classe*), acentuou fortemente a necessidade de se levar as mediações em conta, tanto na tática quanto na estratégia da luta política, além da necessidade de paciência na costura das alianças, excluindo o aventureirismo e a gesticulação espetacular (por isso ele se mostrava mais do que cético sobre os *hapennings* muito apreciados pelos estudantes contestatários em 1968). O elogio marcusiano das "minorias ativas", chamadas a subverter e derrubar o "sistema", provavelmente lhe pareceu marcado por uma visão demasiado lúdica da transformação social: quebrar o "*continuum* repressivo", instituindo uma "nova biologia", uma moral do prazer livre das restrições da religião do trabalho e do ascetismo "judaico-cristão", não era exatamente a representação que Lukács fazia da laboriosa passagem ao reino da liberdade. Marcuse estava convencido de ter encontrado na psicanálise freudiana o instrumento conceitual, destinado a explicar a maneira por meio da qual as restrições sociais são reproduzidas e interiorizadas pelo aparelho psíquico. Em relação à minha questão sobre a coerência teórica da fusão, em seus escritos da antropologia marxiana e da antropologia freudiana, ele fez questão de esclarecer que não se tratava, de seu ponto de vista, de substituir a teoria de Marx pela doutrina de Freud, mas de utilizar as principais conquistas da última para revelar o funcionamento psíquico dos indivíduos nas sociedades do capitalismo avançado. Lukács, ao contrário, sempre se mostrou muito reticente sobre o alcance explicativo da teoria freudiana. Quando se lê, no segundo volume de sua *Estética*, as páginas dedicadas a Freud, no capítulo sobre os fundamentos psicológicos da atividade estética, percebe-se sua resistência profunda à ideia do inconsciente como uma força totalmente autônoma (Freud se situa no prolongamento da tradição romântica, e os filósofos mencionados, nesse contexto, são Schelling e Klages). As ênfases são deslocadas para as relações entre a consciência e o inconsciente; o condicionamento sócio-histórico dos dois ocupa o centro da análise. O papel da "inibição" (*Hemmung*) é considerado, diferentemente de Freud, eminentemente positivo. Lukács buscou muito mais na dialética das paixões analisada por Espinosa os instrumentos intelectuais para elucidar o mecanismo da vida psíquica.

O sucesso da conferência de Marcuse em Genebra era o espelho da atmosfera muito particular criada pela contestação estudantil, na sequência dos eventos de maio de 1968. Muito se esperava de seu confronto com Raymond Aron durante a mesa-redonda dos conferencistas que fecharia os Encontros. Em sua conferência, Aron não poupou o movimento da "Nova Esquerda", apontando a ausência de conteúdo social preciso de seu antiautoritarismo programático. Mas na tão aguardada mesa-redonda, para surpresa e desilusão geral, Aron não apareceu, argumentando que não havia condições para um confronto sereno. De volta a Bucareste, publiquei uma série de artigos sobre os Encontros, em vários aspectos memoráveis, mencionando também o conteúdo da conversa com Marcuse. A originalidade de seu pensamento emancipatório permitia olhar a filosofia de Marx, sua principal fonte de inspiração, sob um ângulo totalmente oposto àquele do marxismo institucionalizado no Leste. Alguns anos depois, editei uma antologia de seus escritos (enviei primeiro o sumário para ele, é claro), que obteve grande repercussão entre os leitores romenos. A *intelligentsia* romena descobria a visão de um pensador de esquerda autenticamente não conformista, que desafiava os esquemas de pensamento inculcados há decênios por uma educação e por publicações estritamente controladas pelo partido. Basta lembrar que na escola superior do partido, a Ştefan Gheorghiu, Marcuse figurava entre os *nomina sunt odiosa* dos pensadores tratados como inimigos do "marxismo-leninismo". Após a publicação da tradução dos dois volumes da *Estética* de Lukács e de vários capítulos de sua *Ontologia*, a publicação da antologia dos escritos de Marcuse, com uma ampla introdução, modificou sensivelmente a percepção da verdadeira fisionomia do pensamento fundado por Marx. O *páthos* antirrepressivo do pensamento de Marcuse tocava em um ponto sensível para os intelectuais, que experimentavam cotidianamente a pressão sufocante de um regime policial. Muito embora suas análises críticas visassem, essencialmente, às sociedades do capitalismo tardio, a transposição não podia deixar de ocorrer espontaneamente, tendo como alvo dessa vez o "socialismo de caserna", a manipulação e o caráter totalitário de uma sociedade que governava a vida dos indivíduos em seus mínimos detalhes.

Lukács e George Steiner

A participação nos Encontros Internacionais de Genebra, no período 1969--1979, foi também a ocasião para um confronto com George Steiner, na sessão organizada em 1979 sobre o tema "Solidão e comunicação". Professor de literatura comparada na Universidade de Genebra, autor de livros célebres como *A morte da tragédia* ou *Tolstói ou Dostoiévski*, Steiner sempre demonstrou admiração pela obra de Lukács, a quem se referiu inúmeras vezes, em seus escritos, como um de seus mestres[1]. Seus estudos e artigos, entre os quais "Lukács and his Devil's Pact", retomado na coletânea *Language and Silence*, sua introdução à antologia dos textos de Lukács publicada sob o título *Realism in our Time*, suas intervenções em defesa de Lukács quando foi atacado por George Lichtheim nas páginas da revista *Encounter* (1963), sua entrevista concedida a Eva L. Corredor e reproduzida no livro *Lukács after Communism* (1997, Duke University Press), contêm informações importantes sobre as razões de sua ligação com a obra de um crítico considerado por ele um dos maiores de nosso tempo. É assim que ele fala da famosa distinção entre realismo e naturalismo, formulada por Lukács em seus escritos a partir dos anos 1930, como uma das "ideias geniais" (*insight of genius*, ver a coletânea de Eva L. Corredor, p. 62-63) que o marcaram profundamente.

Nos Encontros de Genebra em 1975, Steiner apresentou uma conferência brilhante intitulada "A linguagem interior", seguida de um debate, em que intervieram, entre outros, Georges Balandier, Medard Boss, Jean Starobinski e o professor René Tissot, especialista em patologia da linguagem. Dirigindo suas críticas contra um certo imperialismo da linguística e sobretudo contra sua redução à "teoria da informação", contra, portanto, a absolutização da função de comunicação exterior

---

[1] Ver suas *Entretiens avec Ramin Jahanbegloo*: "[...] o marxismo trouxe-me muito, tendo tido Lukács como mestre e praticado Hegel e Marx (Paris, 10/18, 2000, p. 12) [ed. bras.: *Diálogos com George Steiner*, trad. Vinícius Figueira, São Paulo, É Realizações, 2014].

da linguagem, George Steiner defendeu *a contrario* o alcance decisivo da "linguagem interior", da qual a voz da poesia ou da prece são suas expressões principais. A linguagem interior foi assim investida de grande dignidade ontológica, aparecendo como a zona privilegiada da autenticidade humana. Em minha intervenção, à margem da conferência de Steiner, tentei interrogar mais de perto as relações entre interioridade e exterioridade (recordei a crítica hegeliana da "bela alma", verdadeira e definitiva recusa ao culto da pura interioridade) e propus não descuidar do mundo da exterioridade, abandonando-o às forças da reificação e da manipulação. Empreguei uma fórmula utilizada por Lukács em *A teoria do romance*: a transformação do mundo em um "cemitério de nossas interioridades petrificadas". A absolutização da "linguagem interior" não ameaçaria desvalorizar o espaço público, designando-o como zona de inautenticidade (Steiner era ainda mais severo: ele falava da "barbárie" circundante), enquanto a tese da unidade entre interioridade e exterioridade afirmava os direitos imprescritíveis da exterioridade histórico-social (da "ágora" e de suas instituições), postulando a humanização conjunta dos dois mundos, de interioridade e de objetivações histórico-sociais? George Steiner, em sua resposta, se mostrou sensível à exigência formulada em minha intervenção, não sem apontar o paradoxo de uma situação em que a defesa da autenticidade do "espaço público" foi feita por quem vivia em um mundo onde essa exigência era mais do que nunca tratada com escárnio. A imprensa genebrina comentou amplamente esse intercâmbio, observando que o auditório dos Encontros havia sido colocado diante de "questões últimas" (expressão que Steiner havia utilizado em sua resposta). *A Tribuna de Genebra* falava de um "encontro de uma riqueza excepcional e de rara intensidade", que "justifica[va] os Encontros", enquanto o *Jornal de Genebra*, do teólogo protestante Eric Fuchs, chegou a concordar comigo "contra o estetismo de Heidegger e o pessimismo histórico de Steiner ou de Siniavski" (André Siniavski havia proferido a última conferência dos Encontros de 1975).

Reencontrei George Steiner em um debate quinze anos mais tarde na Alemanha, em um colóquio organizado em Marburgo, por ocasião do centenário de Heidegger. A Hessische Rundfunk (Radiodifusão de Hesse) e a Universidade de Marburgo reuniram certo número de participantes (entre eles Hans-Georg Gadamer, Otto Pöggeler, Ernst Nolte, Pierre Aubenque e George Steiner) para debater a "dimensão política" do pensamento de Heidegger. As conferências proferidas na universidade, onde Heidegger lecionou nos anos 1923-1928, foram publicadas posteriormente[2]. Minha exposição foi a versão alemã do texto publicado no número de fevereiro de 1990 de *Les Temps Modernes* sob o título "História do ser e revolução política", dedicado essencialmente a um exame crítico da obra póstuma de Heidegger, *Beiträge zur*

---

[2]   Peter Kemper (org.), *Martin Heidegger – Faszination und Erschrecken. Die politische Dimension einer Philosophie* (Frankfurt, Campus, 1990).

Philosophie (1936-1938). No dia seguinte a minha conferência, quando encontrei Steiner, ele me falou de sua reação utilizando uma expressão bastante lapidar: achou minha exposição "devastadora" (*verheerend*). Sua grande admiração por Heidegger, a quem dedicara um livro particularmente elogioso, não o levava a fechar os olhos aos aspectos bastante contestáveis de seu engajamento político. Em Marburgo, na mesa-redonda dos conferencistas, assistimos a uma disputa acirrada entre Nolte e Steiner, este último reagindo com cólera às teses revisionistas de Nolte, que falou da revolução nazista como uma "pequena solução" (*eine kleine Lösung*) em comparação à "grande solução" (*die grosse Lösung*) representada, de seu ponto de vista, pela revolução bolchevique. Steiner se mostrou intratável diante do que lhe pareceu um desafio repleto de perigos para a verdade histórica e lembrou a singularidade dos crimes nazistas. O tom subiu a ponto de Steiner ameaçar se retirar da sala. No que concerne a Heidegger, sua posição não estava isenta de ambiguidades. Ele não compartilhava de minha convicção de que era preciso procurar, na arquitetura interna do pensamento heideggeriano, as raízes de seu engajamento político (ele expressou esse desacordo por ocasião de nossa discussão na mesa-redonda dos conferencistas). No encontro de Marburgo, ele insistiu na propensão dos intelectuais à violência e sugeriu uma explicação psicológica do engajamento de Heidegger. Seu entusiasmo pelo filósofo de Friburgo às vezes, ia muito longe – ele chegou a afirmar, em uma entrevista, que o pensamento de Heidegger iria "dominar o pensamento ocidental por séculos e séculos"[3] –, mas, tendo seguido de perto as análises críticas desenvolvidas por Nicolai Hartmann, Karl Löwith ou Lukács, minha imunidade em relação ao pensamento heideggeriano era um dado adquirido. Steiner tinha boas recordações de suas conversas com Lukács, que qualificou de "primordiais"; não ignorou a validade da tese do filósofo húngaro sobre a responsabilidade do pensamento alemão na catástrofe nacional-socialista, mas era impermeável às análises lukacsianas sobre o "problema Heidegger" de tanto que o pensamento de Ser o envolvia com sua poderosa sedução.

Em um ensaio mais recente intitulado "Deux coqs", que faz parte de sua coletânea *No Passion Spent* (1996, tradução francesa *Passions impunies,* Gallimard, 1997), Steiner chega mesmo, em certo momento, a tentar uma aproximação entre Lukács e Heidegger (acrescentando Sartre também) a respeito do famoso problema do engajamento político dos filósofos. Suas reflexões gravitam em torno do que ele considerou ser uma certa propensão dos filósofos para a "autocracia" (o exemplo mais ilustre seria o de Platão apoiando o poder tirânico do rei da Sicília). Pode-se constatar certa mudança do discurso de Steiner sobre Lukács (seria o efeito do colapso do mundo comunista?), pois ele cita "acordos incertos

---

[3] George Steiner, *Entretiens avec Ramin Jahanbegloo*, cit., p. 84 [ed. bras.: *Diálogos com George Steiner*, cit.].

de Lukács com o stalinismo" (antes ele argumentava em torno do que opunha Lukács às práticas stalinianas), não hesitando em estabelecer uma proximidade com o engajamento de Heidegger em favor do nacional-socialismo (ou com as "repetidas desculpas sartrianas do Gulag", o que me parece uma afirmação ainda mais infeliz, mas é impossível deter-me aqui sobre isso). Admito certo mal-estar diante dessa pretensa semelhança, sobretudo quando, na mesma página de seu ensaio, Steiner traça uma continuidade entre a "obsessão napoleônica de Hegel" e a "fascinação que Lênin e Stálin exerceram sobre um Lukács ou um Kojève". Pode-se imaginar que Lukács teria protestado energicamente contra a ideia de que ele teria nutrido igual admiração por Stálin e Lênin (lembremos da insistência com que ele se dedicava a mostrar a oposição entre os métodos do primeiro, que ele denunciava vigorosamente, e a linha política do segundo), sem falar do fato de que a admiração de Hegel por Napoleão não tem nada a ver com qualquer propensão pela "autocracia": se o imperador francês encarnava, do ponto de vista do filósofo, o "espírito do mundo", segundo a célebre carta escrita após a vitória de Iena, era porque ele portava através da Europa as ideias da Revolução Francesa, era autor de uma reforma também inovadora do Código civil etc. O jogo de semelhanças proposto por Steiner é, portanto, mais que problemático.

Steiner publicou no *Times Literary Supplement*, em junho de 1964, um artigo sobre a *Estética* de Lukács retomado em *Language and Silence* sob o título "An Aesthetic Manifesto". Aquele que havia mostrado uma receptividade particular à abordagem lukacsiana da literatura (não somente pela distinção capital entre realismo e naturalismo, mas também pelas análises de *O romance histórico*, em particular pelas considerações sobre Walter Scott ou Thackeray) reiterou sua admiração pela amplitude da perspectiva lukacsiana ("*The breadth of exact reference is formidable*") e pela elevação de seu ideal estético, mas não deixou de formular ressalvas importantes que diziam respeito principalmente ao isolamento de Lukács da prática da arte moderna. Steiner reiterou a impressão de que a *Estética* era um "imenso monólogo" de um teórico da arte que havia vivido durante décadas em um "exílio fora do presente", daí a ausência de nomes como Klee, Webern, Frank Lloyd Wright ou Jackson Pollock no índice de sua obra.

Ao informar o recebimento do artigo de Steiner sobre sua *Estética*, ao mesmo tempo que agradecia ao autor, Lukács não deixou de comentar, em uma carta datada de 28 de setembro de 1964, que as grandes questões de princípio que formavam a estrutura de seu livro ainda estavam para ser abordadas. "Um livro de desenvolvimentos tão amplos [*ein so ausführliches Buch*] tem necessidade de um período de incubação de vários anos"[4]. Na mesma época, em uma carta

---

[4]   Carta de G. Lukács a George Steiner de 28 de dezembro de 1964 consultada no Arquivo Lukács de Budapeste.

endereçada a Frank Benseler, Lukács falou com desdém dos artigos publicados na RDA sobre seu livro. Sua *Estética* era muito mais que uma teoria da arte (continha esclarecimentos sobre a natureza da ciência, sobre a religião, sobre a ética e as relações entre ética e estética etc.) e desenvolvia um vasto aparato categorial para configurar a especificidade da atividade estética: é, portanto, compreensível que ele comente as limitações do artigo publicado no *Times Literary Supplement* e, também, seu ceticismo sobre as chances de que seu empreendimento fosse acolhido de imediato com a compreensão necessária. O futuro iria confirmar esse prognóstico, pois a *Estética* permaneceu por muito tempo uma obra amplamente desconhecida.

As objeções de Steiner merecem ainda um olhar mais atento. Pode-se começar observando que, ao defender sua doutrina estética do "grande realismo", Lukács não compartilhava, de modo algum, do sentimento de que ele não teria acompanhado o desenvolvimento da literatura e da arte de seu tempo. Quando em uma conversa lembrei a observação de Steiner de que sua *Estética* não forneceria os instrumentos para julgar a obra de um artista como Jackson Pollock, Lukács contestou secamente a legitimidade dessa crítica, dizendo estar convencido do contrário. Se olharmos com atenção – foi sua resposta –, encontraremos na *Estética* a resposta para as questões levantadas pela prática dos artistas desse gênero. Longe de se ofender com a crítica de ter permanecido um esteta fiel às tradições do século XIX, confinado na admiração de escritores como Balzac ou Tolstói, ele se orgulhava da continuidade de seu pensamento estético com as grandes conquistas do realismo clássico. Em 1968, três anos antes de sua morte, ele publicou no livro em homenagem a Heinrich Böll um texto intitulado ostensivamente "Lob des 19. Jahrhunderts" [O elogio do século XIX][5] e continuou a argumentar sobre a permanência do "grande realismo" em vários escritores importantes de seu tempo. Em Eugene O'Neill, por exemplo, ele destacou a superação do expressionismo do período inicial e o enraizamento de suas produções tardias em uma síntese original da herança de Ibsen e de Tchecov, enquanto em Roger Martin du Gard destacou a capacidade tolstoiana de forjar um universo de figuras memoráveis, sem deixar de sublinhar a oposição entre a ética defendida por Jacques Thibault, o protagonista do romance de Martin du Gard, e a ética gidiana de seu amigo Daniel de Fontanin[6]. Uma romancista como Elsa Morante suscitou sua grande admiração por seu romance *Menzogna e sortilegio**, celebrado como "uma parábola monumental" sobre a ética do homem contemporâneo, enquanto o último

---

[5] Ver G. Lukács, "Lob des 19. Jahrhunderts", em idem, *Werke*, v. 4: *Essays über Realismus* (Neuwied, Luchterhand, 1971), p. 659-64.

[6] Idem, "Die Gegenwartsbedeutung des kritischen Realismus", em idem, *Werke*, v. 4: *Essays über Realismus*, cit., p. 541.

* Ed. bras.: *Mentira e sortilégio* (trad. Mauricio Santana Dias, Rio de Janeiro, Rocco, 1991). (N. E.)

172 Por que Lukács?

Thomas Wolfe, *Look Homeward, Angel**, e sobretudo William Styron, de *Que o fogo consuma esta casa* [Set This House on Fire], encarnavam, devido a seu retrato impiedoso da alienação na sociedade americana contemporânea, a perpetuação do "grande realismo" na prosa daquele país. A lista dos escritores modernos citados por Lukács poderia ser expandida, e podemos observar que os adversários de suas convicções estéticas (Adorno, por exemplo) nunca citaram esses nomes quando se tratava de ilustrar o desenvolvimento da literatura contemporânea. O paradigma da admiração de seus adversários era Beckett, escritor muito contestado por Lukács, é verdade, mas a continuidade do realismo não fazia parte do horizonte do dramaturgo irlandês. E Lukács não errou ao falar do sectarismo dos representantes da vanguarda, que ele não hesitava em comparar com o sectarismo dos dogmáticos do "realismo socialista". Ele dizia, às vezes, que achava normal que seus escritos escandalizassem "tanto os partidários de Bredel quanto os de Beckett, Abusch e também os de Adorno"[7]. Alexander Abusch foi um alto dignitário da RDA, ministro da Cultura na época, enquanto Willi Bredel era um escritor oficial também da RDA, antigo adversário de Lukács; os dois o atacaram fortemente em diferentes ocasiões, após os acontecimentos de 1956. Lukács reivindicava, portanto, um *tertium datur* equidistante entre as duas principais posições inimigas.

---

* Ed. bras.: *O anjo que nos olha de cima* (trad. Paulo Henriques Britto, Rio de Janeiro, Record, 1996). (N. E.)

[7] G. Lukács, "Vorwort" (nov. 1963), em idem, *Werke*, v. 7: *Deutsche Literatur in zwei Jahrhunderten* (Neuwied, Luchterhand, 1964), p. 19.

Lukács e Heidegger
Recepção de Heidegger no bloco do Leste

Que eu saiba, não existe nenhuma pesquisa sistemática sobre a influência que o pensamento de Heidegger possa ter exercido na orientação filosófica dos intelectuais que viviam para além da Cortina de Ferro. A própria questão pode parecer excêntrica, uma vez que os regimes do "socialismo real" não toleravam a difusão de correntes de pensamento que estivessem em explícita oposição ao marxismo. O halo duvidoso que envolvia o nome de Heidegger, após sua colaboração com o regime de Hitler, só podia agravar a desconfiança oficial em relação a ele. Contudo, vários testemunhos mostram o poder de atração do pensamento heideggeriano que, desafiando barreiras ideológicas, continuou a marcar os espíritos, às vezes por vias tortuosas ou de maneira clandestina. Na Checoslováquia, por exemplo, Jan Patočka teve uma importante presença na vida filosófica – apesar das inúmeras vicissitudes que sofreu, ele foi um eminente discípulo de Husserl, mas também foi influenciado pelo pensamento de Heidegger. Tal presença foi acompanhada, inevitavelmente, por ecos do pensamento heideggeriano. O texto escrito por Patočka em 1969, por ocasião do octagésimo aniversário de Heidegger, recebeu precisamente o título "Heidegger vom anderen Ufer" [Heidegger visto do outro lado] e foi dedicado à recepção do pensamento heideggeriano pelo jovem filósofo marxista Karel Kosík, em seu livro *Dialética do concreto* (publicado dois anos antes). O texto de Patočka se tornou, assim, um documento significativo do diálogo iniciado pela nova geração de filósofos com *Ser e tempo* de Heidegger, em que o fenomenólogo checo se encarregou de enfatizar a influência lukacsiana nas críticas de Kosík à analítica existencial de Heidegger, e ainda sobre o que separava, de seu ponto de vista, a abordagem mais flexível e mais abrangente de Kosík da de Lukács[1], considerada

---

[1] Jan Patočka, "Heidegger vom anderen Ufer", em Vittorio Klostermann (org.), *Durchblicke, Martin Heidegger zum 80. Geburtstag* (Frankfurt, Klostermann, 1970), p. 394-411.

mais rígida e mais dogmática. Infelizmente, o filósofo checo não parece ter tido conhecimento nem da *Estética* nem dos fragmentos publicados da *Ontologia do ser social*, o que tornou muito parcial sua apreensão do pensamento de Lukács.

Na antiga Iugoslávia, a influência de Heidegger se manifestou fortemente entre certos membros do grupo reunido em torno da revista *Praxis* (em primeiro lugar, no filósofo croata Gajo Petrović), e, a julgar pelo testemunho de Slavoj Žižek, na Eslovênia a atração pelo pensamento de Heidegger nasceu como uma reação à pressão hegemônica do marxismo oficial.

Voltando à situação romena e à minha história pessoal, devo especificar que, após a forte impressão obtida com a leitura, durante meus estudos, dos textos reunidos por Henry Corbin com o título *O que é a metafísica?**, meu grande interesse pelo pensamento heideggeriano continuou nos anos 1950, com a leitura da obra *Was heisst Denken?* [O que chamamos de pensamento?], que reproduz o primeiro curso ministrado por Heidegger após o período em que foi proibido de ensinar, correspondente ao ano universitário de 1951-1952. É possível imaginar como era difícil na Romênia da época, um país isolado à força do Ocidente e de sua vida intelectual, conseguir as obras de Heidegger. Graças a um irmão de meu pai, que se estabeleceu em Viena depois de 1948, foi-me enviado um exemplar de *Was heisst Denken?* (publicado por Max Niemeyer, em 1954, na cidade de Tubinga). Mas os obstáculos para obter o livro se revelaram quase intransponíveis: a censura se mostrou inflexível e teimava em reter o exemplar que havia sido enviado pelo correio, tão inconcebível era a ideia de deixar passar um livro de Heidegger. Finalmente, pela intervenção de um amigo que conhecia um alto funcionário responsável pela censura, fui chamado à sede desta última e me entregaram, em um envelope fechado, o cobiçado exemplar.

Deve-se lembrar que na época, do ponto de vista de muitos, o pensamento de Heidegger representava, na cena filosófica, a grande alternativa à ascensão do marxismo, cuja audiência estava em plena expansão nos anos do pós-guerra. Em sua célebre *Carta sobre o humanismo*, publicada em 1947, o próprio Heidegger mencionara a ideia de um "diálogo produtivo" com o marxismo, chegando mesmo a apontar a superioridade da concepção marxista da história (com uma ênfase particular na presença central do conceito de alienação, que desempenhava um papel essencial também em sua própria reflexão) em comparação com os pensamentos de Husserl e de Sartre. Wilhelm Szilasi, pensador próximo de Lukács em sua juventude (que sempre manteve sua amizade com ele), que se tornara um admirador de Husserl e de Heidegger logo depois de ter se instalado na Alemanha, após o fracasso da República dos Conselhos da Hungria, chegara a preconizar, em sua intervenção, no Congresso Mundial de Filosofia, realizado em Mendoza,

---

* Ed. bras.: *O que é a metafísica?* (trad. João Ferreira, Petrópolis, Vozes, 2010). (N. E.)

na Argentina (o primeiro após a Segunda Guerra Mundial), um diálogo entre Lukács e Heidegger destinado, de acordo com seu ponto de vista, a simbolizar o encontro dos dois pensadores mais representativos daquele momento. Vimos que, mesmo nos países do Leste Europeu, um jovem filósofo marxista como Karel Kosík, que sofreu o impacto da leitura de Lukács, demonstrou, em seu livro *A dialética do concreto*, uma sensibilidade particular pelo pensamento de Heidegger. Era sobretudo a crítica do *Impessoal* (*das Man*) e suas sutis descrições fenomenológicas da existência despojada de si mesma, perdida no mundo, que não deixavam de impressionar: o próprio Lukács destacou o interesse e a originalidade dessas críticas. Devo, entretanto, acrescentar que comecei a leitura de *Was heisst Denken?* com a surpresa provocada pela descoberta da posição altamente crítica de Benedetto Croce em relação a Heidegger. Foi nessa época que tive a oportunidade de tomar conhecimento da correspondência de Benedetto Croce e Karl Vossler, eminente linguista e romanista, e fiquei impressionado com a virulência da reação de Croce contra o "Discurso do reitorado" pronunciado por Heidegger em 1933 (encontrei na biblioteca da Academia de Bucareste o número da *Crítica* com a resenha de Croce sobre o opúsculo impresso por Fleidegger em Breslau): as cartas dirigidas a Vossler manifestavam sua cólera diante da adesão do filósofo alemão ao nacional-socialismo ("[...] a Alemanha se cretiniza com Heidegger" – escreveu ele a Vossler em 30 de agosto de 1933[2]). Seu interlocutor não foi menos severo: "Heidegger e Carl Schmitt [...] se revelaram, ao longo do tempo, os dois desastres intelectuais da nova Alemanha"[3]. Foi, portanto, graças à correspondência Croce-Vossler que eu pude mensurar, pela primeira vez, a dimensão da mudança política do pensamento de Heidegger, ainda que anteriormente eu tivesse encontrado uma referência, no livro de Lukács sobre o existencialismo, ao artigo sobre tal assunto publicado em 1947 por Karl Löwith em *Les Temps Modernes*.

O artigo que redigi logo depois da leitura de *Was heisst Denken?*, focado nesse livro e também em *Carta sobre o humanismo*, foi publicado em novembro de 1957 na revista mensal *Viaţa Românească*: era a primeira vez que a filosofia de Heidegger era amplamente mencionada e comentada – incluídos seus desenvolvimentos mais recentes – na Romênia após a Segunda Guerra. Embora o comentário tenha sido altamente crítico em suas conclusões, o muro de silêncio construído pela ortodoxia ideológica da época foi quebrado (os editores da revista insistiram que o texto fosse intitulado "Anti-Heidegger", estratagema habitual

---

[2]   "[...] *la Germania incretinisce con Heidegger*" [Emanuele Cutinelli Rendina (org.), *Carteggio Croce-Vossler 1899-1949*, Nápoles, Bibliopolis, 1991, p. 358-61].

[3]   "*Il Heidegger, e accanto a lui quel Carl Schmitt* [...] *si van rivelando come i due intelettuali della nuova Germania*" (carta de 25 de agosto de 1933 de Vossler a Croce, p. 367).

para evitar a intervenção da censura quando se tratava de publicar textos que fugiam dos cânones admitidos). Um pequeno episódio pode ilustrar o efeito de tal publicação anos depois: um crítico e historiador literário que tinha estado na prisão sob o regime comunista, Dinu Pillat, espírito muito fino e culto, filho do poeta Ion Pillat, me contou que ele e seus amigos leram o artigo sobre Heidegger durante a detenção; quis dar-me a conhecer a forte impressão que tinha causado a publicação de um texto sobre um pensador cujo nome tinha se tornado quase um mito para eles.

Foram encontrados em *Was heisst Denken?* vários temas fundamentais do pensamento heideggeriano, forjados durante o período que se seguiu a *Sein und Zeit*. O objetivo imediato do curso era uma interpretação renovada do pensamento nietzschiano do "super-homem"; no entanto, Heidegger transformou a exegese de Nietzsche em uma interrogação sobre a estrutura do pensamento destinada a preparar as grandes decisões sobre o futuro do Ocidente. Os ataques brutais contra a ciência e o saber científico (foi nesse curso que Heidegger mais desenvolveu sua provocadora tese: "a ciência não pensa"), o repúdio vigoroso infligido ao "pensamento" imobilizado no utilitarismo e na manipulação do real (do qual, de acordo com Heidegger, "o último homem", atacado violentamente por Nietzsche, era o portador por excelência), a celebração de um pensamento que se compraz na "inutilidade" (Heidegger identificou, em certo momento, o Ser como *das Unnötige* – o "Inútil", o "Não necessário"[4]) e na humildade, sem incidência sobre o real imediato, são temas especificamente heideggerianos que se encontram no curso publicado em 1954. A dialética também não foi poupada, tendo sido designada como um avatar da lógica (e que também não tinha "odor de santidade"* perante Heidegger), e uma flecha foi disparada especialmente contra o "materialismo dialético", o adversário que surgia no horizonte[5]. Mas a página que mais me impressionou na leitura do livro foi uma longa incursão no presente histórico, em que o filósofo revelou, com uma clareza que não encontramos em nenhum outro lugar, suas profundas preocupações com a ameaça do que ele chamava "os poderes e a enorme força popular do Leste", e em que ele formulou um julgamento inequívoco sobre qualquer tentativa de reconstruir a Alemanha

---

[4] Martin Heidegger, *Mein liebes Seelchen: Briefe Martin Heideggers an seine Frau Elfride – 1915--1970* (org. Gertrud Heidegger, Munique, Deutsche Verlags-Anstalt, 2005), p. 23; tradução para o francês de Marie-Ange Maillet, *Ma chère petite âme: lettres de Martin Heidegger à sa femme Elfride – 1915-1970* (Paris, Seuil, 2007, carta de 17 fev. 1945), p. 308.

* O odor de santidade, também designado como osmogênese milagrosa, constitui, de acordo com a tradição da Igreja católica, uma fragrância emanada dos corpos dos santos, e sobretudo de seus estigmas. (N. R. T.)

[5] Martin Heidegger, *Was heisst Denken?* (Tubinga, Max Niemeyer, 1954), p. 101 [ed. francesa: *Qu'appelle-t-on penser?*, trad. Aloys Becker e Gérard Granel, Paris, PUF, 1973].

com "os adereços" (*die Requisiten*) da década de 1920-1930, expressando assim a rejeição categórica da República de Weimar, denunciada *expressis verbis* por sua incapacidade de fornecer um contrapeso ao comunismo[6]. Heidegger divulgou, assim, por meio de um julgamento retrospectivo, as profundas fontes de suas opções políticas. Havia efetivamente nessa página do curso de 1951-1952 uma reflexão reveladora, impregnada de um amargor profundo sobre a situação da Alemanha após a Segunda Guerra Mundial. Esse pessimismo dizia respeito à situação do mundo em seu conjunto, pois Heidegger estava convencido de que a Segunda Guerra Mundial não trouxera nada de decisivo para o destino do mundo, como se o esmagamento do nazismo e do fascismo tivesse representado apenas um acontecimento episódico. Heidegger fez amplo uso de um texto de Nietzsche de *Crepúsculo dos ídolos* para formular um repúdio vigoroso da ideia de democracia, acusada de estar na origem da profunda crise das instituições e, mais globalmente, da decadência do mundo moderno. É surpreendente que esse texto de Heidegger, que expressa sua rejeição da democracia com uma nitidez não encontrada em nenhum outro lugar em seus escritos, selando uma aliança Nietzsche-Heidegger no anátema contra "a forma decadente do Estado" e na exigência do ressurgimento de um espírito "antiliberal até a maldade" (*antiliberal bis zur Bosheit*), segundo a fórmula de Nietzsche retomada por Heidegger[7], tenha chamado tão pouco a atenção dos comentadores. O confronto com o pensamento de Heidegger, especialmente no que diz respeito a suas convicções sócio-históricas, foi imperativo à luz de tais desenvolvimentos.

---

[6]   Ibidem, p. 65 (ed. alemã) e p. 109 (ed. francesa).

[7]   Ibidem, p. 65-6 e p. 109.

Encontro com Heidegger

Uma combinação particular de circunstâncias, ligada às manifestações organizadas na época em diferentes locais da Europa pela muito ativa Fundação Teilhard de Chardin, tornou possível um evento bastante excepcional: em setembro de 1966, me encontrando em Friburgo, fui convidado pelo dr. Wilhelm Kunz, presidente da associação local Teilhard de Chardin, para participar de um debate público. Ao mesmo tempo, fiquei sabendo que Martin Heidegger tinha aceitado meu pedido para encontrá-lo, pedido que eu havia feito no ano anterior por intermédio do livreiro Fritz Werner. No outono de 1965, durante minha primeira visita a Friburgo, a convite do dr. Kunz, conheci Fritz Werner, que notou com satisfação o grande interesse de um jovem filósofo romeno pelos livros de Husserl e de Heidegger que se encontravam nas prateleiras de sua livraria. Ele próprio estava interessado em receber algumas publicações romenas, das quais precisava para suas pesquisas. Perguntei-lhe se me era possível ser recebido por Heidegger, mas a resposta foi inicialmente negativa. Um ano mais tarde, fiquei surpreso ao saber que a coisa se tornara possível. O dr. Kunz veio ao meu hotel para me informar que o filho de Heidegger, a quem Fritz Werner tinha transmitido meu pedido, o tinha informado que seu pai aceitara me receber.

Num domingo, no início de outubro de 1966, fui (e o dr. Kunz, que até então não tinha tido a oportunidade de conhecer seu famoso concidadão, acompanhou-me) visitar Heidegger em sua casa em Rötebuckhringen, o distrito de Friburgo onde ele vivia. Ao pensar nas questões que gostaria de apresentar ao ilustre filósofo, concentrei-me principalmente na questão da técnica, tema fundamental de sua reflexão, mas também um importante objeto de análise marxista, do qual nenhuma ontologia do ser social poderia abstrair. Na véspera, percorri cuidadosamente o velho opúsculo *Die Technik und die Kehre*, de Heidegger, publicado em 1962 pela editora Neske, em Pfullingen, cujo exemplar eu tinha encontrado na livraria de Fritz Werner. Foi a esposa do filósofo que nos abriu a porta, um pouco austera em sua recepção, mas Heidegger apareceu logo em seguida (o casal acabara de chegar de sua cabana em Todtnauberg, a famosa *Hütte*, e Heidegger tinha o rosto bastante bronzeado) e nos levou até sua sala de trabalho, onde nos ofereceu um licor da região. Durante a conversa, me dei conta de sua curiosidade e de seu interesse pelo que se passava nos países do Leste Europeu, cuja evolução da vida intelectual seguia com certa atenção. Falou-nos de uma visita recente a Friburgo do poeta soviético Andrei Voznessenski (figura não conformista por excelência da vida literária soviética, conhecido, ao lado de seu amigo Ievguêni Ievtuchenko, por seu espírito independente e sua integridade moral) e fez questão de enfatizar que tinha ido ouvi-lo e assistir a seu recital de poesia. Como a discussão se concentrou nos ecos de sua filosofia num mundo fechado a tal influência, por razões ideológicas evidentes, Heidegger fez questão de mencionar a atividade do grupo Práxis na Iugoslávia e de chamar a atenção para a publicação, na revista de mesmo nome, de textos que lhe diziam respeito: foi mesmo buscar, nas prateleiras de sua biblioteca, exemplares dessa revista de orientação marxista, mas que acolhia também textos pró-heideggerianos, como os de Gajo Petrović ou de traduções de seus escritos, para nos mostrar e nos dar um exemplo tangível da ressonância de seu pensamento no mundo do Leste.

Foi nesse contexto, de suas relações com o "mundo marxista" (essa expressão era amplamente utilizada nos jornais da época), que decidi abordar o assunto que me interessava, mas que, no entanto, era muito delicado, pois eu suspeitava de que Heidegger estava ciente das críticas virulentas dirigidas por Lukács a seu pensamento. Eu pretendia aproveitar a ocasião muito excepcional de uma conversa com Heidegger para saber o que ele pensava de Lukács e, sobretudo, esclarecer a *vexata quaestio* estimulada durante anos por Lucien Goldmann (mas ele não foi o único) a respeito da influência decisiva do livro de Lukács *História e consciência de classe* (publicado em 1923) sobre o livro mais importante de Heidegger, *Ser e tempo,* publicado quatro anos mais tarde. Sobre esse último ponto, a resposta de Heidegger foi imediata e categórica: ele nunca tinha visto essa obra de Lukács. Quanto à figura de Lukács em geral, senti claramente a relutância de Heidegger em iniciar uma discussão. Claro que, na época, eu ignorava a reação do autor da *Carta sobre o humanismo* ao artigo implacável publicado por Lukács na revista *Sinn und Form* (fundada em 1949), sob o título "Heidegger redivivus" (1949), reação da qual uma carta endereçada por Heidegger a Karl Jaspers em 12 de agosto de 1949 é um testemunho eloquente. Assombrado por muito tempo pelo espectro do comunismo, sentindo-se ameaçado em sua própria existência pelo que tinha chamado em *Was heisst Denken?* de "os poderes e a enorme força popular do Leste" (ele apontou repetidas vezes a ameaça comunista como o principal impulso para sua adesão ao nacional-socialismo), Heidegger viu no artigo de Lukács uma tentativa de "liquidação" de seu pensamento, deixando entender que tal ataque teria perigosas insinuações[1]. Mesmo que eu ignorasse esse episódio, estava perfeitamente ciente das considerações, às vezes excessivas, formuladas, por exemplo, no posfácio a *A destruição da razão* e, portanto, não fiquei surpreso ao observar o ar distante e o semblante um pouco fechado de Heidegger quando introduzi o nome Lukács na discussão. Quando mencionei a publicação da grande *Estética* em dois volumes do filósofo húngaro, que continha no primeiro volume um interessante confronto com as teses de Heidegger sobre a existência cotidiana – a *Alltäglichkeit* –, conceito que desempenhava igualmente um papel de primeiro plano na reflexão de Lukács, Heidegger me fez entender que estava ciente dessa publicação. O mais impressionante em sua atitude era vê-lo preocupado com o currículo acadêmico do pensador sobre o qual eu o interrogava: a qualidade dos estudos universitários parecia ser um critério decisivo para seu julgamento (diante de outro interlocutor, Richard Wisser, ele fez exatamente a mesma pergunta sobre Adorno) e eu o ouvi se pronunciar favoravelmente sobre o fato de Lukács ter frequentado, em Heidelberg, o curso de Wilhelm Windelband, um dos líderes do movimento neokantiano do sudoeste da Alemanha. Infelizmente a informação era mais ou menos inexata (Lukács nunca foi aluno de Windelband, embora seja certo que tenha frequentado seus escritos). A mesma condescendência se manifestou no fato de que o único texto de Lukács ao qual ele se referiu foi um prefácio escrito para a *Estética* de Hegel (a grande edição de um volume publicada pela Aufbau em Berlim Oriental em 1951), do qual disse ter conhecimento. Era mais que evidente que Heidegger não tinha nenhum apreço por Lukács, como também seu discípulo Hans Georg Gadamer, que mencionou em seu principal livro, *Verdade e método*, uma única vez o nome de Lukács, assim mesmo sob a forma Georg *von* Lukács, como se a existência intelectual do personagem se limitasse ao período anterior à adesão ao comunismo, quando ele assinava efetivamente seus textos com o nome de família herdado de seu pai, enobrecido pelos Habsburgos.

Tive a oportunidade de interrogar Lukács a propósito de Heidegger, e é preciso admitir que, sobre esse ponto, o filósofo húngaro não media suas palavras e não recuava diante de seus julgamentos draconianos. Mencionei o problema Heidegger e adiantei algumas observações sobre a densidade e a originalidade do discurso filosófico de *Ser e tempo*; o filósofo me respondeu que não tinha objeções quanto às qualidades e ao interesse da obra, mas acrescentou num tom firme que se tratava de "um livro falso" (*ein falsches Buch*). Note-se que tanto em *A destruição da razão* quanto em *Ontologia do ser social* Lukács formulou considerações críticas incisivas sobre o livro mestre da "filosofia da existência". Sartre, mal saído de seu

---

[1] Martin Heidegger e Karl Jaspers, *Briefwechsel 1920-1963* (orgs. Walter Biemel e Hans Saner, Frankfurt/Munique, Klostermann/Piper, 1990), p. 180 [ed. francesa: *Correspondance avec Karl Jaspers*, trad. Claude-Nicolas Grimberg, Paris, Gallimard, 1995, p. 163].

182 POR QUE LUKÁCS?

heideggerianismo, irritado com a palavra "ativismo", empregada por Lukács em *Existencialismo ou marxismo?*, a propósito da conversão de Heidegger à política (no entanto, por mais surpreendente que possa parecer, Sartre parece nunca ter tomado conhecimento do "Discurso do reitorado" pronunciado por Heidegger em 1933, nem de seus textos políticos mais engajados), desafiou Lukács para a verdadeira compreensão do pensamento de Heidegger: "Sim, Lukács tem os instrumentos para compreender Heidegger, mas não o compreenderá, pois seria preciso lê-lo, compreender as frases uma a uma. E não há nenhum marxista, que eu saiba, que ainda seja capaz de fazê-lo"[2]. Se a exigência formulada por Sartre de levar em conta o trajeto complexo que vai de Brentano a Husserl e a Heidegger era certamente bastante legítima, pode-se perguntar, no entanto, se a reconstrução operada por Lukács a partir da *Lebensphilosophie* (de Dilthey e Simmel até Spengler) para situar a gênese de *Ser e tempo* e da *Existenzphilosophie* (com forte ênfase no peso decisivo de Kierkegaard) não respondeu precisamente ao princípio da historicidade proposto por Sartre.

Durante a conversa com Heidegger, não me esquivei das questões particularmente sensíveis ligadas à sua relação pessoal com Husserl e, mais genericamente, às suas visões sócio-históricas, que tornaram possível sua adesão ao nacional-socialismo, embora tenha abordado esse assunto com grande cautela. Para levantar a questão sobre Husserl, pude me referir a uma carta de Heidegger publicada alguns meses antes no semanário *Der Spiegel*, em que o filósofo negava categoricamente os rumores sobre a proibição que ele teria dirigido a Husserl, na qualidade de reitor da universidade, de visitar suas instalações e a biblioteca. Quando abordei essa questão, senti imediatamente que eu havia tocado em um ponto muito sensível, porque Heidegger não escondeu sua grande irritação: elevando um pouco a voz, me perguntou com ar indignado se era possível imaginar que ele pudesse ter se comportado de maneira maldosa com aquele que ele chamava ostensivamente de "meu professor" (*mein Lehrer*). Ele rejeitou os rumores sobre sua relação com Husserl, qualificando-os de "grande mentira" (*grosse Lüge*). Certamente, ele fez questão de lembrar o fato de ter concordado em suprimir a dedicatória a Husserl de *Ser e tempo* em 1941, mas para especificar que o tinha feito sob injunção de uma "carta desesperada" recebida de seu editor Max Niemeyer, informando-o de que a publicação do livro (tratava-se da quinta edição) estava ameaçada se a dedicatória ao filósofo judeu fosse mantida: o essencial, disse Heidegger, era que no corpo do livro as referências a Husserl foram mantidas intactas. A indignação de Heidegger com as acusações de que

---

[2] Jean-Paul Sartre, *Questions de méthode,* em *Critique de la raison dialectique*, t. 1 (Paris, Gallimard, 1960, coleção Idées), p. 35 [ed. bras.: *Questões de método*, em *Crítica da razão dialética*, trad. Guilherme João de Freitas Teixeira. Rio de Janeiro, Dp&A, 2002, p. 43].

foi objeto era seguramente sincera, mas resta avaliar a dimensão de testemunhos como o de Ludwig Landgrebe, muito próximo de Husserl na época, que, em uma carta endereçada a Richard Grathoff, editor da correspondência entre Alfred Schütz e Aron Gurwitsch, mencionando as relações entre Heidegger e Husserl e seu esfriamento após 1930, escreveu: "O reitorado de Heidegger levou as coisas ao extremo com a proibição de Husserl entrar em suas antigas salas de aula. O texto contendo a proibição do reitor trazia, sob a forma de carimbo, a assinatura de Heidegger. O "Discurso do reitorado" mergulhou Husserl em um estupor"[3]. Eugen Fink, também muito próximo de Husserl na época, mas também muito ligado a Heidegger, evitou falar publicamente sobre o episódio mencionado por Landgrebe. Durante minha curta estada em Friburgo, tive a oportunidade de conhecer Eugen Fink, que demonstrou grande interesse pelo diálogo entre a fenomenologia (da qual foi um dos representantes mais ilustres) e a filosofia de Marx. Ele acabara de publicar na revista *Praxis* um texto notável sobre isso, do qual me enviou uma *separata* para Bucareste, algumas semanas após o encontro de Friburgo. No decurso da discussão, ele mencionou o nome de Heidegger a propósito de suas opiniões sobre Heráclito (um seminário sobre Heráclito organizado por Fink, com a participação de Heidegger, resultou num livro publicado pela editora Klostermann, em 1970); no entanto, mais do que suas palavras, a expressão de seu rosto traía as fortes resistências que essas opiniões lhe inspiravam.

Ainda que na discussão com Heidegger as questões concernentes a seu engajamento político nos anos 1930 tivessem sido abordadas muito marginalmente, verifiquei sua forte reação quando, ao me referir à conhecida página da *Introdução à metafísica*, em que ele fala da Rússia e da América como duas potências que encarnavam "o frenesi sinistro da tecnologia desenfreada", e do povo alemão como o "povo metafísico", chamado a forjar um destino para si próprio, expondo-se no "domínio originário onde reina o ser", eu empreguei a expressão "messianismo" para traduzir seu pensamento. Heidegger recusou categoricamente a expressão, dizendo que nenhum "messianismo" pode ser inferido de seu texto. Claro que se pode compreender as razões que o levaram a essa denegação; entretanto, com o tempo, à medida que muitos outros

---

[3] Ver Alfred Schütz e Aron Gurwitsch, *Briefwechsel 1939-1959* (org. Richard Grathoff [introd.], Ludwig Landgrebe, Munique, W. Fink, 1985), p. 26. Mencionei o testemunho de Landgrebe, curiosamente mantido em silêncio nos debates sobre Heidegger, na polêmica com François Fédier que teve lugar nas páginas de *La Quinzaine Littéraire* em 1988. Ver também Nicolas Tertulian, "Heidegger et le national-socialisme. Aspects et points de vue", em Gian Mario Cazzanig, Domenico Losurdo e Livio Sichirollo (orgs.), *Tramonto dell'Ocidente?* (Urbino, Quattro Venti, 1989), p. 165-206 (a coletânea inclui os textos sobre Heidegger publicados em *La Quinzaine Littéraire*, bem como a polêmica com Fédier; a referência a Landgrebe está na p. 205).

textos do período nazista se tornaram conhecidos, ficou difícil contestar que ele atribuíra exclusivamente ao espírito alemão (*das Deutsche*) a missão de uma "reflexão histórico-mundial" (*weltgeschichtliche Besinnung*) destinada a salvar o Ocidente, apesar de ter o cuidado de alertar contra qualquer "arrogância". É impressionante que ele tenha também formulado essa vibrante profissão de fé pangermânica em 1943, em seu curso sobre Heráclito[4], quando, segundo sua expressão, "o planeta estava em chamas" e a "essência do homem [estava] deslocada", mas sobretudo em um momento em que a derrocada da Alemanha e o colapso de sua "missão histórica" se tornaram inevitáveis.

Entretanto, houve um momento na conversa em que Heidegger utilizou uma expressão inesperada, evocando o slogan nazista "*Blut und Boden*" [Sangue e terra], presente também em alguns de seus textos de 1933 (inclusive no "Discurso do reitorado", que falava "das forças da terra e do sangue" – *die Erd-und bluthaften Kräfte* – ou em seu relatório sobre a atividade de Richard Hönigswald, o filósofo neokantiano expulso da Universidade de Munique por ser judeu). Falamos do enraizamento na terra (*Bodenständigkeit*), muito caro a Heidegger, antídoto perfeito, de seu ponto de vista, ao mundo deserdado de autenticidade pela modernidade e pela técnica. Fiquei um tanto surpreso ao ouvir Heidegger usar a forte palavra "demonização" (*Verteufelung*) para descrever a prática nacional--socialista do famoso slogan.

Como já mencionei, o tema central de minha conversa com Heidegger era o problema da técnica. Em suas respostas a minhas questões, as propostas do filósofo retomavam quase palavra por palavra as fórmulas utilizadas em seus escritos. O espírito da técnica, que se expressaria na *com-posição** (*das Ge-stell*), foi retratado no discurso de Heidegger como uma potência autônoma, com caráter de destino, que não se deixaria governar pela vontade do sujeito. A tese de que a expansão da técnica escaparia por definição da intencionalidade e da vontade, porque suas origens são de natureza transubjetiva, era uma concretização de seu pensamento sobre a sujeição da história humana à história do Ser. Quando afirmou, em um de seus escritos, que o espírito da técnica não era o resultado da criação das máquinas, mas, ao contrário, é o espírito da técnica que se encontra na origem da era das máquinas (*das Maschinenzeitalter*), ele afirmou sua concepção sobre o caráter de destino da era da técnica: "Nossa era não é uma era da técnica porque é uma era das máquinas, ao contrário, é uma

---

[4]   Martin Heidegger, *Gesamtausgabe*, v. 55 (org. Manfred S. Frings, Frankfurt, Klostermann, 1979), p. 123.

*   Conforme a tradução de Emmanuel Carneiro Leão, A pós-modernidade, *Revista da Faced* (Universidade Federal da Bahia), n. 9, 2005, p. 117-24; disponível em: https://portalseer.ufba.br/index.php/entreideias/article/view/2687/1897; acesso em: 25 abr. 2022. (N. T.)

era das máquinas porque é uma era da técnica"[5]. A ideia de que a expansão da técnica poderia ser controlada pela sociedade, ou seja, de que o sujeito não está fadado a ser subjugado pela proliferação de mecanismos que transcendem sua consciência, foi energicamente refutada. Quando trouxe à discussão a ideia de que uma ação concertada dos sujeitos, que ultrapassava necessariamente o horizonte do sujeito individual, seria capaz de controlar a ação dos fatores objetivos, com a coordenação intersubjetiva controlando os dados da técnica, Heidegger me olhou com profunda desconfiança: era evidente que, de seu ponto de vista, eu estava sacrificando a dialética sujeito-objeto, aquilo que sua filosofia questionava radicalmente. De acordo com seu pensamento, o voluntarismo do *ego cogito* estava na origem da decadência marcada pela era moderna (*die Neuzeit*). Minha defesa da autonomia ontológica do real, em que se inscreveria a ação do sujeito (retomei a dialética entre teleologia e causalidade, entre o finalismo da consciência e a rede de cadeias causais objetivas, dialética desenvolvida por Lukács no rastro de Nicolai Hartmann), foi recebida com uma recusa categórica: "Kant mostrou que não há objetividade sem subjetividade" – foi a resposta de Heidegger, que não pretendia fazer a menor concessão ao realismo ontológico. Mas o alvo principal de suas recriminações continuou sendo o subjetivismo e o voluntarismo modernos; suas críticas focavam mais particularmente "a absolutização da sociedade": de seu ponto de vista, a ascensão da sociologia era sinônimo do "fim da filosofia", não hesitando em identificá-la com o "niilismo". "A sociologia é atualmente o maior perigo, porque absolutiza a sociedade", afirmou ele na discussão, especificando logo em seguida que visava também ao pensamento de Marx. Lembrei-me do *Was heisst Denken?*, em que ele afirmara que a grande decisão sobre o futuro do Ocidente escapava por definição das categorias morais ou sociopolíticas: fazia parte da estratégia heideggeriana o deslocamento dos grandes gestos fundadores da história do plano sociopolítico e ético, que leva verdadeiramente em conta o concreto histórico, para o plano de uma história do Ser, em que a decisão se arrogava um caráter de destino e carismático.

A expansão da técnica e dos meios de informação permanecia o principal objeto de sua preocupação diante do espetáculo do mundo moderno, que ele designou com o termo sumário de "sociedade industrial". "O absurdo, a loucura continuam" (*Der Unsinn, der Wahnsinn geht weiter*), exclamou ele em certo momento durante a conversa, aludindo ao turbilhão a que os instrumentos técnicos atraem os indivíduos, "atacando de surpresa", a ponto de fazê-los

---

[5] "*Unser Zeitalter ist nicht ein technisches, weil es das Maschinenzeitalter ist vielm ist es ein Maschinenzeitalter, weil es das technische ist*"; Martin Heidegger, *Was heisst Denken?* (Tubinga, Max Niemeyer), p. 54 [ed. francesa: *Qu'appelle-t-on penser?*, trad. Aloys Becker e Gérard Granel, Paris, PUF, 1973].

esquecer "o céu acima dos campos, a marcha das horas que seguem o dia e a noite". Um mundo totalmente artificial teria substituído o verdadeiro "enraizamento" (*Bodenständigkeit*). "Os jovens não veem mais o pôr do sol, a Floresta Negra foi desfigurada pela invasão barulhenta dos veículos a motor", prosseguiu Heidegger, concluindo a discussão sobre esse ponto assim: "O pensamento foi substituído pela televisão". Diante dessa denúncia, a evocação da possibilidade de uma solução dialética, pelo jogo das mediações, das contradições, foi recebida com profundo ceticismo. Ao pronunciar a palavra dialética, atraí um olhar de severa desconfiança.

A rejeição da dialética é efetivamente um dos temas mais marcantes da reflexão heideggeriana. Já em *Ser e tempo*, a dialética foi designada como "um autêntico embaraço filosófico" (*eine echte philosophische Verlegenheit*). Heidegger voltou a falar em várias ocasiões sobre a clivagem profunda que separava seu pensamento do pensamento hegeliano, por exemplo na conferência proferida em Amsterdã em março de 1930, intitulada "Hegel und das Problem der Metaphysik". Nos escritos publicados no fim de sua vida, ele não escondia a hostilidade profunda contra a dialética hegeliana e, sobretudo, marxista, contestando *expressis verbis* sua pertinência para pensar a técnica moderna e sua encarnação: a "sociedade industrial". Um texto intitulado "Zeichen"[6] ataca violentamente a dialética hegeliana e marxista (a ideia de um "Renascimento-Hegel" foi recebida com grande aspereza), apontando a incapacidade da "mediação dialética" em abarcar os fenômenos da técnica moderna: "O método da mediação dialética tangencia a superfície dos fenômenos (por exemplo, a essência da vida moderna)"[7]. A virulência das observações contra a dialética é espantosa e revela quão profunda era a animosidade de Heidegger contra o pensamento hegelo-marxista e contra suas soluções: "A dialética é a ditadura da ausência de questionamento. Em suas teias, toda questão é sufocada"[8]. *Post festum*, eu me dei conta de que, na conversa com Heidegger, a menção à dialética e às suas soluções só poderia suscitar uma reação negativa. Mais tarde, no número dos *Cahiers de l'Herne* dedicado a Heidegger, pude encontrar a confirmação dessa reação, lendo em uma carta endereçada a Roger Munier, datada de 1974, palavras duras sobre "a devastação do pensamento pela dialética", incriminada ao lado da "teoria das ciências" e da "linguística". Diante dessa "devastação", Heidegger invocou a necessidade

---

[6] O texto foi inicialmente publicado em 1973 na *Neue Zürcher Zeitung* e depois reproduzido em Hermann Heidegger (org.), *Denkerfahrungen 1910-1976* (Frankfurt, Klostermann, 1983), p. 152.

[7] "*Die Methode des dialektischen Vermittelns schleicht sich an den Phänomenen (z. B. am Wesen der modernen Technik)*" (idem).

[8] "*Die Dialektik ist die Diktatur des Fraglosen. In ihrem Netz erstickt jede Frage*" (idem).

de pensar o "*unum necessarium*", de voltar, pois, ao pensamento do Ser, identificado, na carta a Munier, com a "clareira do aparecer do inaparente"[9]. No final da entrevista, para me permitir uma melhor compreensão de sua posição sobre a controversa questão da técnica, Heidegger me deu seu opúsculo intitulado *Gelassenheit* [Serenidade] (publicado em 1959 pela Neske), escrevendo a seguinte dedicatória: "*Für Nicolae Tertulian Zur Erinnerung an das Gespräch am 9. Okt. 1966*" [Para Nicolas Tertulian, lembrança da conversa de 9 de outubro de 1966]. De fato, podemos encontrar nos textos incluídos nesse pequeno livro, que celebram a "serenidade" como verdadeiro antídoto contra a hegemonia da razão instrumental (designada por Heidegger como a "razão calculadora" à qual ele opôs o "pensamento meditativo"), a solução preconizada por ele contra os perigos da modernidade.

De volta a Bucareste, publiquei, em uma página inteira do semanário *Contemporanul*, um amplo relato de minha entrevista com Heidegger. Mas não sem tratativas laboriosas com a direção da revista, bastante inquieta quanto à divulgação das ideias de um filósofo tão explicitamente hostil ao pensamento de Marx. Porém, no início de 1967, quando o texto finalmente saiu, parecia adequado, para um regime decidido a mostrar certa abertura ao Ocidente, deixar uma página sobre Heidegger aparecer no semanário mais lido, além de exibir sinais visíveis de independência em relação à URSS. A publicação do texto teve de fato um impacto notável, abalando claramente um tabu ideológico. No dia da publicação recebi, na redação da revista onde trabalhava – a *Viaţa Românească* –, a visita de vários intelectuais, admiradores do pensamento de Heidegger, entre eles Constantin Noica, o mais conhecido dos filósofos romenos da geração formada antes da guerra (amigo de Mircea Eliade e de Emil Cioran), que, como já relatei, frequentou os seminários de Heidegger durante a guerra. Todos estavam ávidos por detalhes do encontro com o filósofo que veneravam. É preciso dizer que registrei também reações contrárias: um crítico literário conhecido, antigo comunista, colaborador em 1936 da revista *Era nouă*, na qual o poeta Miron Radu Paraschivescu mencionou em termos muito duros o engajamento nacional-socialista de Heidegger, no contexto das polêmicas em torno do envolvimento de Mircea Eliade com a extrema direita, não me escondeu seu desapontamento diante da iniciativa de dar ampla voz a Heidegger em uma revista que deveria perpetuar as tradições da esquerda intelectual.

Curiosamente, o próprio Heidegger, a quem, é claro, enviei a página de *Contemporanul* com meu artigo, não me pareceu muito contente com a maneira como tentei situar seu pensamento no quadro da filosofia alemã da época.

---

[9]   Martin Heidegger, "Neuf lettres à Roger Munier...", em Michel Haar (org.), "Heidegger", *Cahiers de l'Herne*, n. 45, 1983, p. 114.

188   Por que Lukács?

A introdução do texto fez de fato referência a obras como *Die Eigenart des Ästhetischen*, de Lukács, e *Negative Dialektik*, de Adorno. Mas foi sobretudo a referência a Adorno que pareceu irritá-lo. Soube disso, indiretamente, por Victor Iancu, professor de estética da Universidade de Timişoara, que eu encontrava às vezes nas ruas de Bucareste. A reação de Heidegger foi levada a seu conhecimento por um amigo, chamado Stefan Teodorescu, antigo aluno de Heidegger, que vivia na Alemanha, perto de Stuttgart. Na introdução de meu texto, fiz de fato um relato de meu breve encontro com Adorno em Frankfurt, pouco antes da visita a Friburgo e da reunião com Heidegger. Aproveitando a visita à Feira do Livro de Frankfurt, marquei um encontro com Adorno, que me recebeu na sede do Instituto de Pesquisa Social. Perguntei-lhe sobre o conceito de "dialética negativa", muito curioso em saber mais sobre o conteúdo de seu livro que trazia esse título e que deveria ser publicado em breve. A discussão tratou também de Lukács e sua *Estética*: embora reconhecendo que essa obra representava a grande realização de Lukács, Adorno salientou que não tinha sido capaz de se empenhar numa leitura adequada do livro, uma vez que tinha sido absorvido, nos últimos anos, pela redação de sua *Dialética negativa*. Quanto a suas relações com o filósofo húngaro, vale a pena mencionar sua reação à minha observação de que seu artigo violentamente polêmico contra Lukács, "A reconciliação extorquida", publicado em 1958 na revista *Der Monat*, de Berlim Ocidental, apareceu num momento em que Lukács fora alvo de ataques virulentos da parte da ortodoxia ideológica de seu próprio campo, que o acusava de revisionismo, afrontando-o por suas intervenções no Círculo Petőfi e por sua participação no governo de Imre Nagy. Anatematizado como herético em seu próprio campo, ele se viu atacado também por seu "dogmatismo" (portanto, por razões exatamente opostas) pelos membros da Escola de Frankfurt. Pode-se lembrar que Lukács assumiu essa ambivalência com desprendimento, como demonstra a carta escrita por ele em 15 de fevereiro de 1969 a um antigo amigo russo mais jovem, Igor Satz, que ele conheceu em seu período de exílio na URSS: "Eu também, com frequência, sou considerado aqui revisionista, enquanto, do outro lado, sou considerado stalinista"[10]. Perto do fim de sua vida, Lukács ainda se considerava preso no meio do fogo cruzado. Após minha observação sobre esse ponto, Adorno justificou-se, alegando que o primeiro a iniciar as hostilidades teria sido Lukács. Ele estava provavelmente se referindo a uma palestra proferida por Lukács em 1956, em que Adorno foi apontado como representante de uma estética formalista (na realidade, nessa palestra Lukács citou elogiosamente um texto de Adorno,

---

[10] *"Auch ich werde hier vielfach als Revisionist betrachtet, während man mich auf den anderen Seite zum Stalinisten [macht]"* (carta inédita a Igor Satz de 15 de fevereiro de 1969 consultada no Arquivo Lukács).

reproduzido no livro *Dissonâncias**, intitulado "O envelhecimento da nova música", numa tentativa de extrair argumentos das considerações de Adorno em favor de sua tese sobre o início do declínio das vanguardas).

---

* Ed. bras.: *Dissonâncias* (trad. Guilherme João de Freitas Teixeira, São Paulo, Editora 34, 2019). (N. E.)

Caldeirão ideológico romeno

A introdução do pensamento de Lukács na Romênia tornou possível contrariar não só os esquemas do marxismo esclerosado, transformado em um instrumento apologético do poder, mas também as tendências em substituir a análise lúcida das contradições da sociedade por meio da ressurreição das ideologias conservadoras, cuja moeda corrente era a crítica romântica da modernidade, com seu cortejo de representações religiosas e místicas.

A audiência do pensamento de Heidegger, em certos círculos intelectuais romenos, se desenvolvia sobre o pano de fundo de uma crítica da modernidade ocidental, que se juntou a um antigo tema da ideologia conservadora romena: contrapor à linha de desenvolvimento inaugurada pela Revolução Francesa, que levou à "laicização do absoluto" e à secularização radical da vida social, uma via especificamente romena, ancorada em uma pretensa superioridade da "proto-história" romena em relação à via de desenvolvimento ocidental e cuja espiritualidade ortodoxa formava um dos pilares[1].

---

[1] Eugen Ionescu (futuro Eugène Ionesco) expôs com acuidade notável, em uma carta endereçada a Tudor Vianu em 20 de fevereiro de 1944, de Vichy, onde ele atuava como conselheiro cultural na embaixada da Romênia, os dilemas que atravessavam a vida cultural romena. Ao contrário de seus amigos Mircea Eliade, Emil Cioran ou Constantin Noica, que ele acusa de terem legitimado forças "obscuras", aderindo à causa da Guarda de Ferro, Ionescu tomou partido das forças da "luz", as que defendiam a "civilização". É impressionante a lucidez dos vislumbres de Ionesco, que estava dividido entre seu apego visceral à "europeização" da cultura romena, sinônimo de abertura às ideias de "progresso", de "democracia" e de "civilização", e as ondas de tradicionalismo e de ortodoxismo em que submergiam as publicações romenas e contra as quais ele protestava com vigor sem equivalente na *intelligentsia* romena da época (ver as cartas endereçadas em 1944-1945 por Ionescu a Tudor Vianu – eu já as mencionei como documentos excepcionais – em *Scrisori către Tudor Vianu*, Bucareste, Minerva, 1994, p. 232-6 e 269-79). Pode-se também citar os textos publicados pelo futuro dramaturgo, na mesma época (1945-1947), em *Les Cahiers France-Roumanie*, revista editada

192 Por que Lukács?

O enfático elogio que um filósofo como Constantin Noica fez ao pensamento de Heidegger (ver seu texto "Introdução a Heidegger", publicado pela primeira vez em 1981 na revista *Ramuri*, e depois, em 1982, como prefácio à tradução de *A origem da obra de arte*) estava intimamente associado a sua animosidade para com o Ocidente contaminado pelo frenesi da técnica e da razão instrumental, mas também com sua hostilidade para com a expansão do espírito "profano", o qual, ao desacreditar o mundo, teria levado a seu nivelamento e à sua desertificação rasteira (amigo de Mircea Eliade, Constantin Noica celebrou no historiador das religiões o adversário de um "mundo devastado pelo espírito profano" – *o lume răvăşită de profanitate*). Ao "Homem de Monod" – o estudioso francês*, figura emblemática da ciência contemporânea, que absolutiza a pura imanência das coisas – Constantin Noica contrapôs o "Homem de Blaga"** o filósofo romeno que, ao forjar em sua metafísica a figura mítica do Grande Anônimo, teria feito justiça à ideia de um centro espiritual para o universo[2]. Sem dúvida, Constantin Noica elogiou Hegel também, enfatizando a importância crucial da distinção entre entendimento e razão para encontrar a via de acesso ao absoluto (ao contrário de alguns de seus discípulos, para os quais não havia nada a extrair de Hegel, pois suas propensões religiosas orientavam-nos naturalmente mais para os obscuros discípulos de Schelling), mas foi o pensamento de Heidegger que exerceu sobre ele uma sedução mais forte. Se a reação de rejeição do neopositivismo, como pensamento dominante no Ocidente, era completamente compreensível (sobre isso, podemos indicar uma convergência entre Lukács e Heidegger), buscar no culto heideggeriano do Ser a salvação diante das anomalias e das malformações da civilização ocidental foi um gesto filosófico de recuo (o famoso passo para trás – o *Schritt zurück* – preconizado por Heidegger), que era exatamente o oposto da via defendida por Lukács da mediação dialética, da imersão no "fermento das contradições" (*mitten im Dünger der Widersprüche*), a fim de dominá-las. O puro pensamento da imanência, defendido por este último, era um poderoso antídoto contra as nostalgias religiosas, latentes ou patentes, que invadiam a vida intelectual romena (a "piedade do pensamento", da qual falava Heidegger, foi celebrada também por Noica, a ressacralização do mundo foi um tema comum

---

pela embaixada da Romênia em Paris; essa colaboração foi mantida em silêncio pela literatura crítica sobre Ionesco.

* Tertulian faz referência a Theodore Monod (1910-1966), cientista francês, ganhador do Prêmio Nobel em 1965. (N. T.)

** Lucian Blaga (1895-1961), escritor romeno, cujo sistema filosófico provou ser, pelo menos parcialmente, um tipo de panteísmo dominado pela busca por um princípio metafísico indescritível chamado de "Grande Anônimo". (N. T.)

[2] Constantin Noica, *Simple introduceri la bunătatea timpului nostru* (Bucareste, Humanitas, 1992), p. 180.

do pensamento de Heidegger e de Mircea Eliade: o "esquecimento do Ser" de um e o "esquecimento do sagrado" do outro se fundiam nas imprecações dos heideggerianos romenos contra o triunfo do espírito "profano"[3]. A desconfiança de Constantin Noica em relação ao espírito "faustiano", que ele identificou com o voluntarismo e o ativismo ocidental (esse conceito de origem spengleriana foi frequentemente mencionado em seus escritos), estava de acordo com sua fidelidade à ideia de organicidade e também com a admiração pelo pensamento heideggeriano do Ser.

A crítica da modernidade, em nome de um tradicionalismo que se autodefinia como "metafísico", encontrou sua expressão mais completa na filosofia romena no pensamento de Lucian Blaga, autor de um sistema construído como uma sequência de várias trilogias. Grande figura da poesia romena do século XX, também autor de importante obra dramática, Lucian Blaga elaborou, simultaneamente, um sistema de pensamento cuja pedra de toque é a ideia do "mistério potencializado". Ostracizado pelo partido comunista romeno, que o afastou da área de ensino em 1948 ao tirá-lo da cátedra de "filosofia da cultura" da Universidade de Cluj, Blaga foi alvo das críticas mais sectárias e tacanhas de parte dos ideólogos e líderes do partido, dentre eles Miron Constantinescu e Leonte Răutu. O zhdanovismo cultural, com a presunção e a arrogância que o caracterizavam, se limitava a atacar o pensamento de Blaga por seu "misticismo", exigindo do poeta uma conversão pública ao "materialismo dialético", a fim de lhe conceder a reintegração no circuito cultural.

Um autêntico exame crítico do pensamento de Blaga implicava assumir a visão oposta desse dogmatismo desenfreado, que sufocava qualquer veleidade de um diálogo filosófico genuíno, e também se voltar sobre as múltiplas articulações de seu sistema, remontando à sua gênese por meio da reconstrução dos diferentes veios que se cruzaram em sua formação. É o método que Lukács designou de "crítica imanente", oposto por definição à rejeição dogmática do pensamento adversário, o mesmo método que Sartre defendeu em *Questões de método*, quando denunciou o "marxismo preguiçoso" e a "conceituação *a priori*". A tarefa que me atribuí no final dos anos 1950, procedendo a um estudo aprofundado da obra de Lucian Blaga, numa época em que ela foi oficialmente boicotada e excomungada, com

---

[3] A originalidade desses aduladores de Heidegger e do "sagrado" (um equivalente romeno da palavra "sagrado" é a palavra *sfînt*) era se apoiar nessa maneira de pensar para defender, após 1989, *in politicis*, uma instituição tão obsoleta quanto a monarquia. A abolição da monarquia tornou-se sinônimo de um crime contra a "transcendência", e um desses fanáticos do heideggerismo romeno não temia o ridículo escrevendo que "um povo que foi privado de seu rei perde a janela para o céu", pois "o rei é a cabeça voltada para o céu de todo um povo"; Gabriel Liiceanu, *Apel catre lichele* (Bucareste, Humanitas, 1992), p. 126.

o objetivo de restaurá-la em sua autenticidade graças a um justo exame crítico, se dava nessa perspectiva. Tratava-se, sobretudo, de realizar uma verdadeira contextualização histórica dessa obra, situando-a na linha dos movimentos de pensamento que mais a marcaram: daí o importante lugar concedido em meu estudo ao expressionismo da época, à recepção de Wilhelm Worringer, de Bergson ou de certas teses de Hans Vaihinger, autor da *Philosophie des Als Ob*, e não somente de Spengler ou de Frobenius, como se fazia habitualmente. Pela primeira vez, a rica atividade jornalística de Blaga na imprensa dos anos 1920 foi amplamente valorizada. Mas o lugar principal foi concedido ao confronto crítico com a "ontologia do mistério" (foi assim que designei seu pensamento) e com sua tese de base: a inconvertibilidade do irracional. No verão de 1960, aproveitando uma viagem a Cluj, me encontrei com Blaga em um café no centro da cidade: durante várias horas pude lhe colocar a par de minhas pesquisas e, após ter me ouvido com atenção, ele me encorajou muito a publicar o estudo cuja síntese apresentei a ele. Infelizmente ele faleceu no ano seguinte e meu texto só foi publicado dois anos depois de sua morte, em vários números da *Viaţa Românească* e, em uma versão reformulada, na coletânea *Eseuri* [Ensaios], em 1968. Era a primeira reavaliação de sua obra após o longo silêncio imposto em 1948. Recentemente, Dorli Blaga, filha do poeta, publicou um livro de lembranças sobre seu pai em que relata meu encontro com ele, contando sua impressão favorável e seu grande interesse por meu projeto[4]. O livro contém também informações reveladoras sobre o modo como a polícia política da época (a temível *Securitate*) ordenou minha vigilância quando foi informada por um de seus agentes (que não era outro senão o filósofo Pavel Apostol) sobre meu projeto de dar início à "redescoberta" de Lucian Blaga. Dorli Blaga consultou seu "dossiê", conservado nos arquivos da antiga *Securitate*, e colocou em seu livro a transcrição dos documentos que atestam que eu estava sob vigilância[5].

***

À medida que a mudança do regime comunista romeno na direção do nacionalismo exacerbado se tornava mais pronunciada e seu domínio sobre a sociedade, cada vez mais totalitário, assistia-se na vida intelectual a dois processos paralelos, reunidos por uma convergência interna: a proliferação de tendências restauradoras, que extraíam suas fontes das ideologias conservadoras do passado (incluindo as da antiga extrema direita romena), desenvolvidas num contexto de marginalização e de rejeição do pensamento crítico, do qual a pesquisa marxista independente era um componente importante. A restauração (para a qual as

---

[4] Dorli Blaga, *Tatăl meu, Lucian Blaga* (Cluj-Napoca, Apostrof, 2004), p. 51.

[5] Ibidem, p. 231-2.

resoluções do IX Congresso do partido tinham fornecido a justificação ideológica) e a desmarxização se tornaram fenômenos perfeitamente complementares.

Pôde-se registrar, nesse contexto, sinergias que só à primeira vista são surpreendentes, pois revelavam a cumplicidade existente entre um "comunismo nacional", cada vez mais orientado para a autarquia e a idolatria dos "valores nacionais", e os intelectuais que cultivaram, ao longo de muito tempo, a desconfiança em relação à "ocidentalização" que, de acordo com eles, era sinônimo do reino da técnica ou do culto da "democracia" e do "parlamentarismo". O antiocidentalismo forneceu o terreno para a junção entre a megalomania nacionalista do regime e os tropismos antimodernistas dos intelectuais, mergulhados nos fantasmas de uma "metafísica romena", dotada de virtudes suscetíveis de neutralizar as malformações da civilização ocidental.

Nesse terreno, vimos se afirmar uma geração de intelectuais, alguns dos quais idólatras do pensamento de Heidegger, embriagados por sua filosofia, convencidos de que era possível atingir uma "cultura de performance" (esse sintagma duvidoso, herança de Noica, fazia parte do vocabulário favorito deles), ao mesmo tempo que voltavam as costas para a história e se esquivavam do confronto com os problemas mais agudos da sociedade. Essa mistagogia da "Cultura" (a maiúscula era necessária) foi significativamente acompanhada pela cegueira diante das árduas questões da política, contornando a mais importante: a da democracia. Às vezes seu mestre falava com infinita condescendência sobre as eleições na França (na época da candidatura de Mitterrand), consideradas um não evento, e eles mesmos mostravam desprezo em relação a um Ocidente que, segundo eles, ainda, se deixava levar pelas profecias de Nostradamus, enquanto, na Romênia, tiveram a oportunidade de se confrontar com as especulações ontológicas desenvolvidas em *O mito do eterno retorno* ou no *Tratado de ontologia** de Constantin Noica[6].

Surgiram misturas ideológicas singulares, revelando a degradação patológica do clima intelectual. Em 1976, uma editora de Iasi publicou um livro intitulado *Prolegomene la o poeticǎ marxistǎ* [Prolegômenos a uma poética marxista], que, numa leitura mais atenta, se revelou um plágio quase palavra por palavra dos textos de Heidegger sobre poesia. O autor, Mihai Grǎdinaru, evidentemente um idólatra do pensamento heideggeriano, transcreveu, em páginas inteiras, os textos

---

* Ed. bras.: *Tratado de ontologia* (trad. Vanda Anastácio, Petrópolis, Vozes, 2005). (N. E.)

[6] Gabriel Liiceanu, *Jurnalul de la Paltinis* (Bucareste, Humanitas, 1991), p. 275. É significativo que na edição francesa do livro [*Le Journal de Paltinis, 1977-1981: récit d'une éducation spirituelle et philosophique*, trad. Marie-France Ionesco, Paris, La Découverte, 1999] essa passagem tenha desaparecido, provavelmente pelo autor ter considerado que tal onda "patriótica" pudesse ter um efeito negativo aos olhos do leitor francês. Ele, portanto, manipulou e "arranjou" o texto a fim de não divulgar uma imagem pouco atraente para um leitor ocidental.

sobre Rilke, Trakl ou Hölderlin, enquanto escondia cuidadosamente o nome do filósofo que era o autor. Por outro lado, publicou seu livro com um título aceitável para a censura ideológica da época, destinado a dar credibilidade à tese de um isomorfismo entre a poética heideggeriana e a poética marxista. Na introdução do livro, ele efetivamente se esforçou em mostrar que a distinção estabelecida por Lênin em *Materialismo e empiriocriticismo* entre o conceito científico e o conceito filosófico da matéria pode ser assimilado sem dificuldade pela distinção formulada por Heidegger entre o *Ente* (*das Seiende*) e o *Ser* (*das Sein*). Por meio desse disfarce "marxista" do pensamento de Heidegger, ele passou um simples pastiche de textos heideggerianos como uma introdução a uma "poética marxista". A manipulação, que ainda por cima assumiu a forma de um plágio descarado, era grande demais para se deixar passar sem reação. O que realmente me fez pensar, além do escândalo da fabricação de um "heideggero-marxismo" de circunstância, foi o fato de a transubstanciação dos conceitos heideggerianos (em particular o de *Schicksal*, destino) ter sido feita utilizando o jargão da antiga Guarda de Ferro romena, em que a palavra *porunca* (comando, ordem pronunciada de maneira autoritária) ocupava um lugar privilegiado (um dos jornais mais conhecidos dessa extrema direita xenófoba e antissemita se chamava *Poruca vremii* [O comando do tempo]. A apologia que o autor fazia de tais conceitos, conferindo-lhes uma aura heideggeriana, divulgava seus secretos pecados ideológicos (não se pode esquecer que a cidade de Iasi foi o berço do movimento da Guarda de Ferro, que teve sua origem dez anos após a Primeira Guerra Mundial).

Fato extremamente significativo, o livro de Mihai Grădinaru recebeu uma acolhida bastante favorável na imprensa romena da época, a começar pelo artigo muito elogioso escrito por um poeta conhecido no órgão oficial do partido, o jornal *Scînteia* [A centelha]. Enquanto redigia meu artigo muito crítico sobre o livro, percebi o quão difícil seria encontrar um lugar para publicá-lo, porque se tratava de assumir uma visão oposta à de um jornal tão oficial quanto o *Scînteia* (o *Săptămîna Culturală a Capitalei* [Semana cultural da capital], semanário dirigido por Eugen Barbu, um fervoroso seguidor de Nicolae Ceauşescu, também elogiou a obra). O livro foi também, à sua maneira, uma expressão da ideologia da era Ceauşescu. Procurei esclarecer essa ideia num artigo publicado mais tarde na revista filosófica *Concordia*, com o título "A propósito da recepção de Heidegger na Romênia", em que, respondendo a dois heideggerianos romenos que tinham questionado meu artigo, recordei as conexões internas entre o livro de Grădinaru e o clima ideológico da época Ceauşescu:

> A incoerência filosófica desse autor, longe de ser uma bizarrice isolada, fazia parte de todo um florescimento ideológico, que retomou as teses da extrema direita romena, apresentando-as como a fina flor do marxismo para sugerir que o regime de Nicolae

Ceaușescu, embora reivindicasse o comunismo, se inseria na continuidade histórica. Mistura de stalinismo e de fascismo, a ditadura do *Führer* (*Conducător*) eliminou da memória até as aspirações originais do comunismo (liberdade e democracia), fazendo coincidir suas fontes ideológicas com aquelas do fascismo. Nesse sentido, o autor de *Prolegomene la o poetică marxistă* não inventou nada; sua "originalidade" é ter apelado a Heidegger para o resgate.[7]

A revista mensal teórica do comitê central do partido comunista romeno, a *Era Socialistă*, era dirigida na época por Stefan Voicu, um dos raros velhos comunistas mantidos em um posto importante por Nicolae Ceaușescu, que tinha suas razões para conservar alguns "exemplares" da "velha guarda". Antigo militante antifascista, sobrevivente do campo de concentração de Grosulovo (Ucrânia), Stefan Voicu não tinha nenhuma simpatia particular pelo "socialismo-nacional" de Nicolae Ceaușescu. Quando eu lhe ofereci meu artigo, que recusava *expressis verbis* a acolhida apologética do livro de Grădinaru na revista *Scinteia* (*Era Socialistă* era a única publicação que podia se dar ao luxo de repudiar o jornal do partido), Stefan Voicu imediatamente aproveitou a oportunidade para denunciar o surgimento de uma ideologia fascistizante por meio da revelação desqualificadora do plágio, e se arriscou a publicá-lo. Denunciando a grotesca hibridização heideggero-marxista e as inflexões fascistizantes do discurso do autor, o artigo assumia a posição oposta ao clima ideológico dominante que, sob o verniz do "comunismo", fez proliferar as ideologias mais conservadoras e o nacionalismo mais exasperado. Não devemos nos enganar: um pensador como Heidegger tinha todas as chances de estar com "o odor de santidade" em um país que resolutamente dava as costas para o marxismo e para qualquer forma de pensamento crítico, pronto a glorificar as formas míticas de pensamento e o mais radical conservadorismo (foram exatamente os admiradores de Heidegger que, após 1989, despejaram nas livrarias do país, como editores, a literatura de extrema direita romena do entreguerras, os escritos dos antigos Guardas de Ferro, sob pretexto de que ela havia sido interditada sob o comunismo, praticando ao mesmo tempo uma censura severa em relação a pensadores como Sartre ou representantes da Escola de Frankfurt e, claro, ocultando deliberadamente os escritos de D. D. Roșca, o grande hegeliano, de Mihai Ralea, autor de uma notável antropologia filosófica traduzida para o francês por Eugène Ionesco, também de Petre Andrei, sociólogo antifascista que se suicidou por causa das ameaças da Guarda de Ferro, e, por fim, de Constantin Stere ou Garabet Ibrăileanu, fundadores da revista democrática de esquerda *Viața Românească* etc.).

---

[7] Nicolas Tertulian, "À Propos de la réception de Heidegger en Roumanie", *Concordia, Internationale für Zeitschrift Philosophie*, n. 20, 1991, p. 71.

Por que Lukács?

***

A defesa de uma linha de pensamento que estava claramente desatualizada, porque se opôs tanto ao marxismo stalinista quanto ao nacionalismo em plena expansão e à onda de restauração encorajada pelo poder, ao promover, ao contrário, a "ontologia crítica" e o pensamento da Escola de Frankfurt, portanto um pensamento contrário à ideologia dominante, fez com que eu me encontrasse em uma situação cada vez mais insustentável na Faculdade de Filosofia da Universidade de Budapeste, verdadeira fortaleza ideológica do regime, muito controlada e vigiada de perto pelos órgãos do poder. Falar de Soljenítsin nos cursos de estética da literatura, sob a inspiração de estudos particularmente elogiosos que Lukács lhe dedicou em 1964 e 1969, dedicar seminários aos escritos de Sartre, como *Questões de método*, que desenvolvia uma crítica particularmente combativa ao marxismo dogmático, ou mencionar amplamente o pensamento da Escola de Frankfurt eram iniciativas pouco compatíveis com a linha que o poder pretendia seguir no ensino de filosofia. Em 1975, Petre Constantin, líder do partido do comitê municipal de Bucareste, me avisou, sem nenhuma explicação, que eu não tinha mais autorização do partido para ensinar e que estava limitado à pesquisa, sem a possibilidade de contato com os estudantes. Dois anos depois, no verão de 1977, fui simplesmente expulso da universidade de modo ilegal, pois tinha obtido meu cargo por meio de concurso, cuja anulação sem motivo estava em total contradição com a lei. Meu combate tenaz para defender meu direito de ensinar encontrou um obstáculo intransponível. As intervenções no ministério romeno da Educação nacional de dois de meus colegas franceses, Mikel Dufrenne e Olivier Revault d'Allonnes, que, escandalizados pela arbitrariedade da medida, pediram explicações às autoridades de Bucareste, também não tiveram resultado: na resposta, o ministério, após ter insistido no caráter interno à Romênia sobre o problema levantado, consentia, entretanto, em tranquilizá-los a respeito de minha situação – mantendo o silêncio sobre minha expulsão arbitrária –, afirmando, o que era uma mentira vergonhosa, que me havia sido dada a escolha de minha próxima designação. A decisão de me afastar da universidade se tornou irrevogável. Pode-se encontrar uma repercussão dessa destituição em um artigo publicado na época por um dos antigos estudantes da Faculdade de Filosofia, refugiado, no início dos anos 1980, na Venezuela e depois nos Estados Unidos, que escreveu um texto dedicado à situação do pensamento marxista nos países do Leste, publicado em 1983 na revista *Praxis Internacional*:

> Numerosos filósofos, críticos de arte e críticos literários romenos foram vítimas de sanções do partido e/ou de outras represálias e foram perseguidos pelas autoridades. N. Tertulian, um dos intérpretes mais famosos da obra tardia de Lukács,

se viu relegado ao Instituto de História da Arte, a despeito do prestígio considerável que desfrutava tanto junto aos professores quanto dos estudantes da Universidade de Bucareste.[8]

O mesmo autor, que se tornaria mais tarde um crítico feroz do comunismo romeno (e também do marxismo em geral!), em um texto intitulado "Da arrogância à irrelevância: avatares do Marxismo Romeno", publicado em 1991 em uma coletânea, mencionou minhas atribulações da época: "Tertulian desempenhou um papel importante na publicação das últimas obras filosóficas de Lukács na Romênia [...]. O partido, certamente irritado com a recusa de Tertulian de celebrar os dogmas oficiais, [...] o forçou a emigrar para a França"[9].

Graças à publicação recente de documentos extraídos dos arquivos do partido e da polícia política romena, cheguei à conclusão *a posteriori* de que minha expulsão da universidade no verão de 1977 foi também decidida após informações fornecidas aos órgãos dirigentes sobre condutas consideradas incompatíveis com a linha política imposta pela direção do país. Foi assim que um livro publicado em 1999, com a assinatura de Mihai Pelin, um autor que teve acesso aos documentos secretos da antiga polícia política, reproduziu um relatório dirigido pela *Securitate* ao comitê central do partido comunista romeno em 14 de fevereiro de 1977, no qual foi mencionada uma discussão entre três pessoas (aparecem os nomes do filósofo Henri Wald, o meu e o de Georgeta Horodincă, minha esposa) sobre uma ação de solidariedade com o movimento da Carta 77* na Checoslováquia: foi mencionado nosso projeto de enviar cartas nesse sentido às instâncias dirigentes do país, bem como cartas de apoio ao dramaturgo checo Pavel Kohout (que conheci efetivamente em Lahti, na Finlândia), e também nossa iniciativa de que essas cartas fossem assinadas por cinco escritores e universitários, cujos nomes são

---

[8]   "*Many Romanian philosophers and literary and art critics have been submitted Party penalties and or other punitive actions have been harassed by the authorities: N. Tertulian, one of the most appreciated exegetes of Lukács's late works, was transferred to the Institute of Art History despite his considerable prestige among professors and the students of the University of Bucharest*"; Vladimir Tismăneanu, "Critical Marxism and Eastern Europe", *Praxis International*, n. 3, out. 1983, p. 257.

[9]   "*Tertulian was instrumental in the Romanian publications of Lukács's late philosophical works* [...]. *The party, certainly irritated by Tertulian's refusal to celebrate the official dogmas* [...] *forced him to emigrate to France*"; Vladimir Tismăneanu, "From Arrogance to Irrelevance: avatars of Marxism in Romania", em Raymond Taras (org.), *The Road to Disillusion: From Critical Marxism to Post-communist Eastern Europe* (Nova York, M. E. Sharpe, 1992), p. 146.

*   A Carta 77 foi uma declaração que pedia aos dirigentes comunistas da Checoslováquia que respeitassem não só as próprias leis, mas também os princípios de direitos humanos declarados nos Acordos de Helsinque, dos quais o governo checo fazia parte. (N. T.)

citados[10]. Após ter detalhado, com a mesma precisão, outras ações semelhantes, desta vez na Transilvânia, o relatório foi concluído assegurando que "os órgãos de segurança" prosseguiam suas investigações para detectar as repercussões do movimento contestatório checo no meio romeno, a fim de "prevenir eventuais ações hostis" suscetíveis de prejudicar "os interesses da República socialista da Romênia" (reconhecemos o jargão dos agentes da temível instituição). Após ler esse documento, que mostra claramente que a polícia política gravava as conversas mantidas na intimidade de nosso apartamento, pois as informações eram muito precisas, compreendi as origens do muro impenetrável contra o qual eu havia colidido por ocasião de minha contestação da decisão de expulsão da universidade.

Foi justamente durante esse período, no final dos anos 1970, que vários de meus estudos sobre Lukács foram publicados em francês. Paul Ricoeur, a quem eu havia encaminhado minha introdução à tradução romena de dois capítulos da *Ontologia do ser social*, se mostrou muito interessado pela iniciativa lukacsiana e demonstrou certa surpresa ao descobrir o interesse de Lukács pelo pensamento de Nicolai Hartmann. Ele decidiu publicar meu texto no número 4/1978 da *Revue de Métaphysique et de Morale*, da qual era diretor, com o título "Georg Lukács et la reconstruction de l'ontologie dans la philosophie contemporaine"*. Dois anos mais tarde, as edições Le Sycomore tomaram a iniciativa de traduzir meus estudos sobre o pensamento estético de Lukács, e o livro foi publicado no final de 1980, com o título *Georges Lukács: étapes de sa pensée esthétique***, na coleção Arguments Critiques dessa editora. Nessa ocasião, o *Le Monde* me contatou e eu respondi a uma entrevista de Didier Eribon*** (eu estava em Paris, convidado pela Ehess, como diretor de estudos associados por dois meses) que saiu no número datado de 31 de agosto de 1980. Focada no alcance crítico e desmistificador da obra de Lukács no contexto ideológico dos países do Leste, a entrevista continha um vigoroso questionamento das práticas do "socialismo de caserna" e insistia na alternativa diante da qual se encontrava a *intelligentsia* romena da época. Apontando o forte poder de sedução das obras de Nietzsche ou de Heidegger sobre uma fração importante dessa *intelligentsia*, influência que eu designei como

---

[10] O livro intitulado *Operatiunile „Melita" si „Eterul": Istoria Europei libere prin documente de Securitate* [As operações "Melitza" e "Ether": história da Europa livre por meio do documento da Securitate] foi publicado pela Albatroz [em 1999]; o relatório foi reproduzido na p. 535.

* Publicado na coletânea *Estética e ontologia*, organizada por Ester Vaisman e por Miguel Vedda (trad. Mali Zilueti, São Paulo, Alameda Editorial, 2014), p. 15-76. (N. T.)

** Ed. bras.: *Georg Lukács: etapas de seu pensamento estético* (trad. Renira Lisboa de Moura Lima, São Paulo, Unesp, 2003). (N. T.)

*** Didier Eribon, "Lukács e a sombra de Stálin – entrevista com Nicolas Tertulian", *Verinotio – Revista On-line de Filosofia e Ciências Humanas*, trad. de Leandro Cândido de Souza, Rio das Ostras, v. 25, n. 2, nov. 2019, p. 15-21. (N. T.)

uma evasão dos verdadeiros problemas da concretude sócio-histórica (o regime romeno só podia estar muito satisfeito de ver os intelectuais monopolizados pela mistagogia do Ser e "virando as costas para a história", segundo a expressão de um eles), indiquei a necessidade imperativa de um pensamento crítico, de recorrer a pensadores como Lukács, Sartre ou Adorno, para apreender as contradições da sociedade presente e emancipar o socialismo das maldições que as décadas de hegemonia staliniana e neostaliniana tinham feito pesar sobre ele.

Encontros com Cioran

Quando me encontrei com Emil Cioran em Paris no início dos anos 1970, e tive a oportunidade de falar com ele várias vezes, sobretudo após ter publicado em *La Quinzaine Littéraire* um artigo sobre seu período romeno, por ocasião de seu septuagésimo aniversário (o artigo saiu em julho de 1981 e Cioran, satisfeito com minha abordagem de seus escritos de juventude, me enviou uma carta de agradecimento), acreditei ter sentido nesse representante, entre os mais brilhantes da geração que apoiara o crescimento da extrema direita na Romênia no período entreguerras, uma atitude muito crítica em relação ao que ele considerava serem os desvios políticos e ideológicos de sua juventude. Cioran tinha publicado em 1952, na revista *Preuves*, dirigida por François Bondy, em um número que reuniu várias contribuições sobre a Romênia e sua situação histórica (dentre elas uma enviada por Mircea Eliade, amigo próximo de Cioran), um texto em que, pela primeira vez, formulou um juízo severo sobre a Guarda de Ferro e seu credo político (recorde-se que em 1940, durante a ditadura exercida por esse movimento de extrema direita, ele glorificou em termos exaltados a figura de seu chefe, Corneliu Codreanu, em uma conferência na rádio). Descobri esse texto na coleção da revista *Preuves*, e, ao mencionar sua existência para Cioran, ele comentou que, após sua publicação, recebeu uma carta da Argentina, enviada por um antigo guarda de ferro refugiado naquele país, que o admoestou violentamente por ter denegrido um movimento que anteriormente ele havia apoiado. Aproveitei a oportunidade para lembrar ao autor do célebre opúsculo *Schimbarea la Jață a Rominiei* [Transfiguração da Romênia], que levantou com rara intensidade a questão do destino histórico do povo romeno apresentando soluções mais que contestáveis, que a primeira edição dessa obra, em 1937, suscitou fortes reservas por parte de certa ortodoxia legionária (a Guarda de Ferro se chamava Legião do arcanjo Miguel). Fiz alusão a um artigo publicado no semanário *Vremea* por Arşavir Acterian, próximo de Cioran, que censurava as teses do livro, abandonando o credo tradicionalista e cristão-ortodoxo do movimento. Cioran me confessou que não se lembrava desse artigo, mas a recordação de sua existência estava longe de desagradá-lo.

No final de uma de nossas conversas, que se deu durante um passeio nos Jardins de Luxemburgo (que o autor de *História e utopia* apreciou particularmente), encorajado pelo tom irônico com que Cioran havia começado a esboçar o retrato de Nae Ionescu, mentor de sua geração, elogiado sobretudo por Mircea Eliade (Cioran recordou as relações estreitas que o futuro chefe ideológico da Guarda de Ferro tinha com o banqueiro judeu Aristide Blank, muito conhecido na Romênia da época), tomei a liberdade de recordar a meu interlocutor a campanha levada a cabo, desde o final dos anos 1920, nas páginas de *Viaţa Românească* por Mihai Ralea, pensador profundamente vinculado às ideias da esquerda democrática, contra os representantes da "nova geração", mística e ortodoxa, inclusive contra Nae Ionescu, fundador com outros, em 1926, do Instituto Romeno para a Ação Nacional, criado de acordo com o modelo do fascismo de Mussolini. A ação ideológica de Ralea teve um caráter premonitório, pois denunciou uma ideologia que, uma década mais tarde, levaria a Romênia a uma catástrofe. Cioran ouviu-me atentamente, já que ele mesmo havia se juntado à "nova geração" no início dos anos 1930, mas quando mencionei o fato de Ralea ter intitulado um de seus textos de "Rasputinismo", designando assim a mistura de misticismo, de culto da personalidade e da sexualidade em certos representantes da "nova geração", ele se rebelou contra essa qualificação que, obviamente, considerou infame. Senti que havia ali um limite que ele não queria ultrapassar em seu olhar crítico sobre o passado.

Na carta que me enviou após a publicação do artigo em *La Quinzaine*, Cioran expressou-me, em particular, sua satisfação pelo fato de o texto ter se concentrado nos aspectos filosóficos de sua atividade de juventude, e não sobre seus deslizes políticos, que ele descreveu retrospectivamente de "dolorosos" e "na verdade desinteressantes". "Você sabe o constrangimento insuportável que sinto ao me lembrar das extravagâncias que posso ter desencadeado em minha existência anterior. Reagi a elas como uma mulher com um certo passado" (carta de 3 de julho de 1981). Concentrando meus objetivos na orientação filosófica de seus escritos do período romeno (na época totalmente desconhecidos na França e no Ocidente, a ponto de Susan Sontag ter escrito que Cioran não havia publicado nada na Romênia), com uma ênfase particular na influência da *Lebensphilosophie* alemã de Simmel a Klages sobre o jovem Cioran, tentei iniciar um diálogo entre a geração filosófica à qual pertence e a de meu ilustre compatriota. Extraí de seus artigos de juventude depoimentos reveladores sobre suas experiências filosóficas em Berlim, onde chegara com uma bolsa de estudos em 1933, e, entre outras coisas, sobre a forte sedução exercida por Ludwig Klages, a cuja palestra ele assistira e cuja figura de verdadeiro *condottiere* do espírito ele exaltara, contrapondo-o a Nicolai Hartmann, titular da mais importante cadeira de filosofia em Berlim, cujo discurso muito acadêmico sobre os valores, a questão da felicidade etc. não entusiasmava em nada o jovem e impetuoso filósofo romeno. Por muito tempo imerso nos escritos de ontologia e ética de Hartmann, motivado pela estima que o último Lukács tinha por ele, eu evidentemente não compartilhava do julgamento do jovem Cioran (mesmo que compreendesse sua reação); por outro lado, Klages, filósofo do ritmo (conceito que marcou muito Cioran, que encontrou nele um apoio para enaltecer o "frenesi") e adulador da pré-história, chegou a endossar o nacional-socialismo, o antissemitismo e, em um texto publicado em 1940 sobre Alfred Schuler, muito apreciado por Carl Schmitt, a *svastika* nazista. Durante uma de nossas entrevistas em Paris, após a publicação de meu artigo, observei que Cioran não ficou indiferente à lembrança de seu entusiasmo juvenil pela figura de Klages: a questão o mobilizava e ele quis me fazer notar que um artigo recente publicado na NRF havia falado das relações de Walter Benjamin com o pensamento de Klages, dando a entender, assim, que esse pensamento de reputação tão duvidosa pôde ter seduzido também um pensador firmemente ancorado na esquerda como Benjamin.

O fato de Cioran, longe de rejeitar pensadores romenos como Mihai Ralea ou Eugen Lovinescu, que no período entreguerras pertenciam a um campo ideológico oposto ao seu, ter falado deles com deferência, facilitou nossos diálogos. Cioran também me confessou que o ensaio de Ralea intitulado "Fenomenul romanesc" [O fenômeno romeno] (publicado em 1927 na *Viata Românească*), uma bela e original tentativa de definir as características da psiquê romena, não deixou de marcá-lo em suas próprias interrogações sobre o destino romeno, assim como *Istoria civilizației române modern* [História da civilização romena moderna] (1924-1925), de Eugen Lovinescu, que exigia a "sincronização" da vida social romena com a civilização ocidental, teve certo efeito sobre suas próprias invectivas antitradicionalistas (que suscitaram críticas de seus amigos legionários). Em meu artigo em *La Quinzaine Littéraire*, insisti nesse ponto, no qual considerei que eu poderia indicar uma convergência com uma orientação que me parecia próxima (eu falei de um "Tchaadaïev* romeno", aludindo às célebres cartas do escritor russo dirigidas contra o conservadorismo dos eslavófilos), e Cioran se reconheceu totalmente nessa imagem. Alexandra Laignel-Lavastine, autora de uma obra bastante pertinente sobre o trio Cioran- -Eliade-Ionesco intitulada *L'Oubli du fascisme: trois intellectuels roumains dans*

---

* Piotr Iakovlevitch Tchaadaïev, escritor e filósofo russo (1794-1856), Em suas *Cartas filosóficas*, de 1829-1831, tenta construir a primeira história do mundo ao redor do povo russo. (N. T.)

la tourmente du siècle[1], se equivocou ao interpretar meu texto como o "golpe mais duro" em Cioran, produto de um não sei qual "acerto de contas entre emigrados" (p. 125). O mal-entendido é flagrante, porque a finalidade do artigo era, como ela mesmo diz, "levantar partes importantes do véu" que cobria o período romeno de Cioran, mas para restituir o perfil filosófico do pensador, sua verdadeira estatura intelectual (na Romênia de Ceauşescu ele continuou a ser tratado com as piores injúrias, como testemunham as páginas dedicadas a ele na história da filosofia publicada na época), sem, é claro, fugir das críticas. A carta supramencionada de Cioran começava assim: "Meu querido amigo, agradeço ao senhor pelo seu artigo tão objetivo e compreensivo". Até me diverti em contar em meu artigo um pequeno achado: o jovem Cioran certamente tinha lido o ensaio de juventude de Lukács intitulado "A metafísica da tragédia", porque em um de seus textos, sem mencionar o nome do autor, utilizou a fórmula pela qual o autor do ensaio publicado em 1911 na revista *Logos*, retomado no livro *A alma e as formas*, tinha definido a vida cotidiana como uma "anarquia do claro-escuro". Em Paris, quando fui convidado para proferir uma conferência, em maio de 1984, na Société Française de Philosophie, onde falei da "Ontologia de G. Lukács", Cioran foi assistir e, ao final, me aconselhou a publicá-la (uma versão mais concisa está de fato no número de abril de 1985 da revista alemã *Merkur*, antes da publicação do texto integral e da discussão que se seguiu no Boletim da Sociedade).

---

[1] Alexandra Laignel-Lavastine, *L'Oubli du fascisme: trois intellectuels roumains dans la tourmente du siècle* (Paris, PUF, 2002) [ed. bras.: *O esquecimento do fascismo: três intelectuais romenos na tormenta do século*, trad. Leonardo Antunes, São Paulo, É Realizações, 2019].

Estada em Heidelberg: encontros com Gadamer

No início do verão de 1980, após dois meses passados em Paris a convite da Ehess, decidi não retornar para a Romênia e me instalar em Heidelberg, onde, graças ao apoio de Otto Pöggeler e de Heinrich Lübbe, obtive uma bolsa Thyssen com duração de um ano (conheci Otto Pöggeler alguns anos antes em Amersfoort, na Holanda, onde apresentei a conferência inaugural de um colóquio sobre o tema da autonomia da arte; Mikel Dufrenne e Olivier Revault d'Allonnes, diretores da *Revue d'Esthétique*, presentes no colóquio e que viriam a desempenhar um papel decisivo em minha instalação na França, resolveram publicar o texto da conferência sob o título "Sur l'autonomie et l'hétéronomie de l'art" no número 1-2 da revista dirigida por eles em 1977). A recepção no Seminário Filosófico da Universidade de Heidelberg foi calorosa. Reiner Wiehl, seu diretor, demonstrou-me muita amizade ao me confiar uma carga horária didática (*Lehrauftrag*), durante o ano acadêmico de 1980-1981, dedicada às relações de Lukács, Adorno e Bloch com a filosofia clássica alemã. Tive o privilégio de conhecer Hans-Georg Gadamer, figura tutelar do Seminário (ele estava aposentado, mas mantinha um gabinete na universidade), a quem entreguei um exemplar de meu livro sobre Lukács, recém-lançado em Paris. Gadamer disse-me que estava muito interessado nas páginas dedicadas à influência de Emil Lask, o mais original entre os filósofos neokantianos, que tinha ensinado em Heidelberg antes da Primeira Guerra Mundial (Lask morreu no *front* em 1915), tanto no jovem Heidegger quanto no jovem Lukács. Um dia, ao entrar em uma das salas da biblioteca do Seminário Filosófico, situada no subsolo do prédio da Marsiliusplatz, fiquei surpreso ao encontrar Gadamer ajoelhado na frente da prateleira que continha a coleção da revista *Kant-Studien*, procurando um número dessa publicação: quando me viu entrar na pequena sala, ele fez questão de me mostrar o volume que continha o ano de 1917 da revista, no qual havia o longo necrológio dedicado a Emil Lask por seu jovem amigo da época, aquele que assinava "Georg von Lukács".

208 Por que Lukács?

Gadamer estava visivelmente interessado na figura do pensador neokantiano de quem ouvira Heidegger falar em termos elogiosos, e as relações Lukács-Lask, de que eu havia tratado amplamente em um capítulo de meu livro, reacenderam nele os questionamentos sobre o peso de Lask na formação de Heidegger.

Aproveitei minha estada em Heidelberg para realizar pesquisas sobre o período heidelberguiano de Lukács, que lá esteve em duas ocasiões durante o segundo decênio do século XX, entre 1912 e 1914, e depois entre 1915 e 1917. Nos arquivos da universidade, pude encontrar os documentos a respeito do processo de habilitação de Lukács, que, no verão de 1918, deveria apresentar em Heidelberg, diante de um júri do qual fazia parte Heinrich Rickert, líder do pensamento neokantiano do sudoeste da Alemanha (a escola de Baden), sua tese de habilitação dedicada a seu sistema de estética (o manuscrito em duas versões, uma redigida em 1912-1914, e outra em 1916-1918, foi redescoberto somente sessenta anos mais tarde e publicado nos volumes 16 e 17 das *Werke*[1]). Pode-se imaginar a curiosidade com que eu li os dois relatórios sobre a tese, o de Rickert e o de Heinrich Meier. Os relatórios foram totalmente favoráveis, mas, no verão de 1918, considerada a situação internacional, o júri então preferiu não conceder a habilitação a um estudante de origem húngara[2]. O sonho de Max Weber de ver seu jovem amigo titulado e, portanto, apto a ocupar um cargo em uma universidade alemã se desmoronou. Ainda nos Arquivos de Heidelberg, descobri uma carta remetida de Budapeste por Eberhard Gothein, universitário alemão, amigo de Lukács, que dava conta de uma versão melhorada de um capítulo de sua tese, que o autor o havia encarregado de transmitir aos membros da banca de habilitação. É difícil saber o que aconteceu com esse manuscrito, a gênese dessa estética de juventude ainda envolta por áreas cinzentas, já que o próprio autor havia muito tempo perdera o interesse por seu destino.

A amizade de Lukács com a família Gothein é um episódio que merece atenção. Marie-Luise Gothein, esposa do universitário acima mencionado, foi autora de uma história da jardinagem, um tratado em dois volumes, que Lukács

---

[1] Ver G. Lukács, *Werke*, v. 16: György Márkus e Frank Benseler (orgs.), *Frühe Schriften zur Ästhetik,* I, *Heidelberger Philosophie der Kunst 1912-1914* (orgs. György Márkus e Frank Benseler, Darmstadt, Luchterhand, 1974); v. 17: György Márkus e Frank Benseler (orgs.), *Frühe Schriften zur Ästhetik,* II, *Heidelberger Asthetik (1916-1918)* (Neuwied, Luchterhand, 1974). Somente o v. 16 foi traduzido para o francês: *Philosophie de l'art 1912-1914* (trad. Rainer Rochlitza e Alain Pernet, Paris, Klincksieck, 1981, coleção L'Esprit et les Formes).

[2] Pode-se encontrar o relato do episódio da habilitação de Lukács em Heidelberg, com os respectivos documentos (incluídos, é claro, os textos dos relatórios de Rickert Meier), na reconstrução pertinente realizada em 1984 por Gerhard Sauder em um artigo publicado com o título "Von Formalitäten zur Politik: Georg Lukács' Heidelberg Habilitationsversuch", *Zeitschrift für Literaturwissenschaft und Linguistik*, n. 53/54, 1984, p. 79-107.

resenhou para o *Archiv für Sozialwissenschaft und Sozialpolitik* (v. 39, 1915, p. 885). Cinco décadas mais tarde, em sua grande *Estética*, Lukács dedicou a seção de um capítulo à arte da jardinagem, no qual se referiu repetidamente ao trabalho de Marie-Luise Gothein. Quando conheci Italo Calvino em Turim, na casa de Cesare Cases (eminente germanista italiano que introduziu o pensamento de Lukács na Itália nos anos 1950), perguntei-lhe o que pensava da *Estética* de Lukács, que tinha sido publicada recentemente em dois grandes volumes pela Einaudi, numa tradução notável (os dois, Cases e Calvino, trabalhavam na época para essa grande editora); o escritor me respondeu, com um sorriso maroto, que tinham sido as páginas sobre a arte da jardinagem a verdadeira surpresa para ele, pois não se esperava ver o velho revolucionário, autor de *História e consciência de classe*, examinando as distinções entre os jardins ingleses e os parques de Schönbrunn ou de Versalhes.

Retornando à minha estada em Heidelberg e à relação com Gadamer, gostaria de recordar seu depoimento sobre a grande acolhida que teve *A teoria do romance*, de Lukács, entre os membros de sua geração, por ocasião de sua publicação em 1920, em Berlim, pelo editor Paul Cassirer. Como já disse, Lukács não era estimado por Gadamer (a lembrança de *A destruição da razão* tinha muito a ver com isso) e teria sido surpreendente se as coisas tivessem sido diferentes para um discípulo de Heidegger; portanto, seu depoimento continua a ser ainda mais precioso. No plano pessoal, guardo uma lembrança particular de sua generosidade. Ele me propôs trabalhar durante o dia na sala que o Seminário Filosófico da Universidade tinha colocado à sua disposição, explicando que não passava em seu escritório mais do que uma vez por semana, e que eu era bem-vindo para aproveitar sua hospitalidade. Uma noite, pouco antes do Natal, sabendo que eu estava só, ele e sua esposa me convidaram para jantar num restaurante no bairro onde eu morava, Handschuhsheim. Foi nessa ocasião que ele me falou da forte repercussão de *A teoria do romance*. Mas, quando eu tentei obter mais informações sobre o delicado assunto da adesão de Heidegger ao nacional-socialismo, me referindo a um artigo que ele acabara de publicar no *Le Monde* — no qual no final de uma frase ele declarou rapidamente que o interesse de Heidegger pelo movimento nazista era em grande parte anterior ao ano fatal de 1933 –, me deparei com uma recusa absoluta. Gadamer, muito próximo de Heidegger, era uma importante testemunha da história desse período, mas obviamente ele não gostava muito de falar sobre isso. Sua esposa se limitava a repetir que Heidegger não tinha o menor senso político; Gadamer, por outro lado, defenderia, em um texto publicado nos anos 1990, a tese bastante discutível da "incompetência política dos filósofos", justamente a propósito do caso Heidegger. Durante a noite transcorrida no restaurante de Handschuhsheim, Gadamer me contou que tinha levado Heidegger ao mesmo local por ocasião de uma das visitas dele a Heidelberg, e que o ilustre pensador, olhando para as mesas ocupadas por camponeses das redondezas, que tinham ido passar algumas horas conversando e tomando cerveja, se mostrou bastante severo em relação a eles, reprovando-os por desperdiçarem um tempo precioso em vez de se dedicarem ao que deveria ser sua única e verdadeira ocupação, o trabalho na terra. Gadamer divertiu-se, claro, quando relatou as reações de seu mestre, ele, Gadamer, a quem Habermas se referiu como "*der urbanisierte Heidegger*" [o Heidegger civilizado].

Um de meus últimos encontros com Gadamer aconteceu no final dos anos 1980, por ocasião do congresso Hegel de Stuttgart. A conferência do velho filósofo, antigo fundador e presidente da *Hegel-Vereinigung*, teve enorme sucesso e foi longamente aplaudida. Radiante, o mestre de 88 anos recebeu a homenagem unânime de seus contemporâneos. Em uma das sessões do congresso, apresentei uma comunicação que tratava das relações entre as ontologias de Nicolai Hartmann e de Lukács, um assunto bastante inusitado, nunca abordado nos meios filosóficos (à exceção notável de Wolfgang Harich, figura de proa da filosofia na Alemanha Oriental, mas cujos manuscritos sobre esse assunto eram inéditos na época). A herança hegeliana ocupava, é claro, um lugar importante no exame dos pontos de contato entre as duas ontologias. Tive a impressão de que Gadamer acolheu o assunto que eu havia escolhido com certo ceticismo. A verdade é que, se ele parecia ignorar toda a ontologia de Lukács, conhecia muito bem o pensamento de Hartmann. Mas era aqui justamente que estava o problema, porque se sabe que, se Hartmann foi seu primeiro mestre, de quem esteve muito próximo durante certo tempo, o grande ponto de mudança em sua formação filosófica foi o encontro com o pensamento de Heidegger, que o levou a se afastar completamente de Hartmann e abraçar de corpo e alma a causa de seu antagonista, tornando-se seu discípulo mais célebre. Minha preferência declarada pela ontologia de Hartmann (sem mencionar minha fidelidade ao pensamento de Lukács) não era, portanto, suscetível de atraí-lo muito, mesmo que, ao contrário das novas gerações de filósofos alemães, ele não tivesse jogado o pensamento de seu primeiro mestre na lata de lixo da história, como mostra sua contribuição com um artigo sobre a ética de Hartmann em um volume de homenagem póstuma a esse pensador. Em sua autobiografia, intitulada *Philosophische Lehrjahre* [Anos de aprendizagem filosófica], ao mencionar seu distanciamento do pensamento de Hartmann, ele falou da ausência da dimensão fundamental da "historicidade" em um pensador apaixonado, sobretudo, pela multiplicação e pela distinção das categorias e do efeito perturbador que exerceu sobre ele o encontro com o ensinamento de Heidegger, que lhe teria revelado o alcance da história para a compreensão dos teoremas filosóficos. Pessoalmente, achei muito enriquecedoras as análises de Hartmann sobre a estrutura categorial do mundo, o rigor e a fineza de suas distinções: o exame crítico da multiplicidade das categorias, dos diferentes nexos em sua estratificação progressiva, apoiado sempre num domínio perfeito dos resultados obtidos por Aristóteles ou por Hegel, ofereceu um belo espetáculo intelectual, e eu compreendi as razões pelas quais Lukács pôde descobrir no defensor da "ontologia crítica" o mais importante filósofo alemão da primeira metade do século.

Restava ainda, é claro, um grande ponto de interrogação sobre a estatura filosófica de Hartmann: o caráter bem convencional de seu pensamento sobre a história, certa impassibilidade, se não certa frieza, diante das crises e convulsões da sociedade de sua época. Wolfgang Harich, que foi seu aluno durante a Segunda Guerra, relatou episódios significativos nesse sentido. Mas, no que concerne ao período de Weimar, Harich acreditava que poderia estabelecer afinidades entre as posições de Hartmann e as do Partido Democrata da época. É certo, embora fosse exagero falar de qualquer atitude oposicionista, que Hartmann nunca sonhou em aderir ao partido nazista, e sua trajetória na universidade alemã foi, portanto, totalmente diferente daquela do reitor nacional-socialista Heidegger. Em Marburgo, durante o colóquio organizado em 1990 para o centésimo aniversário do nascimento de Heidegger, cujo tema foi a relação de Heidegger com o nacional-socialismo (ver *supra*), estando sentado ao lado de Gadamer na noite anterior à abertura do colóquio, aproveitei a ocasião para fazer a ele a pergunta que me incomodava sobre a atitude de Hartmann, que, em minha opinião, diferia nitidamente da de Heidegger. A resposta de Gadamer evidenciou que ele não gostava da tendência de colocá-los um contra o outro sobre a "questão política": ele insistiu em me assegurar que Hartmann também era "muito conservador" (*sehr konservativ*), insinuando que eu não deveria ter muitas ilusões sobre sua oposição ao nacional-socialismo. Reparei que, durante o colóquio de Marburgo, Gadamer, que fizera questão de marcar presença na manifestação organizada pela Hessicher Rundfunk, não participou de nenhuma das mesas-redondas em que se debateu a *vexata quaestio* relativa a Heidegger e ao nacional-socialismo. Sua conferência foi, aliás, dedicada ao problema da linguagem (evidentemente um tema fundamental do pensamento de Heidegger, assim como do seu), mas sem a menor alusão ao assunto que era o tema do colóquio.

Antes de prosseguir o breve relato da estada em Heidelberg, de minhas investigações sobre o período que Lukács passou na cidade e também de alguns desdobramentos de meu encontro com Gadamer, eu gostaria de me deter ainda um instante sobre o colóquio de Marburgo dedicado às relações de Heidegger com o nacional-socialismo. Já mencionei o embate entre Ernst Nolte e George Steiner provocado pelas teses de Nolte sobre o nacional-socialismo, designado como uma "pequena solução" comparada à "grande solução" representada pelo comunismo russo. No forte debate que se seguiu ao confronto (cinco conferencistas estavam reunidos em uma mesa-redonda, presidida por um colaborador da Hessicher Rundfunk, Philipp Rippel), eu assinalei a Nolte que, se é inegável que o ódio ao comunismo (em particular ao bolchevismo) teve um papel decisivo na adesão de Heidegger ao movimento nacional-socialista (foi a tese central defendida por Nolte na conferência do colóquio), não é menos certo que existia também em Heidegger uma forte animosidade contra o "liberalismo", bem como contra o espírito das democracias ocidentais (lembrei-me de suas acusações polêmicas contra o "americanismo"), o que também não pesou menos em sua adesão à causa nazista. Em sua resposta, Nolte tentou minimizar a dimensão desses componentes, embora essenciais, do pensamento de Heidegger (sobre os quais eu me detive longamente em minha alocução); ele chegou mesmo a me censurar por defender, com muito mais erudição e sutileza, posições semelhantes às de Victor Farias, o pior pesadelo dos heideggerianos de todas as proveniências. Mas nesse momento da discussão recebi o apoio inesperado de Hermann Mörchen, antigo aluno de Heidegger, próximo do mestre (ele também estava entre os conferencistas do colóquio), que, tendo estado em contato com Heidegger na época, estava bem situado para confirmar que o filósofo compartilhava efetivamente das convicções mencionadas em minha intervenção. Após a mesa-redonda, que viveu momentos turbulentos porque o público presente estava muito dividido, com os estudantes alemães às vezes manifestando sua forte desaprovação ao revisionismo evidente de Nolte (ao final, dois estudantes vieram dizer que eram solidários com as intervenções de Steiner e com a minha), o historiador alemão, no entanto, se mostrou amigável comigo, convidando-me cortesmente a visitá-lo quando eu estivesse em Berlim. Também aprendi outras lições estimulantes com essa participação no colóquio de Marburgo. No final de minha conferência, Otto Pöggeler, cujos trabalhos sobre Heidegger são de reconhecida autoridade em todo o mundo e que também estava entre os conferencistas de Marburgo, manifestou-me seu interesse pelas considerações sobre a presença do conceito de "revolução" em certos textos de Heidegger (eu citei e comentei uma passagem eloquente do curso dado por Heidegger em 1937, que continha um forte elogio à ideia de "revolução"). Durante uma discussão com Pierre Aubenque, que em Marburgo falou sobre a recepção de Heidegger na França, fiquei contente em ouvir esse eminente especialista em Aristóteles, cuja grande fidelidade ao pensamento de Heidegger eu conhecia, se mostrar sensível à tese de Hartmann sobre a prioridade da questão do ser em relação àquela do "sentido do ser". Hartmann formulou essa ideia em seu tratado de ontologia à guisa de objeção fundamental à tese inaugural de *Ser e tempo*, de Heidegger, segundo a qual *der Sinn des Seins* – o sentido do Ser – é a questão crucial da "ontologia fundamental". Ao especificar que nenhuma interrogação sobre "o sentido do Ser" pode se justificar antes da elucidação do conceito do Ser enquanto tal, e, sobretudo, antes de explicitar o conceito do "sentido" (*der Sinn des Sinns*, segundo a expressão de Hartmann), o autor de *Zur Grundlegung der Ontologie* (1935) deu uma lição de rigor metodológico a seu célebre antagonista: pode-se supor que, para o crítico inflexível do teleologismo que foi Hartmann, o conceito de "sentido" era indissociável de um pano de fundo finalista, mas o postulado de base de sua ontologia era a prioridade da causalidade sobre a finalidade. A elucidação da questão do Ser como preliminar a toda interrogação sobre o "sentido do Ser" e, sobretudo, o exame ontológico do conceito de "sentido" eram exigências especulativas que surgiam do realismo ontológico de Hartmann: Pierre Aubenque parecia reconhecer sua legitimidade, portanto era necessário buscar efetivamente a fidelidade à *Metafísica* de Aristóteles, muito mais do lado de Hartmann do que do de Heidegger.

Dado o julgamento crítico expresso por Ernst Nolte em relação a minha conferência em Marburgo, sinto-me obrigado a mencionar a acolhida totalmente diferente que meu texto recebeu não somente da parte de outros participantes do colóquio (lembro as reações de Steiner ou de Pöggeler), mas, sobretudo, da parte de personalidades tão diferentes como Jorge Semprún ou Philippe Lacoue-Labarthe, cujas intervenções nos debates em torno do "caso Heidegger" me parecem particularmente significativas. Para Semprún, fortemente marcado em sua juventude pela leitura de *História e consciência de classe* (encontram-se vestígios disso em seu romance *A grande viagem*), mas de quem se conhece também a conversão a um antimarxismo virulento, após o colapso do "socialismo real", a adesão de Heidegger ao nacional-socialismo não poderia ser dissociada da essência de seu pensamento. Os questionamentos sobre as responsabilidades intelectuais na gênese do nazismo só podiam mobilizar ao máximo a atenção desse ex-deportado de Buchenwald: o caso Heidegger figura, portanto, no centro de seus interesses. A conferência que proferiu na École des Hautes Études en Sciences Sociales (Ehess), em junho de 1990, publicada alguns anos depois com o título *Mal et modernité*, e que faz um balanço sobre a questão do Mal na filosofia alemã clássica de Kant a Schelling, confere um lugar de destaque ao pensamento de Heidegger. Constatei que Semprún utiliza em determinado momento as conclusões do texto de minha conferência em Marburgo, publicado em fevereiro em *Les Temps Modernes*, e, além disso, se refere explicitamente à "análise crítica pertinente e penetrante" ali desenvolvida[3]. Na mesma época, Lacoue-Labarthe, autor de *Mythe nazi* com Jean-Luc Nancy e intérprete de primeira linha do pensamento de Heidegger, publicou com o título *Musica ficta: figures de Wagner* um ensaio sobre Wagner, no qual também se referiu a meu artigo "*Histoire de*

---

[3]   Jorge Semprún, *Mal et modernité, le travail de l'histoire* (Castelau, Climats, 1995), p. 66. Meu artigo foi publicado com o título "Histoire de l'être et révolution politique", *Les Temps Modernes*, n. 523, fev. 1990, p. 109-36.

l'être et révolution politique"[4]. A convergência de pontos de vista de mentes tão diferentes quanto Jorge Semprún ou Philippe Lacoue-Labarthe me consolava pelo desacordo com Nolte, para não mencionar o desprezo que me inspiravam os gritos de raiva dos heideggerianos romenos, cuja insigne obtusidade me era há muito tempo familiar.

---

[4] Philippe Lacoue-Labarthe, *Musica ficta: figures de Wagner* (Paris, Christian Bourgois, 1991), p. 172, nota 9 [ed. bras.: *Musica ficta (figuras de Wagner)*, trad. Eduardo Jorge Oliveira e Marcelo Jacques Moraes, Belo Horizonte, 2016]. O autor, apesar de grande admirador de Heidegger, tinha suas reservas, porque lhe parecia que se corria o risco de identificar Heidegger com o nazismo, o que, em sua visão, era inaceitável (em minha opinião, esse risco não existia, na medida em que meu texto não se esquivava da posição bastante particular de Heidegger no interior do nacional-socialismo), mas deve-se notar que Lacoue-Labarthe chegou depois a radicalizar a própria posição crítica em relação ao engajamento político de Heidegger, falando em seus últimos textos de um arquifascismo do filósofo.

GADAMER E BOURDIEU

Para retornar aos contatos com Hans-Georg Gadamer e seu prosseguimento após minha nomeação para a École des Hautes Études em Sciences Sociales (Ehess), gostaria de mencionar um episódio que diz respeito a um aspecto talvez pouco conhecido de suas relações com a *intelligentsia* francesa e que não é estranho ao "caso Heidegger". Em Heidelberg, dediquei uma sessão do seminário ao pensamento estético de Gadamer (eu o informei dessa iniciativa) e me arrisquei a realizar algumas comparações com certas posições estéticas de Lukács: não se tratava de ocultar a imensa distância que separa sua hermenêutica da abordagem marxista do filósofo húngaro, mas me parecia que a profunda crítica desenvolvida em *Verdade e método* em relação à estética kantiana, e mais geralmente contra o que Gadamer chamava de "distinção estética" (*die ästhetische Unterscheidung*), portanto contra certo purismo estetizante, principalmente a poderosa reabilitação do conceito de mimese, se encontrava com posições essenciais da doutrina estética de Lukács. Devo acrescentar que Gadamer, em sua *opus magnum*, citou elogiosamente o texto muito significativo sobre a relação sujeito-objeto na estética publicado por Lukács no número dos anos 1917-1918 da revista *Logos*, texto que representa o capítulo central da segunda versão da Estética de Heidelberg e que marcou bastante Oskar Becker[1], um pensador muito próximo de Heidegger (Gadamer também se refere a ele). Uma vez encarregado de ministrar cursos sobre o pensamento alemão moderno na Ehess e sabendo que Gadamer estava viajando para fazer conferências em Genebra, na Suíça, onde Manfred Frank, um de seus discípulos, ensinava, fiz-lhe um convite para proferir uma conferência na Escola em Paris.

---

[1] Ver Nicolas Tertulian, *Georg Lukács: étapes de sa pensée esthétique* (Paris, Le Sycomore, 1980), p. 155 [ed. bras.: *Georg Lukács: etapas de seu pensamento estético*, trad. Renira Lisboa de Moura Lima, São Paulo, Editora da Unesp, 2008].

216 Por que Lukács?

A troca de cartas que se seguiu mostrou que, se Gadamer estava contente de falar em uma instituição dedicada ao ensino das ciências humanas, que gozava de um incontestável prestígio internacional, ele também estava, no entanto, perfeitamente ciente de que não tinha apenas admiradores na Ehess, ou seja, ele sabia das resistências que a orientação de seu pensamento (antes de tudo, sua grande fidelidade ao pensamento de Heidegger) poderia despertar. Suponho que ele pensava, por exemplo, na atitude muito crítica de Pierre Bourdieu em relação a Heidegger e, sobretudo, à sua abordagem sociológica desse pensamento, que tinham motivado Gadamer a publicar na revista *Philosophische Rundschau* um julgamento desfavorável da obra do sociólogo francês, *A ontologia política de Martin Heidegger*, cuja tradução alemã acabara de sair pelas edições Syndicat, de Frankfurt[2]. Ainda que tenha feito questão de deixar claro que apreciava a capacidade de Bourdieu, e ainda que em seu artigo ele tenha valorizado a pertinência das análises dedicadas pelo sociólogo francês à "revolução conservadora" alemã, sua contrariedade em relação ao método de decifração dos teoremas filosóficos de Heidegger era visivelmente tão grande que ele não hesitou em empregar palavras duras em relação à "incompetência filosófica" do autor do livro em análise e em cobrir Bourdieu com seus anátemas. Foi necessário esclarecer essas coisas, a fim de explicar certas afirmações da carta que Gadamer me enviou em 11 de abril de 1984 como resposta às propostas que lhe fiz sobre o tema de sua conferência na Ehess. Inicialmente, ele tinha pensado em escolher um assunto ligado à poesia de Paul Celan, de quem já publicara interpretações notáveis (mas também fortemente contestadas pelos celanianos franceses como Jean Bollack), mas sugestões que eu me permiti lhe fazer, pensando no público de cientistas da Escola, mudaram sua escolha e ele considerou um tema mais especificamente filosófico. Tomo a liberdade de reproduzir aqui o texto da carta, pois ele menciona seus julgamentos sobre a recepção de Heidegger na França e sua decisão de enfrentar o que ele considerava ser preconceitos de tipo bourdieusiano, recorrendo até mesmo ao ardil de colocar como subtítulo da conferência uma fórmula que dificilmente se esperava que viesse de sua boca: "Uma crítica de Heidegger".

Caro Senhor Tertulian,
Agradeço fortemente sua carta bastante detalhada, que me faz compreender que devo me adaptar melhor ao público que me aguarda na Ehess. Excepcionalmente, portanto, decepcionarei os seguidores parisienses de Celan. Assim sendo, eu gostaria

---

[2] A análise de Gadamer sobre o livro de Bourdieu foi publicada em *Philosophische Rundschau*, n. 26, 1979, p. 143-9. O texto de Bourdieu foi publicado pela primeira vez nas *Actes de la Recherche en Sciences Sociales*, v. 1, n. 5, 1975, p. 109-56.

GADAMER E BOURDIEU 217

agora de propor "A metafísica e o começo do Ocidente", uma crítica de Heidegger [as palavras 'o começo' (*Der Anfang*) foram inseridas à mão, N. Tertulian].

Naturalmente, estou de novo mexendo em um ninho de vespas com isso, porque uma crítica de Heidegger, tal como eu a pratico, provavelmente será vista por seus colegas como a prova de uma submissão servil! Mas esta é a questão. Caso você queira adicionar 'Uma crítica de Heidegger' ou não, deixo isso em suas mãos.

Como sem dúvida já escrevi, chegarei de Genebra por trem, e será agradável passar alguns dias aí. Eu telegrafarei em tempo hábil sobre a hora exata de minha chegada.

Com as minhas melhores saudações,

Cordialmente,

HG Gadamer[3]

Infelizmente, o projeto de receber Gadamer para uma conferência organizada pela Ehess fracassou em razão de uma combinação de circunstâncias desfavoráveis. Uma greve prolongada de trens impediu seu deslocamento de Genebra até Paris, e o velho filósofo, que também estava naquela época preocupado com sua saúde (como ele me explicou longamente nas duas cartas recebidas ulteriormente, datadas respectivamente de 30 de maio e de 8 de junho de 1984[4]),

---

[3] "*Lieber Herr Tertulian,*

Ich bedanke mich sehr für Ihren ausführlichen Brief, der mir begreiflich macht, dass ich mich besser dem dortigen Auditorium anpassen sollte. Ausnahmweise also die Celan-Sektierer von Paris enttäuschen will. Ich möchte also jetzt vorschlagen, 'La Métaphysique et le commencement de l'occident', eine Heideggerkritik ['der Anfang?', ce mot est intercalé écrit à la main, N. T.).

Damit steche ich natürlich erneut in ein Wespennest, denn eine Kritik an Heidegger, wie ich sie übe, dürfte in den Augen Ihrer Kollegen eher ein Dokument sklavischer Abhängigkeit sein! Aber damit bekommt die Sache ihre Spannung. Ob Sie hinzusetzen wollen,Eine Kritik an Heidegger" oder nicht, überlasse ich ihnen.

Wie ich Ihnen wohl schon schrieb, komme ich mit dem Zug von Genf und freue mich auf die Tage dort. Die genaue Ankunft teile ich Ihnen noch telegraphisch mit.

Mit den besten, Grüssen Ihr

HG Gadamer".

[4] As duas cartas, respondendo a uma mensagem em que eu comuniquei quão grande foi a desilusão de todos aqueles que em Paris haviam esperado com muita impaciência sua conferência, contêm depoimentos comoventes sobre as dificuldades experimentadas pelo velho filósofo diante dos obstáculos trazidos por seu estado físico. Eis um fragmento da primeira carta: "[...] Por favor [...] peço-lhe que se coloque em meu lugar. Não sou mais aquele que você conheceu. Minha capacidade física para me deslocar diminuiu enormemente. Os esforços para me levantar e andar, as dores ligeiras que daí resultam, começam a perturbar minha circulação sanguínea. Portanto, eu prefiro não correr esse risco. A perspectiva de um retorno tranquilo de Genebra a Heidelberg foi uma tentação irresistível" ("[...] *Sie müssen sich* [...] *in meine Lage versetzen. I nicht mehr der, den Sie kannten. Meine körperliche Beweglichkeit ist enorm zur gegangen. Die Anstrengung des Gehens und Stehens, und die leichten Schme dabei, haben begonnen meinem*

decidiu desistir de ir a Paris e voltou a Heidelberg. A decepção foi grande, pois uma conferência de Gadamer em Paris era um acontecimento (ele falava perfeitamente o francês): Clemens Heller, secretário-geral da Maison des Sciences de l'Homme, a quem eu tinha recorrido para organizar o evento, me respondeu que, se era para levar Gadamer a Paris, ele não pouparia meios para a realização do projeto. O único que pareceu não ter sido afetado pelo cancelamento da conferência foi Pierre Bourdieu, que encontrei na Maison des Sciences de l'Homme na manhã em que foi anunciada a desistência de Gadamer, quando se mostrou muito irônico com seu ilustre crítico. Pessoalmente, lamentei muito que um eventual confronto entre os dois não tenha acontecido. Anos depois, um dos diretores da revista *Actuel Marx*, Jacques Bidet, me pediu para escrever um artigo sobre o livro dedicado pelo sociólogo a Heidegger, para um número sobre Bourdieu; então reli atentamente a obra e redigi o texto publicado com o título "O pensamento de Heidegger sob o olhar desmistificador de um sociólogo" (*Actuel Marx*, n. 20, 1996).

O livro de Bourdieu, apesar de sua repercussão notável em razão da virulência de suas análises críticas, não se beneficiou, até onde sei, de uma recepção à altura de suas ambições. Repleto de intuições brilhantes, apoiando-se em um bom conhecimento do pensamento alemão moderno, em particular dos autores da "revolução conservadora", a obra não poderia deixar de chocar a filosofia universitária, e, em primeiro lugar, a elite heideggeriana, por sua atitude programaticamente "dessacralizante" em relação ao discurso filosófico dominante. A resistência contra a perspectiva "sociológica" desenvolvida pelo autor não poderia deixar de ser muito forte, alimentada pela convicção de que tal abordagem era totalmente inadequada para dar conta das profundezas abissais da especulação heideggeriana. A reação de Gadamer foi, nesse sentido, perfeitamente representativa da rejeição manifestada pelo meio acadêmico alemão, e sobretudo pelos seguidores de Heidegger, diante de uma interpretação deliberadamente "ideológica" do pensamento do mestre. Na França, Jacques Derrida não escondeu seu desacordo fundamental (provocando uma réplica irônica de Bourdieu, que zombou da acusação de que ele se situaria em posições "pré-heideggerianas"), e Dominique Janicaud se mostrou bastante severo diante da falta de consideração do que ele chamou de "o ataque bourdivino", acreditando mesmo que o autor teria perdido "toda a medida" em um "requisitório" que beirava o "terrorismo

---

Kreislauf zuzusetzen. Ich möchte also das Risiko eingehen. Die bequeme Rückreise von Genf nach Heidelberg wurde eine überst Versuchung"). O filósofo me pedia para transmitir ao presidente da Ehess a certeza de que ele tinha apreciado a iniciativa de uma "troca intelectual" com ele (*"dass von einer so berühmten Schule die Initiative ausgegangen ist, mit mir in geistigen Austausch zu treten"*), e em sua segunda carta ele reiterava seu pesar.

intelectual"[5]. O artigo publicado na *Actuel Marx* tentava fazer justiça ao ensaio de Bourdieu, insistindo no caráter premonitório do livro, muito antes que estourassem as sucessivas ondas do "caso Heidegger", e revelava a dimensão das posições sócio-históricas do filósofo (incluído por Bourdieu no movimento da revolução conservadora) pela estrutura interna de seu pensamento. Recebi uma carta de Bourdieu em que ele declarou sua aprovação de meu texto, tendo sido, para além dos agradecimentos usuais, um testemunho revelador de certo amargor sentido pelo autor diante da refutação absoluta que o meio filosófico opôs a seu método de abordagem sociológica e ideológica do pensamento de Heidegger. Permito-me reproduzir uma passagem mais longa da carta, datada de 30 de outubro de 1996:

> Quero expressar toda a minha gratidão pelo seu texto. Você disse quase tudo o que eu mesmo teria dito, se eu pudesse me permitir, a propósito de meu Heidegger, e muitas outras coisas também. Fiquei muito feliz por você ter percebido minha ambição de retomar a intenção do projeto filosófico de Heidegger – o que nunca me foi concedido – com a ontologização do historicismo. Vindo de um especialista como você, tal análise me trouxe um imenso prazer [...]
> Mil saudações [...]

---

[5] Para a polêmica entre Derrida e Bourdieu em relação ao "caso Heidegger", ver *Libération*, 19 e 20 mar. 1988, p. 36. Para a posição de Janicaud, ver Dominique, *Heidegger en France*, I, *Récit* (Paris, Albin Michel, 2001), p. 265-6.

Pesquisas sobre Lukács em Heidelberg

O ano e meio que passei em Heidelberg, onde ofereci seminários em que Lukács, Adorno, Benjamin e também Croce naturalmente foram muito discutidos, me permitiu não apenas aprofundar o estudo de certos aspectos centrais da obra de Lukács (em particular seu livro *O jovem Hegel* – que melhor lugar que uma excelente biblioteca universitária alemã para se encontrar a literatura crítica necessária para colocar à prova as teses lukacsianas sobre a gênese da filosofia hegeliana?) como me confrontar com a juventude universitária alemã, pouco familiarizada com os escritos de Lukács. Alguns estudantes estavam muito marcados pela influência da Escola de Frankfurt, em particular pelos escritos de Adorno, e encontrei uma forte resistência quando se tratava de discutir a justeza das posições de Lukács em sua recusa da "dialética negativa" e da estética antir-realista de seu adversário: o não conformismo de Adorno seduzia os espíritos por sua radicalidade, e devo dizer que encontrei uma situação semelhante mais tarde, nos seminários parisienses, onde precisei dispensar muita energia para dissipar a desconfiança instilada por Adorno contra Lukács e fazer justiça à estética do "grande realismo". As críticas de Lukács contra a estética de vanguarda eram mal recebidas por colegas alemães, como Otto Pöggeler ou Reiner Wiehl: eles me explicaram como a arte de vanguarda exerceu uma influência salutar sobre sua geração, que havia atravessado, durante a adolescência, a terrível época nazista, com seu obscurantismo cultural (o modernismo foi proscrito como "arte degenerada"), e como o contato após a guerra com as correntes artísticas de vanguarda foi sentido como libertador. Lukács pertencia a outro universo intelectual, suas estrelas polares eram Goethe e Hegel, e a influência que seus escritos exerceram sobre a literatura e a filosofia alemãs, após a Segunda Guerra Mundial, foi devida à novidade de perspectiva sobre a história e a cultura alemãs, em radical ruptura com a massa de preconceitos e estereótipos acumulados durante a longa hegemonia da reação. Seus estudos sobre Heine ou Gottfried

Keller, por exemplo, para não mencionar os *Faust-Studien* ou os escritos sobre Thomas Mann, tiveram real influência emancipatória. O livro *O jovem Hegel* mudou radicalmente a perspectiva a respeito da gênese da filosofia hegeliana. Estudando atentamente em Heidelberg os textos de juventude de Hegel, reunidos por Herman Nohl no volume intitulado *Theologische Jugendschriften*, assim como a vasta literatura crítica sobre o assunto (atividade que não pude realizar na Romênia, pois lá esses textos eram inacessíveis), pude avaliar o quanto as análises lukacsianas eram bem fundamentadas.

O estudo de *O jovem Hegel* foi para mim muito mais que a leitura de uma história da filosofia. Em minha opinião, pode-se retirar desse livro uma grande lição de vida, eu diria quase uma ética. As considerações formuladas por Lukács sobre o destino divergente de Hegel, de um lado, e o de Hölderlin e de Fichte, de outro, me pareceram ricas de consequências. Um deles imerso no "fermento das contradições", extraindo a substância de seu pensamento desse extraordinário senso do real (o relato de Heine sobre seu encontro com Hegel confirma essa abordagem lukacsiana da figura de Hegel), e tendo aceitado como uma realidade incontornável a sociedade burguesa que resultou da Revolução Francesa, sem ocultar suas contradições; os dois outros petrificados em sua inflexibilidade jacobina, Hölderlin cheio de imensa tristeza de ver a Alemanha incapaz de se elevar ao nível das repúblicas antigas. A maneira como Lukács defendeu a superioridade do "realismo" de Hegel em relação ao "moralismo" de Fichte, a fecundidade do caminho filosófico do primeiro em relação ao impasse para onde levava o idealismo subjetivo do segundo (com o forte desvio nacionalista do segundo Fichte), me pareceu repleta de ensinamentos. E depois a potente ênfase na natureza estruturalmente antirromântica do pensamento de Hegel, a energia despendida por Lukács para enfatizar tudo o que separava Hegel de Schleiermacher, de Jacobi, do movimento de Schlegel e Novalis, e, sobretudo, de seu antigo companheiro de luta pelo "idealismo absoluto", Schelling, não deixavam de revelar o vasto pano de fundo filosófico do combate lukacsiano pelo "realismo". As aproximações entre Hegel e Balzac que podem ser encontradas em *O jovem Hegel* devem ter sido uma surpresa para muitos, assim como as comparações com as posições de Fourrier, mas forjar tais constelações ideológicas, incomuns em relação à tradição, foi privilégio do método lukacsiano. Finalmente, houve as páginas desconcertantes sobre "a tragédia da ética" (*Tragödie im Sittlichen*), conceito formulado por Hegel em *O direito natural** (1802), em que Lukács estabeleceu uma conjunção entre as visões econômicas de Hegel, dando conta da influência de Adam Smith e de Ricardo,

---

* Ed. bras.: *Sobre as maneiras científicas de tratar o direito natural: seu lugar na filosofia prática e sua relação com as ciências positivas do direito* (trad. Agemir Bavaresco e Sérgio B. Christino, São Paulo, Loyola, 2007). (N. E.)

e a vertiginosa especulação ética, a da tragédia em que o absoluto joga consigo mesmo, páginas que não deixam de lembrar o elogio da tragédia de seu próprio ensaio de juventude "A metafísica da tragédia" (1911). Lukács interpretou as difíceis considerações hegelianas sobre a "tragédia da ética" à luz de um comentário de Marx sobre Ricardo: o progresso econômico, a necessidade da "produção pela produção", portanto o progresso da humanidade como espécie, se pagam pelo sacrifício dos indivíduos, o desenvolvimento da individualidade se realiza sobre os sacrifícios individuais. Hégel se apoiou no exemplo das *Erínias* de Ésquilo para mostrar como o absoluto ético se eleva sobre o pano de fundo do combate das "forças subterrâneas". Volto a uma questão levantada anteriormente: deve-se ler *O jovem Hegel* como uma "alegoria" do caminho de Lukács na Rússia stalinista e interpretar a apologia do "realismo" hegeliano como uma legitimação de sua própria opção de seguir a via do "socialismo em um só país", em lugar da utopia da "revolução mundial"? Procurava ele na reconciliação de Hegel com o Termidor pós-revolucionário uma espécie de paradigma ideológico para seu próprio alinhamento com o Termidor staliniano? É conhecido o depoimento de Lukács, expresso em várias ocasiões, segundo o qual, em 1926, por ocasião do famoso debate entre Stálin e Trótski, ele apoiou a decisão staliniana de prosseguir na via preconizada por Lênin, a da possibilidade de construir o socialismo em um só país. Gramsci parece ter adotado igual posição na mesma época. Voltando a *O jovem Hegel*, é necessário lembrar que Lukács atribuiu em seu livro um lugar importante ao "napoleonismo" de Hegel, interpretando a forte admiração de Hegel pela ação de Napoleão como uma continuação de sua admiração pela Revolução Francesa. Lucien Goldmann, que não foi muito escrupuloso ao falar de uma "adesão ao stalinismo" por parte de Lukács, influenciado pelo discurso trotskista que equiparava a ditadura stalinista a um "bonapartismo", acreditou ter detectado no elogio feito por Lukács, em seu livro, à admiração de Hegel por Napoleão uma forma disfarçada de justificativa da ditadura staliniana[1]. Permitiu-se, assim, ser levado por um jogo contestável de analogias. Se a solidariedade de Lukács com a ação de Stálin voltada à consolidação do poder da União Soviética é incontestável (era o espectro da ascensão poderosa da Alemanha hitleriana, que, segundo seu depoimento, o assombrava muito na época, e as incertezas sobre a vontade das democracias ocidentais de intervir para barrar a rota da expansão do nacional-socialismo que justificavam, em seu ponto de vista, o apoio a Stálin, que ele considerava, em meados dos anos 1930, a única força capaz de se opor à escalada do nazismo), não é menos certo que, no plano da reflexão teórica, uma imensa distância separava a estrutura de pensamento de Lukács dos esquemas estreitos e primários do marxismo stalinista. Goldmann deveria ter

---

[1] Ver artigo sobre Lukács, assinado por Lucien Goldmann, em *Dictionnaire des philosophes* (Paris, Encyclopædia Universalis/Albin, 1998), p. 932.

refletido melhor sobre tudo o que separava o espírito de um livro como *O jovem Hegel* (redigido, é verdade, durante os anos do stalinismo linha dura – 1936-1937 –, cujos vestígios podem ser encontrados em certas passagens da obra, que, no entanto, só pôde ser publicada após a guerra, em 1948, por um editor suíço) da *forma mentis* de um marxista staliniano. Não quero excluir a ideia de que Lukács poderia ter pensado na ditadura napoleônica como uma ação para salvaguardar as conquistas da Revolução Francesa como precedente histórico para a ditadura soviética, a fim de conservar as conquistas da Revolução de Outubro. Mas no que concerne a sua interpretação de Hegel, objeto de seu livro, pode-se perguntar qual staliniano teria sido capaz de uma reflexão tão fina sobre "a tragédia na ética", se elevando a um nível especulativo em que a ética é considerada o verdadeiro núcleo da história. As relações entre a economia e a ética, que estão no centro de sua interpretação da "tragédia da ética" hegeliana, eram a última preocupação dos stalinianos, para quem a própria ideia de um caráter trágico da história, provocada pelas ações das "forças subterrâneas" (Hegel designa assim as forças cegas da economia) confrontadas com o absoluto da ética, devia aparecer como uma obscura especulação idealista. É verdade que Lukács apresentou seu manuscrito *O jovem Hegel* como tese de doutorado no Instituto de Filosofia da Academia de Ciências Soviéticas, localizado em Tashkent (capital do Uzbequistão), no final de 1942, onde numerosos escritores e universitários moscovitas acharam refúgio (entre os membros do júri estava Valentin Asmus, bom intérprete do idealismo clássico alemão, que conservou o relatório sobre a tese), mas não se pode deduzir disso que o livro encontraria público no meio filosófico oficial soviético. Sua publicação foi excluída na URSS, já que, durante a guerra, Hegel tinha se tornado objeto dos anátemas de Zhdanov e dos ideólogos stalinianos, que pensavam que, para ganhar a guerra, era necessário desacreditar ao máximo o pensamento alemão e, portanto, designaram Hegel como "representante da reação aristocrática contra o espírito da Revolução Francesa". O verdadeiro stalinismo foi exatamente isso: manipular a filosofia como um instrumento vulgar de propaganda à parte de todo interesse especulativo verdadeiro. Quando se fala das relações de Lukács com o stalinismo, é necessário ter presente uma conclusão que ele formulou no final de sua vida, ao fazer o balanço de sua trajetória durante o que ele chamou de "a longa noite" da época staliniana: "Eu creio poder dizer com toda tranquilidade que eu era um adversário dos métodos stalinianos, mesmo quando eu ainda acreditava ser a favor de Stálin"[2].

---

[2]   G. Lukács, "Über Stalin hinaus", texto datado de 1969, publicado com o título "Sozialismus als Phase radikaler, kritischer Reformen" em *Enzyklopädisches Stichwort, Ausgewählte Schriften*, v. 4: *Marxismus und Stalinismus* (Reinbek, Rowohlt, 1970, coleção Politische Aufsätze), p. 239-40.

Antes de Lukács, nenhum outro intérprete explorou com tanto cuidado a visão econômica de Hegel com o objetivo de mostrar o peso dessa visão na gênese de seu pensamento dialético. Essa concrescência das considerações econômicas e da especulação filosófica em seus escritos do período de Iena (basta lembrar a importância da dimensão do conceito de trabalho) foi evidenciada pela primeira vez por Lukács. Em Heidelberg, ao ler as obras de Panajotis Kondylis ou de Adrien Peperzak, que contestaram fortemente o livro de Lukács, acusando-o de projetar no texto hegeliano seus próprios fantasmas marxistas, eu me perguntava como eles tinham podido fechar os olhos diante da significação dos textos hegelianos destacados por Lukács e elucidados por seus comentários. Mas devo admitir que às vezes a força dos preconceitos ideológicos pode ser tão grande que até mesmo um intérprete do pensamento de Hegel da estatura de Benedetto Croce foi tomado por uma acentuada mudança de humor quando soube da publicação de um livro dedicado às "relações entre dialética e economia" (tal era o subtítulo da obra publicada em Zurique em 1948, que tinha sido uma iniciativa de Hans Oprecht, editor suíço, pois na realidade Lukács havia intitulado a obra como "O jovem Hegel e os problemas da sociedade capitalista"), apressando-se a estigmatizar sua abordagem, qualificada por ele como "elucubrações", sem ao menos se dar ao trabalho de ler o livro[3]. Croce não suspeitava que tinha um predecessor, um filósofo marxista, para identificar em Hegel uma inspiração ética na raiz do pensamento dialético (*O jovem Hegel* insiste com frequência no "humanismo crítico" de Hegel, relacionando-o com o humanismo de Goethe e de Schiller, desenvolvendo, a partir daí, um paralelo entre a trajetória do Fausto e a do sujeito na *Fenomenologia do espírito* hegeliana). É preciso lembrar que somente em seus últimos escritos sobre Hegel, no início dos anos 1950, Croce chegou à conclusão de que a raiz profunda da dialética hegeliana é de natureza ética, situando-a no conflito entre o mundo dos interesses e das paixões e a força unificadora da consciência moral (as origens da dialética se encontrariam, segundo ele, na "passagem da categoria vital para a categoria moral", na elevação das pulsões da pura individuação à universalidade da consciência moral: a grande descoberta de Hegel teria, pois, sua raiz em uma pesquisa *d'alta Etica*[4], tese que a análise lukacsiana da "tragédia da ética" hegeliana prefigura amplamente). Adorno também não apreciou *O jovem Hegel*, ainda que, em uma nota redigida a seu amigo Horkheimer, tratando justamente do livro de Lukács, ele tivesse

---

[3] Ver Benedetto Croce, *Indagini su Hegel e schiarimenti filosofici* (org. Alessandro Savo, Nápoles, Bibliopolis, 1998, coleção Edizione Nazionale delle Opere di Benedetto Croce Filosofici XIII), p. 86.

[4] Ibidem, p. 44.

reconhecido implicitamente ter descoberto a acuidade premonitória da visão econômica de Hegel presente nos manuscritos de Iena graças ao destaque que Lukács deu a ela ("citação extraordinária!" – *grossartiges Zitat* –, exclamou Adorno diante de uma passagem de *O jovem Hegel* que fala dos efeitos alienantes da divisão do trabalho e do maquinismo). Descobri o manuscrito do breve relatório de leitura dirigido a Horkheimer, redigido por Adorno logo após ter lido *O jovem Hegel*, no arquivo Horkheimer de Frankfurt, e é surpreendente que esse texto tenha permanecido inédito até o momento. Se alguém se perguntar sobre as razões da reação negativa de Adorno (ela foi expressa com virulência em uma carta a Thomas Mann em 3 de junho de 1950, na qual o livro de Lukács foi apresentado como testemunho da "reificação" de seu pensamento[5]), deve buscar a explicação em sua fixação na imagem de um filósofo que teria sacrificado a autonomia de seu pensamento para se curvar aos dogmas de seu partido. A nota de leitura destinada a Horkheimer continha observações nesse sentido que fazem rir, pois, prisioneiro dos próprios fantasmas sobre um Lukács tímido diante da *nomenklatura*, Adorno criticava o autor de *O jovem Hegel* por ter deliberadamente ocultado os aspectos mais especulativos do pensamento hegeliano, os da *Lógica*, atribuindo essa evasiva a um suposto "medo diante dos monges"! Dito isso, como já mencionei linhas acima, há evidentemente em *O jovem Hegel* passagens que chocam por seu alinhamento à ideologia oficial (por exemplo, a identificação do trotskismo com a "contrarrevolução", página 125 de *Der junge Hegel*, Berlim, Aufbau, 1954). Lukács estava ciente, após as terríveis revelações do Relatório Kruschev sobre os crimes stalinianos, que as passagens de seus escritos dos anos 1930, em que o nome de Stálin era citado de maneira positiva, segundo os rituais da época, poderiam levá-lo a ser rotulado de "staliniano"; no prefácio à edição italiana de seu livro *Beiträge zur Geschichte der Asthetik* [Contribuições à história da estética], redigido em 1957, ele se viu obrigado a esclarecer que essas passagens deveriam ser lidas como concessões "protocolares" aos costumes ideológicos da época[6], pois uma leitura atenta de seus escritos mostraria que seu espírito se situava inteiramente como antípoda dos dogmas oficiais.

Para um intelectual que atravessou, durante decênios, a experiência do "socialismo real" em um país do Leste, falar do "obscurantismo" da época staliniana não é uma palavra muito forte. O catecismo do "materialismo dialético e histórico",

---

[5] Theodor W. Adorno e Thomas Mann, *Correspondance 1943-1955* (trad. Pierre Rusch, Paris, Klincksieck, 2009), p. 54.

[6] G. Lukács, "Vorwort zur italienischen Ausgabe der Beiträge zur Geschichte der Asthetik", em Peter Ludz (org.), *Schriften zur Ideologie und Politik* (Neuwied/Berlim, Luchterhand, 1967), p. 644.

redigido por Stálin como o capítulo IV do breve resumo da *História do Partido Comunista da União Soviética*, se encontra a anos-luz do verdadeiro espírito do pensamento de Marx. Assim, quando se depara, ao final do livro de Lukács sobre Hegel, com uma página em que o autor se refere a Stálin como o iniciador do "período leninista" em filosofia[7], é inevitável se perguntar se essa é simplesmente uma daquelas genuflexões protocolares evocadas por Lukács como concessões inevitáveis para fazer passar seus escritos, ou se é uma afirmação sincera, que levaria mais água ao moinho daqueles que não deixaram de retratá-lo como um intelectual que capitulou diante da linha staliniana.

Na realidade, as coisas não são tão simples, e pude recordar em outro lugar que, mesmo no final da vida, após ter investido muita energia para levar adiante a luta contra o stalinismo e contra sua influência funesta no movimento comunista, Lukács defendeu, em seu escrito autobiográfico *Pensamento vivido*, a ideia que acolheu a intervenção de Stálin, no início dos anos 1930, no debate filosófico que aconteceu na URSS em torno de Deborin e de sua escola filosófica (quando seu "plekhanovismo" tinha sido objeto de uma condenação considerável), como um ato salutar. Segundo o depoimento de Lukács, que estava presente, Stálin teria defendido a interpretação do marxismo como uma filosofia de alcance universal e reivindicado a herança de Lênin contra a linha plekhanoviana de Deborin; a derrota de Deborin, antigo crítico e adversário de Lukács (em 1924, foi ele que se encarregou de lançar o anátema do "subjetivismo" sobre *História e consciência de classe*, e Lukács não tinha nenhuma simpatia pelo mecanicismo e pelo excesso de feuerbachismo do discípulo de Plekhanov), não deveria, portanto, desagradar Lukács, enquanto a defesa da herança de Lênin estava de acordo com sua própria orientação. Certamente ele se deu conta mais tarde de que os objetivos perseguidos por Stálin eram bem outros que filosóficos, pois o ditador só queria aproveitar o debate para afirmar seu poder, utilizando o uniforme do leninismo para legitimar sua dominação. Mas em 1937-1938, quando redigia *O jovem Hegel*, Lukács não trapaceou com suas convicções ao atribuir a Stálin o papel de defensor do "período do leninismo" na filosofia. Pensava certamente na impressão causada pelo debate sobre Deborin. Em sua carta de 1962 a Carocci[8], ele especifica ainda que, por ocasião de sua reedição, se recusou a apagar nesses escritos as

---

[7]   G. Lukács, *Der junge Hegel* (Berlim, Aufbau, 1954), p. 642 [ed. bras.: *O jovem Hegel e os problemas da sociedade capitalista*, trad. Nélio Schneider, São Paulo, Boitempo, 2018].

[8]   Alberto Carocci era redator-chefe da revista *Nuovi Argomenti*. A carta endereçada a ele por Lukács, concebida como resposta a um questionário enviado pelo jornalista italiano, foi publicada em alemão em 1963 em vários números da revista austríaca *Forum* com o título "Privatbrief über Stalinismus".

228 Por que Lukács?

passagens "comprometedoras", porque considerava que se deve conservar os textos tal como foram redigidos.

***

O período transcorrido em Heidelberg e as pesquisas às quais fiz alusão me levaram a refletir sobre o lugar que a longa permanência de Lukács nessa cidade, de gloriosas tradições universitárias, pôde ocupar em sua trajetória intelectual e sobre as repercussões em sua obra. Percorrendo o *Philosophenweg* (caminho dos filósofos), situado em uma colina perto da cidade, imaginei que Lukács e Bloch – os dois jovens pensadores tinham se tornado muito bons amigos e eram frequentemente vistos juntos na Heidelberg da época, e, aliás, há um depoimento de Jaspers nesse sentido – tinham certamente frequentado esse lugar. Jaspers os conheceu no círculo de Max Weber, e as relações entre o ilustre sociólogo e o jovem Lukács sempre me pareceram um capítulo fascinante da biografia intelectual do filósofo húngaro. Em Heidelberg, Lukács conheceu alguns dos representantes mais marcantes da *intelligentsia* alemã da época, teve contatos diretos ou epistolares com numerosos membros da elite universitária desse período, e os testemunhos de estima, que ele teve da maior parte deles, mostram que suas qualidades intelectuais se beneficiavam de um reconhecimento quase unânime. As cartas de Simmel, Max Weber, Alfred Weber, Heinrich Rickert, Troeltsch, Worringer, Curtius, Lask etc. fornecem uma documentação eloquente nesse sentido[9]. Foi em Heidelberg que ele recebeu a visita de Max Scheler, estrela ascendente da filosofia da época, que tentou convencê-lo da eficácia do método fenomenológico, apesar de colidir, no entanto, segundo as palavras de Lukács, com uma recepção irônica da parte daquele que mais tarde se tornaria um crítico severo da *Wesensschau* – a intuição da essência – husserliana. Foi ainda em Heidelberg que ele teve contato com Karl Jaspers, que, como médico, chegou a fornecer-lhe um documento que lhe permitia escapar do serviço militar em seu país. Se as informações sobre uma participação do jovem Lukács no círculo de Stefan George são puramente fantasiosas (embora tenham sido frequentemente encontradas nas biografias do filósofo), é verdade que em Heidelberg ele encontrou Friedrich Gundolf, figura de destaque desse círculo, cujas interpretações das obras de Goethe ou de Kleist foram mais tarde objeto de suas mais fortes críticas. Mas os mais significativos, segundo meu ponto de vista, são os contatos estreitos que ele manteve com Max Weber e Emil Lask, ambos professores na Universidade de Heidelberg.

A correspondência entre Max Weber e Lukács mostra a consideração que o grande sociólogo tinha por seu jovem amigo e por seus trabalhos. Weber esteve

---

[9] Pode-se consultar uma seleção desses textos em G. Lukács, *Correspondance de jeunesse 1908--1917* (orgs. Eva Fekete e Eva Karádi, Paris, François Maspero, 1981).

entre os primeiros leitores da versão inicial da *Estética de Heidelberg*[10]; em uma carta datada de 10 de março de 1913, suas observações mostram que ele entendeu perfeitamente o caráter inovador da abordagem de Lukács em relação à tradição inaugurada pela *Crítica da faculdade do juízo* de Kant: situar no centro da problemática estética não o juízo do gosto e suas condições de possibilidade, mas o processo de criação artística e as condições de possibilidade das obras, o que, na visão de Weber, seria "um benefício" (*eine Wohltat*). Não é possível deixar de se surpreender com outra carta endereçada por Max Weber ao jovem filósofo alguns anos antes (datada de 6 de março de 1913), em que, pedindo que ele recebesse Gaston Riou, um enviado do *Figaro* à Alemanha, Weber apresenta Lukács como representante de um "escatologismo" alemão, que ele define como o "antípoda" de Stefan George: alusão ao círculo impregnado de espírito aristocrático e fortemente estetizante formado em torno do poeta[11]. Seria necessário, talvez, associar essa fórmula de Weber à lapidar caracterização das opiniões de Lukács nessa época, proposta por Marianne Weber, esposa do sociólogo, que, em seu livro dedicado ao marido, intitulado *Max Weber – ein Lebensbild* [Max Weber – uma biografia], sintetizava, assim, a posição metafísica de seu jovem amigo: "O objetivo último era emancipar-se do mundo, e não, como em George e seu círculo, se realizar nele"[12]. É impressionante notar como as visões expressas por Lukács nesse período inicial de seu desenvolvimento, e que suscitavam visivelmente o interesse de Max Weber, prefiguravam para muitos as posições que ele defenderia em sua obra de maturidade (portanto, em seu período marxista!): não se deve hesitar em estabelecer uma linha de continuidade entre o "escatologismo" do jovem Lukács (para empregar a fórmula de Weber) e a metafísica do "gênero humano para-si" que ele esboçará em sua *Ontologia do ser social*. A oposição estabelecida por Weber entre as posições de seu jovem amigo e as do círculo de Stefan George mostra uma intuição exata da *forma mentis* lukacsiana. Basta ler a longa resposta de Lukács ao questionário enviado por Félix Bertaux e Jean-Richard Bloch, em nome da revista *L'Éffort libre*, a respeito da situação da cultura alemã (a resposta é datada precisamente de março de 1913) para descobrir nela uma antecipação das considerações desenvolvidas muito mais tarde em seus estudos sobre o pensamento e a literatura alemães. Seria arriscado afirmar que precisamente suas observações sobre o espírito do círculo de George, em quem ele aponta um "esoterismo estético" de "ênfases falsas" e, sobretudo, a oscilação entre "o culto da Idade Média e o de César, com

---

[10] Essa primeira versão surgiu em francês com o título *Philosophie de l'art* (trad. Rainer Rochlitz e Alain Pernet, [s. l.], Klincksieck, 1981).

[11] Ver G. Lukács, *Correspondance de jeunesse 1908-1917*, cit., p. 234.

[12] "*Letztes Ziel ist Erlösung von der Welt. Nicht wie für George und seinen Kreis: Erfüllung in ihr*" [Marianne Weber, *Max Weber – ein Lebensbild*, Munique, Piper, 1989, p. 474].

um pouco de culto a Bergson"[13], fazem pressentir o futuro autor de *A destruição de razão*, assim como seu argumento enérgico para a fundação de uma "comunidade verdadeira" sobre uma nova "metafísica", cuja ausência no movimento socialista da época ele deplora (sua falta de simpatia pela social-democracia de seu tempo e por sua estratégia oportunista é atestada, entre outras, pelas lembranças de Paul Honigsheim, membro do círculo de Max Weber), anuncia, *mutatis mutandis*, a iniciativa do último Lukács de contribuir para a regeneração da ideia socialista, após a "longa noite" staliniana, por meio da elaboração de uma ontologia do ser social? A confiança de Weber nas capacidades intelectuais de seu jovem amigo encontra sua expressão naquilo que viria a se tornar o *leitmotiv* de todas as suas cartas: a insistência para que Lukács completasse sua estética sistemática com a finalidade de passar na habilitação e obter, assim, sua *venia legendi* para lecionar na universidade. "Tê-lo como colega é um dos meus desejos mais caros" (*Ich wünsche Sie als Kollegen, sehr wie ich irgend etwas wünsche*), escreveu de Charlottenburgo em agosto de 1916.

Max Weber estava convencido de que Lukács havia cometido um grave erro ao se engajar na causa comunista no final do ano de 1918. A carta que enviou, em março de 1920, àquele em quem havia investido uma grande confiança intelectual talvez possa ser considerada um depoimento de lucidez e perspicácia por todos aqueles que compartilham da ideia de que a revolução bolchevique foi uma aberração histórica. Ao apontar suas divergências políticas e mirar a revolução russa, causa que o jovem filósofo havia abraçado com entusiasmo, Weber o advertiu, de modo premonitório, do desfecho fatal de sua escolha: "[...] estou absolutamente convencido de que estas experiências podem e vão levar a um descrédito do socialismo por cem anos"[14]. Uma carta enviada dois meses antes, em 9 de janeiro de 1920, ao pai de Lukács (do qual Weber havia sido hóspede em Budapeste durante o verão de 1916) mostra que o sociólogo perseverava em seus projetos de ver Lukács instalado na Alemanha, em uma universidade, o que o afastaria da atividade política, mesmo sem deixar de mencionar os obstáculos criados por uma "atmosfera acadêmica extremamente reacionária e radicalmente antissemita": Weber se refere nessa mensagem a uma carta que acabara de enviar ao ministro da Justiça húngaro (a Hungria vivia sob o novo regime do almirante Horthy, que havia esmagado a República Húngara

---

[13] Carta a Félix Bertaux (março de 1913), em G. Lukács, *Correspondance de jeunesse 1908-1917*, cit., p. 239.

[14] A carta citada por Wolfgang Mommsen em seu livro *Max Weber und die deutsche Politik 1890--1920* (2. ed. ampl., Tubinga, T.C.B. Mohr/Paul Siebeck, [s. d.]), p. 322, nota [ed. francesa: *Max Weber et la politique allemande: 1890-1920*, trad. Jean Amsler, Jean-Rodolphe Amsler e Der Bechtel, Paris, PUF, 1985].

dos Conselhos e desencadeado uma onda de perseguições contra seus partidários, entre os quais Lukács, comissário do povo para a educação pública e a cultura durante o governo de Béla Kun), pedindo que cessassem as perseguições contra alguém que gozava de um real prestígio na Alemanha e na França e cujos trabalhos honravam seu país. Na carta que endereçou dois meses mais tarde a Lukács (ver acima), Weber reiterou seu pesar por ver a política arrastar em seu turbilhão as mentes que ele considerava "valores incontestáveis" *(zweifelsfreien Werten)*, citando os exemplos de Schumpeter (economista bastante conhecido que se tornou ministro das Finanças no governo austríaco) e Lukács, convertido à extrema esquerda. Sabe-se que todas essas determinações do sociólogo não tiveram os resultados que ele desejava. As escolhas ideológicas e políticas de Lukács se mostraram irreversíveis e, mais de cinquenta anos depois, ao colocar no papel suas notas autobiográficas, intituladas *Pensamento vivido*, o velho filósofo validou sem reservas sua virada de 1918, registrando, com humor, que, se ele tivesse seguido o caminho acadêmico da habilitação e da carreira universitária, insistentemente defendido por Weber, ele teria se tornado, "no melhor dos casos, um *Privatdozent* de excentricidade 'interessante' em Heidelberg"[15] e não o filósofo engajado que se tornou.

Quase meio século depois dessa troca de cartas entre Max Weber e Lukács, em uma página de sua *Ontologia do ser social*, o filósofo marxista censurou o ilustre sociólogo por ter permanecido confinado à famosa dualidade entre a ética da convicção e a ética da responsabilidade, estabelecendo uma oposição irredutível entre a violência e a ética do "sermão da montanha", entre a política e a "ética acósmica do amor" (Lukács pensava nos desenvolvimentos de Weber em sua célebre conferência intitulada *Politik als Beruf*, publicada em francês sob o título *Le Métier et la vocation d'homme politique**. Recordei em outro lugar a conjectura, transformada por Daniel Bell em peça central do retrato que ele pinta de Lukács, de que Max Weber teria pensado em Lukács quando falava em sua conferência dos defensores da "ética da convicção", que permanecem cegos diante dos meios deploráveis impostos pela tradução política de suas intenções[16]. A verdade é que Lukács se recusou a aceitar como

---

[15] G. Lukács, *Gelebtes Denken: Eine Autobiographie im Dialog* (Frankfurt, Suhrkamp, 1981), p. 254 [ed. bras.: *Pensamento vivido: autobiografia em diálogo*, trad. Cristina Alberta Franco, São Paulo, Estudos e edições Ad Hominem/Universidade Federal de Viçosa, 1999, p. 156].

* Ed. bras.: *Ciência e política: duas vocações* (trad. Leonidas Hegenberg e Octanny Silveira da Mota, São Paulo, Cultrix, 2001). (N. E.)

[16] Ver Nicolas Tertulian, "Le Grand Projet de l'Éthique", *Actuel Marx*, n. 10, 1991, p. 88-9 [ed. bras.: "O grande projeto da Ética", *Verinotio – Revista On-line de Filosofia e Ciências Humanas*, trad. Lúcio Flávio R. de Almeida, n. 12, ano 6, out. 2010, p. 24; disponível em: <https://www.verinotio.org/conteudo/0.77644266353589.pdf>; acesso em: 8 nov. 2022].

insolúvel a dualidade entre a ética da convicção e a ética da responsabilidade, censurando Weber por absolutizar a *Realpolitik*, o caráter isento de vocação ética do gesto político, e por confinar a política à esfera do "gênero humano em-si", aquela dos interesses e dos objetivos particulares, desprovidos da dimensão de universalidade[17]. Pode-se acrescentar que os dilemas éticos da ação revolucionária, mais precisamente a necessidade de realizar, em circunstâncias determinadas, ações não éticas para defender a causa da revolução, preocuparam Lukács desde cedo: seu forte interesse pelos romances do célebre terrorista russo Boris Savinkov (cujo pseudônimo literário era Ropchine), que se expressa, já em 1915, nas cartas endereçadas a Paul Ernst, dá testemunho disso[18]. Seu ensaio de 1919, "Tática e ética", que marca sua virada para o hegelo-marxismo, também faz referência a Ropchine quando cita as palavras da Judite, de Hebbel, justificando o assassinato de Holofernes após tê-lo seduzido, como paradigma do agir antiético por uma causa nobre: "E se Deus colocou um pecado entre mim e a ação que me foi imposta – quem sou eu para evitá-la?"[19]. Em sua *Ontologia*, concluindo suas considerações críticas sobre Weber, Lukács fala de uma "cisão trágica" em sua personalidade. Ele já havia analisado em *A destruição da razão*, no capítulo dedicado à sociologia alemã na era guilhermina, as contradições que, segundo ele, atravessavam o pensamento político de Weber, ou seja, entre suas aspirações sinceras a uma democratização da Alemanha (o que o diferenciava da maioria dos outros sociólogos alemães da época, com exceção de Troeltsch) e seus sonhos de uma Alemanha imperial: a designação de Max Weber como *ein liberaler Imperialist* foi considerada bastante pertinente por Wolfgang Mommsen[20], intérprete autorizado do pensamento político de Weber. Mas Lukács não suspeitava que ele próprio sofreria um tratamento semelhante ao que aplicara a Max Weber e que a posteridade o julgaria, pela voz de discípulos às vezes muito próximos, como um personagem trágico, atravessado, em sua adesão à causa da revolução, por antinomias que acabariam por levar sua obra e sua atividade

---

[17] G. Lukács, *Werke*, v. 14: Frank Benseler (org.), *Zur Ontologie des gesellschaftlichen Seins*, II (Neuwied, Luchterhand, 1986), p. 624 [ed. bras.: *Para uma ontologia do ser social*, II, São Paulo, Boitempo, 2013, p. 713]

[18] Ver a carta endereçada por Lukács a Paul Ernst em março de 1915 em Éva Karádi e Éva Fekete (orgs.), *Briefwechsel 1902-1917* (Stuttgart, Metzler, 1982), p. 345-6 [ed. francesa: *Correspondance de jeunesse 1908-1917*, cit., p. 252].

[19] G. Lukács, "Tactique et éthique", *Revue Internationale de Philosophie*, trad. Robert Legros e Guy Haarscher, v. 27, n. 106, fasc. 4, 1973, p. 371-406 [ed. bras.: "Tática e ética", trad. Caique de Oliveira Sobreira Cruz e Manassés de Jesus Santos Júnior, 2022; disponível em: <https://aterraeredonda.com.br/tatica-e-etica-1919/>; acesso em: 8 nov. 2022].

[20] Wolfgang Mommsen, *Max Weber und die deutsche Politik 1890-1920*, cit., p. 482.

a um impasse. Essa é, por exemplo, a posição de István Mészáros, que faz um julgamento bastante severo do balanço da obra lukacsiana nas cem páginas que dedicou a ele em sua enorme obra intitulada *Beyond Capital*[21].

---

[21] István Mészáros, *Beyond Capital: Toward a Theory of Transition* (Londres, Merlin Press, 1995), p. 282-422 [ed. bras.: *Para além do capital: rumo a uma teoria da transição,* trad. Paulo César Castanheira e Sergio Lessa, São Paulo, Boitempo, 2011, p. 347-515]. O título do décimo sexto capítulo do livro de Mészáros anuncia o tom das quase 150 páginas dedicadas ao destino intelectual e político daquele que foi seu mestre: "The Tragedy of Lukács and the Question of Alternatives". Antes de toda a discussão sobre a pertinência da fórmula sobre o caráter trágico do trajeto intelectual e político de Lukács, eu me limitaria a observar que o próprio interessado de modo algum se reconheceria nessa sombria maneira de sintetizar sua história. Respondendo em 27 de abril de 1961 a seu editor Frank Benseler, que lhe havia enviado o prefácio de Peter Ludz para uma coletânea de seus escritos em que ele era designado em duas ocasiões como uma "figura trágica", Lukács se opôs categoricamente a essa fórmula segundo ele inspirada pelos preconceitos ideológicos: "Eu devo observar que a concepção segundo a qual eu seria uma figura 'trágica' [...] também pertence às lendas literárias ocidentais (*westlichen Literaturlegenden*) e não há nenhuma relação com a realidade"; ver Rüdiger Dannemann e Werner Jung (orgs.), *Objektive Möglichkeit: Beiträge zu Georg Lukács Zur Ontologie des gesellschaftlichen Seins* (Frank Benseler zum 65. Geburtstag, Opladen, Westdeutscher Verlag, 1995), p. 74. Nem é preciso dizer que não se é obrigado a seguir Lukács em seus julgamentos sobre a própria trajetória e que a tese de Mészáros merece uma discussão séria.

O "CASO LUKÁCS": OS GRANDES DEBATES

A posição de Lukács dentro do movimento político ao qual permaneceu fiel por mais de meio século, em particular sua recusa em abjurar a causa inaugurada pela Revolução de Outubro, e os inúmeros avatares que sua trajetória intelectual e política conheceu, concomitantemente às perversões sofridas pela ideia comunista, deram origem a uma vasta literatura crítica. Acumulou-se tal massa de preconceitos e de falsas interpretações sobre sua atividade que a primeira obrigação do comentário crítico é restituir o sentido e o alcance exato de seus escritos, pondo fim ao desconhecimento que atingiu, em particular, suas últimas grandes obras, a *Estética* e a *Ontologia do ser social*.

Tendo obtido um contrato de um ano para lecionar estética na Universidade de Siena, na Itália, a convite de Giuseppe Prestipino, um colega que havia desenvolvido importantes pesquisas no campo da antropologia e da estética marxista, deixei Heidelberg no final de 1981 e dei início a uma experiência intelectual bastante proveitosa, a de um curso centrado em uma análise comparativa das estéticas de Lukács e Croce, o que me permitiu colocar à prova os teoremas estéticos de Lukács por meio de sua recepção pelos estudantes italianos. Lecionar estética em uma universidade italiana, em uma cidade e em um país onde a arte é onipresente, nessa Toscana que deixou uma forte impressão na formação estética de Lukács (ele viveu em Florença durante o inverno de 1911-1912, para não mencionar outras estadas na Itália na mesma época), foi uma experiência particularmente enriquecedora. Foi também em Florença que Charles de Tolnay desenvolveu sua atividade. Historiador da arte, grande especialista em Michelangelo, Tolnay frequentou, em Budapeste, no final da Primeira Guerra Mundial, o grupo que se reunia em torno de Lukács, conhecido como *Sonntagskreis* (o "círculo do domingo" ou "sociedade dominical"). Quanto a Benedetto Croce, sua obra marcou um momento crucial na história da estética, e suas relações com a estética de Kant e Hegel ofereciam um terreno ideal para o confronto com as posições, ao mesmo tempo semelhantes e diferentes, de Lukács. Tentei encontrar pontos de contato entre as duas estéticas, para surpresa de alguns de meus colegas italianos (acostumados a estabelecer uma oposição irredutível entre o idealismo de Croce e o pensamento de inspiração marxista), falando, por exemplo, de suas relações comuns com a estética de Fiedler, das diferenças na abordagem da questão da relação entre "decoração" e "ilustração" na arte (dualidade introduzida por Bernard Berenson), das semelhanças marcantes em suas distinções entre poesia e "letteratura" (em Croce), de "arte" e "belas-artes" (em Lukács), do significado de suas atitudes muito diferentes em relação à herança da estética hegeliana etc.

Mas foi sobretudo a movimentada história da recepção da obra de Lukács na Itália que tornou a permanência nesse país estimulante para um pesquisador interessado em sua obra. O encontro com Cesare Cases, brilhante germanista e ensaísta, que contribuiu mais que qualquer outro para introduzir o pensamento de Lukács em seu país (ele traduziu e publicou seus escritos desde meados da década de 1950), foi uma experiência intelectual particularmente rica em ensinamentos. Cases mantinha estreita relação pessoal com o mestre de Budapeste, e a troca epistolar entre eles é de enorme interesse. Foi Cases, que encontrei pela primeira vez em Roma, em 1965, que escreveu a Lukács sugerindo que ele me recebesse, por ocasião de minha breve parada em Budapeste, no caminho de volta à Romênia. Dali nasceu entre nós uma amizade duradoura. Cases foi a principal testemunha da influência que Lukács foi capaz de exercer, por um período limitado, é verdade, na vida intelectual italiana. A esquerda italiana, com um partido comunista muito mais aberto e menos sujeito aos dogmas stalinistas que o partido francês (o patrocínio intelectual de Antonio Gramsci tinha muito a ver com esse espírito de abertura), se mostrou, em certa época, mais receptiva às obras de Lukács: basta lembrar que quase todos os seus escritos (incluindo a *Estética* e a *Ontologia*) existem em tradução italiana, enquanto na França, apesar da tradução de certo número de escritos significativos, as ausências ainda são consideráveis. Cases marcou a recepção de Lukács na Itália não só por suas traduções e seus artigos, mas também por um notável folheto, publicado em 1958, intitulado "Marxismo e neopositivismo". Ele questionou um grupo de pensadores que agitou a bandeira do combate contra o "materialismo dialético" de Lukács, denunciado pelo pecado de "metafísica" e "ontologismo", em nome de uma orientação cuja inspiração neopositivista Cases apontou de maneira convincente (nesse contexto, ele também visou a Galvano Della Volpe e a seu discípulo Lucio Colletti, que eram muito reticentes sobre a influência hegeliana e que, assim, representavam, no marxismo italiano, uma orientação profundamente hostil a Lukács).

Sem nunca negar sua admiração pelas realizações intelectuais de Lukács e pela retidão de sua conduta moral (expressa principalmente em seus primeiros escritos, como o "Omaggio a György Lukács", publicado em 1956 em *Il Contemporaneo*, ou na polêmica obra já citada, que figura também na coletânea de ensaios *Il boom di Roscellino: satire e polemiche*, publicada em 1990 pela Einaudi), Cesare Cases, no entanto, progressivamente se distanciou de certas teses cardeais do pensamento do mestre. Sua posição se singularizava justamente pelo fato de que aquele que se revelou um intérprete particularmente sagaz e penetrante da obra lukacsiana e que a defendeu com brilhantismo contra seus adversários passara por um processo que ele mesmo descreveu, na carta enviada a Lukács no final de dezembro de 1964, como uma "apostasia". Essa carta relatava sérias divergências no plano político e estético com as posições de seu mestre. Certamente, Cases nunca se aliou aos adversários (infelizmente tão numerosos na Itália como em outros lugares!) do pensamento lukacsiano; ao contrário, continuou a combatê-los com a mordaz verve satírica que lhe era própria. Mas também é incontestável que ele tinha um olhar muito crítico para o que considerava um otimismo especulativo e político excessivo em Lukács, que o teria levado a construções teóricas pletóricas, mas pouco incisivas no terreno da práxis sócio-histórica.

Que destino o do pensamento de Lukács! Vimos, ao longo dos anos, pessoas que eram consideradas defensoras, se não aduladoras, de seu pensamento se afastarem cada vez mais, e em pontos essenciais de sua doutrina. Algumas chegaram ao ponto de questionar a legitimidade de sua obra de maturidade: o exemplo mais notório é o de Lucien Goldmann, que não hesitou em chamar Lukács de "o filósofo mais importante do século". Outros, não muito distantes dos primeiros, mas em contexto ideológico bastante diferente, repudiaram não somente sua *Ontologia*, mas o conjunto de sua produção intelectual marxista posterior a 1933, como tendo apenas um interesse "documental" (por exemplo, a dupla Ferenc Fehér-Ágnes Heller, cuja existência intelectual deve muito ao pensamento de seu mestre). E por fim, é verdade que em outro nível, com instrumentos intelectuais muito mais refinados, Cesare Cases. Ele, entretanto, continuou a enfatizar o caráter exemplar da personalidade de Lukács (ver, por exemplo, o ensaio intitulado "L'uomo buono", publicado em 1983, retrato magistral do filósofo, com suas luzes e seus limites[1]), e o alcance inovador de seus estudos de história literária (eminente germanista, Cases estava bem-posicionado para analisar os estudos de Lukács sobre Goethe, tema de suas últimas intervenções nos colóquios organizados na Itália em razão do centenário do pensador). O autor da coletânea *Su Lukács* não escondeu sua indiferença, ou mesmo seu ceticismo, diante do que ele chamou, com um toque de maldade, "as efusões inesgotáveis

---

[1] Cesare Cases, "L'uomo buono", em Guido Oldrini (org.), *Il marxismo della maturità di Lukács* (Nápoles, Prismi, 1983), p. 11-22.

do último Lukács" (*i fluviali destillati dell'ultimo Lukács*), que, "cansado de ver 'perspectivas' tão escassas na realidade" (*stanco di scorgere cosi scarse "prospettive" nella realtà*) "se deleitava na voluptuosidade do sistema" (*si crogiolava nella voluttà del sistema*)[2]. Seria possível mencionar, no mesmo contexto, os nomes de Ernst Fischer e Hans Mayer, que, em proporções diferentes, manifestaram cada vez mais suas dissensões, sobretudo no plano dos juízos literários e em particular no tema da interpretação do romantismo (ver *supra* o capítulo sobre esse assunto), com o antigo mestre. Enfim, e já mencionei anteriormente, havia, em outro plano, a radiografia crítica das visões políticas de Lukács, com suas consequências no terreno da especulação filosófica, realizada por István Mészáros em seu livro *Para além do capital*. Tratava-se de um autor que esteve muito próximo de Lukács nos anos que precederam a insurreição húngara de 1956, após a qual Mészáros deixou seu país de origem, mas manteve contato próximo com seu mestre até o falecimento de Lukács. Os acontecimentos de 1989 funcionaram para Mészáros como reveladores dos limites e fraquezas das posições lukacsianas e, em *Para além do capital*, ele desenvolve uma crítica "de esquerda" das visões políticas de Lukács, reprovando-o por suas ilusões e até mesmo por certa cegueira diante da verdadeira natureza da situação histórica do mundo (pode-se perceber uma inegável convergência com as observações de Cases, que, por outro lado, às vezes se apoia nas posições de Mészáros).

Lukács foi atacado por aqueles que o reprovavam por ter ficado muito afastado da amplitude da crise que tanto o sistema capitalista quanto o socialista atravessavam, subestimando a proliferação de fenômenos que ameaçavam mergulhar a humanidade no desastre e, em particular, o caráter irremediável do impasse histórico em que se encontravam os países do Leste: não estavam longe de ver em seu "otimismo histórico", mais precisamente em sua confiança na possibilidade de uma regeneração desses países em um autêntico espírito socialista, o sinal de uma visão condescendente das coisas, o testemunho de um "idealismo" incorrigível, que atravessaria também sua estética e sua ética. Percebe-se nos textos publicados por Cases na época, inclusive em sua carta de 26 de dezembro de 1964, em que, pela primeira vez, divulgou a seu correspondente suas divergências essenciais, que as leituras de Adorno e Benjamin tinham marcado muito seu espírito, radicalizando seu distanciamento crítico da visão de Lukács: o pensamento negativo do primeiro estaria muito mais de acordo e mais bem adaptado ao estado de espírito catastrófico que era o seu, assombrado pela possibilidade considerada muito real de uma guerra atômica, pouco disposto a confiar no trabalho laborioso sobre as múltiplas mediações do processo histórico, tal como preconizava Lukács, partidário da "coexistência pacífica" e do jogo

---

[2] Cesare Cases, *Su Lukács: vicende di un'interpretazione* (Turim, Einaudi, 1985), p. 120-1.

flexível das alianças para o avanço da causa da emancipação. A simpatia de Cases pela "revolução cultural" chinesa (ele se perdeu, em um instante, nesse caminho aberrante) e a reação vigorosa de Lukács contra a linha defendida pelo partido comunista chinês, que ele acusou de repetir os erros funestos do stalinismo e de pressionar a uma catástrofe histórica (Lukács havia publicado em 1963 um texto sobre o conflito entre a China e a União Soviética a propósito da "coexistência pacífica") faziam parte desse contexto.

Cesare Cases considerava que as visões políticas de Lukács, em particular no que dizia respeito às relações entre os dois blocos opostos que se enfrentavam na época, o campo socialista e o campo ocidental, estavam eivadas de "irrealismo". A confiança demonstrada pelo filósofo na possibilidade de um amplo arco de alianças para combater os aspectos mais agressivos da política imperialista foi acolhida com muito ceticismo por Cesare Cases (seria uma continuação da antiga política do *Front populaire*, ativamente apoiada por Lukács). O germanista italiano não compartilhava da análise lukacsiana da situação histórica, segundo a qual a posse da bomba atômica pelos dois campos tinha mudado a situação de risco de uma guerra. Cases não estava longe de pensar que a política de "coexistência pacífica" era um engodo e que Lukács estava se iludindo com sua confiança na possibilidade de uma solução "racional" dos antagonismos do mundo, que se apoiaria nas múltiplas mediações do concreto histórico (sabe-se que Lukács se recusava a reduzir as contradições do mundo contemporâneo ao antagonismo fundamental capitalismo-socialismo e que enfatizava fortemente as formas mediatizadas que esse conflito assumiu na realidade sócio-histórica). Ao atribuir um "otimismo histórico" a Lukács, desconectado da realidade, o "esquerdismo" de Cases acreditava ter encontrado um argumento decisivo na forte expansão das correntes vanguardistas na literatura e na arte, expressão, em seu ponto de vista, do "desespero lúcido" diante da irracionalidade do mundo. Nesse sentido, Cases se sentia muito mais próximo do livro de juventude de Lukács, *A teoria do romance*, inspirado, para utilizar as palavras de seu próprio autor, em seu estado de desespero diante da situação do mundo, do que dos ensaios de maturidade, bastante equilibrados em sua confiança no florescimento do realismo crítico e, no limite, no realismo socialista. Cases pretendia questionar as visões estéticas de Lukács se apoiando justamente no método de análise lukacsiana: suas análises literárias estavam estreitamente imbricadas com suas visões sócio-históricas. De seu ponto de vista, não havia dúvida de que os escritores mais representativos do século pertenciam às orientações da vanguarda: ele lembrou a Lukács que as páginas sobre Kafka de seu livro sobre o realismo crítico ilustravam ao mesmo tempo uma compreensão maior de sua obra do que a de seus admiradores consagrados e um forte constrangimento para explicar sua universalidade. Cases pensou triunfar sobre a posição lukacsiana ao apontar que, se suas análises

240 POR QUE LUKÁCS?

sócio-históricas da situação mundial fossem pertinentes, se estaria assistindo a uma proliferação de escritos inspirados pelo realismo crítico ou pelo realismo socialista. Mas a situação era exatamente oposta: era a vanguarda, renegada por Lukács, que dominava havia décadas a cena cultural, e o florescimento desejado do realismo crítico era apenas um voto piedoso[3].

A resposta de Lukács a Cesare Cases, em uma carta de 16 de janeiro de 1965, destaca a atenção de seu correspondente em um processo cujas implicações de longo alcance Cases, simpatizante da posição chinesa, claramente subestimou. O acerto de contas radical e sem concessões com o stalinismo, do qual decorreu para Lukács a necessidade de uma ruptura total com os métodos de pensamento e de ação daquele, significou um retorno a suas origens na história do movimento operário, tendo sido levado a uma verdadeira arqueologia do sectarismo, a fim de designar as posições chinesas, com sua pregação sobre a inevitabilidade da guerra na competição do capitalismo e do socialismo, como um paroxismo das orientações sectárias[4]. Lukács apontou na *forma mentis* staliniana a origem dos

---

[3] Cesare Cases, *Su Lukács, vicende di un'interpretazione*, cit., p. 187-90 e p. 69-70. Eis aqui, retirado dessa coletânea, um extrato de "Lukács e i suoi critici" [Lukács e seus críticos] (1972) que sintetiza as críticas de Cases: "A teoria de Lukács não corresponde à realidade, não tanto em razão de seus temas 'formalistas' ou clássico-idealistas, mas porque suas proposições não são adequadas. Se as pespectivas políticas tivessem sido justas, teríamos sido submersos pelo realismo crítico e pelo realismo socialista. Mas como estavam equivocados, o realismo crítico é inadequado para expressar os horrores do capitalismo, enquanto o realismo socialista realmente praticado é uma mentira". ("*La teoria di Lukács non rispondeva alla realtà non tanto per motivi "formalistici", classico-idealistici, ma perché i suoi presupposi non andavano. Se le prospettive politiche di Lukács fossero state giuste, saremmo stati sommersi di realismo critico e realismo socialista. Ma poiché esse erano sbagliate, il realismo critico rimase inadeguato agli orrori del capitalismo, il realismo socialista realmente praticato rimase bugiardo*", p. 69-70.)

[4] A respeito do conflito que eclodiu em 1963 entre os dois gigantes do mundo socialista – China e União Soviética – sobre a política de "coexistência pacífica" denunciada como revisionista pela China de Mao Tsé-Tung e defendida pelo PCUS dirigido por Kruschev, o texto publicado por Lukács repudiava fortemente a linha política chinesa, na qual apontava para um forte recrudescimento do stalinismo, cujas consequências só poderiam ser catastróficas (a legitimação da guerra atômica, que precipitaria o advento do socialismo!), e defendia a política de "coexistência pacífica", em consonância com seu discurso de 1956 sobre esse assunto. Ver G. Lukács, "Zur Debatte zwischen China und der Sowjetunion: Theoretischphilosophische Bemerkungen", publicado pela primeira vez na edição mensal do *Forum* austríaco (n. 120, 1963), reimpresso em *Schriften zur Ideologie und Politik* (Neuwied, Luchterhand, 1967), p. 681-706. Uma tradução francesa foi publicada no ano seguinte: "Contribution au débat entre la Chine et l'Union Soviétique", *Les Temps Modernes*, fev. 1964, p. 1.486-99. A palestra de 1956 a que me referi intitula-se "Der Kampf des Fortschritts und der Reaktion in der heutigen Kultur" [A luta do progresso e da reação na cultura contemporânea], publicada na revista *Aufbau*, n. 9, 1956, e novamente na coletânea citada acima (p. 603-32).

O "caso Lukács": os grandes debates 241

dogmas chineses sobre o caráter ilusório da coexistência pacífica e sobre a impossibilidade de uma via pacífica para o socialismo (daí a tese sobre a inevitabilidade e o caráter salutar da guerra, inclusive a guerra atômica) e alertou Cases contra o caráter fictício das tentações extremistas e contra as simplificações sectárias do processo histórico. Congratulando-se com o fato de seu fiel interlocutor italiano continuar sendo partidário da ideia de que "o pior socialismo é melhor que o melhor capitalismo" (essa formulação provocadora – e pouco sensata! – atraiu contra Lukács a ira de inúmeros críticos), Lukács sustentava que tal ponto de vista tinha apenas um significado simbólico, uma simples expressão de uma crença futura, porque na prática não poderia ter a menor ressonância enquanto o "socialismo" realmente existente apresentasse uma face tão pouco atraente como a que tomou corpo no mundo do Leste. O velho filósofo reconhecia em sua carta que, apesar do "otimismo proverbial" que facilmente lhe atribuíam (lembremos que Cesare Cases estava entre aqueles que o censuravam), era profundamente pessimista *in concreto*, porque lhe parecia que levaria décadas para que o socialismo, tão fortemente comprometido, em seu ponto de vista, pelo impacto das práticas stalinistas, reencontrasse o mínimo de poder de atração para as classes populares[5].

Cesare Cases não estava errado em pesquisar, nas visões sócio-históricas de Lukács, a raiz de sua orientação literária, destacando, com a perspicácia que lhe era própria, que a inapetência do velho pensador pelo extremismo de esquerda explicaria também sua rejeição a um autor como Beckett ou às "peças didáticas" de Brecht. O germanista italiano estava convencido de que se atravessava "uma má fase" (*strettoia*) da história e de que a dialética de Lukács parecia acomodada demais, não fazendo jus à imensidão de perigos que ameaçava a humanidade, daí sua cegueira diante de um autor como Beckett, que expressou justamente essa negatividade do mundo sem a menor complacência. Lukács, por sua vez, não hesitou em perguntar maliciosamente, confirmando assim as intuições de Cases, se a audiência desfrutada pelas teses chinesas entre as pequenas minorias da *intelligentsia* ocidental não explicava também a popularidade de escritores como Beckett[6] nos mesmos círculos.

Quanto à sua orientação estética, deliberadamente situada na contracorrente, sem se deixar impressionar pelas inúmeras críticas que lhe foram dirigidas por admiradores das correntes vanguardistas (ver o memorável ataque de Adorno, particularmente corrosivo e venenoso, em seu texto "Uma reconciliação

---

5   Ver a carta de Lukács a Cesare Cases de 16 de janeiro de 1965, em Cesare Cases, *Su Lukács*, cit., p. 192-4.

6   G. Lukács, "Zur Debatte zwischen China und der Sowjetunion", cit., p. 686.

extorquida", ampliado em seu ensaio sobre Beckett[7]), Lukács acolheu com um sorriso irônico as acusações de "conservadorismo" ou de "academicismo". Ele estava convencido de que o *realismo*, na acepção muito abrangente dada por ele – com forte ênfase no antinaturalismo, não hesitando em situar, de maneira aparentemente paradoxal, os movimentos de vanguarda (o *Ulysses* de Joyce, por exemplo, ou mesmo o surrealismo) como um prolongamento do naturalismo –, representava o mais poderoso fermento crítico e desmistificador, portador da verdadeira emancipação. Ele acompanhava com atenção a produção literária contemporânea e não deixava de valorizar obstinadamente os escritores que, em sua opinião, validavam a justeza de suas convicções em suas respectivas criações. Isso explica por que ele fez questão de incorporar, na edição definitiva de seu livro tão contestado (que suscitou a ira de Adorno e seus vitupérios), várias páginas dedicadas a análises sucintas de obras de escritores contemporâneos que, em sua opinião, iam ao encontro de sua estética: Roger Martin du Gard, Eugène O'Neill, Elsa Morante, Thomas Wolfe e o último Brecht[8]. Um romance como *Os nus e os mortos*, de Norman Mailer, tinha sua aprovação, mas foi sobretudo *Que o fogo consuma esta casa*, de William Styron, que despertou nele uma forte admiração, pois a figuração da alienação encontrou ali uma expressão particularmente forte[9].

---

[7] Theodor W. Adorno, "Une réconciliation extorquée" e "Pour comprendre Fin de partie", em idem, *Notes sur la littérature* (trad. Sibylle Muller, Paris, Flammarion, 1984).

[8] G. Lukács, *Werke*, v. 4: *Probleme des Realismus*, I, *Essays über Realismus* (Neuwied, Luchterhand, 1971), p. 541-8.

[9] Não foi surpresa ver Lukács, um velho combatente contra a alienação, reagir tão positivamente a tal produção. Vale ressaltar que o romancista americano, autor, entre outros, do romance histórico *The Confession of Nat Turner*, expressou-se em termos particularmente elogiosos sobre Lukács e seu livro *O romance histórico*: ver James L. W. West III (org.), *Conversations with William Styron* (Jackson, University Press of Mississipi, 1985), p. 122-4 e 131-2. Styron se apoia fortemente na visão de Lukács na defesa dos direitos da imaginação contra a fidelidade servil aos "fatos", enfatizando sua perfeita convergência com o esteta marxista ao se distanciar do naturalismo, pois "um bruto, uma preocupação idiota com o fato bruto é a morte ao romance, e a morte ao romancista" (p. 132). Styron se referiu a Lukács como aquele que mostrou "mais inteligência, paixão e discernimento do que qualquer outro crítico literário moderno" em suas análises dos romances de Walter Scott, Stendhal ou Púchkin; ele defendeu sua própria estética do romance histórico apelando para as considerações de Lukács que se encontravam na obra do autor. As considerações de Lukács, que seriam "mais afiadas e sábias do que qualquer outra que eu pudesse fazer sobre o assunto" (*Lukács' observations seems to me enormously provocative, and I hope they provide substance to further discussion* [...]), concluiu suas declarações, que datam de novembro de 1968 e são reproduzidas no texto intitulado "The Uses of History in Fiction", que aparece no volume citado.

William Styron não foi o único escritor importante a estar em conformidade com as visões literárias de Lukács. Elsa Morante também não ficou insensível aos elogios dirigidos pelo crítico literário húngaro a seu romance *Mentira e sortilégio*. Nadine Gordimer ou Christa Wolf não deixaram de comentar o grande benefício extraído da leitura dos ensaios de Lukács sobre o realismo. Arnold Zweig manteve uma relação próxima com Lukács por muito tempo, e seu romance em trilogia sobre a Primeira Guerra Mundial foi muito apreciado por ele. Anna Seghers e Johannes Becher foram seus amigos próximos, que partilhavam em larga medida sua orientação estética. Pode-se lembrar a grande lealdade demonstrada a ele por Rolf Hochhuth, autor da célebre peça *O vigário*, escritor cujo valor Lukács pode ter superestimado, principalmente em seus elogios a uma história como *Die Berliner Antigone*, que é muito mais uma narrativa edificante que uma obra literária no sentido mais pleno do termo. Um ou outro romance de Heinrich Böll, algumas peças de Peter Weiss e, sobretudo, os contos e os dois primeiros grandes romances de Soljenítsyn figuravam também no panteão literário de Lukács.

A continuidade com o "grande realismo" do século XIX estava no centro de seus julgamentos sobre a literatura do século XX[10], e é revelador vê-lo sublinhar no último O'Neill, por exemplo, os pontos em comum com Ibsen e Tchekov, em Martin du Gard, a sensibilidade particular pela obra de Tolstói; em Thomas Wolfe, a emancipação da influência de Joyce; em Elsa Morante, a metamorfose no sentido do realismo provocada pela busca proustiana do "tempo perdido"; em Dürrenmatt, em *A visita da velha senhora*, a influência fecunda da teoria e da práxis de Brecht. Lukács também assumiu deliberadamente a herança do Iluminismo (*Aufklärung*), sem temer a crítica da qual ele frequentemente era vítima: de cultivar um tradicionalismo que beirava o anacronismo. Quando George Urban, autor da entrevista publicada em 1971 no *Encounter*, o colocou novamente diante do exemplo da obra de Beckett, Lukács mencionou, a título de contraexemplo, a atitude de Voltaire no *Cândido* em relação à catástrofe produzida pelo famoso terremoto de Lisboa. De seu ponto de vista, nada justifica o pessimismo absoluto como modo de pensar a história, e as piores catástrofes não podem justificar a absolutização da negatividade. Ele faz uma grande exceção à obra de Kafka, chegando a exaltá-la como uma poderosa antecipação dos horrores do século, mas se mostra intransigente em relação a Beckett: "Kafka era um fenômeno único e fascinante. Samuel Beckett não é mais que uma pálida

---

[10] "Lob des19. Jahrhunderts" [Elogio do século XIX] foi o título de sua contribuição redigida em 1967 para um livro em homenagem a Heinrich Böll; ver Marcel Reich-Ranicki (org.), *In Sachen Böll: Ansichten und Einsichten* (Colônia/Berlim, Kiepenheuer & Witsch, 1968), p. 325-32. Esse texto foi retomado no quarto volume de suas obras.

244 Por que Lukács?

imitação [...] Kafka era extraordinário por sua visão da época sombria que viria, e que nós atravessamos [...]"[11]. Isso também explica a impressão muito favorável deixada após a leitura de *A grande viagem*, de Jorge Semprún: enquanto Cases foi bastante irônico em relação a um personagem que encontrou forças para resistir aos abusos nazistas ao rememorar suas experiências intelectuais na Sorbonne ou na Biblioteca Nacional, como se "a exaltação da cultura fosse a única alternativa à destruição do humano"[12], Lukács achou notável o romance do escritor espanhol, porque pôs fim à lenda da impotência diante das atrocidades das forças do mal, das quais os campos nazistas foram um exemplo-limite. Lembrei, em outro lugar, que o exemplar da *Dialética negativa* de Adorno anotado por Lukács trazia a menção "Semprún" numa página na qual o autor desenvolveu suas reflexões sobre a morte "depois de Auschwitz". Lukács reagiu assim às considerações sombrias de Adorno sobre a própria extinção da categoria de indivíduo diante do espectro do assassinato coletivo.

No entanto, a conexão entre o pensamento sobre a história e os juízos estéticos assume às vezes, em Lukács, formas muito contestáveis, porque, obcecado por suas opções sócio-históricas, ele às vezes perdia contato com a "forma interna" das obras, com seu movimento interior, irredutível a qualquer simplificação ideológica. Sua *Estética* valorizou a "consciência de si do gênero humano" como especificidade inalienável da arte; essa *Selbstbewusstsein* não me parece muito distante da "intuição lírica" de Croce. A maneira como Lukács defendeu a autonomia do poder da imaginação em relação aos diferentes preconceitos ideológicos – é assim que eu interpreto sua tese sobre a "vitória do realismo" – o colocava em oposição aos partidários da "politização da arte", os Fadeyev e os Ermilov da época. Essa defesa da "especificidade estética" permitiu-lhe travar seu combate de guerrilha contra os doutrinadores oficiais do realismo socialista. Eis a razão pela qual eu reconheço o mal-estar sentido quando li, em sua troca de cartas com Ernest Ansermet, a passagem em que, fazendo um comentário sobre a música de Schönberg, ele formulou uma consideração que impressionava por seu "ideologismo". Pode-se perguntar, antes de tudo, se Lukács realmente conhecia as obras do líder da corrente dodecafônica e, ainda, se possuía a cultura musical necessária para compreendê-las e julgá-las (no prefácio de sua *Estética*, que, aliás, contém um capítulo sobre a música e sua especificidade entre as formas

---

[11] *"Kafka was a fascinating and unique phenomenon, Samuel Beckett is an anemic imitation [...] Kafka was wonderful in his vision of the oncoming dark times, which we have lived through [...]"* (entrevista concedida por Lukács a um jornalista americano de origem polonesa, Schneiderman, publicada com o título "A visit with Georg Lukács", *The New York Times Book Review*, 9 maio 1965, p. 30 e seg.).

[12] Cesare Cases, "L'uomo buono", em idem, *Su Lukács*, cit., p. 99-100.

de arte, ele reconheceu que sua preparação musical era "insuficiente" [*dürftige*] e expressou sua gratidão ao musicólogo Bence Szabolcsi por tê-lo ajudado a ampliá-la e aprofundá-la).

Ernest Ansermet, o célebre maestro genebrino, refratário à música de Schönberg e à Escola de Viena, havia efetivamente estabelecido em seu livro *Les Fondements de la musique dans la conscience humaine*, para justificar sua animosidade, uma analogia arriscada entre a mudança introduzida por Schönberg nas estruturas tradicionais da música e a mudança da sociedade preconizada pelo marxismo. Assim, Ansermet estigmatizou Schönberg como uma espécie de "bolchevique cultural", enquanto, por outro lado, celebrava Stravinski, de quem foi um dos grandes intérpretes. Em sua carta de 16 de setembro de 1962 para Ansermet, Lukács não deixa de reagir a essa afirmação, e sua argumentação atinge a inadequação da abordagem do maestro a respeito de um fenômeno estético tão original como a música do fundador do dodecafonismo. A resposta de Lukács para Ansermet merece ser citada: "[sua posição] me parece ser igualmente arbitrária quando você associa a música de Schönberg ao marxismo. Na realidade, os dois são antagonistas e se excluem mutuamente. O único que efetivamente tentou a fusão entre eles – de maneira muito problemática – foi Hanns Eisler, falecido recentemente". Esse julgamento sobre a música de Schönberg pode chocar devido ao reducionismo de caráter ideológico da argumentação: Lukács se deixou enredar em uma oposição entre Schönberg e o marxismo que erra o alvo, pois não se pode abordar uma obra musical da complexidade daquela do fundador da "Escola de Viena" com critérios puramente ideológicos. Ansermet achou por bem exemplificar sua repulsa à música de Schönberg por aquilo que a revolução bolchevique lhe provocara; para um intelectual suíço com sua formação, o horror do "bolchevismo" e do marxismo em geral não tinha nada de surpreendente. Lukács se deixou enredar por uma oposição entre Schönberg e o marxismo que reduziu a música do primeiro a um não se sabe qual esqueleto ideológico (pode-se supor que ele visava ao sistema atonal, portanto, ao dodecafonismo), a ponto de julgar a música de Hanns Eisler como permeada por um esforço de conciliar o que, em seu ponto de vista, era inconciliável (mas não se sabe se ele possuía um conhecimento efetivo das obras do compositor vienense). O artigo publicado em 1967 no semanário *Die Zeit* em homenagem a Eisler, "In memoriam Hanns Eisler"[13], é mais matizado. Ele fornece detalhes importantes sobre a natureza das reservas do filósofo em relação à estética da Escola de Viena: desta vez, Lukács

---

[13] O artigo foi reproduzido na revista *Die Alternative*; a tradução para o francês foi publicada no número dedicado a Lukács pela revista *Europe*, abr. 1979, p. 126-30.

recorre ao texto de uma conferência proferida em 1954 por Eisler sobre seu mestre Schönberg na Academia de Artes de Berlim.

A conferência de Eisler abriu os olhos de Lukács para a natureza profunda da obra de Schönberg e o convenceu por suas considerações sobre o substrato emocional dessa música: não se trata mais de ceder a uma rejeição de caráter ideológico (como na carta a Ansermet), mas de um esforço de compreensão, apoiado nas cuidadosas análises de Eisler. Claro, destacando as observações de Eisler sobre "o tom fundamentalmente desesperado" da música de Schönberg e sobre seu caráter premonitório dos futuros desastres que abalarão o mundo (o julgamento de Lukács sobre Kafka foi inspirado por considerações semelhantes), o autor de *Die Eigenart des Ästhetischen* não perde a oportunidade de destacar as observações críticas de Eisler sobre os limites do sistema dodecafônico, sobre "a falta de contrastes" ou sobre o caráter "unilateral" da imaginação tributária desse sistema, que levariam a certo "empobrecimento" de seu conteúdo expressivo. É evidente que Lukács encontra aí uma confirmação de suas críticas à estética da vanguarda (lembre-se que, efetivamente, em sua *Estética* ele se apoiou em uma observação de Musil, que lamentava que não se encontrasse mais no romance moderno "a tensão" – *die Spannung* –, substituída pela "captação de interesse" – *das Fesseln*). Mas o artigo sobre Eisler inspira-se, sobretudo, em sua preocupação de dissipar a imagem bastante difundida segundo a qual haveria um antagonismo entre suas posições e a criação de artistas proletários também eminentes, como Brecht ou Eisler. Os esclarecimentos sobre isso são preciosos para entendermos a imagem utilizada por Lukács segundo a qual ele, Brecht e Eisler "cavamos o túnel pelas duas pontas e [...] inevitavelmente nos encontraríamos no meio"[14].

Se é verdade que as visões estéticas de Lukács encontraram, muitas vezes, uma forte resistência por parte de artistas ou filósofos que pertenciam, no plano político e ideológico, ao mesmo campo que ele (pense-se em Brecht ou Eisler, mas também em Ernst Bloch ou, como vimos, Ernst Fischer ou Hans Mayer), não é menos incontestável que, consideradas em retrospectiva, suas posições se mostram muito mais nuançadas do que sugeririam os julgamentos sumários aceitos. Seu conceito de "realismo", por exemplo, não apenas é estruturalmente oposto ao de "naturalismo", mas também é acompanhado por um forte destaque no trabalho da subjetividade, a ponto de, em sua *Estética*, Lukács definir a arte não somente como mimese, mas ao mesmo tempo, e sobretudo, como uma "ênfase" da subjetividade[15]. A *vox humana* de alcance universal que Lukács celebrou nas obras que apreciava (ele emprega essa expressão a propósito da *Cantata profana* de Béla

---

[14] Idem.

[15] G. Lukács, *Werke*, v. 12: *Die Eigenart des Ästhetischen*, II (Neuwied, Luchterhand, 1963), p. 326.

Bartók, o compositor moderno com que mais se afeiçoou[16]), em seu ponto de vista, era a expressão de uma subjetividade decantada e multiplamente mediatizada, elevada à plenitude, aquela que sua *Estética* designa pela expressão *der Mensch ganz* (o homem em sua plenitude condensada). Hanns Eisler ficou estupefato ao encontrar sob a pena de Lukács uma crítica da célebre cena da feira agrícola em *Madame Bovary*, de Flaubert, em que Emma recebe as declarações de amor de Rodolfo, crítica que apontou para uma certa autonomia da descrição do "meio" em relação aos acontecimentos de que ele era o palco ("O quadro é dotado de uma significação que não decorre do peso humano inerente aos acontecimentos narrados – escreve Lukács[17], desvelando a antecipação de um naturalismo que se desenvolverá em Zola). Eisler compartilhou com seu interlocutor, Hans Bunge, sua indignação diante de uma crítica que ele julgava inaceitável, pois achava a cena perfeita, e admitiu que, em compensação, estava muito entediado com as cenas de *Anna Karenina*, de Tolstói, em que Levin apareceu e a trama se desenvolveu em paralelo com a trama principal, cenas que foram tão apreciadas por Lukács[18]. A escala de valores do compositor Eisler e a de Lukács, seu antigo crítico, mostraram ser bem diferentes. Não há dúvida de que tanto Brecht, quanto seu amigo Hanns Eisler, assim como Ernst Bloch experimentavam um profundo mal-estar diante do que lhes parecia ser um excesso de "classicismo" ou um conceito muito restrito de "realismo" na doutrina literária de Lukács (durante uma visita a Ernst Bloch, em sua casa perto de Tubinga, falando de Lukács, ouvi-o dizer o seguinte: "Não é Paul Ernst, mas Max Ernst que ele deveria ter apreciado", uma alusão ao elogio feito pelo jovem Lukács ao dramaturgo neoclássico Paul Ernst, elogio apontado também por Adorno, como já observei).

É claro, não se pode negar, que as posições estéticas de Lukács (como suas posições filosóficas) contrariaram e ainda contrariam muita gente; sua grande *Estética*, sobretudo, foi recebida com silêncio (a editora Gallimard, que assinara um contrato com o autor para publicar a versão reduzida, enterrou o projeto, que não foi retomado por nenhum editor francês, ainda que a editora Klincksieck tenha mostrado sinais de interesse). No entanto, é necessário assinalar na literatura crítica recente sobre Lukács a importante monografia de Guido Oldrini, publicada em Nápoles, *György Lukács e i problemi del marxismo del Novecento* (La Città del Sole, 2009), e o livro de Pierre Rusch, *L'Oeuvre-monde: essai sur la*

---

[16] Ibidem, p. 394.

[17] G. Lukács, "Raconter ou décrire?", em idem, *Problèmes du réalisme* (trad. Claude Prévost e Jean Guégan, Paris, L'Arche, 1975), p. 134-6 [ed. bras.: "Narrar ou descrever", em *Ensaios sobre literatura*, trad. Giseh Viana Konder, Rio de Janeiro, Civilização Brasileira, 1965, p. 43-93].

[18] Hanns Eisler, *Gesammelte Werke*, v. 7: *Gespräche mit Hans Bunge. Fragen Sie mehr über Brecht* (Leipzig, Deutsche Verlag für Musik, 1975), p. 209.

pensée du dernier Lukács, que fazem justiça ao pensamento ontológico e estético da *Ontologia do ser social* e da *Estética*. A questão é saber se esse pensamento está sendo compreendido em sua substância e em articulações e se, por exemplo, as críticas dirigidas pelo autor de *Problemas do realismo* ao "vanguardismo" são a expressão de um dogmatismo ultrapassado ou se elas têm suas raízes em um pensamento da história que tem sua lógica e sua coerência. Para citar exemplos, Lukács, em seus ensaios da década de 1930, não poupou críticas a um escritor do porte de August Strindberg, cujas peças célebres ele citou várias vezes (como a trilogia *Le Chemin de Damas*) como exemplos de regressão em relação a Ibsen, seu grande predecessor escandinavo[19]. Ele chega até a destacar a grande distância que separa o "pessimismo" histórico de um grande dramaturgo clássico como Georg Büchner (ver o texto que ele lhe dedicou, "Der faschistisch verfälschte und der wirkliche Georg Büchner", escrito em 1937 por ocasião do centenário da morte do dramaturgo) do pessimismo a-histórico que perpassava as peças do último Strindberg[20]. As suspeitas de que Lukács se fechou em uma admiração exclusiva por seus modelos Balzac ou Tolstói (não foi ele próprio que divulgou o sentido da evolução de seus gostos literários após as mudanças ideológicas provocadas por sua adesão ao marxismo, escrevendo em uma carta a Béla Balázs, no final dos anos 1930: "Balzac tomou o lugar de Flaubert, Fielding o de Sterne, Tolstói o de Dostoiévski"?) atingiram também Brecht, que, contrariado com as críticas dirigidas por Lukács às suas peças didáticas (*Lehrstücke*), escreveu comentários por vezes muito ácidos a respeito dos ensaios sobre o realismo publicados na época (na segunda metade dos anos 1930) por Lukács. Já mencionei as ondas de críticas, que se perpetuam até hoje[21], suscitadas por seu pequeno livro *Wider den missverstandenen Realismus**, publicado em Hamburgo em 1957

---

[19] G. Lukács, "Marx et le problème de la décadence idéologique" (1938), em idem, *Problèmes du réalisme*, cit., p. 226-8. Há observações críticas sobre Strindberg também no ensaio "La physionomie intellectuelle dans la figuration artistique" (1936), ibidem, p. 107-8. Adorno, que, como veremos, formulou um julgamento diametralmente oposto sobre o autor da *Sonate des spectres*, apontou no mesmo sentido a clivagem entre os dois grandes autores escandinavos: "*Il est évident que Strindberg a complètement renversé dans un sens répressif les intentions d'émancipation bourgeoises d'Ibsen* [...]"; Theodor W. Adorno, *Théorie esthétique* (trad. Marc Jimenez e Éliane Kuafhoz, Paris, Klincksieck, 1989), p. 325-6.

[20] G. Lukács, *Werke*, v. 7: *Deutsche Literatur in zwei Jahrhunderten*, (Neuwied, Luchterhand, 1964), p. 265 e seg.; a tradução francesa do ensaio de Lukács sobre Büchner foi publicada em *Europe*, n. 952-3, ago.-set. 2008, p. 38-54 (mas deixou de lado certas seções do texto, entre elas justamente o confronto Strindberg–Büchner).

[21] Ver os artigos de Michael Löwy e Carlos Nelson Coutinho no número da revista *Actuel Marx* dedicado às questões de estética, "Arts et politique", n. 1, 2009.

* Ed. bras.: *Realismo crítico hoje* (trad. Ermínio Rodrigues, Brasília, Editora Coordenada de Brasília, 1969). A tradução foi feita com base na edição francesa. (N. T.)

(traduzido para o francês com o título *La Signification présente du réalisme critique*). Em uma carta a Ernst Fischer, em que anunciou a seu amigo a publicação do livro, o autor fez questão de ressaltar que, uma vez publicado, se poderia constatar que suas posições estéticas não tinham mudado essencialmente. Após a publicação, Lukács menciona, em outra carta endereçada a Fischer, datada de 2 de novembro de 1958, os ataques "de todos os lados" sofridos por ele. "Esta incompreensão deve ser assumida por si mesma", concluiu ele.

Pode-se lembrar que, a partir dos anos 1930, as visões literárias de Lukács suscitaram fortes reações da parte dos escritores que se sentiram questionados em sua prática literária pela rejeição lukacsiana das correntes de vanguarda. O autor do célebre romance *Berlin Alexanderplatz*, publicado no final dos anos 1920, Alfred Döblin, que pertencia à esquerda antifascista, portanto ao mesmo campo do crítico marxista, reagiu energicamente aos ensaios publicados por Lukács nas revistas da emigração alemã, *Internationale Literatur* e *Das Wort*. O artigo de Döblin intitulado "Kritisches über zwei Kritiker", que ataca duramente Lukács, publicado no *Pariser Tageblatt* (n. 244, fevereiro de 1937), porque o escritor vivia exilado na França, foi reproduzido na edição de suas obras publicadas na Alemanha[22]. A "Réponse à Döblin", elaborada pelo ensaísta, parece ter sido publicada na *Pariser Zeitung*, no número de 23 de março de 1937, como nos faz supor o carimbo na última página em branco do manuscrito; o texto está entre os papéis de Lukács conservados no Arquivos de Budapeste, onde eu pude obter uma cópia dele[23]. A reação de Döblin às posições estéticas defendidas por Lukács em seus ensaios da época é ainda mais significativa, já que o escritor ignorava, por força das circunstâncias daquele momento, o julgamento severo de que seu romance *Berlin Alexanderplatz* foi objeto em *O romance histórico*, que o crítico tinha acabado de redigir, durante o inverno de 1936-1937, e publicado em russo em Moscou[24]. Assim como Hanns Eisler, Döblin ficou escandalizado por Lukács ter ousado procurar sintomas de uma metamorfose regressiva da forma romanesca em Flaubert e Zola em relação à grande tradição encarnada, em seu ponto de vista, por Stendhal e Balzac, ao utilizar uma palavra que fez seus críticos estremecerem:

---

[22] Alfred Döblin, *Kleine Schriften IV (1933-1953)* (orgs. Antony W. Riley e Christina Althen, Dusseldorf, Walter, 2005), p. 88-91.

[23] Na tradução para o húngaro, o texto está reproduzido com o título *Esztétik irázok 1930-1945* em um volume na coletânea publicada em 1982 por László Sziklai nas edições Kossuth de Budapeste.

[24] Ver G. Lukács, *Der historische Roman*, em idem, *Werke*, v. 6: *Probleme des Realismus III* (Neuwied, Luchterhand, 1965), p. 347; em sua versão original alemã, *Der historische Roman* não foi publicado antes dos anos 1950 pela editora Aufbau, de Berlim Oriental [ed. bras.: *O romance histórico*, trad. Rubens Enderle, São Paulo, Boitempo, 2011, p. 346].

"decadência". Döblin, que se sentia muito mais próximo das inclinações literárias de Musil e de Joyce do que da estética do romance do século XIX, sentiu as posições de Lukács como um questionamento à própria prática literária e sobrecarregou o crítico com protestos. Foi especialmente surpreendente para ele que uma mente que pertencia ao campo do "movimento proletário" pudesse defender no terreno estético posições aparentemente tão conservadoras. Pode-se assinalar uma certa semelhança entre as reações de Döblin e de Brecht formuladas quase na mesma época (conhece-se, por outro lado, as opiniões favoráveis do autor de *Mãe Coragem* sobre Döblin, Dos Passos etc., autores que justamente Lukács não poupava).

A resposta de Lukács a Döblin, centrada em questões de princípio, levanta o véu sobre o pano de fundo ideológico de suas convicções estéticas. Ele aponta a revolução de 1848 e sua derrota na maioria dos países europeus (a repressão da insurreição proletária em Paris, em junho de 1848, é considerada um evento altamente simbólico) como uma reviravolta decisiva na história da Europa, e que, a seu ver, significa o início da conversão para posições apologéticas em relação à ordem burguesa, a perda da *perspectiva crítica* em relação ao reino da burguesia em amplos setores da *intelligentsia*. A Rússia aparecia como uma grande exceção, pois conheceria seu 1848 (sua revolução burguesa) somente em 1905. A *intelligentsia* russa compartilharia, portanto, posições democrático--revolucionárias em meados e na segunda metade do século XIX (ela viveu em uma época *pré-revolucionária*), enquanto a *intelligentsia* europeia ocidental começou a experimentar o conformismo de uma época *pós-revolucionária*. Döblin, entretanto, ironizou o elogio de Lukács a um romance como *Oblomov*, de Gontcharov (já *A teoria do romance*, texto do período pré-marxista, incluiu um elogio ao romance do escritor russo), enquanto Zola era criticado por suas visões literárias. O romancista alemão protestou fortemente contra tal depreciação das conquistas da modernidade no campo literário, referindo-se a Lukács como um "professor" confinado em uma atitude que ele não hesitou em chamar de "reacionária". Esse é um tipo de censura que encontraremos com muita frequência. O argumento do ensaísta, em resposta ao autor de *Berlin Alexanderplatz*, merece ser mencionado.

Lukács não tinha dúvidas da superioridade da grande filosofia clássica (pensava sobretudo na especulação hegeliana) e da grande literatura clássica (Goethe era seu paradigma) sobre os modernos, mas em sua resposta a Döblin mencionou também a economia política (a compreensão de Ricardo ou Petty do capitalismo, de sua gênese por Ferguson ou Thierry parecia-lhe incomparavelmente mais profunda que a de Böhm-Bawerk, Schumpeter ou Sombart, e o "quadro econômico" de Quesnay, mais próximo de uma compreensão global da economia do que a teoria da "utilidade marginal" ou das pesquisas sobre a conjuntura). A particularidade de sua posição é que ele propõe uma interpretação sócio-histórica dessa diferença de nível. Ele está sempre atento ao movimento interior das obras (Georges Poulet celebrou a presença de uma "ênfase da subjetividade" nas visões estéticas do jovem Lukács), mas busca nessa interioridade as reverberações da exterioridade histórico-social. As acusações de "tradicionalismo" não o fizeram ceder (Döblin as destacou), pois julga que, em comparação com a integridade da imagem do homem, onipresente nos textos dos grandes escritores e filósofos clássicos, resultado de seu compromisso com o ideal de emancipação do gênero humano, os escritos de muitos "modernos" (na literatura, ele aponta o naturalismo e o que ele considera ser seus prolongamentos, entre os quais a "nova objetividade" – *neue Sachlichkeit* – ou o "novo romance") marcam uma regressão, mais precisamente uma perda da substância humana. Portanto, ele não hesitou em formular um julgamento severo das produções de Döblin sobre a utopia retratada em *Berge, Meere und Giganten*, e também sobre *Berlin Alexanderplatz*: a história de Franz Biberkopf, o personagem central do célebre romance, com a conversão final em "uma crença mística no destino" (*mystisches Schicksalsglauben*), pareceu-lhe bem excêntrica em relação à verdadeira condição do proletariado alemão[25].

Lukács não temia ficar marcado por essa defesa obstinada da tradição; ele estava seguro da solidez de suas visões teóricas, pronto a combater a legião de defensores do "vanguardismo". Pensa-se imediatamente em Adorno, claro, mas ele não foi o único, como Lukács menciona em uma carta a seu editor, Frank Benseler[26]: no campo estético, até mesmo Ernst Bloch, amigo do marxista húngaro, ou escritores ideologicamente próximos a ele, como Bertolt Brecht, estavam em uma posição diametralmente oposta. O antagonismo Lukács-Adorno se torna tangível, por exemplo, quando, nas páginas finais de sua *Teoria estética*, Adorno faz um elogio enfático às inovações formais do teatro de Strindberg, em que a "decomposição do realismo dramático e a reconstrução de uma experiência onírica" são apontadas como "objetivamente críticas", e, sobretudo, quando o autor sublinha sua superioridade em relação ao realismo crítico do teatro de Górki, dirigindo-se evidentemente a Lukács: "As acusações mais corajosas de Górki (*die tapfersten Anklängen Gorkis*) não valem a autenticidade do teatro strindbergiano: se neste último os indivíduos se tornam "espectros" (referência à peça *A sonata dos Espectros*, de Strindberg), para retratar a catástrofe para a qual a sociedade burguesa e individualista se prepara, foi necessário abolir as estruturas do drama

---

25 Idem.

26 A carta de Adorno para Frank Benseler, datada de 8 dezembro de 1967, pelo que sei, é inédita; eu a consultei no Arquivo Lukács de Budapeste.

clássico e forjar um novo teatro"[27]. Pode-se perguntar se Górki merecia ser tratado com tal condescendência e, de modo mais geral, se era tão evidente que o *realismo* de sua literatura, da qual, é preciso lembrar, Lukács fez um argumento *pro causa sua*, o condenava a entrar em um cone de sombra.

Em outro lugar, recordei a resposta de Lukács quando, em uma entrevista, perguntei a ele se era possível situar a prosa de um escritor como Sinclair Lewis (eu pensava em *Babbitt*, romance que me parecia bem convencional) acima da de Faulkner, cuja força e originalidade pareciam se impor com evidência[28]. O filósofo não quis discutir esses exemplos específicos, me dizendo que era a rigor "o menos lukacsiano de todos os seus discípulos", pronto a aceitar visões literárias totalmente diferentes das suas, desde que estivessem de acordo com os critérios do julgamento estético e, portanto, com as *questões de princípio*. Ele chegou mesmo a me pedir que não subestimasse a importância literária de Sinclair Lewis, e é compreensível que romances como *Arrowsmith*, *Elmer Gantry* ou *Babbitt* suscitassem uma forte admiração no grande defensor do realismo.

A referência às "questões de princípio" visava evidentemente à profunda conexão que ele estabelecia entre a estrutura estética das obras e a "visão do mundo" subjacente. Quando se mencionava diante dele a obra de Proust, por exemplo, como foi o caso de Stephen Spender, por ocasião de sua visita a Lukács em dezembro de 1964 (ver a entrevista publicada em *Encounter* e *Preuves*), ou de Naïm Kattan, que publicou sua entrevista com o crítico húngaro em *La Quinzaine Littéraire,* no final de 1966, surpreendemo-nos ao ouvi-lo elogiar *Em busca do tempo perdido*, exaltando "a verdadeira imagem do mundo" retratada no romance que contrastou com o que ele chamava, consciente do caráter chocante de sua afirmação, de o "naturalismo" de Joyce, de quem ele reconhecia ter lido *Ulysses* "torturado pelo tédio". A surpresa surgiu do fato de que foi repetido mil vezes a torto e a direito que Lukács recusava Proust porque ele estava enclausurado em sua admiração exclusiva pelo romance realista tradicional e confinado ao século XIX literário (mencionei as repetidas críticas de Hans Mayer, entre muitos outros). Do mesmo modo, insistia-se nas reservas expressas por Lukács sobre Musil em relação a certos aspectos de *O homem sem qualidades*, apontando principalmente os limites da visão de mundo do escritor (nenhum desses críticos, entretanto, parecia ter tomado conhecimento do texto sobre os primeiros

---

[27] Theodor W. Adorno, *Ästhetische Theorie dans Gesammelte Schriften 7* (Frankfurt, Suhrkamp, 1970), p. 382 [ed. francesa: *Théorie esthétique*, trad. Marc Jimenez e Éliane Kaufholz, Paris, Klincksieck, 1989, p. 326].

[28] Ver Nicolas Tertulian, *Georges Lukács: étapes de sa pensée esthétique* (Paris, Sycomore, 1980), p. 11-2 [ed. bras.: *Georg Lukács: etapas de seu pensamento estético*, trad. Renira Lisboa de Moura Lima, São Paulo, Editora da Unesp, p. 25].

volumes do romance, redigido por Lukács em 1933, com o título "Totentanz der Weltanschauungen" [A dança da morte das visões de mundo], publicado postumamente em 1979 na revista húngara *Helikon*, em um número dedicado à literatura austríaca). É certo que, sobre Proust, Lukács formulou nos anos 1940-1950, sempre incidentalmente e sem a menor precisão, julgamentos tão sumários que se pode indagar com Carlos Nelson Coutinho, autor brasileiro de um livro publicado em 2005 no Rio de Janeiro, com o título *Lukács, Proust e Kafka: literatura e sociedade no século XX*, se ele não leu o grande romance efetivamente muito tarde, o que explicaria a divergência entre suas opiniões anteriores daquelas formuladas diante de Spender ou Naïm Kattan. Quando se lê hoje o prefácio redigido em 1951 a seu livro *Balzac et le réalisme français*, ficamos desde o início sob a injunção de escolher se o ponto culminante na evolução do romance burguês é representado pelos nomes de Gide, Proust e Joyce ou se o verdadeiro "cume ideológico e artístico" é constituído por Balzac, Stendhal e Tolstói[29], perguntamo-nos que imagem Lukács realmente tinha de Proust, pois parecia situá-lo ao lado da "decadência". A questão, formulada no início do referido prefácio, de saber se Balzac, em vez de Flaubert, deve ser considerado o grande clássico do romance do século XIX tem um significado preciso, que lembra imediatamente a famosa (e para muitos insustentável) alternativa "Franz Kafka ou Thomas Mann?", enunciada a propósito da literatura do século XX, de que tivemos oportunidade de ver todos os detalhes. Os leitores dos ensaios de Lukács sobre o realismo muitas vezes se deparam com a firme dissociação feita pelo crítico entre o que ele designou pelo sintagma "o período Flaubert-Zola", a seu ver sinônimo de um "novo realismo", cujos limites ele destacou, e o grande período do realismo clássico, ilustrado no século XIX por Balzac, Stendhal ou Tolstói, que recebeu seus votos incondicionais. Quando Stephen Spender o interrogou sobre Proust, Lukács começou por estabelecer uma filiação que se inscreve em sua ótica particular sobre a história do romance na segunda metade do século XIX: ele lembra a Spender o final de *A educação sentimental*, de Flaubert, em particular a cena em que Frédéric Moreau, personagem principal, diante da derrota da revolução, se afasta da ação e se recolhe em seu passado. O momento em que Frédéric descobre que Sénécal, ex-valente combatente pela revolução, se tornara um agente da polícia adquire, aos olhos de Lukács, um valor simbólico. Esse episódio marca o fim dos movimentos de contestação, a consagração do *status quo* social. A carga ideológica de que esse episódio está investido permite a Lukács afirmar que a perspectiva dos romancistas teria sido amputada da dialética passado-presente-futuro que nutriu o romance realista

---

[29] G. Lukács, *Balzac et le réalisme français* (trad. Paul Laveau, pref. Gérard Gengembre, Paris, La Découverte, 1999), p. 5.

clássico, que o futuro aparece ocultado por essa "parada" do devir: ele pretende situar aqui a origem da virada proustiana para o passado, "a busca do tempo perdido", ao traçar um vínculo de união entre o final de *A educação sentimental* e a gênese do empreendimento romanesco proustiano[30].

A questão da temporalidade desempenha um papel importante na teoria lukacsiana do romance. O prefácio à reedição de seu célebre escrito de juventude, *A teoria do romance* (redigido em 1914-1915), lembrou, não sem uma ponta de orgulho, que suas considerações sobre o tempo como um princípio decisivo da configuração épica anteciparam a evolução do romance moderno, prefigurando sobre esse ponto tanto *A montanha mágica* quanto *Em busca do tempo perdido* ou *Ulysses*[31]. O jovem Lukács foi influenciado por Bergson, e a famosa *duração* bergsoniana inspirou suas considerações sobre a temporalidade como princípio de organização da narração romanesca. O Lukács da maturidade, por outro lado, se manifestou como um crítico severo da metafísica bergsoniana e, mais particularmente, da concepção de tempo do autor de *Matéria e memória**. *A destruição da razão*, em suas páginas (extremamente sumárias e muito apressadas, é verdade) dedicadas a Bergson, faz referência à influência exercida sobre Proust. A absolutização bergsoniana do *tempo subjetivo*, da famosa *duração*, e a desvalorização simétrica do *tempo objetivo*, o "tempo cronométrico", somente poderia suscitar a mais forte contestação da parte de um defensor convencido do realismo ontológico como Lukács. Coerente com seus princípios ontológicos, exigiu que fosse mantida a distinção entre o tempo objetivo, o do universo, natural e social, em seu devir, e o tempo vivido, o das diferentes subjetividades que se cruzam na imanência do processo histórico. Não se pode compreender a abordagem lukacsiana da obra de Proust, assim como de outros escritores modernos (Virginia Woolf, por exemplo), sem ter em mente esse pano de fundo ontológico.

Embora reconheça em suas entrevistas com Spender e Kattan a importância e a grandeza de Proust, ele não poderia deixar de avaliar a unilateralidade da concepção proustiana do tempo (absolutização do passado), o que lhe parecia ser o caráter problemático e descontínuo do "mundo" reconstruído por *Em busca do tempo perdido*. Aqueles que estão prontos para se indignar com essas

---

[30] Stephen Spender, "With Lukács in Budapest", *Encounter*, dez. 1964, p. 55. Ver, no mesmo sentido, a entrevista com Lukács publicada pelo escritor canadense Naïm Kattan em *La Quinzaine Littéraire* com o título "Revenir au concret" no final de 1966, publicada novamente em *Quinzaine*, n. 500, 1-15 jan. 1988, p. 25-6.

[31] G. Lukács, "Vorwort", em idem, *Die Theorie des Romans* (Neuwied, Sammlung Luchterhand, 1971), p. 8 [ed. francesa: *La Théorie du roman*, trad. Jean Clairevoye, Paris, Gallimard, 1989, coleção Tel]; [ed. bras.: "Prefácio", em *A teoria do romance*, trad. José Marcos Mariani de Macedo, São Paulo, Editora 34/Livraria Duas Cidades, 2000, p. 7].

* Ed. bras.: *Matéria e memória* (trad. Paulo Neves, São Paulo, Martins Fontes, 2010). (N. E.)

O "caso Lukács": os grandes debates   255

reservas deveriam se lembrar que uma figura tão diferente de Lukács quanto Benedetto Croce, que se tornou um crítico severo do marxismo, formulou, com ainda mais acuidade, o mesmo tipo de objeção ao recusar enfaticamente a concepção proustiana de tempo e sua fonte bergsoniana em um texto publicado no final da Segunda Guerra Mundial (em 1944) sob o título "Un caso di storicismo decadentistico"[32].

O que responder àqueles que julgam as posições estéticas de Lukács, e em particular seus juízos literários, indefensáveis? Por que ele se calou quando um crítico que gozava de sua estima, como Cesare Cases, o interpelou lembrando-lhe que os grandes êxitos literários do século XX pertenceriam muito mais à "vanguarda" que ao realismo crítico ou ao realismo socialista, caminhos literários que ele não deixava de defender com obstinação? Como reagir quando vemos na lista dos grandes escritores do século XX, que aparece ao final de sua *Estética*[33], os nomes de Roger Martin du Gard ou Arnold Zweig, de Joseph Conrad ou de Sinclair Lewis, de Sholokhov ou de Makarenko e, claro, também os de Thomas Mann ou de Soljenítsin, O'Neill, Thomas Wolfe ou Styron, mas na qual brilham por sua ausência Proust e Malraux, Faulkner ou Joyce, Céline ou Camus? Por que, no campo da pintura, ele expressa cautela para com Gauguin (a quem, no entanto, dedicou, ainda muito jovem, um curto e brilhante ensaio), ao mesmo tempo que não deixa de enaltecer Cézanne ou Van Gogh? Por que, sobretudo, ele julga de modo severo Matisse ou Mondrian, sem o menor argumento plausível?

A resposta de Lukács é invariável: a arte verdadeira é a expressão do "homem integral", a *vox humana* que ressoa na interioridade das obras é um condensado de uma experiência sócio-histórica de dimensão universal, não se pode dissociar a interioridade da exterioridade, o "monólogo interior" que apenas transcreve os tropismos de uma subjetividade voltada para si mesma, a cadeia de associações descontínuas, confina o sujeito em sua pura *particularidade*, amputando-o de sua vocação universal.

É bastante significativo, por exemplo, que, no final de sua vida, suas últimas manifestações no campo da estética tenham sido o longo estudo muito elogioso (datado de 1969) dedicado aos dois primeiros grandes romances de Soljenítsin e o vibrante discurso em homenagem a Béla Bartók por ocasião do vigésimo quinto aniversário de sua morte (em 1970, um ano antes do falecimento de Lukács). Pode-se mencionar que o discurso sobre Bartók contém um paralelo eloquente com a obra de Kafka, estando no centro da análise o alcance *universal* de sua criação. Lukács retoma nesse discurso uma

---

[32] Benedetto Croce, "Un caso di storicismo decadentistico", em *Discorsi di varia filosofia*, II (Bari, Laterza, 1945), p. 138-43, notadamente p. 145.

[33] G. Lukács, *Die Eigenart des Ästhetischen*, II, cit., p. 773 e 830.

das categorias centrais de sua *Estética*: a *objetividade indeterminada*. Ele insiste no trabalho de decantação da experiência inerente à criação artística, mais precisamente na homogeneização da matéria heterogênea, que faz que a *vox humana* que ressoa na interioridade da obra tenha um grande coeficiente de indeterminação, abrangendo zonas de experiência que transcendem a imediaticidade. Encontramos, é claro, nas considerações sobre Swift, Kafka e, antes de tudo, sobre Bartók, no texto acima, os *leitmotivs* do pensamento de Lukács, em primeiro lugar a crítica da alienação: não é sem surpresa que o vemos valorizar na *Cantata profana*, mas também em *O mandarim maravilhoso* ou em *O príncipe de madeira*, uma presença intensa dessa oposição à alienação, que faria de Bartók, a seu ver, uma figura exemplar do humanismo na arte do século XX. Como era de esperar, ele não perde a oportunidade de apontar o que separa Bartók de Schönberg e dos representantes mais radicais da vanguarda musical: o profundo enraizamento do autor da *Cantata profana* na *música popular* permitiu a Lukács combater Adorno (que justamente questionou esse "folclorismo" de Bartók como uma regressão em relação a suas composições mais "avançadas") e, sobretudo, destacar que, diferentemente de Adrian Leverkühn, personagem principal de *Doutor Fausto*, cujas composições eram inspiradas por um pensamento musical muito próximo ao de Schönberg, Bartók não sonhou em colocar em dúvida a *Nona sinfonia* de Beethoven e se situa, ao contrário, na linha do grande humanismo do passado[34].

Entre os filósofos franceses contemporâneos, é Jacques Bouveresse, eminente intérprete do pensamento de Wittgenstein, dos escritos de Musil ou de Karl Kraus, que recentemente expressou um forte interesse pelo pensamento estético de Lukács, em particular por seu elogio do *realismo*. Ao estudar as razões da forte admiração de Wittgenstein por um clássico do realismo na literatura alemã do século XIX, o suíço Gottfried Keller, e especialmente seu grande romance *Henri le Vert* [*Der grüne Heinrich*], Jacques Bouveresse, em seu último livro, *Le Danseur et sa corde: Wittgenstein, Tolstói, Nietzsche, Gottfried Keller et les difficultés de la foi*, recorre repetidamente às teses de Lukács sobre o realismo em geral e sobre Gottfried Keller em particular para mostrar as afinidades entre Lukács e Wittgenstein em seu grande elogio à literatura de Keller. Ele chega mesmo a estabelecer uma aproximação entre "o indizível" exaltado por Wittgenstein e as exigências de profundidade e substancialidade do realismo lukacsiano (ele cita,

---

[34] O texto de Lukács sobre Béla Bartók foi publicado em francês na revista *Europe*, n. 504-5, abr. 1971, p. 126-43, e publicado novamente por Claude Prévost na coletânea de textos de Lukács intitulada *Textes* (Éditions Sociales, 1985, p. 335-48). As considerações críticas de Adorno sobre Bartók figuram em um texto intitulado "Das Altern der Neuen Musik", reproduzido em *Dissonanzen* (Gotinga, Vandenhoeck & Ruprecht, 1958).

O "caso Lukács": os grandes debates   257

nesse sentido, uma passagem do livro de Lukács *Balzac e o realismo francês*[35]) e sublinha a convergência entre os dois filósofos (tão opostos em outros aspectos; ver "Excurso sobre Wittgenstein" no primeiro volume da *Ontologia do ser social*) em sua admiração pelo "realismo poético" de Keller, um escritor que Lukács situava na grande tradição do realismo goethiano. O vigor com que o esteta marxista expõe o profundo condicionamento sócio-histórico das grandes obras literárias sugeriu a Jacques Bouveresse uma comparação com as posições de um sociólogo como Pierre Bourdieu, ou com as teses de René Girard sobre o pano de fundo antropológico das obras romanescas: foi o tema de sua conferência intitulada "Girard-Bourdieu e György Lukács" no colóquio organizado em maio de 2014, em Aix-en-Provence, sobre o tema "Literatura e sociologia".

***

István Mészáros e Cesare Cases concordaram em censurar Lukács por ter supe-restimado fortemente o papel dos intelectuais no movimento de emancipação e, com particular rigor, por ter caído na armadilha das ilusões sobre a criação de um "corpo de especialistas" (*brain-trust*) dentro do movimento socialista (a ideia originalmente pertencia a John Fitzgerald Kennedy, que pensou na necessidade de tal *"brain-trust"* para fornecer bases sólidas à vida política americana). Mészáros não hesitou em ironizar a "ingenuidade" política de Lukács, que teria se nutrido de tais fantasmas para encontrar uma saída para a crise de seu movimento, e todos os dois, Cases e Mészáros, julgavam totalmente anacrônica a fidelidade de Lukács às teses de Lênin, formuladas no início do século XX em *O que fazer?*, sobre a necessidade de introduzir *de fora* a consciência socialista nas massas e, portanto, sua confiança no papel considerável do trabalho teórico autônomo (sendo seus agentes precisamente os intelectuais) para iluminar o caminho da luta. Será que Lukács merecia os sarcasmos de seus discípulos por ter tomado de empréstimo de Kennedy a ideia do *brain-trust* e exigido a formação de tais grupos de pesquisado-res dentro do movimento socialista[36], e, acima de tudo, parecia ele um iluminista tardio quando destacou o peso da reflexão autônoma, realizada por definição por intelectuais especializados, no combate sociopolítico? Pode-se subestimar o

---

[35] Jacques Bouveresse, *Le Danseur et sa corde: Wittgenstein, Tolstoï, Nietzsche, Gottfried Keller et les difficultés de la foi* (Marselha, Agone, 2014), p. 52; ver também p. 74 (notas), p. 115-6 e 120.

[36] A necessidade de um *brain-trust* socialista foi expressa nas conversações de Lukács com Wolfgang Abendroth, que tiveram lugar em Budapeste em 1966, cuja transcrição foi publi-cada em Hans Heinz Holz, Leo Kofler e Wolfgang Abendroth, *Gespräche mit Georg Lukács* ([s. l.], Rowohlt, 1967); a tradução francesa de Marcel Ollivier foi publicada pela Maspero em 1969. Ver o volume 18 das obras de Lukács, *Autobiographische Texte und Gespräche* (Bielefeld, Aisthesis, 2005), p. 304 [ed. bras.: *Conversando com Lukács*, trad. Giseh Viana Konder, Rio de Janeiro, Paz e Terra, 1969, p. 98-9].

alcance do trabalho solitário empreendido pelo filósofo durante a última década de sua existência para elaborar uma *Ontologia do ser social* e esboçar os contornos de uma *Ética*, para repensar, portanto, os fundamentos do materialismo histórico, para rearmar ideologicamente a esquerda, sobretudo em uma época em que ela atravessava uma profunda crise de orientação, encontrando-se mergulhada na incerteza após o trauma causado pelo desmoronamento do "mundo socialista"? Cases contava, com um toque divertido, uma visita a Lukács durante a qual o velho mestre dava a impressão de falar como "indivíduo histórico-mundial" (*weltgeschichtliches Individuum*), segundo a expressão de Hegel, como se o espírito do mundo (o *Weltgeist*) estivesse concentrado em seu gabinete.

Lukács seria esse personagem "trágico", do qual um intérprete tão informado e sutil pinta o retrato, em sua grande síntese *Para além do capital*, aquele que teria investido toda a força de seu pensamento para fornecer as bases teóricas a um movimento que teria degenerado em uma imensa máquina repressiva? Será que ele acabou finalmente dividido entre seu credo inflexível e uma práxis que representava exatamente o contrário de suas convicções íntimas? Teria ele se tornado prisioneiro dessas antinomias, sem encontrar uma verdadeira saída, reintegrando-se em 1967 ao partido que o havia condenado e ostracizado por sua participação nos eventos de 1956, com a esperança de infletir sua orientação ideológica na direção de reformas radicais? Teria ele apresentado em sua *Ontologia* soluções que Mészáros julga inadequadas e ilusórias, pois, se confiarmos nas páginas sobre Lukács de *Para além do capital*, essas soluções se centraram no plano da pura interioridade, envolvendo o trabalho das consciências individuais sobre si mesmas, sem resultado real na práxis política? Em suma, teria ele se transformado em um verdadeiro ator da "tragédia na ética", conceito hegeliano notavelmente decifrado pelo autor de *O jovem Hegel* e que Mészáros utiliza como chave hermenêutica para compreender o destino do próprio Lukács[37]?

Chego aqui a um ponto crucial dos julgamentos que a posteridade faz sobre a figura de Lukács, sobre seu destino intelectual e político e sobre os ensinamentos que emergem de sua trajetória singular dentro do movimento ao qual dedicou mais de cinquenta anos de sua existência. Certamente o espectro desses julgamentos é enorme e diversificado, razão pela qual está fora de questão colocar em um mesmo plano o retrato que pintam dele os intelectuais que extraíram de sua obra temas essenciais de seu próprio pensamento, como Cesare Cases ou István Mészáros, e aqueles desenhados por adversários ideológicos declarados, como Daniel Bell, sem falar da massa de seus detratores. No entanto, pode-se identificar

---

[37] István Mészáros, *Beyond Capital: Toward a Theory of Transition* (Londres, Merlin Press, 1995), p. 22-5, 300 e seg. [ed. bras.: *Para além do capital: rumo a uma teoria da transição*, trad. Sérgio Lessa e Paulo Cezar Castanheira, São Paulo, Boitempo, 2002].

certa concordância de pontos de vista quando se trata de levar a julgamento o que se designa como sua falta de espírito crítico diante da via bolchevique da revolução. A fidelidade de Lukács a Lênin e à sua obra aparece, é claro, no primeiro plano das críticas que são dirigidas a ele. É verdade que a *Ontologia do ser social*, seu testamento filosófico, gira essencialmente em torno do pensamento de Marx. O autor se mostra movido pela vontade de restituir esse pensamento em sua substância autêntica, livre das deturpações que tanto sofreu durante a Segunda Internacional pela social-democracia da época e, sobretudo, durante a época staliniana. Lukács exigia que o stalinismo, considerado um "sistema" ideológico e político, fosse submetido a uma crítica teórica não menos rigorosa que a praticada em relação a Lassalle e Proudhon[38]. Mas, ao avançar ele próprio nessa via, ele está longe de desaprovar a herança de Lênin, ainda que, em certos pontos, tenha tomado distância em relação a uma tese ou outra do fundador do bolchevismo. Certamente a interpretação lukacsiana do bolchevismo estava muito longe daquela credenciada pelos inimigos do comunismo, e podia-se ouvir os ex-discípulos do filósofo, como Ágnes Heller e Ferenc Fehér, caracterizando o apoio de Lukács ao movimento insurrecional húngaro de 1956 como a atitude de um "bolchevique *inconsistente*"[39]. Segundo eles, o aval da insurreição húngara era incompatível com a conduta de um "autêntico bolchevique", pois era "uma causa indefensável a partir de premissas rigorosamente bolcheviques"[40]. Pode-se imaginar a consternação de Lukács, se ele tivesse tomado conhecimento da fórmula pela qual seus ex-discípulos definiam sua posição diante dos acontecimentos de 1956, tão convencido estava de que seu apoio à revolução russa de 1917 tinha sido guiado, assim como sua participação na revolta húngara de 1956, por sua aspiração a uma democracia radical e não por qualquer propensão a um regime tirânico ou despótico.

***

Lendo as cento e cinquenta páginas dedicadas a Lukács por István Mészáros em *Para além do capital*, me pergunto se o autor da *Ontologia* merecia verdadeiramente as críticas, às vezes severas, dirigidas tanto a suas posições políticas quanto a certos aspectos teóricos de sua obra. Um dos *leitmotivs* das críticas de Mészáros é que Lukács não teria medido a amplitude da gangrena que corroía o sistema econômico e político instaurado nos países do "socialismo real". Mais

---

[38] G. Lukács, *Werke*, v. 14: Frank Benseler (org.), *Zur Ontologie des gesellschaftlichen Seins*, II (Neuwied, Luchterhand, 1986), p. 499 [ed. bras.: *Para uma ontologia do ser social*, v. 2, trad. Nélio Schneider, São Paulo, Boitempo, 2013, p. 570, 574].

[39] Ferenc Fehér e Ágnes Heller, *Hungary 1956 Revisited: The Message of a Revolution – A Quarter of a Century After* (Londres/Boston, Sidney G. Allen & Unwin, 1983), p. 118-9; itálico meu.

[40] Idem.

precisamente, ele não teria se dado conta, segundo Mészáros, de que se tratava de uma forma de "capitalismo de Estado", em que uma oligarquia do partido dominava a distribuição do mais-valor resultante do trabalho da imensa maioria. Daí a total insuficiência e, às vezes, a "extrema ingenuidade" das proposições do velho filósofo para reformar o sistema. Segundo o retrato esboçado por Mészáros, Lukács havia "interiorizado" (o autor de *Para além do capital* emprega o termo *internalization*) os constrangimentos e os limites do "socialismo em um só país", conforme sua antiga opção por essa tese leninista-staliniana, abraçando portanto a causa da revolução no "elo mais fraco do imperialismo", e quando foi confrontado com as aporias do sistema, do qual com frequência ele próprio foi vítima (Mészáros destaca isso fortemente), apresentou, no último período de sua trajetória, soluções que seu severo examinador julga totalmente insuficientes. Devemos aceitar as considerações fornecidas em *Para além do capital*, segundo as quais as visões de Lukács estavam afetadas por carências políticas estruturais, uma vez que não levam em conta as mediações políticas que asseguram a reprodução do sistema? A subavaliação da natureza viciosa e profunda do sistema teria impedido Lukács de proceder a uma "crítica substancial" da aberração histórica que o sistema representava? Seria verdade que, sob o golpe dessas insuficiências, às quais se acrescentaria o que poderíamos chamar de pecado do intelectualismo, mais precisamente uma superestimação indevida do papel das construções intelectuais (da qual já falamos), o velho filósofo teria chegado a procurar na ética a mediação salvadora e, por essa razão, as soluções políticas não estariam mais, segundo Mészáros, em sua linha de visão? Mais exatamente, ele teria conseguido, em sua *Ontologia*, focalizar nos indivíduos e num trabalho exercido em sua interioridade (seu combate no perímetro da consciência contra a alienação, por exemplo) o centro de gravidade da luta pela emancipação? Tanto Mészáros como Cases não escondem seu ceticismo diante das considerações sobre o "gênero humano para-si", como se se tratasse de uma escapatória especulativa elaborada por um pensador que não conseguia mais encontrar no concreto sócio-histórico as mediações políticas suscetíveis de assegurar a transição real para a emancipação.

As censuras dirigidas a Lukács por ter sido muito tímido em suas reflexões críticas sobre as carências estruturais das sociedades, resultantes da via aberta pela Revolução de Outubro, em particular por ter limitado a denúncia do stalinismo a uma crítica sobretudo "metodológica" (Mészáros) ao reduzir seu processo ao fato de ter elevado as considerações táticas ao nível de princípios norteadores da luta socialista e de ter ocultado os objetivos estratégicos do movimento (a inversão perigosa da justa relação entre tática e estratégia), retornam como *leitmotivs* na maioria dos textos dedicados ao filósofo húngaro mais ou menos recentemente. Na visão de muitos, o stalinismo merecia apenas uma rejeição desdenhosa, como encarnação de uma monstruosidade histórica, um último avatar do despotismo

O "caso Lukács": os grandes debates   261

asiático, e os desenvolvimentos de Lukács sobre as características de sua deturpação do marxismo pareciam muito distantes (até como um embelezamento) comparados à sua abominável realidade. Mas, ao formular tais objeções, esquece-se facilmente o impacto exercido por essa ideologia na *forma mentis* de milhões de comunistas durante toda uma época histórica.

Lukács se referiu ao fato de a revolução ter triunfado em um país muito atrasado como a Rússia e não, de acordo com as previsões de Marx, em países socialmente mais desenvolvidos, como uma "circunstância trágica", e destacou que a "aterradora deformação" da ideia comunista, que, em sua visão, o stalinismo representava, estava relacionada com certas tradições particulares da Rússia. "Mas não podemos escolher nossa história", concluiu ele em uma discussão com um de seus antigos estudantes, que se estabeleceu no Ocidente e foi encontrá-lo logo após os acontecimentos de 1968 na Checoslováquia[41]. A propósito desses eventos, que culminaram no esmagamento da "Primavera de Praga" pelos tanques soviéticos, pode-se mencionar que, em resposta a uma questão de seu interlocutor, Lukács os designou como "o maior desastre sofrido pelo movimento comunista desde que os social-democratas aprovaram, em 1914, os créditos para a guerra do Kaiser"[42] (sabe-se, além disso, que ele enviou a Kádár uma carta protestando fortemente contra a participação da Hungria nessa ação). O fato de que em 1926, durante o famoso debate entre Trótski e Stálin sobre a possibilidade do "socialismo em um só país", ele tenha apoiado a tese staliniana (herdada de Lênin) e de que nunca tenha abjurado essa adesão não o impediu de julgar retrospectivamente como "falsa" a via escolhida por Stálin e seus partidários para resolver o que Lukács chamou de "a crise da revolução em vias de desenvolvimento" (*die damals sich entfaltende Krise der Revolution*[43]).

Sobre a tão debatida questão das relações de Lukács com o stalinismo, sem esquecer as observações de István Mészáros concernentes aos equívocos do autor da *Ontologia do ser social* a respeito da experiência soviética e os limites de seu distanciamento ou de suas proposições para a regeneração do movimento socialista, acredito, acima de tudo, que não se deve subestimar as contribuições do filósofo para a refundação do materialismo histórico, que são todas golpes desferidos nas deturpações dogmáticas e vulgarizadoras sofridas por essa doutrina durante

---

[41] George Urban, "A Conversation with Georg Lukács", *Encounter*, out. 1971, p. 34.

[42] Ibidem, p. 35.

[43] G. Lukács, "Nachwort" (1967), posfácio a seu pequeno livro sobre Lênin, que data de 1924, reproduzido em Detlev Claussen (org.), *Blick zurück auf Lenin: Georg Lukács, die Oktoberrevolution und Perestroika* (Frankfurt, Luchterhand, 1990), p. 140 [ed. bras.: "Posfácio", em *Lênin – um estudo sobre a unidade de seu pensamento*, trad. Rubens Enderle, São Paulo, Boitempo, 2012, p. 103].

a "longa noite" staliniana[44]. Esse aspecto, ao que parece puramente filosófico do trabalho empreendido por Lukács com sua *Ontologia* e sua *Estética*, deve ser lembrado quando se ouve dizer que "as censuras [...] feitas a Stálin são 'menores'" e que "é difícil não aceitar o julgamento de Kołakowski [segundo o qual] Lukács nunca criticou o stalinismo senão no interior do stalinismo"[45]. Em outro plano, levar em conta esse aspecto estritamente filosófico de seu trabalho permite também examinar a pertinência das objeções às insuficiências ou carências das soluções que ele propõe em sua *Ontologia* e em sua *Estética*, diante da crise do mundo contemporâneo (já mencionei algumas dessas objeções formuladas por István Mészáros em seu *Beyond Capital**).

Não se pode ignorar os importantes resultados obtidos por Lukács com seu grande trabalho sobre a ontologia do ser social: a crítica das interpretações estreitas e reducionistas do marxismo, normalmente tratado como um simples determinismo econômico, a reabilitação da complexidade e da densidade do tecido social, concebido como um "complexo de complexos", a valorização das intencionalidades específicas que subjazem a cada complexo social. O autor insistiu, com razão, na heterogeneidade e na desigualdade de seu desenvolvimento. A fenomenologia da subjetividade que se desdobra diante de nossos olhos ao longo da leitura de sua obra, as distinções entre objetivação e exteriorização, reificação e alienação, gênero humano em-si e gênero humano para-si – esse conjunto de desenvolvimentos varre os esquemas do marxismo dogmático e rejeita a *forma mentis* staliniana para as lixeiras da história. O modo como Lukács desconstrói a interpretação plekhanoviana do marxismo, demonstrando o simplismo da justaposição de uma análise econômica, efetuada segundo o modelo das ciências da natureza e de uma análise ideológica sumária que recorre à "psicologia social" como substituta das verdadeiras mediações que ligam a ideologia à situação sócio-histórica, atinge também o coração do marxismo dominante na época staliniana. O dualismo entre uma "base" funcionando como uma entidade a-subjetiva (*bein ohne Bewusstsein*) – a economia como articulação entre forças e relações de produção – e uma "superestrutura", zona onde surge a "consciência social" (Lukács chama atenção *en passant* que Marx nunca falou de "consciência social", mas simplesmente de "consciência"), é

---

[44] Ver a propósito meu texto "Georg et le stalinisme", *Les Temps Modernes*, n. 563, jun. 1993, p. 1-45 [ed. bras.: "György Lukács e o stalinismo", trad. Carolina Peters, *Verinotio*, Rio das Ostras, v. 27, n. 1, p. 88-124, jan./jun. 2021; disponível em: <https://www.verinotio.org/sistema/index.php/verinotio/article/view/621/532>; acesso em: 10 out. 2022].

[45] François Furet, *Le Passé d'une illusion: essai sur l'idée communiste au XXe siècle* (Paris, Robert Laffont/Calmann-Lévy, 1995), p. 151-2 [ed. bras.: *O passado de uma ilusão: ensaio sobre o comunismo no século XX*, São Paulo, Siciliano, 1995].

* István Mészáros, *Beyond Capital*, cit. [ed. bras.: *Para além do capital*, cit.].

O "caso Lukács": os grandes debates   263

considerado uma deturpação vulgarizadora do pensamento de Marx[46]. Pode-se notar que Lukács associa os nomes de Plekhanov e de Stálin em sua denúncia do que vê como interpretação mecanicista e errônea das teses de Marx[47]. Apesar de acolher a forma como Engels, em suas últimas cartas, protestou contra essas interpretações reducionistas do materialismo histórico, Lukács não deixa de apontar a deficiência filosófica da solução proposta pelo amigo de Marx, pois tratar a relação base-superestrutura como uma relação de conteúdo-forma parecia totalmente inadequado em relação à complexidade do processo[48].

Se a crítica do determinismo na interpretação do ser social é um dos objetivos polêmicos de Lukács, a crítica simétrica do teleologismo, inspirada, em grande parte, pela influência benéfica dos trabalhos ontológicos de Nicolai Hartmann, não possui um alcance filosófico e ideológico menor. A questão da herança hegeliana no pensamento de Marx é abordada sob um novo ângulo em relação a seus trabalhos anteriores: a ação de emancipar o marxismo da tentação "logicista" (que Lukács designa como a "falsa ontologia" de Hegel, em antítese à genial "verdadeira ontologia", que ele se propõe valorizar para a futura ontologia marxista) apresenta também, em sua visão, uma grande importância ideológica (entre outras, porque o "logicismo" é constitutivo da corrente neopositivista). Não creio me equivocar quando afirmo que a experiência funesta do monolitismo staliniano, com a absolutização da via soviética para a edificação do socialismo, uma maneira de confinar a história dentro de esquemas preestabelecidos, está na origem da profunda desconfiança de Lukács em relação às interpretações teleológicas da história, o que o levou a manifestar uma grande vigilância crítica no que diz respeito ao "logicismo" (e no plano especulativo: ao tema da subordinação da ontologia à lógica) e a defender com unhas e dentes a ideia de alternativa e de decisão entre alternativas, pedra angular da abertura da história, a meio caminho entre o necessitarismo absoluto e o decisionismo irracionalista.

Por fim, é preciso lembrar o deslocamento do centro de gravidade de sua reflexão filosófica, nas duas obras de síntese redigidas no final de sua trajetória intelectual, para os conceitos de gênero humano e de "consciência de si do gênero humano". Não se trata mais, como em *História e consciência de classe*, de se centrar no proletariado como identidade de sujeito e objeto na história (esse fantasma

---

[46] G. Lukács, *Werke*, v. 13: Frank Benseler (org.), *Prolegomena: Zur Ontologie des gesellschaftlichen Seins*, I (Neuwied, Luchterhand, 1984), p. 674-6 [ed. bras.: *Prolegômenos para uma ontologia do ser social*, trad. Lya Luft e Rodnei Nascimento, São Paulo, Boitempo, 2010].

[47] G. Lukács, *Werke*, v. 14: Frank Benseler (org.), *Zur Ontologie des gesellschaftlichen Seins*, II, cit., p. 322 [ed. bras.: *Para uma ontologia do ser social*, cit., p. 382].

[48] G. Lukács, *Werke*, v. 13: Frank Benseler (org.), *Prolegomena; Zur Ontologie des gesellschaftlichen Seins*, I, cit., p. 676-7 [ed. bras.: *Prolegômenos para uma ontologia do ser social*, cit.].

idealista hegeliano foi abandonado), mas de fazer do gênero humano, concebido como uma substância em devir, um *corpus* de habilidades e de qualidades em desenvolvimento, resultado de aquisições de diferentes formações sociais (famílias, tribos, classes sociais, nações), instância suprema para julgar os progressos da humanidade. A arte e a ética são, na visão de Lukács, expressões por excelência da consciência do gênero humano, e ele quis concentrar seus últimos trabalhos filosóficos na análise de sua especificidade.

Admito certo espanto com a tese de Mészáros, segundo a qual o projeto lukacsiano de elaborar uma Ética estava condenado ao fracasso devido à cegueira do pensador diante das mediações políticas, que vinculam a ação individual com a práxis coletiva da emancipação. O autor de *Para além do capital* retorna várias vezes à ideia de que, excluído da política militante pelas condenações sucessivas a que foi submetido por seu partido, Lukács acabou, por força das circunstâncias, se afastando da política. De fato, pode-se recordar o veredicto negativo sobre as "teses de Blum", proferido em 1929 por Béla Kun e seus sequazes da Internacional Comunista, a excomunhão após o debate de 1949-1950 durante o caso Rajk, a deportação para a Romênia com outros membros do governo de Imre Nagy em 1956-1957, sem esquecer os dois meses, julho-agosto de 1941, passados na prisão de Lubianka, em Moscou, sob a acusação, dentre outras, de... "conspiração trotskista". Pode-se, no entanto, considerar pertinente a tese de um Lukács que teria abdicado da política quando se tem em mente as inumeráveis reflexões de caráter político disseminadas nas entrevistas concedidas pelo filósofo durante o último período de sua vida, algumas das quais se encontram agora reunidas no volume 18 de suas *Werke*[49]? Uma das últimas entrevistas publicadas nesse volume, que reproduz o texto do semanário *Der Spiegel* de janeiro de 1970, intitula-se "Das Rätesystem ist unvermeidlich" [O sistema dos conselhos é inevitável*]. A entrevista mostra que Lukács depositou suas esperanças políticas no ressurgimento dos conselhos populares, tendo em vista a regeneração do socialismo.

Para mim, é difícil acreditar que, após ter sublinhado com tanta insistência, em sua *Ontologia*, a especificidade dos diferentes complexos sociais e seu papel insubstituível no desenvolvimento da história, e ter atingido assim o coração do "economicismo" como uma simplificação funesta do marxismo, o pensador por excelência das mediações que foi Lukács teria caído no erro de negligenciar o peso das mediações políticas, jurídicas etc. em suas análises sobre o trabalho na

---

[49] G. Lukács, *Werke*, v. 18: Frank Benseler, Werner Jung e Dieter Redlich (orgs.), *Autobiographische Texte und Gespräche* (Bielefeld, Aisthesis, 2005).

* G. Lukács, "O sistema dos conselhos é inevitável", em *Essenciais são os livros não escritos: últimas entrevistas (1966-1971)* (trad. Ronaldo Vielmi Fortes, São Paulo, Boitempo, 2020), p. 165-200. (N. T.)

sociedade capitalista moderna. Essa é, entretanto, a objeção principal dirigida por István Mészáros: o autor de *Para além do capital* retoma sem cessar a ideia de que o último Lukács, privado da apreensão das vias concretas que assegurariam a transição para a sociedade emancipada, ou prisioneiro das pseudossoluções de uma nova repartição dos encargos entre "o partido e o Estado" (Mészáros ironiza muito essa proposição lukacsiana, formulada em seu "testamento político"), foi forçado a procurar a saída no terreno, de acordo com Mészáros muito problemático, das iniciativas individuais (sabe-se que para Lukács as "posições teleológicas" dos indivíduos constituem um dos polos fundamentais da vida social). Afirmar o peso considerável da ética na transformação social desejada – e, portanto, falar da "ética como mediação" (é assim que Mészáros designa a posição de Lukács) – é por acaso um erro ou mero fruto da imaginação?

Fazer justiça ao peso insubstituível, em particular ao trabalho realizado no espaço interior de sua consciência, a sua luta contra a pressão da manipulação e de suas forças alienantes, reabilitando plenamente o alcance da ética, concebida como força ordenadora das pulsões, das necessidade e dos interesses, não é enfatizar de maneira indevida o papel dos fatores secundários, como querem fazer crer os críticos que mencionei anteriormente, e muito menos procurar escapatórias para um pensamento político desamparado. É antes afirmar um verdadeiro continente da existência, mais ou menos ignorado pelo marxismo tradicional. István Mészáros nos assegura que Lukács estava condenado ao fracasso em seu projeto de elaboração de uma ética, operação impossível, em seu ponto de vista, sem levar em conta as mediações políticas concretas que condicionam o trabalho de emancipação dos "produtores associados"[50]. Não se pode, no entanto, ignorar a riqueza das considerações sobre as questões éticas disseminadas tanto na *Estética* quanto na *Ontologia* ou então nas notas tão ricas em sugestões reunidas no opúsculo *Versuche zu einer Ethik* [Tentativas para uma ética] (editado em Budapeste em 1994 por György Mezei e publicada sob os cuidados do Arquivo Lukács[51]). Permitam-me recordar muito sucintamente algumas dessas considerações: as reflexões sobre a *Ética* de Aristóteles e sobre a fecundidade da categoria de "mediania" (*die Mitte*), bem como a superioridade da ética aristotélica em relação à ética kantiana; as análises sutis da ética estoica no ensaio *Minna von Barnhelm* (1963); o destaque do grande alcance histórico das éticas de Epicuro e Spinoza, bem como a ética da pura imanência de Goethe, exaltadas como éticas eminentemente "terrenas"; os

---

[50] István Mészáros, *Beyond Capital*, cit., p. 399-412 e 752 [ed. bras. *Para além do capital,* cit.].

[51] Ver Nicolas Tertulian, "Le grand Projet de l'Éthique", *Actuel Marx*, n. 10, 1991 [ed. bras.: "O grande projeto da Ética", *Verinotio – Revista On-line de Filosofia e Ciências Humanas*, trad. Lúcio Flávio R. de Almeida, n. 12, ano 6, out. 2010, p. 21-9; disponível em: <https://www.verinotio.org/conteudo/0.77644266353589.pdf>; acesso em: 10 nov. 2022].

comentários sobre o grande tratado de ética de Nicolai Hartmann, sem esquecer as inumeráveis reflexões de caráter ético inspiradas em personagens literários (trabalho exemplificado ainda nas *Notas sobre Dostoiévski* redigidas em sua juventude). Esse conjunto de considerações permite mensurar a seriedade dos preparativos do autor com vistas à elaboração da Ética.

Interlúdio biográfico

Há, portanto, uma profunda coerência entre o pensamento sobre a história (tomei a liberdade de designar sua *Ontologia do ser social* como uma "crítica da razão histórica", de acordo com a fórmula de Dilthey[1]), a ética e a estética de Lukács. Suas contribuições em cada um desses campos mereciam ser colocadas no lugar que lhes convém, especialmente porque a conjuntura histórica (a vasta audiência do discurso sobre a obsolescência do marxismo, o colapso do "bloco socialista") não parecia estar a seu favor de modo algum. Tendo obtido em 1982 um cargo de professor na Ehess para lecionar história do pensamento alemão moderno, decidi dedicar uma grande parte de meu seminário ao comentário das grandes obras filosóficas de Lukács, situadas no contexto do pensamento contemporâneo. O que na Romênia se mostrou irrealizável após minha exclusão da universidade, se tornou possível na França, graças à compreensão e ao apoio de vários colegas franceses. Meu livro sobre o pensamento estético de Lukács, publicado no final de 1980 em Paris pelas edições Sycomore, foi beneficiado por várias resenhas favoráveis, entre elas o artigo de Mikel Dufrenne publicado no *Le Monde*, em março de 1981, com o título "Uma estética engajada". Esse é o momento de esclarecer que, sem o decisivo apoio de François Furet, então presidente da Ehess, minha nomeação para a Escola não teria sido possível. François Furet se mostrou bastante sensível às iniciativas de meus colegas e amigos Olivier Revault d'Allonnes e Mikel Dufrenne para que eu obtivesse um cargo na França. Ele ainda solicitou a Raymond Aron que me recebesse para uma entrevista, a fim de ter sua opinião antes de tomar uma decisão. A discussão com Aron girou em torno da situação do pensamento marxista na França, portanto sobre os pontos de vista expressos em seu livro, *Marxismes imaginaires*, em que Sartre, Althusser

---

[1] Nicolas Tertulian, "L'Ontologie de Georges Lukács", *Bulletin de la Société Française de Philosophie,* out./dez. 1984, p. 157.

e Lefebvre são severamente censurados: quando mencionei o nome de Lukács, Aron se referiu a ele como "um hegeliano de esquerda". Fiz comentários a respeito da *Ontologia do ser social*, que ele desconhecia (a versão original do manuscrito não havia ainda sido lançada na Alemanha); ele se declarou pronto para acolher uma exposição minha sobre essa obra em seu seminário. Devo lembrar também que Jean Starobinski apoiou minha candidatura na Ehess, escrevendo uma carta sobre isso a François Furet, como ele me notificou pelo correio, em 25 de julho de 1980. As páginas sobre Lukács do livro de Furet, *O passado de uma ilusão*, não deixavam nenhuma dúvida sobre sua atitude bastante crítica em relação àquele que ele designava como "o maior filósofo" do comunismo[2]. O autor, no entanto, enviou-me um exemplar do livro, cuja dedicatória mostrava que ele tinha sido, acima de tudo, sensível a meus problemas em um país além da Cortina de Ferro: "Para Nicolas Tertulian, que atravessou esta história, amigavelmente".

Deve-se dizer que as autoridades romenas não pouparam suas ações vexatórias e discriminatórias para me obrigar a deixar o país, enquanto prosseguiram com a retenção em Bucareste de minha esposa e de meu filho, que se depararam com uma parede impenetrável quando pediram o passaporte para se juntarem a mim em Paris. Tenho uma recordação particularmente forte da última noite passada no território do meu país de origem e dos métodos truculentos utilizados pelos prepostos do regime de Ceauşescu. Retornando de Heidelberg a Bucareste no outono de 1981, em consequência da morte de minha mãe, peguei o trem algumas semanas depois para voltar à Alemanha, onde eu me beneficiava de uma bolsa da Thyssen e de um cargo docente no seminário filosófico da universidade. No meio da noite, como o trem Expresso do Oriente se aproximava da fronteira entre a Romênia e a Hungria, o oficial apareceu para o "controle de documentos" e começou por confiscar o dinheiro que encontrou no bolso de meu casaco (uma nota de cem marcos alemães), me condenando pela posse de divisas estrangeiras, e depois avisou que no visto romeno que estava em meu passaporte (expedido em Colônia pela embaixada da Romênia na Alemanha) havia um pequeno sinal suspeito: ele me pediu para descer do trem e esperar a decisão das autoridades superiores na estação fronteiriça onde o trem estava parado. Meus protestos foram inúteis: ele chamou um policial e ordenou que ele pegasse minha mala, me obrigando a descer no meio da noite na plataforma da estação de Curtici. É claro que o trem partiu e eu me vi condenado a esperar até a manhã seguinte para tentar ligar para a União dos Escritores, instituição romena que tinha conseguido o passaporte. Pela manhã, me foi permitido telefonar para Bucareste, em primeiro

---

[2] François Furet, *Le Passé d'une illusion: essai sur le communiste au XXᵉ siècle* (Paris, Robert Laffont/Calmann-Lévy, 1995), p. 149 [ed. bras.: *O passado de uma ilusão: ensaio sobre o comunismo no século XX*, São Paulo, Siciliano, 1995].

lugar para minha esposa, para informá-la sobre o ocorrido e pedir-lhe que entrasse em contato com o presidente da União dos Escritores, a única pessoa que seria ouvida pelo Ministério do Interior. Enquanto eu aguardava a ligação telefônica para Bucareste em uma sala da polícia de fronteira, vários funcionários da polícia e da alfândega romenas conversavam atrás de um biombo: falavam muito alto, e a conversa não passava de uma enxurrada de comentários e piadas antissemitas, cuja vulgaridade excedia qualquer coisa que eu tivesse registrado antes. Finalmente, o oficial da polícia de fronteira apareceu, me avisou que a quantia em dinheiro encontrada comigo (os cem marcos!) permanecia confiscada e ainda que eu era passível de um processo. No entanto, me devolveu o passaporte, dizendo que eu podia embarcar em qualquer trem que atravessasse a fronteira para a Hungria (o Expresso do Oriente só passava a cada vinte e quatro horas). Sem um tostão no bolso, corri e entrei em um pequeno trem local que transportava operários que trabalhavam do outro lado da fronteira e, assim, cheguei a Győr, uma pequena cidade húngara de onde, com uma moeda que, por sorte, consegui guardar (um florim húngaro), telefonei para o filho de Lukács, Ferenc Janossy, em Budapeste, com quem eu mantinha relações de amizade, para informá-lo da situação lamentável em que me encontrava. Ele me convidou, assim que chegasse a Budapeste, a tomar um táxi, cuja corrida ele pagaria; também me emprestou o dinheiro que me permitiu, na noite seguinte, voltar para a Alemanha pelo Expresso do Oriente. Esse episódio foi apenas a gota d'água que acelerou minha decisão de não mais retornar à *Vaterland* [Terra Natal].

Deve-se dizer que muitas outras coisas que ocorreram me levaram a desistir do retorno ao país de Ceauşescu. Um exemplo: em 1981, por ocasião do congresso internacional de estética que aconteceu em Dubrovnik, na Iugoslávia (vinha da Alemanha, onde tinha ficado em Heidelberg), a assembleia dos estetas presentes elegeu uma pequena comissão de cinco pessoas para preparar o congresso seguinte. Fiz parte da comissão, assim como outro esteta romeno, indicado graças ao insistente apoio da delegação soviética, aliada a um oficial romeno presente no congresso; o comitê elegeu como secretário Gianni Vattimo, filósofo italiano bem conhecido, familiarizado com os congressos de estética, com quem mantive excelente relação de amizade durante algum tempo. Alguns meses depois, recebi de Vattimo uma circular dirigida aos membros do comitê eleitos em Dubrovnik que solicitava sugestões para a organização do futuro congresso. Respondi a Vattimo e, aproveitando o fato de estar em Heidelberg, sem correr o risco, onipresente na Romênia, de ver as cartas passarem pelo olhar vigilante da censura, informei-o de certo número de reflexões sobre os métodos empregados nos países do Leste, em particular na Romênia, para a "seleção" dos delegados ao congresso de estética: pessoas muito competentes foram excluídas, enquanto sempre uma *nomenklatura* restrita a alguns nomes, aprovados pelo partido, era designada para representar a estética romena (e dei-lhe exemplos precisos, indicando os nomes dos oficiais privilegiados). Pouco tempo depois, constatei estupefato, em outra correspondência de Vattimo, que ele tinha acabado de divulgar a carta que eu havia enviado, é claro, confidencialmente, a todos os membros do comitê eleito em Dubrovnik, incluindo o próprio esteta oficial romeno eleito graças à ação articulada dos soviéticos e do *apparatchik* enviado de Bucareste. É óbvio que, em Bucareste, eles se apressaram em comunicar minha carta, que expôs seus métodos às autoridades dirigentes, e fui informado de que, em uma sessão da Academia de Ciências Sociais e Políticas, o vice-presidente me denunciou publicamente por minha posição, considerada um ato de hostilidade para com a política do regime. Minha carta para Vattimo se tornou, subitamente, um documento público. Incidentes imprevistos desse gênero assumiam proporções catastróficas em um país como a Romênia de Ceaușescu. Informado, Vattimo me comunicou sua consternação e seu pesar.

Mas o verdadeiro calvário começou para mim e para os meus com a recusa obstinada das autoridades romenas em permitir que minha esposa e meu filho se juntassem a mim em Paris, onde, desde o outono de 1982, eu ensinava na Ehess como diretor de estudos associado. Durante um ano e meio, todas as minhas iniciativas (cartas endereçadas ao presidente romeno Ceaușescu, intervenções na embaixada da Romênia em Paris etc.) permaneceram sem a menor resposta. Minha esposa e meu filho foram mantidos como reféns, uma maneira de me alertar contra qualquer ação considerada hostil ao regime. Deve-se observar que durante esse período recebi o generoso apoio de François Furet e de meus colegas da Ehess, que mobilizaram, em favor de meu pedido para reunir minha família, assinaturas prestigiosas (Claude Lévi-Strauss, Raymond Aron, Jean Starobinski, Pierre Bourdieu e Paul Ricoeur estavam entre os signatários de uma carta coletiva endereçada ao presidente romeno), mas os energúmenos de Bucareste responderam com um silêncio total a essas intervenções. Foi durante esse difícil período que recebi uma carta de apoio de Jean Starobinski; permito-me reproduzir aqui uma passagem que testemunha sua profunda compreensão do que ele chamou, na introdução da carta, de "situação moralmente tão difícil que agora é a sua": "Essa separação forçada tem algo de inconcebível. Ao tratar os indivíduos como coisas, o Estado se torna um agente de sobrealienação. Ele revela sua fraqueza, ao mesmo tempo que exerce seu poder. Mas os efeitos dessa fraqueza não são diretamente previsíveis, enquanto a arbitrariedade do poder é muito sensível, no imediato de nossas existências" (carta expedida de Genebra em 26 de dezembro de 1982).

Essa situação, que parecia inextricável e cujos termos Jean Starobinski definiu com tanta precisão, encontrou finalmente um desfecho feliz no verão de 1983.

Alertado pelos amigos Bernard Pingaud e Guy de Bosschère, que na época dirigiam na França a União dos Escritores (uma associação que infelizmente não existe mais), de uma iminente visita oficial de Claude Cheysson, ministro dos Negócios Estrangeiros, a Bucareste, ouvi seus conselhos para enviar uma carta ao ministro (eles também se encarregaram de uma iniciativa similar em nome da União dos Escritores), expondo meu caso e pedindo apoio para obter a reunificação de minha família (situação, aliás, da qual o Quai d'Orsay estava informado havia um bom tempo). O ministro se mostrou sensível a essa iniciativa e, tendo encontrado em Bucareste o presidente romeno, que na época estava particularmente desejoso de se beneficiar das boas graças da França, obteve, sem dificuldade, a solução dos "problemas humanitários" que figuravam na agenda das relações franco-romenas (numerosas famílias que tinham adotado crianças romenas, privadas por uma súbita reviravolta das autoridades romenas de sua chegada à França, escreveram ao Quai d'Orsay pedindo para intervir junto a Ceauşescu). No mesmo dia da partida do ministro de Bucareste, minha esposa foi chamada pelo serviço de passaportes do Ministério do Interior romeno, que manifestou enorme surpresa por ela nunca ter se apresentado para pegar os dois passaportes, o seu e o de nosso filho, que, segundo o porta-voz desse serviço, os esperavam havia muito tempo... Em matéria de cinismo, os homens de Ceauşescu eram imbatíveis. Ao saber da boa notícia, escrevemos logo em seguida ao ministro, para informá-lo do sucesso de sua intervenção e para expressar nossa profunda gratidão.

Lendas e verdade: as "autocríticas" e o "stalinismo" de Lukács

Tentei mostrar que, longe de ser complacente com o sistema social instaurado nos países do "socialismo real", Lukács desenvolveu em seus últimos trabalhos – não apenas na análise penetrante dos romances e contos de Soljenítsin, ou em seu escrito sobre a "democratização", redigido durante os acontecimentos de 1968 na Checoslováquia, ou no escrito intitulado "Testamento político", mas também em diferentes passagens de sua *Ontologia do ser social* – uma crítica contínua da deturpação do pensamento de Marx nas práticas econômicas e ideológicas desse sistema.

Seus adversários e detratores conseguiram, é verdade, cercar seu nome e sua obra com uma reputação de conformismo e de submissão ao partido, retratando-o como um pensador que teria sacrificado sua independência de espírito (suas famosas autocríticas são frequentemente citadas) às injunções externas. Adorno se acostumara a esse gênero de conversa, convencido de que o espírito autêntico do pensamento de Marx sobreviveu mais no Instituto de Pesquisa Social em Frankfurt que no gabinete de trabalho do velho mestre em Budapeste. Daniel Bell, um ardente promotor da identidade Naphta-Lukács, como vimos, tinha certeza de que "Lukács sabia muito bem como submeter-se humildemente"[1]. Leszek Kołakowski argumentou no mesmo sentido nas páginas mais que severas dedicadas a Lukács em seu livro sobre as principais correntes do marxismo: segundo ele, o pensamento de Lukács não passava de uma "filosofia da fé cega, na qual nada é demonstrado, mas tudo está estabelecido de maneira autoritária"[2]. Naturalmente, todos esses críticos de Lukács, de Morris Watnick, autor de um

---

[1] Daniel Bell, *La Fin de l'idéologie* (Paris, PUF, 1999), p. 35 [ed. bras.: *O fim da ideologia*, Brasília, Editora Universidade de Brasília, 1980].

[2] Leszek Kołakowski, *Die Hauptströmungen des Marxismus*, v. 3 (Munique/Zurique, Piper & Co, 1978), p. 312.

longo estudo publicado no final dos anos 1950 no *Soviet Survey*, até Kołakowski e Bell, não deixaram de lembrar a "humilhante" autocrítica feita pelo autor de *História e consciência de classe* em 1934, em um pequeno texto publicado na revista *Pod Znamenien Marksisma*, sobre os erros de seu livro de 1923. Lukács, entretanto, insistiu em se explicar sobre essas famosas "autocríticas", que fizeram correr muita tinta e foram amplamente exploradas por seus críticos e por seus adversários. Sobre a desaprovação pública de seu livro *História e consciência de classe* em seu texto de 1934, ele observou, em seu prefácio de 1967 para a reedição do livro, que se inspirou por uma mudança profunda e sincera em suas convicções filosóficas, que o levou a se distanciar da obra de 1923. Lukács observa que decidiu por seu gesto autocrítico pela "necessidade tática" de não oferecer aos partidários do marxismo oficial da época o pretexto de acusá-lo por seus erros e, assim, expulsá-lo da atividade pública, impedindo-o de se engajar em seu combate de "guerrilha" contra a doutrina literária oficial da época, representada por Fadeyev, Ermilov e *tutti quanti*. É preciso observar que ele foi totalmente sincero ao se distanciar do que considerava ser os maiores erros filosóficos de seu primeiro livro marxista, e que ele podia se juntar, sem hipocrisia, às posições críticas dos adversários de seu livro, os ideólogos dogmáticos do regime, "por mais limitadas que fossem as suas argumentações". Essa observação mostra que em nenhum momento o filósofo pretendeu ocultar tudo o que o separava dos teóricos em vigor do regime staliniano. A "necessidade tática" de obter, por essa autocrítica proferida em uma linguagem impregnada de estereótipos ideológicos da época, o "bilhete de entrada" contra a linha oficial no campo literário (Lukács recorda de sua atividade em 1934-1939 nas páginas da revista *Literaturnyi Kritik*) é um argumento plausível: ilustra as manobras que deveria empregar um intelectual autêntico para prosseguir sua atividade nas condições da autocracia staliniana[3].

Lukács conhecia bem como exploravam suas "autocríticas" – a primeira, a que ele havia formulado em 1930 após a condenação pela direção de seu partido, instigada por Béla Kun, e pela Internacional Comunista, de suas "teses de Blum"; a segunda, publicada em 1934, que acabamos de mencionar; e finalmente a de 1950, na sequência dos ataques virulentos perpetrados contra ele pelos ideólogos do regime de Mátyás Rákosi, isto é, Rudas, Révai e outros, na sequência do "caso Lukács", durante o plano cultural sobre o "caso Rajk". Em uma carta enviada a seu editor, Frank Benseler, em 26 fevereiro de 1962, na qual menciona o "desagradável círculo de lendas" criado em torno de suas "autocríticas", observara, não sem humor, que "alguns [o] chamavam de velha raposa, enquanto outros

---

[3] G. Lukács, "Vorwort", *Werke*, v. 2: *Frühschriften* II, *Geschichte und Klassenbewusstsein* (Neuwied, Luchterhand, 1968), p. 40-1 [ed. bras.: "Prefácio", em *História e consciência de classe*, trad. Rodnei Nascimento, São Paulo, Martins Fontes, 2003, p. 36].

estão assustados com a autocrítica", e destacou, usando as palavras de Goethe, como seria desejável distinguir o que é "poesia" e o que é "verdade" em uma dessas histórias[4].

Quando, em sua carta a Benseler, Lukács fala dos "compromissos" que foi forçado a firmar, concordando ao menos duas vezes (em 1930 e em 1950) em publicar autocríticas falsas, ele justifica ambos os gestos pela necessidade de se salvar em circunstâncias ameaçadoras. Na primeira vez ele quis evitar compartilhar da mesma sorte de Karl Korsch e se ver excluído do movimento, em um momento em que aumentava o poder do perigo fascista e em que ele queria prosseguir seu combate dentro do movimento comunista; na segunda vez, ele esperava manter a possibilidade de defender sua linha de pensamento sem ser rejeitado e condenado ao silêncio total, ou mesmo simplesmente não compartilhar da sorte de László Rajk e ser ameaçado em sua existência. Tratava-se, nos dois casos, de "autocríticas táticas", que devem ser colocadas "na série de compromissos que eram indispensáveis para um pensador como [ele] prevenir uma catástrofe no período staliniano"[5]. A última palavra diz muito sobre o "vivido" do filósofo marxista no clima da época. Claude Roy, que o visitou em Budapeste em meados dos anos 1960, avaliou bem o significado dos "compromissos" de Lukács: "ele sempre, penso eu, dizia tudo que pensava, exceto quando aceitava (ou fingia aceitar) dizer o que ele não pensava, para que um dia ele pudesse dizer de novo o que pensava. Quando ele se cala, perguntei-me, deixando-o pela última vez, terá dito o que sofreu?"[6].

Se se pode falar de uma "guerra fria" contra Lukács, é porque é impossível deixar de se impressionar com o número de inexatidões espalhadas nos textos críticos que trataram de sua trajetória intelectual e política. Pode-se perguntar, por exemplo, se Daniel Bell comete um simples lapso quando afirma, no estudo crítico citado anteriormente, que Lukács, a fim de se "redimir" diante das acusações de seus inquisidores de ter subestimado amplamente as realizações da literatura soviética (era uma das principais acusações contra ele por ocasião do "caso Lukács", desencadeado em 1949-1950), teria redigido e publicado um artigo elogioso sobre o romance *A jovem guarda**, do "ditador

---

[4] A carta de Lukács a Frank Benseler está na coletânea publicada por Rüdiger Dannemann e Werner Jung intitulada *Objektive Möglichkeit: Beiträge zu Georg Lukács' "Zur Ontologie des gesellschaftl ichen Seins"* (Frank Benseler zum 65, Geburtstag, Opladen, Westdeutscher Verlag, 1995), p. 92-5.

[5] Ibidem, p. 95.

[6] Claude Roy, *Somme toute, 3* (Paris, Gallimard, 1976), p. 125.

* Romance histórico escrito por Alexander Fadeyev em 1946. Descreve as operações da "Jovem Guarda", uma organização de resistência antialemã que operava em 1942-1943 na cidade de Krasnodon, no leste da Ucrânia. (N. E.)

276 POR QUE LUKÁCS?

da literatura soviética", Fadeyev[7]. Se ele tivesse demonstrado mais rigor em sua documentação, o ilustre sociólogo saberia que tal artigo nunca existiu e que, ao contrário, Lukács chegou a estigmatizar esse famoso produto do realismo socialista staliniano como um exemplo de má literatura. Basta ler seu último estudo sobre Soljenítsin, redigido em 1969, em que, ao denunciar "o nível artístico terrivelmente baixo dos escritos produzidos nessas condições" (ou seja, da literatura produzida durante a era staliniana), ele citou justamente, a título de exemplo, *A jovem guarda*, de Fadeyev, fazendo alusão aos efeitos desastrosos da reformulação a que o escritor submeteu a primeira versão do livro para torná-lo mais alinhado às exigências do dia[8].

Quanto à séria acusação feita contra Lukács por Leszek Kołakowski em seu livro sobre as principais correntes do marxismo, pode-se recordar que o filósofo polonês ainda mantinha relações cordiais com o marxista húngaro nos anos 1950: em 1965, ele participou do livro em homenagem ao octogésimo aniversário do filósofo com um texto intitulado "Ist ein verstehender Materialismus möglich?" [É possível um materialismo compreensivo?], e, em 1972, após a morte de Lukács, publicou na *Cambridge Review* (no número datado de 28 de janeiro) um texto bastante elogioso sobre a originalidade do marxismo lukacsiano, intitulado "Lukács' Other Marx" (é verdade que se referiu sobretudo ao livro *História e consciência de classe*, mas, de qualquer modo, ainda se podia ouvir o futuro carrasco destruidor do "stalinismo" de Lukács falar da "atitude política manifestamente antistaliniana de Lukács, bem como de sua luta corajosa contra as monstruosidades do despotismo staliniano" e, também, da "condenação de sua obra no mundo staliniano"[9]). Alguns anos mais tarde, em 1978, quando publicou sua obra sobre a história do marxismo, em que se dedica a um jogo de massacre no capítulo dedicado a Lukács, não havia mais vestígios das afirmações como as que acabei de reproduzir. Referindo-nos aos dois escritos de Lukács dedicados a Soljenítsin, precisamos indagar em que o elogio dirigido a seus primeiros contos e a seus dois primeiros romances poderia ser considerado por Kołakowski o "símbolo" do colapso da estética lukacsiana. Lukács foi fiel à sua convicção, expressa em inúmeros textos publicados depois de 1956, ano do XX Congresso do PCUS e do Relatório Kruschev, de que um intransigente acerto de contas

---

7   Daniel Bell, *La Fin de l'idéologie*, cit., p. 356 [ed. bras.: *O fim da ideologia*, cit.].

8   Ver o texto original alemão: "*die erschreckende künstlerisch-minderwertige Qualität der so entstandenen Schriften* (*man denke an das Schicksal von Fadejews, 'Junge Garde'*)" (G. Lukács, *Solschenizyn* (Neuwied, Luchterhand, 1970), p. 74 [ed. francesa: *Soljenitsyne,* trad. Serge Bricianer, Paris, Gallimard, 1970, coleção Idées, p. 158, revisada].

9   "[...] *the obviously anti-Stalinist political attitude of Lukács and of his courageous fight against the monstrosities of Stalinist despotism*" e "*the condemnation of his work in the Stalinist world*" (Leszek Kołakowski, "Lukács' Other Marx", *Cambridge Review*, 28 jan. 1972, p. 89).

com o stalinismo era condição *sine qua non* para encaminhar uma regeneração da ideia socialista. Foi a partir dessa convicção que ele saudou nos escritos publicados por Soljenítsin a primeira grande expressão literária das abominações da era staliniana. Sua análise do primeiro conto e dos dois primeiros romances do escritor russo se inspira em um princípio fundamental de sua doutrina literária: a sensibilidade pelos grandes momentos da história é uma característica da grande literatura. A literatura de Soljenítsin é exaltada pelo crítico marxista como uma grande expressão das tragédias da época staliniana. Não foi a estética de Lukács que teria sido "arruinada" pelo fenômeno Soljenítsin, como afirma Kołakowski, mas sua própria imagem do irredutível Lukács staliniano, que foi solapada em decorrência do elogio lukacsiano ao autor de *Pavilhão dos cancerosos*.

O FACE A FACE LUKÁCS-SARTRE

Assim como era compreensível e salutar a reação de Sartre contra a maneira simplista e redutora com que os marxistas da época colocavam em curto-circuito as relações complexas entre as ideologias e seu fundamento sócio-histórico ao estabelecerem equações primárias entre elas, também era compreensível e salutar sua resistência à tentativa de Lukács – que merece discussão – de explicar o que separava, e mesmo opunha, o existencialismo francês (portanto, seu próprio pensamento) da orientação de sua matriz alemã (ou seja, da "ontologia fundamental" de Heidegger), diferenciando bem as duas estruturas de pensamento. Lukács formulou, em seu livro sobre o existencialismo, a hipótese segundo a qual a filosofia da liberdade elaborada por Sartre devia sua inspiração à experiência da terrível opressão exercida pelo fascismo e pela Ocupação, enquanto *Ser e tempo* de Heidegger deveria ser relacionado com o clima sufocante da Alemanha pré--fascista. "Que belo romance!", exclama Sartre em *Questões de método*, rejeitando a suposição lukacsiana e alegando que ela ignorava a verdadeira gênese de seu pensamento, que, segundo ele, era bem anterior à instauração do fascismo e da Ocupação na França.

A resposta de Sartre a Lukács sobre isso é surpreendente, à luz de seu *Diário de uma guerra estranha: setembro de 1939-março de 1940**, publicado em 1983: esses testemunhos preciosos sobre a gênese da primeira filosofia de Sartre, aquela de *O ser e o nada*, confirmam as conjecturas de Lukács sobre o impacto dos acontecimentos históricos na formação do pensamento do filósofo, e, em particular, em sua recepção da filosofia de Heidegger. Dificilmente ousamos contradizer Sartre quando ele afirma ter sofrido influência da filosofia de Heidegger já em 1933, durante sua estada em Berlim (portanto, responde ele ironicamente a Lukács,

---

* Ed. bras.: *Diário de uma guerra estranha: setembro de 1939-março de 1940* (trad. Aulyde Soares, Rio de Janeiro, Nova Fronteira, 1983). (N. T.)

quando "Heidegger devia estar em pleno 'ativismo'"[1]), mas seu "Caderno XI", datado de fevereiro de 1940, dá uma versão de sua trajetória intelectual através das filosofias de Husserl e de Heidegger muito diferente daquela que ele apresenta rapidamente em *Questões de método*. Isso significa que em 1933 ele ainda estava longe de ser realmente receptivo a *Ser e tempo*, do qual ele tinha lido apenas cinquenta páginas e cujo vocabulário o desencorajou. Na época, ele tinha sido marcado, sobretudo, pela fenomenologia de Husserl, e somente após a publicação da tradução de Henry Corbin (1938) e, em particular, sob o golpe dos dramáticos acontecimentos históricos da primavera e do outono de 1938 (alusão aos acordos de Munique), ele sentiu necessidade de se voltar para uma filosofia "patética" e se pôs a estudar realmente o pensamento de Heidegger: "[...] as ameaças da primavera de 1938 e, depois, do outono me conduziram lentamente a procurar uma filosofia que não fosse somente uma contemplação, mas uma sabedoria, um heroísmo, uma santidade, qualquer coisa que me permitisse resistir ao golpe"[2]. Seguindo essa reconstrução de sua trajetória filosófica realizada *in loco* (são linhas escritas em fevereiro de 1940, quando estava em um campo de prisioneiros), tomamos conhecimento de que "a influência de Heidegger" foi exercida sobre ele "desde que ela veio para ensin[á-lo] a autenticidade e a historicidade justamente no momento em que a guerra ia tornar essas noções indispensáveis"[3]. Não consigo reproduzir aqui o conjunto das considerações bastante reveladoras de Sartre sobre sua leitura particular de Heidegger, impregnada da experiência histórica que a França acabava de atravessar e que ele compara com a da Alemanha em uma época de "declínio" (*Untergang*), da qual, segundo sua interpretação, *Ser e tempo* traria um testemunho "patético"[4]. Mas me parece que elas trazem uma confirmação da abordagem lukacsiana sobre o peso da História, tanto nas afinidades quanto na orientação divergente dos pensamentos de Heidegger e Sartre.

Não deixa de ser interessante recordar que, enquanto Sartre se mostrava relutante a aceitar a conexão estabelecida por Lukács entre a situação sócio--histórica da França após a guerra estranha e a gênese de sua filosofia abstrata da liberdade como é exposta em *O ser e o nada*, no outro polo da Europa, um dos mais temíveis ideólogos soviéticos, Alexander Fadeyev, atacou Lukács duramente pelo que considerava ser uma interpretação excessivamente lisonjeira do

---

[1] Jean-Paul Sartre, *Questions de méthode* (Paris, Gallimard, 1960, coleção Idées), p. 55 [ed. bras.: *Questões de método*, em *Crítica da razão dialética*, trad de Guilherme João de Freitas Teixeira, Rio de Janeiro, DP&A, 2002, p. 42].

[2] Jean-Paul Sartre, *Carnets de la drôle de guerre: novembre 1939 – mars 1940* (Paris, Gallimard, 1983, p. 227) [ed. bras.: *Diário de uma guerra estranha: novembro 1939 – março de 1940*, 2. ed., Rio de Janeiro, Nova Fronteira, 2005].

[3] Ibidem, p. 224.

[4] Ibidem, p. 229-30.

existencialismo francês, em um discurso pronunciado em Leningrado, diante de uma assembleia plenária da União dos Escritores, reproduzida pelo órgão oficial do partido, o *Pravda*, datado de 1º de fevereiro de 1950. O maniqueísmo de Fadeyev, puro produto do zhdanovismo que reinava na época no campo soviético, não concebia que se pudesse associar o pensamento de Sartre (designado pelo próprio Fadeyev, em seu estilo inimitável, como uma "hiena datilógrafa") com a Resistência e com o antifascismo. Lukács foi condenado publicamente por ter estabelecido tal conjunção, embelezando o que, na visão de Fadeyev, era apenas um "idealismo contrarrevolucionário". Mas o alto personagem da *nomenklatura* soviética formulou também outras razões para a acusação: a participação em reuniões de intelectuais no Ocidente (alusão à conferência de Lukács nos Encontros Internacionais de Genebra) recebeu uma avaliação ruim, mas, sobretudo, o autor de *A jovem guarda* denunciou Lukács por ter subestimado as realizações da cultura soviética e o papel dirigente do partido na vida literária, apesar de ter vivido como exilado na União Soviética, coisa que ele fazia questão de recordar. Os dirigentes húngaros se apressaram em reproduzir o texto de Fadeyev na revista teórica do partido, chamada *Társadalmi Szemle* (n. 3-4, 1950). Lukács tinha uma vasta experiência do que um ataque do *Pravda* significava no sistema do "socialismo real" para não se preocupar seriamente: era a época da condenação e da execução de László Rajk em seu país, um período em que ele mesmo tinha sido objeto de ataques virulentos da parte dos ideólogos do regime de Rákosi durante o que foi chamado o "caso Lukács". Ele foi acusado de ter desenvolvido uma atitude conciliatória em relação aos valores "burgueses". Ainda pôde constatar que, na União Soviética, o último volume da *História oficial da filosofia*, revisada por Alexandrov, após os ditames de Zhdanov, e também a não menos oficial *Enciclopédia soviética* apontavam contra ele, nas páginas dedicadas à Hungria e a seus filósofos, a acusação de "antimarxismo", com referências às críticas de que ele fora objeto em seu país. Em carta sobre esse assunto endereçada ao líder do partido húngaro, Mátyás Rákosi, o filósofo salientou que os ataques das publicações soviéticas foram mais longe que as críticas que recebeu de Révai na Hungria: como, na mesma época, seu antigo amigo Arnold Zweig havia proposto que ele fosse eleito membro correspondente da Academia de Artes de Berlim, Lukács pediu permissão a Rákosi para aceitar o convite, não sem chamar sua atenção para o tratamento oposto que estava recebendo em seu país e, sobretudo, no país do "grande irmão".

Temendo com razão as repercussões do ataque de Fadeyev, dada a subserviência da *nomenklatura* húngara *vis-à-vis* os ideólogos soviéticos, imaginando até mesmo que a campanha contra ele era inspirada pelos soviéticos (o que não era exato) e, simplesmente, temendo por sua vida, porque, como ele escreveu a seu antigo companheiro Révai, agora seu promotor, estava sendo tratado como um "Rajk da cultura", ele foi forçado a "dobrar a coluna", segundo a expressão de Daniel Bell, e publicar uma segunda autocrítica, marcada pela falta de sinceridade[5]. Na época, Merleau-Ponty publicou um comentário sobre o "caso Lukács" em *Les Temps Modernes* em que distinguiu, com perspicácia, as autocríticas legítimas do pensador, ditadas pela necessidade de distanciar-se das orientações consideradas ultrapassadas (ele admitia nesse sentido a legitimidade intelectual do distanciamento de Lukács em relação a sua produção da juventude), das autocríticas realizadas sob coação e ameaça, ditadas pelos interesses circunstanciais da *nomenklatura*. Sua conclusão tirou uma boa lição do "caso Lukács" e dos métodos empregados para fazê-lo se curvar: "Assim o comunismo vai da responsabilidade histórica à disciplina, da autocrítica à retratação, do marxismo à superstição"[6]. Mais tarde, em sua autobiografia *Pensamento vivido*, o próprio filósofo húngaro admitiu que não deveria ter cedido às injunções de seus inquisidores, explicando seu gesto pelo clima criado pelo caso Rajk e por sua apreensão de que os ataques contra ele teriam sido inspirados pelos soviéticos (ele ignorava, naquele momento, que os soviéticos visavam apenas àqueles que retornaram para a Hungria de uma emigração anterior para o Ocidente e não os que haviam escolhido a União Soviética como terra de imigração[7]). É certo que, ao experimentar pessoalmente até ameaças à sua existência física, as práticas dos regimes stalinianos, em particular o de Mátyás Rákosi, Lukács chegou a uma radicalização de sua crítica do stalinismo, o que o levou a abraçar sem hesitação a causa do movimento insurrecional de 1956. Para se convencer disso, basta ler, em sua entrevista autobiográfica, o retrato mordaz que ele faz de Mihály Farkas, ministro do Interior na época do processo Rajk, descrito como um torturador sem escrúpulos digno de uma intransigência absoluta[8]. A ideia de uma anistia para os stalinistas enfureceu Lukács. Nesse contexto, cabe esclarecer um ponto

---

[5] São encontrados em certos escritos desse período (início dos anos 1950) fortes traços de um alinhamento de Lukács ao pior maniqueísmo da Guerra Fria. Será que os ataques de seus inquisidores, húngaros e soviéticos, levaram-no a se dobrar à linha da propaganda oficial, alinhando-se a seus slogans, como é o caso do prefácio à edição alemã de seu livro *Existencialismo ou marxismo?* (de setembro de 1951) ou mesmo (já mencionado) o posfácio, de janeiro de 1953, de *A destruição da razão*, onde sobram simplificações polêmicas e comentários desmedidos? Os escritos desse tipo são a parte sombria de sua atividade ideológica; eles marcam uma nítida regressão em relação à substância válida de seu combate filosófico.

[6] Ver François Erval e Maurice Merleau-Ponty, "Georges Lukács et l'autocritique", *Les Temps Modernes*, n. 50, dez. 1949, p. 1.121.

[7] György Lukács, *Pensée vécue, mémoires parlés* (trad. Jean-Marie Argelès, Paris, L'Arche, 1986), p. 160 [ed. bras.: *Pensamento vivido: autobiografia em diálogo*, trad. Cristina Alberta Franco, São Paulo, Estudos e Edições Ad Hominem/Universidade Federal de Viçosa, 1999, p. 116-7].

[8] Ibidem, p. 193-5 [ed. bras.: ibidem, p. 141-2].

sobre sua atitude durante os acontecimentos de 1956, quando ele aceitou o cargo de ministro da Cultura no governo de Imre Nagy. Em *O passado de uma ilusão*, François Furet escreveu sobre esse episódio: "Ele se demitiu de seu cargo tão logo foi nomeado, hostil ao fim do partido único e à saída da Hungria da órbita soviética". François Furet extraiu a informação sobre a demissão de Lukács da biografia de Arpad Kadarkay, intitulada *Georg Lukács: Life, Thought, and Politics*. Mas essa passagem da carta de demissão de Lukács, citada por Kadarkay ao se referir a esse ato, que teria de fato ocorrido no dia em que Imre Nagy anunciou o fim do sistema do partido único, revela uma motivação diferente daquela indicada por Furet: "Não aprovo a decisão do partido comunista húngaro. Não há uma ruptura radical com o stalinismo. Os opositores ativos do stalinismo foram deixados de fora do partido. A composição do partido está em desacordo com o que dita minha consciência. Por essas razões, apresento minha demissão do governo Nagy"; Kadarkay observou que, segundo essa passagem, "Lukács se demite do gabinete Nagy porque alguns de seus membros eram stalinistas"[9]. A oposição demonstrada por Lukács nesses dias que precederam a intervenção do exército soviético contra a saída da Hungria do Pacto de Varsóvia é um fato conhecido (entre as razões de Lukács havia também a de não dar aos soviéticos o pretexto para intervir), mas o fato de que sua demissão do cargo de ministro teria sido determinada pela ausência de uma ruptura radical com as práticas stalinistas reforça a imagem de seu antistalinismo. Deve-se ressaltar também que o julgamento proferido em sua autobiografia sobre um Mihály Farkas (aquele que as "notícias biográficas" da edição francesa apresentavam assim: "Comunista húngaro. Distinguiu-se durante o período de repressão do governo Rákosi" [ver p. 243]) é acompanhado da referência, por contraste, da figura de Ottó Korvin, encarregado dos Assuntos Internos durante a República Húngara dos Conselhos de 1919 e que foi executado pelo regime de Horthy após o esmagamento desse regime, personagem do qual Lukács exalta a nobreza de caráter sobre o pano de fundo de intransigência revolucionária. Pode-se concluir que, durante o período sangrento do stalinismo, o filósofo aprendeu a medir o declínio de seu partido, chegando a opor os "maus" e os "bons", a ponto de vilipendiar a *nomenklatura* existente e lembrar as figuras exemplares. Quanto à sua resposta aos ataques de Fadeyev, ela só aconteceu após o Relatório Kruschev e o XX Congresso do PCUS, quando o filósofo pôde denunciar publicamente

---

[9] *"I cannot agree with the Hungarian Communist Party decision. There is no radical break with Stalinism. The active opponents of Stalin have been left out of the party. The party's composition is not consistent with my conscience. Hence I tender my resignation from Imre Nagy's government. [...] Lukács resigned from Nagy's cabinet because it contained Stalinist members"*; Arpad Kadarkay, *Georg Lukács: Life, Thought and Politics* (Cambridge, Blackwell, 1991), p. 429.

284 POR QUE LUKÁCS?

o sectarismo e o dogmatismo ultrajante de seu crítico: foi em sua conferência de junho de 1956 sobre "o combate entre o progresso e a reação na cultura atual", cujo texto foi publicado no número de setembro do mesmo ano na revista berlinense *Aufbau*, que ele pôde, finalmente, responder às palavras do ideólogo staliniano e que, segundo Lukács, teve eco na "imprensa mundial". Ele indicou os efeitos devastadores do método que consiste em "desmascarar" as raízes de classe do pensamento criticado, sem levar em conta sua estrutura interna ou a verdadeira dialética de suas relações com a realidade sócio-histórica (referiu-se explicitamente às censuras que Fadeyev dirigiu a ele a propósito do existencialismo de Sartre e de suas raízes no antifascismo da Resistência[10]).

---

[10] G. Lukács, "Der Kampf des Fortschritts und der Reaktion in der heutigen Kultur", em Peter Ludz (org.), *Schriften sur Ideologie und Politik* (Neuwied, Luchterhand, 1967), p. 624-5.

Sartre, Merleau-Ponty, Lukács

O tom muito polêmico em relação a Lukács que caracteriza o discurso de Sartre em *Questões de método* não deve eclipsar uma certa proximidade na época em seus objetivos filosóficos, percebida como tal por aqueles que aspiravam a uma verdadeira "liberação" do pensamento marxista, após a esclerose sofrida durante o período staliniano. Lukács, aliás, aproveitou para saudar calorosamente, em sua conferência de junho de 1956, o apelo de Sartre aos marxistas para valorizarem as ricas potencialidades teóricas da doutrina da qual eles alegavam fazer parte[1]. As convergências entre os dois pensadores se expressam, por exemplo, no questionamento comum dos esquemas primários do marxismo dogmático e em sua defesa da prática de uma crítica "imanente", que mergulha na interioridade do discurso submetido ao exame, a fim de encontrar seus pontos vulneráveis e, como dizia Sartre, fazê-lo "virar", "quebrar a concha", "incorporar sua substância"[2], para chegar a uma verdadeira superação dialética. Lukács exigiu os direitos da "crítica imanente" como método indispensável do exame filosófico em *A destruição da razão*[3]. Como já mencionei antes, a leitura de *Questões de método* e de alguns outros textos de Sartre, bem como os estudos de Lukács, teve na época, na Romênia submetida à hegemonia de um partido profundamente staliniano, um efeito emancipatório, sinônimo de um retorno ao verdadeiro pensamento dialético.

---

[1] Ver o artigo de Sartre, "Le Réformisme et les fétiches" (*Les Temps Modernes*, fev. 1956) dedicado a um livro de Pierre Hervé. Ver também a conferência de Lukács, "Der Kampf des Fortschritts und der Reaktion in der heutigen Kultur", em Peter Ludz (org.), *Schriften zur Ideologie und Politik* (Neuwied, Luchterhand, 1967), p. 622-4.

[2] Jean-Paul Sartre, *Situations VII* (Paris, Gallimard, 1965), p. 111.

[3] G. Lukács, *Die Zerstörung der Vernunft* (Berlim, Aufbau, 1955), p. 7 [ed. bras.: *A destruição da razão*, trad. Bernard Hess, Rainer Patriota e Ronaldo Vielmi Fortes, São Paulo, Instituto Lukács, 2020, p. 11].

O fato incontestável, entretanto, é que Sartre escolheu Lukács como alvo de sua polêmica. Se seguirmos algumas de suas investidas, temos mesmo a impressão de que, apesar da agudeza de suas críticas, as afinidades entre as posições dos dois protagonistas vêm à tona. Mesmo que não se possa encontrar em Lukács uma desconstrução tão brilhante das simplificações e dos reducionismos praticados pelos marxistas dogmáticos da época, como nos ensaios de Sartre (deve-se acrescentar a *Questões de método*, por exemplo, a análise notável dos acontecimentos da Hungria em "O fantasma de Stálin"[4]), dos "conceitos *diktats*", em que a "conceitualização *a priori*", a prática da "ocultação das mediações" em favor da redução a um "universal vazio", "a recusa inflexível de diferenciar" são apontadas com grande verve dialética, é certo que a fórmula, à primeira vista surpreendente, que Lukács usa em suas conversas com Eörsi para caracterizar o hábito mental staliniano, que segundo ele é um "hiper-racionalismo", mais precisamente uma hipertrofia da "necessidade" na apreensão dos processos históricos[5], visa ao mesmo objetivo que o de Sartre. A multiplicação das críticas e as advertências de Lukács nos textos publicados após 1956 contra os perigos dos sectarismos e do "dogmatismo" ("o dogmatismo é um derrotismo") encontram certo paralelismo com o acerto de contas com um "marxismo" que chega a "obscurecer a História"[6], levado a cabo por Sartre em sua *Crítica da razão dialética*.

***

A desaprovação infligida por Heidegger a Sartre em sua *Carta sobre o humanismo* não encontrou eco em *Questões de método*. Recorde-se que à observação de Sartre, formulada em sua conferência *O existencialismo é um marxismo: Precisamente estamos sobre um plano onde há somente homens*, Heidegger opôs a tese fundamental de sua *Seinsphilosophie*, que se arrogava o antípoda de todo o subjetivismo existencialista: *Precisamente estamos sobre o plano onde há principalmente o Ser*[7]. Mais tarde, em *Crítica da razão dialética*, Sartre se ocupou em formular uma resposta a seu antigo mentor, deixando mesmo escapar uma alusão contundente sobre a conexão entre

---

[4] Jean-Paul Sartre, "Le fantôme de Staline", *Les Temps Modernes*, n. 129, 130 e 131, nov./dez. 1956 [ed. bras.: *O fantasma de Stálin*, trad. Roland Corbisier, Rio de Janeiro, Paz e Terra, 1967].

[5] György Lukács, *Pensée vécue, mémoires parlés* (trad. Jean-Marie Argelès, Paris, L'Arche, 1986), p. 145 e seg. [ed. bras.: *Pensamento vivido: autobiografia em diálogo*, trad. Cristina Alberta Franco, São Paulo, Estudos e Edições Ad Hominem/Universidade Federal de Viçosa, 1999, p. 106].

[6] Jean-Paul Sartre, *Questions de méthode* (Paris, Gallimard, 1960, coleção Idées), p. 43 [ed. bras.: *Questões de método*, em *Crítica da razão dialética*, trad. Guilherme João de Freitas Teixeira, Rio de Janeiro, DP&A, 2002].

[7] Martin Heidegger, *Lettre sur l'humanisme* (3. ed., trad. Roger Munier, Paris, Aubier Montaigne, 1985), p. 87 [ed. bras.: *Carta sobre o humanismo*, trad. Rubens Eduardo Frias, São Paulo, Centauro, 2010].

o pensamento do Ser e o engajamento a favor de um movimento totalitário. Ele reagiu muito fortemente à passagem acima mencionada da *Carta sobre o humanismo*; evidentemente, também não apreciou de modo algum a outra passagem da carta na qual Heidegger o questionava de uma maneira que não deixou de surpreender, afirmando a superioridade do pensamento marxista a respeito da história em comparação ao de Husserl e ao de Sartre, em cujas reflexões não tinha sido abordada uma questão que ele considerava de dimensão filosófica capital: a da alienação (diz Heidegger que Marx, ao enfrentá-la, alcançou "uma dimensão essencial da história"[8]). Muito irritado, Sartre respondeu com uma rejeição global do pensamento do Ser (que será reencontrado em termos semelhantes, um ano mais tarde, no ensaio escrito por ocasião da morte de Merleau-Ponty[9]): o sal de sua réplica é fornecido pela grande proximidade que ele afirma entre o Ser heideggeriano e a transubjetividade do ser postulada pelo que chamou de "o materialismo dialético do exterior" ou "transcendental". Ele acreditava poder mostrar assim a existência de uma cumplicidade efetiva entre Heidegger e os marxistas (ao menos com aqueles que postulavam a existência de uma Natureza "sem adição externa"), o que explicaria o elogio feito por Heidegger ao marxismo em sua célebre *Carta*. Nessa passagem da *Crítica* dedicada a Heidegger, Sartre se apoia em textos de Walter Biemel e de Alphonse De Waelhens, o que mostra que seguiu, com certa atenção, a literatura crítica sobre Heidegger e sobre a fenomenologia, mas, se ele conseguiu validar assim sua tese, segundo a qual o primado do Ser implica uma funesta posição subalterna da subjetividade (portanto, do "humano") em Heidegger, o paralelismo que ele estabelece no mesmo sentido com o materialismo ontológico (o emprego desse conceito para designar a posição visada por Sartre falando da Natureza "sem adição estranha") não resiste ao exame crítico. Sartre fala, de maneira muito polêmica, de um "idealismo existencialista" (direcionado a Heidegger) e de um "idealismo marxista" (dos marxistas dogmáticos e, às vezes, do "idealismo staliniano"), dando a entender que os dois praticam a hipóstase de uma entidade ontológica transcendente (o Ser em Heidegger e a Natureza "sem adição estranha" para os marxistas): mas essa aproximação surpreendente, sob o signo do "idealismo", tem um objetivo ideológico preciso, o de lembrar que esses dois pensamentos endossaram regimes totalitários pela mesma lógica de sua rejeição às prerrogativas da subjetividade, ou, para retomar a fórmula de Sartre, cultivaram "o ódio do homem" como "a História provou em ambos os casos"[10].

---

[8] Martin Heidegger, *Lettre sur l'humanisme*, cit., p. 47-8 [ed. bras.: *Carta sobre o humanismo*, cit.].

[9] Jean-Paul Sartre, "Merleau-Ponty", em *Situations IV* (Paris, Gallimard, 1964), p. 275-6.

[10] Idem, *Critique de la raison dialectique*, cit., p. 248 [ed. bras.: *Crítica da razão dialética*, cit., p. 37, nota].

Sartre revela seus fortes preconceitos contra o materialismo ontológico quando fala, de maneira bem surpreendente, da "tentação puramente teológica (ele sublinha) de contemplar a Natureza, sem "adição estranha"[11]. Temos o direito de considerar surpreendente a assimilação dessa exigência formulada por Engels (Sartre se equivoca acreditando citar Marx) a uma atitude "teológica", quando pensamos que os filósofos que defenderam a autonomia ontológica da Natureza em relação a todo trabalho da subjetividade, e consequentemente o caráter desantropomorfizador do conhecimento (pensamos naturalmente em Lukács ou Nicolai Hartmann, e em John Searle, entre outros contemporâneos), e nele descobrimos o antípoda por excelência da "tentação teológica", denunciada por Sartre. Conhece-se a desconfiança de Sartre e de Merleau-Ponty ao que eles chamavam de "pensamento de sobrevoo", mas a ideia de uma apreensão da natureza em si não implica de modo algum o postulado de um Grande Relojoeiro que regularia a marcha da natureza, de um "*intellectus infinitus*" que estaria na origem do mundo. O materialismo ontológico exclui *ab initio* toda "tentação teológica". Hartmann e Lukács não deixaram de combater a ideia kantiana de "entendimento", que prescreve suas leis à natureza, libertando, assim, com essa crítica a reflexão ontológica de toda tentação antropomorfizante. A afirmação de autarquia ontológica do ser-em-si foi para esses pensadores o principal pilar de uma filosofia da imanência, puramente terrena, o instrumento decisivo para barrar a rota a qualquer apelo à transcendência a fim de explicar o mundo.

A polêmica de Sartre contra o materialismo reducionista manteve toda sua pertinência e toda sua eficácia (pense-se no combate contra as explicações matizadas de mecanicismo de um Pierre Naville, também na brilhante refutação de uma tese bem conhecida de autoria de Plekhanov sobre o papel da personalidade na história), mas se deve admitir que ele colocou no mesmo saco o monismo determinista dos marxistas dogmáticos (o que ele chamou em uma nota de "Materialismo e revolução" de "neomarxismo staliniano") e o materialismo ontológico, com seu postulado de um ser-em-si estruturado por categorias, portanto de uma realidade transubjetiva, cujas determinações (as "categorias") teriam uma objetividade soberanamente indiferente às ingerências da subjetividade. O pensamento de Sartre se mostrou carregado desse forte preconceito contra o realismo ontológico, comum a todos os protagonistas da "filosofia da existência", inclusive Merleau-Ponty (lembre-se do desacordo expresso por este último em relação à conversão sofrida pelo pensamento de Lukács após *História e consciência de classe*), para não mencionar Heidegger[12], preconceito ditado em

---

[11] Idem.

[12] Ver, sobre esse assunto, meu texto "L'Ontologie chez Heidegger et chez Lukács. Phénoménologie et dialectique", *Les Temps Modernes*, n. 650, jul.-out. 2008, número sobre *Heidegger*

SARTRE, MERLEAU-PONTY, LUKÁCS   289

particular pela apreensão de que admitir a tese de um conhecimento puramente objetivo, depurado de qualquer interferência da subjetividade (a contemplação da Natureza "sem adição estranha", que tanto o incomodara, ver *supra*), volta a endossar a ideia funesta do homem-objeto, reduzido ao estatuto de "objeto entre objetos", suprimindo, portanto, o que na visão de Sartre (e Lukács não o teria contradito nesse ponto!) constituía o essencial: a irredutibilidade da subjetividade. Sartre suportava tão mal a ideia de um pensamento submetido à transubjetividade do Ser que chegou a escrever (mas dessa vez visando a Heidegger) em seu texto sobre Merleau-Ponty: "Quando o primeiro [Heidegger] fala da "abertura ao ser", eu pressinto a alienação"[13].

Lukács começou a leitura da *Crítica da razão dialética* com a intenção de lhe dedicar um comentário, pois a conversão de Sartre ao marxismo, da qual essa obra era um testemunho espetacular, não poderia deixá-lo indiferente depois de ter apontado tão severamente a incompatibilidade do existencialismo sartriano com o marxismo no livro publicado por Nagel em 1948. Ele reconheceu, em uma carta endereçada a Frank Benseler em 19 de setembro de 1964, que, ao iniciar a leitura da *Crítica* de Sartre, se deparou com mudanças consideráveis na posição de Sartre e de Merleau-Ponty em relação ao marxismo desde a guerra. Em outro lugar, ele reconheceu não ter previsto essas mudanças: ao contrário, após a guerra, quando redigiu seu livro, considerava Merleau-Ponty muito mais próximo do marxismo que Sartre. Quase vinte anos depois, ele admitiu que a curva de evolução de ambos se invertera. Mas, após ter percorrido cerca de duzentas páginas da segunda grande obra filosófica de Sartre, abandonou a leitura e o projeto de escrever um artigo sobre ela. Como já disse em outra obra[14], é uma pena que Lukács não tenha perseverado em sua leitura, pois um confronto com a ontologia do ser social elaborada por Sartre, em sua *Crítica*, teria sido de incontestável interesse. "O livro é muito honesto (*sehr anständig*), mas muito confuso e enfadonho", escreveu Lukács em sua carta a Benseler. A leitura das primeiras duzentas páginas teria sido "sem grande proveito" (*ohne grosse Belehrung*). Compreende-se até certo ponto a reação de Lukács e o abandono do projeto de escrever um comentário sobre a *Crítica* ("eu não sou capaz disso" – *dazu bin ich nicht fähig* –, escreveu ele para Benseler), pois desembaraçar os fios emaranhados

---

et le lieu [ed. bras.: "Ontologia heideggeriana e ontologia lukacsiana", em *Lukács e seus contemporâneos*, trad. Pedro Campos Araújo Corgozinho, São Paulo, Perspectiva, 2016, p. 31-171].

[13] Jean-Paul Sartre, "Merleau-Ponty", em *Situations IV*, cit., p. 27.

[14] Nicolas Tertulian, "Aliénation et désaliénation: une confrontation Lukács-Heidegger", *Actuel Marx*, n. 39, primeiro semestre 2006, p. 42-3 e "De l'intelligibilité de l'histoire", texto dedicado a *Critique de la raison dialectique* em Eustache Kouvélakis e Vincent Charbonnier (orgs.), *Sartre, Lukács, Althusser: marxistes en philosophie* (Paris, PUF, 2005), p. 74-6 [ed. bras.: "O conceito de alienação em Heidegger e Lukács", em *Lukács e seus contemporâneos*, cit., p. 197-313].

do livro (pensemos na assimilação do pensamento do Ser de Heidegger ao do "materialismo dialético") deve ter lhe parecido fastidioso. Mas Lukács salientou a contestação de Sartre do que a *Crítica* chamou de "metafísica dogmática da dialética da natureza"[15], ideia contra a qual Sartre travou uma grande polêmica, sobretudo porque, em razão dessa poderosa contestação, o autor da *Crítica* encontrou a posição que o próprio Lukács sustentara quase quarenta anos antes em seu livro *História e consciência de classe*. Em *Ontologia do ser social*, as únicas referências à *Crítica* dizem respeito essencialmente a esse problema controverso da "dialética da natureza", e Lukács não perdeu a oportunidade de afirmar que Sartre cometeu o mesmo erro em que ele incorrera quando, em seu livro de juventude, cultivou a ilusão de que se pode ser partidário do marxismo recusando firmemente a tese da existência de uma "dialética da natureza"[16]. O que Lukács parecia não saber era que Sartre sofrera o forte impacto do pensamento de Alexandre Kojève (Lukács nunca citou Kojève, mas tinha seu trabalho sobre Hegel em sua biblioteca) e que, justamente nesse ponto, o da rejeição da dialética da natureza, se mostrou muito receptivo às considerações dele. A ideia de uma "ontologia dupla", uma ontologia da Natureza bem distinta de uma ontologia da sociedade, formulada por Kojève em sua *Introdução à leitura de Hegel*[17], claramente marcou e seduziu Sartre, como indica uma página de *Cahiers pour une morale*[18]: essa receptividade faz todo sentido quando se sabe que o autor do célebre curso sobre Hegel avança nessa ideia, acompanhando-a de um forte elogio do pensamento de Heidegger, apontado como o primeiro na filosofia contemporânea a defender a posição de uma "ontologia dupla". Lukács teria se sentido totalmente confortável em suas críticas à dialética da natureza devido a essa filiação heideggeriana estabelecida por Kojève, pois sua tese era justamente a de que a ontologia existencialista clássica (a de *Ser e tempo*) era, no fundo, uma "antropologia idealista", que cortava o *Dasein* de seu verdadeiro enraizamento na Natureza e, portanto, de sua "pré-história", posição que, segundo Lukács, se encontra no existencialismo sartriano[19].

---

[15] Jean-Paul Sartre, *Critique de la raison dialectique*, cit., p. 110 [ed. bras.: *Crítica da razão dialética*, cit., p. 133].

[16] G. Lukács, *Werke*, v. 13: Frank Benseler (org.), *Prolegomena: Zur Ontologie des gesellschaftlichen Seins*, I (Neuwied, Luchterhand, 1984), p. 395-6 [ed. bras.: *Prolegômenos para uma ontologia do ser social*, trad. Lya Luft e Rodnei Nascimento, São Paulo, Boitempo, 2010].

[17] Alexandre Kojève, *Introduction à la lecture de Hegel* (org. Raymond Queneau, Paris, Gallimard, 1979 [1947]), p. 485-7, nota [ed. bras.: *Introdução à leitura de Hegel*, trad. Estela dos Santos Abreu, Rio de Janeiro, Editora da Universidade Estadual do Rio de Janeiro, 2002].

[18] Jean-Paul Sartre, *Cahiers pour une morale* (Paris, Gallimard, 1983, coleção Tel, n. 1), p. 68-71.

[19] G. Lukács, *Prolegomena: Zur Ontologie des gesellschaftlichen Seins*, I, cit. [ed. bras.: *Prolegômenos para uma ontologia do ser social*, cit.].

A obstinação de Sartre contra a "dialética da natureza" foi inspirada por sua convicção de que, ao postular de uma maneira que denunciava a dialética universal como eminentemente dogmática, se endossava uma interpretação da história em que os indivíduos são reduzidos ao estatuto de simples moléculas, pois a lei que os governa (a dialética!) lhes é imposta do exterior, como uma "lei celestial". Aceitar a existência de uma dialética da natureza, portanto de uma dialética imanente aos objetos, independentemente do trabalho da subjetividade, era retirar da práxis seu papel de *principium movens* do movimento dialético: a ira de Sartre visava, por meio desse debate travado contra a "metafísica dogmática" da dialética da natureza, ao "dogmatismo staliniano", pois a pretensa legitimação oferecida pela tese da dialética da natureza à redução do homem ao estatuto do "homem-objeto", "objeto entre os objetos", legitimava, em seu ponto de vista, um monismo histórico mais que redutor, fundamento teórico do monolitismo staliniano, com os indivíduos como simples epifenômenos da necessidade histórica.

Encontramos aqui o mesmo tipo de raciocínio que foi dirigido contra a ideia de uma contemplação da Natureza "sem adição estranha" e, mais geralmente, contra a "teoria do reflexo", que Sartre recusa com grande virulência: o reflexo é apontado como um "intermediário inútil e aberrante" na descrição do processo de conhecimento (seria necessário, portanto, simplesmente suprimi-lo), pois, se apelamos para tal noção, canonizada por Lênin em seu *Materialismo e empiriocriticismo*, sacrificamo-nos a um objetivismo primário; ou, se apelamos para a fórmula de Lênin de um "reflexo aproximadamente exato", chegamos a um "idealismo cético", pois se afirma uma não coincidência de princípio entre o reflexo e seu objeto. A ideia de "olhar objetivo", que, em sua perspectiva, significa um olhar "não situado", desprovido, pois, de um coeficiente de subjetividade, é repudiada sem reservas, e a "única teoria do conhecimento aceitável [a teoria do conhecimento é, segundo suas palavras, 'o ponto fraco do marxismo'] é aquela que se funda na verdade da microfísica: o experimentador faz parte do sistema experimental"[20].

Pode-se imaginar a reação de Lukács ao tomar conhecimento dessas páginas, em que foram maltratados vários princípios que se tornaram pilares de sua reflexão: o realismo ontológico, a universalidade da dialética (sua presença tanto na natureza quanto na sociedade, sem negar a especificidade de cada uma delas) e a teoria da representação (*Widerspiegelungstheorie*). Merleau-Ponty levanta as mesmas objeções de princípio em *As aventuras da dialética*. É claro que, como já assinalei, Lukács não podia deixar de notar que Sartre e Merleau-Ponty defendiam, em vários pontos essenciais, as posições que tinham sido as suas em

---

[20] Jean-Paul Sartre, *Questions de méthode*, cit., p. 46-50, nota [ed. bras.: *Questões de método*, cit., p. 37, nota 14].

História e consciência de classe e das quais ele se distanciou em seu pensamento de maturidade. A carta de repúdio à maneira como Merleau-Ponty, em suas *Aventuras*, se apoiou em seu livro de juventude para contestar o marxismo em geral (mais precisamente o "socialismo científico"), e seu pensamento de maturidade em particular, pode ser explicada desse modo[21]. Mas, antes de considerar a resposta de Lukács às posições de Sartre, seria interessante mencionar brevemente a reação de Heidegger à filosofia daquele que contribuiu mais que qualquer outro para chamar a atenção sobre seu pensamento na França (Dominique Janicaud intitulou as páginas sobre Sartre de seu livro *Heidegger en France* de "A bomba Sartre"), sobretudo à luz da aproximação inesperada proposta por Sartre entre o pensamento do Ser do autor da *Carta sobre o humanismo* e o objetivismo do "materialismo dialético".

Não faltam testemunhos sobre a reação negativa de Heidegger à inflexão subjetivista de seu pensamento do *Dasein* na filosofia de Sartre, além da célebre passagem da *Carta sobre o humanismo* (ver *supra*). Mas geralmente é o "cartesianismo" da filosofia francesa que o incomoda, pois o destaque das prerrogativas da subjetividade, por meio da absolutização do *cogito*, aparece-lhe como uma temível ameaça ao primado do Ser, mais precisamente como uma amputação da abertura do Ser, que, em sua visão, é constitutiva da realidade humana (do *Dasein*). "Os franceses são cartesianos inatos", escreveu ele para deplorar essa orientação do pensamento francês[22]. Ele opôs sua compreensão "ek-stática" do Ser, sua *Seinsverständnis* [compreensão do ser], ao que ele considerava um recuo no *ego cogito*, na "consciência" ou no "sujeito", cartesiano ou kantiano. Segundo ele, Sartre participou totalmente dessa direção de pensamento. "O erro principal de Sartre reside no fato de ele olhar o ser como instituído (posto) pelo projeto subjetivo do homem"[23]. Como observei, em geral ele era rigoroso com o pensamento francês, por permanecer confinado na dualidade tradicional

---

[21] A carta de Lukács endereçada à redação de *Cahiers du Communisme* foi reproduzida na obra coletiva *Mésaventures de l'anti-marxisme: les malheurs de M. Merleau-Ponty* (Paris, Éditions Sociales, 1956), e com o título "Une lettre de protestation" foi publicada na revista *Arguments*, 1957.

[22] "*Die Franzosen tun sich schwer mit ihrem angeborenen Cartesianismus*" (carta de Heidegger a Hannah Arendt de 15 de fevereiro de 1972 sobre Merleau-Ponty que, no momento de seu falecimento, estaria filosoficamente de acordo com Heidegger "no caminho" de Husserl a Heidegger).

[23] "*Der Hauptirrtum von Sartre besteht darin, dass er das Sein als ein im subjektiven Entwurf des Menschen Gesetztes ansieht*" [O principal erro de Sartre é que ele considera o ser como algo posto no projeto subjetivo do homem]. A citação foi extraída de um texto de Heidegger datado de 14 de maio de 1968, redigido em Zollikon, em um diálogo com o psiquiatra Medard Boss, grande admirador de seu pensamento; ver Martin Heidegger, *Zollikoner Seminare* (org. Medard Boss, Frankfurt, Klostermann, 1987), p. 277.

SARTRE, MERLEAU-PONTY, LUKÁCS   293

sujeito-objeto, sem uma abertura real para a transcendência do Ser: "O que sempre me incomoda, nos autores franceses, é sua má interpretação do estar--no-mundo, que eles apresentam seja como estar-ao-alcance-da-mão, seja como intencionalidade da consciência subjetiva"[24]. Mesmo Alexandre Kojève, que não poupava elogios ao pensamento de Heidegger, foi rejeitado nesse ponto: em uma carta de 29 de setembro de 1967 a Hannah Arendt, que lhe enviara o livro contendo o curso de Kojève sobre Hegel, Heidegger não escondeu um certo descontentamento, lamentando que "Kojève lia *Ser e tempo* apenas como uma antropologia"[25]. Heidegger fez a mesma crítica ao pensamento de Marx, pois, em sua visão, o autor de *O capital* teria olhado o homem – nos passos de Hegel – a partir do paradigma do "produtor", o que foi apenas uma forma de atribuir um papel fundamental à "consciência", prolongando assim a dialética sujeito-objeto[26]. Sartre, não suspeitando de que Heidegger pudesse dirigir a Marx o mesmo tipo de desaprovação que fizera a ele, evidenciando a "consciência", portanto, a subjetividade, como agente da práxis, acreditou na possibilidade de estabelecer afinidades entre Heidegger e a ontologia do "materialismo dialético". Mas Heidegger, que, especialmente no fim dos anos 1960, com o surgimento do movimento estudantil e de seus *slogans* marxistas, temia uma ressurreição do marxismo, pretendeu multiplicar os alertas contra um pensamento que havia muito era sua obsessão. Em uma carta de setembro de 1970 a Medard Boss, ele expressou uma grande inquietação diante da forte agitação social do continente sul-americano, observando que, se esse continente, e os outros em seguida, chegasse a "explodir", a "transformação da consciência" preconizada por Marx encontraria uma realização "clássica"[27].

***

As páginas dedicadas a Sartre na *Ontologia do ser social* de Lukács se concentram nas divergências com o autor de *Crítica da razão dialética* sobre a questão da dialética da natureza. Ao afirmar apodicticamente a universalidade da dialética,

---

[24] "*Bei den französischen Autoren stört mich immer noch die Missdeutung des In-der-Welt-seins, wobei es entweder als Vorhandenheit oder aber als Intentionalität des subjektiven Bewusstseins vorgestellt wird*" [Os autores franceses ainda me incomodam com a má interpretação do estar-no-mundo, onde ele é apresentado como a presença ou como a intencionalidade da consciência subjetiva] (ibidem, p. 339, citação extraída de uma carta endereçada por Heidegger a Medard Boss em 17 de agosto de 1965).

[25] Hannah Arendt e Martin Heidegger, *Lettres et autres documents: 1928-1975* (org. Ursula Ludz, trad. Pascal David, Paris, Gallimard, 2001), p. 158.

[26] Martin Heidegger, *Zollikoner Seminare*, cit., p. 354 (carta de Heidegger a Medard Boss de 2 abr. 1968).

[27] Ibidem, p. 360.

o autor da *Ontologia* designa a dialética da natureza como a "pré-história" da dialética social.

Lukács não estava nem um pouco disposto a sacrificar-se ao preconceito de que admitir uma dialética da natureza seria próprio de um marxismo "dogmático" e "stalinizado", interessado em promover a visão autocrática de uma história governada por leis impostas do exterior. Em oposição ao ponto de vista que ele próprio sustentara em *História e consciência de classe*, segundo o qual não há dialética senão com a emergência do trabalho da subjetividade – é somente com a práxis que surgem a contradição, a negação, a totalização, posição retomada por Sartre e por Merleau-Ponty, seguindo os passos de Kojève, e defendida com grande riqueza de argumentos em *Crítica da razão dialética* –, Lukács destacou na *Ontologia* a universalidade da dialética, sua existência tanto na natureza quanto na sociedade. Deve-se observar que, ao avançar nessa ideia, ele não fazia mais que retomar a tradição do grande idealismo alemão, de Schelling e de Hegel, para quem a dimensão universal da dialética estava fora de dúvida. Na França, Jacques D'Hondt publicou um texto convincente sobre o assunto, intitulado "La Dialectique hégélienne de la nature"[28]. É verdade que Kojève, mas bem antes dele Benedetto Croce, criticara Hegel por ter estendido suas descobertas geniais sobre a dialética para a natureza e por praticar o que ele deplorou como o "erro monista" de Hegel, que teria se sacrificado à ideia de uma "ontologia dialética única"[29]. Quanto a Croce, ele foi fiel a seu idealismo filosófico quando negou uma dignidade ontológica para a Natureza e quando não deixou de censurar Hegel por ter colocado a dialética, privilégio eminente do trabalho do espírito, em uma zona na qual ela não teria lugar algum. Kojève apelou não apenas para Kant, mas também para Heidegger, a fim de recusar o "monismo ontológico" de Hegel: se, de seu ponto de vista, o autor de *Ser e tempo* era um "grande filósofo", foi precisamente porque afirmou a especificidade inalienável da ontologia do *Dasein* em relação à "ontologia da identidade", que é a da Natureza, portanto porque ele ampliou o fosso entre ambas. Kojève chegou a exemplificar a dialética da existência humana por meio de conceitos heideggerianos, sem sequer suspeitar de que o "grande filósofo" era um adversário irredutível da dialética: "o Homem que é Ação poderia ser um nada que 'aniquila' o ser, graças ao ser que ele 'nega'"[30]. Lukács se situava em uma perspectiva ontológica completamente diferente, pois, ao destacar as diferenças qualitativas entre o funcionamento da natureza e o da

---

[28] O texto está incluído na coletânea organizada por Olivier Bloch e é intitulado *Philosophies de la nature* (Paris, Publicações da Sorbonne, 2000).

[29] Alexandre Kojève, *Introduction à la lecture de Hegel*, cit., p. 486 [ed. bras.: *Introdução à leitura de Hegel*, cit.].

[30] Ibidem, p. 487 [ed. bras.: ibidem].

sociedade, portanto entre a dialética da natureza e a da práxis humana, pretendia mostrar que a emergência da práxis não pode ser concebida sem levar em conta sua "pré-história", mais precisamente, sem seguir na história da natureza, portanto dos organismos, a formação dos complexos, que preparam o salto qualitativo para a hominização. A defesa da dialética da natureza tem como premissa subjacente a ideia de que a dialética sujeito-objeto que caracteriza a práxis tem uma longa pré-história, da qual a biologia, por exemplo, traz um testemunho decisivo, pois o estudo do devir dos organismos permite indicar a formação progressiva das propriedades que vão se integrar numa síntese superior, com o surgimento da práxis humana. Lukács pretendia colocar uma forte ênfase na continuidade, e não apenas na descontinuidade, entre natureza e sociedade, visto que a sociedade pode funcionar apenas por meio da "troca de substâncias" com a natureza e deve se apoiar sobre suas propriedades (incluindo sua dialética) para afirmar sua própria dialética. A relação sujeito-objeto, com a tensão dialética entre ambos, que caracteriza a práxis, não surgiu *ex nihilo*, foi "preparada" por uma longa evolução biológica (Arnold Gehlen dedicou muito espaço em sua antropologia dos fundamentos biológicos do comportamento humano), da qual se pode dizer, sem cair no teleologismo, que "antecipou" o salto qualitativo para a emergência do homem: é esse o sentido da afirmação de Lukács de que a dialética da natureza é a "pré-história" da dialética da sociedade[31]. A principal crítica que ele dirige à antropologia preconizada por Sartre na *Crítica da razão dialética*, e também à ontologia existencialista em geral, incluída a do *Dasein* heideggeriano, é de ter ocultado esse enraizamento da "existência", no sentido kierkegaardiano do termo, em um tecido complexo de relações objetivas, naturais e sociais; portanto, de ter relegado à sombra a questão essencial da gênese dos atributos fundamentais da subjetividade, em primeiro lugar, a liberdade.

Em *Questões de método*, Sartre afirmava que achava "cômico" ouvir Lukács lembrá-lo, a título de censura, assim como o existencialismo em geral, do princípio materialista fundamental do "primado da existência" sobre a consciência, enquanto, disse Sartre, o existencialismo faz desse primado uma "afirmação de princípio"[32]. Não foi difícil para o filósofo marxista dissipar a confusão em torno dessa famosa fórmula, ao observar que Sartre desconhecia completamente o significado da palavra "existência" em uma ontologia materialista, que nada tem a ver com "existência" no sentido kierkegaardiano e heideggeriano: no primeiro caso, a transcendência do ser em relação à consciência significa o

---

[31] G. Lukács, *Prolegomena: Zur Ontologie des gesellschaftlichen Seins*, I, cit., p. 395 [ed. bras.: *Prolegômenos para uma ontologia do ser social*, cit.].

[32] Jean-Paul Sartre, *Questions de méthode*, cit., p. 46 [ed. bras.: *Questões de Método*, em *Crítica da razão dialética*, cit., p. 37].

primado ontológico do ser-em-si em relação a qualquer apreensão cognitiva ou afetiva; no segundo caso, *Existenz* designa a subjetividade em sua autonomia ontológica, irredutível ao Saber, à consciência que se pode ter. É verdade que, na *Crítica*, Sartre fala frequentemente da irredutibilidade do Ser ao Saber, mas o Ser sartriano ou heideggeriano, intimamente associado à presença do *Dasein* (da "existência"), está a anos-luz, como tentei mostrar, do Ser concebido como *das Ansichseiende*, soberanamente indiferente ao trabalho da subjetividade, no sentido de uma ontologia materialista. O "primado da existência em relação à consciência", do qual fala o existencialismo sartriano, nada tem a ver, portanto, com a prioridade ontológica do Ser reivindicada pelo materialista Lukács. Ele pôde lembrar com razão, respondendo a Sartre em sua *Ontologia*, que Heidegger fala também de um primado ontológico do Ser, visando ao *Dasein* (a realidade humana), condição *sine qua non*, na visão do autor de *Ser e tempo*, para a revelação do Ser, mas que é justamente essa prioridade ontológica do *Dasein* que situa a "ontologia fundamental" de Heidegger no antípoda de uma verdadeira ontologia (ela é muito mais, dirá Lukács, uma ontologia disfarçada), por meio da qual a transcendência do Ser se identifica ao primado do ser-em-si, depurado de todo antropomorfismo e de toda conotação teleológica.

As tensões entre o pensamento de Lukács e de Sartre se acentuam quando se aborda o terreno da epistemologia, pois Sartre julga a "teoria do reflexo" com máxima severidade e acredita que a única epistemologia válida é a que se funda em um princípio claramente enunciado pela microfísica: "o experimentador faz parte do sistema experimental"[33]. Marx (mas é Engels que é o alvo) e Lênin são considerados duas faces da mesma moeda, um por ter concebido o conhecimento como "teoria pura, olhar não situado", e o outro por verter sua concepção do "reflexo aproximadamente exato" em um "idealismo cético", porque essa concepção cristaliza a não coincidência entre o objeto e seu reflexo. A única epistemologia realista seria, portanto, aquela que leva em conta a intervenção do sujeito no ato cognoscitivo, a copresença do experimentador no sistema experimental, suprimindo o "intermediário inútil e aberrante" do reflexo. O mais surpreendente é que Sartre considere a tese de uma razão constituinte presente na imanência das coisas como o postulado de um "idealismo dogmático" (fala do "idealismo marxista", que substitui o trabalho crítico do sujeito cognitivo por extrapolações dogmáticas, do gênero "existe uma dialética da natureza"). Mas será possível considerar, sem cair em confusão, que a tese da ontologia materialista sobre a autofundação categorial do mundo, portanto sobre o ser estruturado por categorias, cuja existência nada deve à atividade do sujeito (a causalidade, por exemplo), tese que se situa evidentemente no antípoda da concepção kantiana

---

[33] Ibidem, p. 46 [ed. bras.: ibidem, p. 38, nota 14].

das categorias como "determinações do entendimento" (*Verstandesbestimmungen*), é um postulado dogmático, quando toda a prática da ciência é fundada na convicção de que seu trabalho tem uma vocação desantropomorfizante e de que seus teoremas defendem as determinações das coisas em sua pura objetividade (a natureza "sem adição externa", uma tese que Sartre repeliu tão profundamente)? Lukács se sentia, portanto, plenamente habilitado a opor em sua *Ontologia* uma recusa categórica ao credo epistemológico de Sartre, que pretendia se apoiar nas verdades da microfísica, chegando a uma posição muito próxima à do neopositivismo. Ele remeteu essa posição às especulações filosóficas sobre as "relações de indeterminação" que governam o mundo dos elétrons, formuladas por Heisenberg, e à influência ineliminável dos instrumentos de medição sobre a coisa medida no mundo microfísico. A tese sobre a consubstancialidade do experimentador ao sistema experimental encontrou aqui um terreno ideal de validação, mas Lukács observou que a extrapolação desse princípio no campo da epistemologia é um processo próprio do neopositivismo, que elimina a distância entre a coisa medida e a medida da coisa, reduzindo a primeira à segunda e eliminando, assim, por um golpe de força, a autonomia ontológica do ser-em-si, para dissolvê-la no tecido dos processos experimentais. Contra o neopositivismo epistemológico de Sartre, ele se apoiou tacitamente nas análises dedicadas por Nicolai Hartmann, no capítulo intitulado "Spekulative Relativismen des Raumes und der Zeit" de sua *Filosofia da natureza*, às implicações filosóficas da física moderna: o filósofo alemão se esforçou para mostrar justamente a ilegitimidade das interpretações filosóficas relativistas das descobertas da física, contestando, em particular, as teses de Heisenberg sobre a impossibilidade de abstrair a influência dos instrumentos de medição no estabelecimento do trajeto dos elétrons. Lukács e Hartmann protestaram em uníssono contra a ideia de que a objetividade dos processos do mundo microfísico se diluiria nas interações introduzidas pelos instrumentos de medição, e que não seria mais possível dissociar "o sistema experimental" da intervenção do "experimentador": eles defenderam a ideia de que era necessário manter a distinção entre o objeto em si e as intervenções do experimentador, pois é possível medir as "alterações" introduzidas por este último e ter em mente os processos da coisa-em-si, cuja existência não é de maneira alguma colocada em causa pela intervenção do experimentador. Em resposta a Sartre, Lukács pôde concluir que o estatuto do sujeito epistemológico é essencialmente o mesmo, tanto na microfísica quanto na macrofísica: o de um receptor dos dados de uma realidade que funciona independentemente da ingerência do sujeito[34].

---

[34] G. Lukács, *Prolegomena: Zur Ontologie des gesellschaftlichen Seins*, I, cit., p. 397 [ed. bras.: *Prolegômenos para uma ontologia do ser social*, cit.].

298 Por que Lukács?

Interrogado por Günther Specovius, jornalista alemão que o entrevistara dois anos antes para a revista *Der Spiegel* sobre suas divergências filosóficas com Sartre, Lukács esclareceu o que ele considerava ser a base de suas dissensões: sua oposição no terreno da ontologia. Em particular, ele se detém no famoso teorema de que a existência precede a essência, aparentemente em resposta à crítica de Sartre de que ele havia ignorado a "afirmação de princípio" dos existencialistas sobre o "primado da existência sobre a consciência" (ver *supra*). Lukács escreveu a seu correspondente que se tratava, nesse caso, de um "diálogo de surdos" (*Vorbeisprechen aneinander*). Ele se recusa a se engajar em uma disputa sobre o tema sartriano do primado da existência sobre a essência, argumentando que o essencial parece ser o fato de que Sartre se move no interior de uma filosofia da consciência (*des subjektiv Bewusstseinsmässiges*, escreveu Lukács, com uma fórmula dificilmente traduzível), portanto, no âmbito da fenomenologia, sem qualquer avanço verdadeiro para o transubjetivo, ou seja, em direção ao Ser no interior de uma ontologia autêntica. Lukács não se enganou quando chamou a atenção para a lacuna irredutível entre a fenomenologia que, em Husserl, e também em seus continuadores Heidegger e Sartre (para além das divergências, por mais importantes que sejam, entre suas posições), girava essencialmente em torno da subjetividade como agente da constituição do mundo (o *Dasein* heideggeriano e, incluindo, a "existência" sartriana), e a ontologia no sentido que ele entendia, o pensamento do ser e suas categorias estruturantes, cuja característica principal era, em sua visão (segundo a fórmula de Marx dos *Manuscritos de 1844*), a objetividade (*die Gegenständlichkeit*)[35], para além de toda ingerência da subjetividade.

---

[35] É nos *Prolegômenos para uma ontologia do ser social* que Lukács faz referências explícitas ao conceito marxiano de *objetividade*, tal qual ele aparece nos *Manuscritos econômico-filosóficos de 1844*, para validar sua tese sobre a característica fundamental do ser, em oposição à ontologia idealista de Hegel (ver, por exemplo, *Prolegomena: Zur Ontologie des gesellschaftlichen Seins*, I, cit., p. 133-4 [ed. bras.: *Prolegômenos para uma ontologia do ser social*, cit., p. 178-9]). Podemos, portanto, observar que sobre esse importante ponto o filósofo marxista não teria tido talvez os votos de seu grande aliado no terreno da reconstrução da ontologia, Nicolai Hartmann, se pensarmos que desde seus *Princípios de uma metafísica do conhecimento* (1921), e ulteriormente em *Zur Grundlegung der Ontologie* (1935), seu autor falava do ser como tendo um estatuto de "transobjetividade" (Hartmann falava de um "ser supra-objetivo" – *übergegenständliches Sein*), que deve ser entendido pelo que ele chamava *die Objektion* (o tradutor francês da primeira obra, Raymond Vancourt, traduziu por "a soma do que terá efetivamente se tornado um objeto" [*Les Principes d'une métaphysique de la connaissance*, t. 1 (Paris, Aubier, 1945), p. 275]) e implica o trabalho de corte efetuado pelo sujeito no infinito do ser, a fim de chegar ao que Hartmann chama de "o pátio dos objetos" (*Hof der Objekte*). Em *Zur Grundlegung...*, o filósofo alemão insiste no fato de que "objeto" é o resultado dessa ação de corte efetuada pelo sujeito, que a própria etimologia da palavra *Gegen-stand* e do verbo *gegen-stehen* implica a presença correlativa de um sujeito. É a razão pela qual ele chega a designar o Ser em sua autossuficiência

Basta pensar na resistência de Husserl à mudança para o "ontologismo" de um de seus discípulos preferidos, Roman Ingarden, nas advertências dirigidas a ele de que a única abordagem verdadeiramente fundamental dos problemas de "constituição do mundo" é a da fenomenologia transcendental, e não a das diferentes ontologias, reivindicando, assim, o primado absoluto para o sujeito transcendental (Ingarden, no entanto, se afastou do ensinamento do mestre e de suas advertências, tornando-se autor de uma importante obra de ontologia, *Der Streit um die Existenz der Welt*[36]). Lukács tinha, portanto, razão de colocar a discussão de suas divergências com Sartre na questão dos fundamentos da ontologia, afirmando em sua resposta a Specovius, de maneira aparentemente surpreendente, que o postulado existencialista formulado por Sartre – a existência precede a essência – não pertencia, em sua visão, ao registro das questões fundadoras de uma verdadeira ontologia. Ele observou que os dois conceitos, na acepção dada por Sartre, mantêm a problemática ontológica na esfera derivada da subjetividade, e afirmou ainda que, do ponto de vista de uma verdadeira ontologia, é perfeitamente indiferente que a existência preceda a essência ou vice-versa, pois procurar estabelecer essa prioridade apenas faria sentido do ponto de vista do processo cognitivo, e certamente não do ponto de vista rigorosamente ontológico do ser-em-si. Ele lembrou, entre parênteses, que o caráter objetivo da essência é uma verdade bem estabelecida desde a *Lógica* de Hegel. Estava implícito, portanto, que, do ponto de vista de uma verdadeira ontologia, não se trata de um antes ou depois da essência; trata-se de uma determinação consubstancial do ser (da existência!): Sartre teria passado ao largo da problemática de uma verdadeira ontologia[37].

---

ontológica pelo caráter de "transobjetividade", "o pátio dos objetos" constituindo somente uma zona em perpétua ampliação no interior desse tecido infinito. Lukács parece não ter notado essas distinções sutis (ele não havia tomado conhecimento da obra de epistemologia de Hartmann, mas, por outro lado, ele havia lido cuidadosamente os livros de ontologia).

[36] Ver sobre esse assunto a importante carta endereçada por Husserl a Ingarden em 21 de dezembro de 1930 e os comentários em nota do filósofo polonês em Edmund Husserl, *Briefe an Roman Ingarden* (org. Roman Ingarden, Haia, Martinus Nijhoff, 1968, coleção Phaenomenologica, 25), p. 61-5 e 165-7.

[37] Ver a carta de Lukács endereçada a Günther Specovius de 5 de abril de 1965, texto inédito que consultei no Arquivo Lukács de Budapeste. Sartre defendeu o princípio existencialista segundo o qual a "existência precede a essência" em sua conferência proferida após a guerra, *L'Existentialisme est un humanisme* (ver o livro impresso em Paris pela Nagel com esse título em 1967, p. 21 e seg.) [ed. bras.: "O existencialismo é um humanismo", na coleção Os Pensadores, trad. Vergílio Ferreira, São Paulo, Abril Cultural, 1978, p. 11 e seg.]. É necessário, entretanto, mencionar que mais tarde, na *Crítica da razão dialética*, após ter descoberto por meio do marxismo o peso dos condicionamentos objetivos da "existência", ocorre a Sartre se interrogar sobre a validade do princípio segundo o qual "a existência precede a essência" e escrever: "O existencialismo negava

300 POR QUE LUKÁCS?

Na correspondência de Lukács, quando perguntavam sobre sua posição em relação ao último Sartre, reaparece como um *leitmotiv* a ideia de que, ao abraçar o materialismo histórico (segundo suas profissões de fé explícitas em *Questões de método*, e na *Crítica da razão dialética* em geral), o filósofo francês não teria, entretanto, se emancipado da ontologia heideggeriana da *Geworfenheit* (do ser--jogado), e que a coexistência em seu pensamento das duas ontologias mutuamente excludentes marcaria um "dilaceramento eclético" (a expressão *eklektische Zerrissenheit* aparece em uma carta de Lukács endereçada a Adam Schaff em 6 de junho de 1963). A inovadora contribuição decisiva de Marx para a ontologia do ser social reside, na visão de Lukács, na afirmação da sociabilidade como consubstancial à essência do homem: no entanto, suas reflexões sobre Sartre e sobre sua evolução filosófica de *O ser e o nada* à *Crítica da razão dialética* foram atravessadas pela ideia de que seu autor, que de outra forma recusava o conceito de uma "essência humana", tinha em mente um pré-requisito ontológico, de fonte heideggeriana (justamente a famosa *Geworfenheit*, a ideia do homem como um ser-jogado, "condenado à liberdade", mais precisamente a ideia de uma contingência originária da existência humana, cujo surgimento é sinônimo da instituição de suas próprias determinações). Lukács estava convencido de que a "filosofia da existência" estava fundada numa ontologia da realidade humana que desafiava o caráter primordial da sociabilidade como constitutiva da essência do homem (é a tese expressa por Marx desde seus *Manuscritos filosóficos de 1844*) e, portanto, da liberdade se exercendo em um campo de determinações prévias de caráter sócio-histórico. O discurso de Sartre sobre o homem como "o brilho de um acontecimento", e não como o "objeto de um conceito universal", solidário ao de Merleau-Ponty sobre o homem como "o lugar da contingência", irrompendo "na forma de uma espécie de milagre"[38], deixa entender, na visão de Lukács, que antes da entrada no tecido das relações sociais existem atributos da *conditio humana* que formam o objeto da ontologia existencial.

Quando, em uma página da *Crítica da razão dialética*, Sartre escreve: "A História determina o conteúdo das relações humanas em sua totalidade e essas

---

a existência *a priori* das essências; não seria necessário agora admitir que elas existem e que são caracteres *a priori* de nosso ser passivo? E, se elas existem, como a práxis é possível?" (*Critique de la raison dialectique*, cit., p. 289) [ed. bras.: *Crítica da razão dialética*, cit.]. O embaraço de Sartre pode ser visto como uma confirmação indireta da posição de Lukács. Para um debate sobre essas questões, ver meus dois textos sobre Sartre: "Entre Heidegger et Marx", em *Témoins de Sartre*, v. 1, número sobre Sartre de *Les Temps Modernes* pelos dez anos de seu falecimento (n. 531, out./ dez. 1990, p. 398-412, em particular p. 411) e "De l'intelligibilité de l'histoire", na obra coletiva *Sartre, Lukács, Althusser: marxistes en philosophie*, cit., p. 63-77 [ed. bras.: "Da inteligibilidade da história", em *Lukács e seus contemporâneos*, cit., p. 411].

[38] Jean-Paul Sartre, "Merleau-Ponty", em *Situations IV*, cit., p. 277 [ed. bras.: *Situações IV*, cit.].

relações – sejam elas quais forem, por mais íntimas ou breves que sejam – remetem a tudo. Mas não é ela que faz com que haja relações humanas em geral"[39], somos tentados a encontrar aí uma confirmação da tese de Lukács segundo a qual o filósofo francês sente sempre a necessidade de associar ao materialismo histórico (que ele afirma apoiar integralmente) uma ontologia da realidade humana que tem suas raízes na "filosofia da existência". A sequência da passagem nos mostra, efetivamente, Sartre atacando os marxistas que pensam poder explicar a formação das "relações humanas" pela dialética das forças e das relações sociais de produção, sem levar em conta o fato de que "a relação humana (qualquer que seja o conteúdo) é uma realidade de fato permanente em qualquer momento da história que se coloque, mesmo entre indivíduos separados, pertencentes a sociedades de regimes diferentes e que se ignorem um ao outro". Enquanto Lukács não cansa de repetir, seguindo os passos de Marx, que não é concebível dissociar a constituição da *humanitas* (da "essência humana") da sociabilidade, que, portanto, não é possível vislumbrar a emergência das "relações humanas" fora da historicidade das relações sociais, Sartre aceita de bom grado a acusação de "formalismo" que certos marxistas lhe dirigem, pois ele faz da definição da "relação humana" um pré-requisito ontológico para a análise de suas encarnações na história. Ele até acusa os marxistas em questão – que afirmam a prioridade ontológica das forças e das relações de produção – de serem tributários do "atomismo do liberalismo" e da "racionalidade analítica", pois fariam a constituição da "relação humana" depender das relações de exterioridade entre partículas que são indivíduos (o que é justamente o modo liberal de encarar as relações sociais como uma justaposição de indivíduos autônomos): "Isto significa que, ao saltar a etapa abstrata da relação humana e nos situar imediatamente no mundo, caro ao marxismo, das forças produtivas, do modo e das relações de produção, nos arriscaríamos a dar razão, involuntariamente, ao atomismo do liberalismo e da racionalidade analítica"[40]. Sartre parece visar aqui aos marxistas que praticam o determinismo econômico, que reduzem os indivíduos a um estatuto de passividade e que tratam as relações humanas de acordo com as "leis positivistas da exterioridade"; o autor da *Crítica* propõe como antídoto uma ontologia da *conditio humana* (uma "antropologia") chamada a fundar toda a pesquisa histórica. Lukács recusa o dualismo entre história e antropologia, e adverte, sobretudo, contra a ideia de uma "ontologia existencial" como pré-requisito para a análise sócio-histórica, permanecendo fiel à ideia marxiana da historicidade como categoria fundamental do ser e da "essência do homem" como um produto do devir histórico, substância em perpétuo desenvolvimento.

---

[39] Idem, *Critique de la raison dialectique*, cit., p. 179 [ed. bras.: *Crítica da razão dialética*, cit.].

[40] Idem.

302 Por que Lukács?

Lukács chegou mesmo a dizer, como o fez em uma carta de 8 de novembro de 1963 endereçada a um de seus correspondentes brasileiros, Carlos Nelson Coutinho, que Sartre (ele cita Goldmann no mesmo sentido) sofreu influência do materialismo histórico, mas recusava o "materialismo dialético"[41]. Em seguida ele indica três princípios fundamentais que definem, em sua visão, a filosofia fundadora do marxismo: a famosa "teoria do reflexo" – com o esclarecimento de que se trata de um processo dialético e não de uma imitação mecânica –; em segundo lugar, após a afirmação da prioridade ontológica do ser-em-si, está a "independência da consciência"; e o terceiro princípio constitutivo é a afirmação do caráter "ontologicamente social" do homem, com a especificação de que não se trata de aceitar a ideia de uma substância humana anterior à emergência das relações sociais, como se elas ocupassem ontologicamente um lugar secundário ou derivado (ver *supra*). Certamente, a fidelidade de Lukács à distinção entre o "materialismo histórico" e o "materialismo dialético" pode surpreender, senão chocar, pelo fato de que essa partição da filosofia do marxismo evoca lembranças mais que lamentáveis: comum tanto no "marxismo soviético" como no ensino ideológico nos países do Leste na época do "socialismo real", ela adquiriu uma triste fama a partir do capítulo dedicado à filosofia, redigido por Stálin, na *História do PCUS*, que chegou mesmo a estabelecer um catálogo dos traços distintivos de cada uma das duas disciplinas, contribuindo assim massivamente, pelo simplismo de seu inventário, para o descrédito do marxismo. Mas Lukács denunciará fortemente a deturpação dogmática do pensamento marxiano operado por Stálin, apontando, em particular, a tese de que o materialismo histórico seria a "extensão" e a "aplicação" na história dos princípios formulados pelo materialismo dialético, tese que aparecia, em seu dogmatismo ultrajante, em flagrante contradição com o espírito do pensamento de Marx, que fazia da historicidade o atributo fundamental do ser e de suas categorias[42].

A reação antistaliniana de Lukács foi salutar. Não se tratava, portanto, de considerar o "materialismo dialético" um catálogo de princípios abstratos, segundo o modelo da antiga ontologia dogmática e especulativa. O corolário de tal sistema fechado de categorias era considerar a história mero campo de "aplicação" dos princípios imutáveis fixados por decreto pelo "materialismo dialético". Esse posicionamento secundário da historicidade revelou o dogmatismo fundamental da *forma mentis* staliniana, que iria ter tantos efeitos devastadores na história do movimento comunista. Lukács chegou mesmo a observar que Marx nunca

---

[41] A carta está reproduzida e traduzida para o português na obra já citada: Maria Orlanda Pinassi (org.), *Lukács e a atualidade do marxismo* (São Paulo, Boitempo, 2002), p. 147.

[42] G. Lukács, *Prolegomena: Zur Ontologie des gesellschaftlichen Seins*, I, cit., p. 276-7 e 310 (p. 356-7 e 395-6 na tradução francesa) [ed. bras.: *Prolegômenos para uma ontologia do ser social*, cit.].

empregou a expressão "materialismo dialético", sintoma, em sua visão, da recusa do fundador da doutrina em aprisionar seu pensamento em um sistema fechado de categorias, segundo o modelo do antigo dogmatismo especulativo[43]. A afirmação, por outro lado, da historicidade e da irreversibilidade como características fundamentais do ser tornou-se, na visão de nosso filósofo, o instrumento mais poderoso para varrer o dogmatismo da dicotomia staliniana, porque afirma a historicidade das categorias do ser (cada categoria tem uma validade circunscrita por seu substrato, a teleologia, por exemplo, pela emergência da intencionalidade da consciência, mais precisamente pela emergência do trabalho). A estrutura categorial do mundo surge como resultado de sua história: não se trata mais, portanto, de princípios supraordenados à história, ou da história como campo de "aplicação" dos primeiros, ou, ainda, do "materialismo histórico" como "extensão" para a história dos princípios apodíticos do "materialismo dialético" etc.

Pode-se, então, perguntar qual o sentido da crítica dirigida por Lukács a Sartre (e a Goldmann) por serem partidários do "materialismo histórico" que, ao mesmo tempo, refutam o "materialismo dialético". Tratar-se-ia de uma reminiscência em seu pensamento do velho dualismo staliniano, como alguns poderiam temer, dadas as tristes lembranças que essa dicotomia pode suscitar? Nesse caso, a crítica explícita mencionada mais acima, e que aparece nas páginas finais de seu testamento filosófico, os *Prolegômenos para uma ontologia*, redigidos em 1970, um ano de antes de seu falecimento, deveria ser colocada na conta de um amadurecimento de seu pensamento e de uma emancipação de sua perspectiva dos resíduos dogmáticos. Ou então, o que me parece ser a interpretação correta, a acepção dada por Lukács a esses dois conceitos não tem nada a ver com o dogmatismo staliniano. Deve-se lembrar que no prefácio da *Estética* (datado de dezembro de 1962) ele utilizou o binômio materialismo dialético--materialismo histórico para determinar o plano de sua obra: os dois volumes completos, dedicados a circunscrever a especificidade da atividade estética entre as diferentes atividades do espírito, representavam a primeira parte de uma obra que deveria, no espírito de seu autor, conter três partes, e esta primeira foi dominada pelo ponto de vista do materialismo dialético. Somente na terceira parte, dedicada a "A arte como fenômeno histórico-social", deveriam ser estudadas as modificações introduzidas na estrutura das obras de arte pelo desenvolvimento histórico, pelas crises etc., que, segundo a expressão de Lukács, "o método do materialismo histórico [ia] se tornar dominante"[44]. Compreende-se, pois, que,

---

[43] Ibidem, p. 278 (p. 357-8 na tradução francesa [ed. bras.: *Prolegômenos para uma ontologia do ser social*, cit., p. 331]).

[44] G. Lukács, "Vorwort", *Werke*, v. 11: *Die Eigenart des Ästhetischen*, I (Neuwied, Luchterhand, 1963), p. 16.

para Lukács, o estudo das categorias fundamentais que estruturam o ser em seu devir constitui o objeto do materialismo dialético (é o caso da análise da especificidade da atividade estética em relação à ciência, à religião, à atividade ética etc.), enquanto as variações históricas que pontuam o desenvolvimento dessas atividades fundamentais constituiriam o objeto do materialismo histórico. Mas o filósofo era muito tributário da tese marxiana sobre a historicidade como propriedade universal do ser em todos os seus níveis para se sacrificar à ideia do caráter meta-histórico das análises dedicadas às categorias fundamentais da natureza e da sociedade: consequentemente, ele não deixará de afirmar a inseparabilidade das duas abordagens, sistemática e histórica, materialista dialética e materialista histórica, praticando um método que deve ser chamado de ontológico-genético, em que a apreensão das essências é indissociável do devir histórico. Aqueles que condenaram o caráter "normativo" e mesmo "repressivo" da estética de Lukács (Cesare Cases), porque ela teria absolutizado uma forma determinada de arte (daí a acusação de "neoclassicismo", formulada por Bloch ou Adorno), minimizam a amplitude de seu historicismo, a síntese de essencialismo e de historicismo que forma a particularidade de seu método genético-ontológico. Lukács considerava que aqueles que o reprovavam pelo "novecentismo" excessivo de seus gostos estéticos (sua fidelidade ao "grande realismo" balzaquiano ou tolstóiano), ou mesmo por seu "classicismo" ("*das Gottschedsche*", como dizia maldosamente seu antigo amigo Ernst Bloch, que se tornou seu antípoda no terreno estético, fazendo alusão à poética de Gottsched), se enganavam sobre o sentido de sua abordagem, pois, embora não pretendesse renunciar à ideia de uma "essência" inalienável da arte, ele se esforçava para fazer justiça a sua profunda historicidade e, portanto, às necessárias mudanças de suas estruturas e de suas formas ("eu nunca disse: escrevam como Balzac ou Tolstói", me disse ele uma vez, por ocasião de uma conversa, respondendo às censuras que lhe eram dirigidas pelos brechtianos; e em uma carta endereçada a Günther Specovius, em dezembro de 1963, ele se encarregou de dissipar o mal-entendido de que teria exigido seguir o "modelo" dos clássicos, virando as costas para a história).

Seja como for, pode-se perguntar se o último Lukács, o autor da *Ontologia do ser social*, teria mantido essa partição entre o materialismo dialético e o materialismo histórico, carregada de sérias dificuldades teóricas, já que era impossível separar uma ciência filosófica das categorias do ser (a ontologia materialista-dialética) da historicidade das categorias (o dito objeto do materialismo histórico), e muito menos atribuir somente à sociedade o atributo da historicidade (como se faz frequentemente, ao se identificar o materialismo histórico com a ciência do desenvolvimento da sociedade). Lukács ridicularizou as práticas da época staliniana, que chegaram a tratar as duas ciências filosóficas como duas disciplinas separadas, até mesmo autônomas, a ponto de formar "especialistas" para cada uma delas (ver a nota 15 de rodapé do prefácio à *Estética*). Ele poderia ter levado a reflexão crítica ainda mais longe, interrogando sobre a legitimidade da distinção enquanto tal, a fim de preconizar uma reforma radical da exposição dos princípios fundamentais da filosofia de Marx. Se olhamos mais de perto as observações críticas da carta a Coutinho sobre Sartre e Goldmann, de que teriam assimilado o materialismo histórico, mas não o materialismo dialético, podemos constatar que ele os censura pela não adesão ao materialismo ontológico (à tese sobre o primado ontológico do ser-em-si e de suas categorias constitutivas, funcionando independentemente da consciência) e à teoria do reflexo, em sua visão dois pilares de uma ontologia e de uma epistemologia materialista-dialética. Poderíamos acrescentar a recusa absoluta de ambos (a de Sartre, em particular) à existência de uma dialética da natureza, equivalente, na visão de Lukács, ao questionamento da universalidade da dialética, outro postulado de base de uma epistemologia materialista-dialética.

A adesão de Lukács à *Widerspiegelungstheorie* (a tão mal-afamada "teoria do reflexo", comprometida também por sua canonização pelo "marxismo soviético" e sua grande difusão pela propaganda staliniana) foi considerada por seus críticos e adversários como um símbolo de sua regressão intelectual, ou até mais: como uma capitulação diante do "leninismo filosófico", uma vez que *Materialismo e empiriocriticismo*, de Lênin, estava atravessado de um extremo a outro por essa teoria aparentemente tão simplista de "imagem-cópia". O espírito autenticamente dialético do "marxismo ocidental" (a fórmula é de Merleau-Ponty) encarnado na obra de juventude *História e consciência de classe* (em que a "teoria do reflexo" foi explicitamente repudiada), livro redigido em uma época em que seu autor desconhecia o ensaio de Lênin citado acima (traduzido para o alemão somente em 1927), teria cedido lugar a uma gnosiologia primária, cuja cumplicidade com as práticas monolíticas do regime soviético Merleau-Ponty não se furtou em denunciar em *As aventuras da dialética* (ele intitulou de "Pravda" o capítulo dedicado a essa conversão infeliz de um pensador que encarnou para ele o espírito vivo do marxismo). Sartre e Merleau-Ponty provaram estar perfeitamente unidos na rejeição da teoria do reflexo, recusada, entre outros, por seu caráter a-existencial – a ideia de um conhecimento dedicado à reprodução "aproximativamente exata" de seu objeto parecia-lhes esvaziar arbitrariamente a existencialidade do sujeito cognitivo, seus condicionamentos múltiplos e sua presença inalienável no resultado do processo cognitivo. Vimos que Sartre considerava como única epistemologia válida aquela que se inspirava na prática da microfísica: o experimentador inscreve sua presença no sistema experimental (a pretensão de contemplar a natureza em si, "sem adição estranha", é uma quimera ou, ainda, uma "tentação teológica"); quanto a Merleau-Ponty, ele acreditava poder ironizar os marxistas da época, como Henri Lefebvre e Jean-Toussaint

Desanti, que defendiam a ideia de um saber objetivo, não contaminado por preconceitos culturais, dissociando arbitrariamente conhecimento e ideologia: eles não explicam, dizia Merleau-Ponty, "como a determinação histórica se detém respeitosamente nas portas da ciência", e os repreendeu pela ausência de um verdadeiro espírito dialético, o saber da existencialidade do sujeito[45].

Apesar da má reputação que envolve a teoria do reflexo, mantida, sobretudo, a partir das práticas dogmáticas dos partidos comunistas que a utilizavam para avalizar um monolitismo fictício (suas ações eram legitimadas como "reflexo objetivo" do em-si histórico; a contestação e a problematização, condutas eminentemente dialéticas, foram excluídas), é preciso constatar que ela foi defendida por pensadores de primeira ordem, que não tinham nada a ver com o marxismo, e menos ainda com Lênin, como Nicolai Hartmann ou, mais próximo de nós, John R. Searle. O grande tratado de epistemologia de Nicolai Hartmann, traduzido para o francês com o título *Les Principes d'une métaphysique de la connaissance*, publicado em 1921, insiste no caráter "transcendente" do ato cognitivo, mais precisamente na vocação do sujeito cognitivo de apreender (*erfassen*) uma realidade que o transcende, forjando imagens destinadas a reproduzir os traços constitutivos do objeto, cuja existência permanece soberanamente indiferente a essa apreensão (o ontologismo, fortemente sublinhado por essa última tese, é, portanto, acompanhado em Hartmann por uma gnosiologia que acentua o caráter eminentemente receptivo do ato cognitivo, em oposição declarada às teses neokantianas sobre o caráter produtivo do conhecimento, identificado pela escola de Marburgo com o engendramento – *Erzeugung* – do objeto). John R. Searle, cujo pensamento, não esqueçamos, tem suas origens na filosofia analítica da linguagem, defende o que ele chama de sua teoria "correspondentista" da verdade, centrada na ideia do acordo necessário entre os enunciados, ou as representações linguísticas das coisas, e os fatos, dos quais, em oposição a Strawson, sublinha o caráter extralinguístico no capítulo intitulado "Verdade e correspondência" de seu livro *A construção da realidade social*, após ter dedicado um capítulo intitulado "O mundo real existe?" à defesa do realismo no terreno ontológico. O processo cognitivo é descrito como composto de "relações de ajustamento, de adequação, de apresentação ou de correspondência aos fatos"[46].

---

[45] Maurice Merleau-Ponty, *Les Aventures de la dialectique* (Paris, Gallimard, 1955, coleção Idées), p. 92, nota [ed. bras.: *As aventuras da dialética*, trad. Claudia Berliner, São Paulo, Martins Fontes, 2006].

[46] Ver John R. Searle, *La Construction de la réalité sociale* (trad. Claudine Tiercelin, Paris, Gallimard, 1998 [1995]), p. 265 [ed. bras.: *A construção da realidade social*, trad. Álvaro Cabral, São Paulo, Martins Fontes, 1997].

Não faltam, portanto, sólidos aliados para Lukács em sua defesa da *Widerspiegelungstheorie*, consequência necessária, em sua visão, de uma ontologia materialista. Ele atribui as críticas que pesavam sobre essa teoria à identificação simplista do "reflexo" a uma reprodução fotográfica do real, portanto a uma imitação com caráter de cópia. Recorde-se que entre os adversários declarados da "teoria do reflexo" estavam não apenas Sartre ou Merleau-Ponty, este último designando-a como "uma gnosiologia pré-hegeliana e mesmo pré-kantiana"[47], mas também Adorno, sem falar de Benedetto Croce, cujo idealismo filosófico o impedia de falar de *adaequatio rei et intellectus*, uma vez que para ele simplesmente "*la res come res non existe*"[48]. Ao buscar as raízes do conceito de *Widerspiegelung* (que um germanista experiente como Pierre Rusch traduziu por "representação"), o antigo conceito de mimese, Lukács pretendia afirmar a distinção entre o objeto real e sua "representação mimética", sublinhando a participação ativa da subjetividade na constituição da segunda.

Sartre e Merleau-Ponty permaneceram imunes às críticas de Lukács em relação às suas posições ontológicas em *Existencialismo ou marxismo?* O primeiro estava convencido de que o materialismo ontológico não poderia fornecer uma filosofia da revolução (é a posição defendida em seu ensaio "Materialismo revolução" publicado em 1946), pois tratava a consciência como um simples epifenômeno e reduzia a subjetividade à passividade. O segundo deplorou a contaminação de Marx e dos marxistas pelo "naturalismo", pois eles teriam chegado a tratar a sociedade como uma "segunda natureza", governada por leis tão restritivas e implacáveis como as da natureza. Lukács considerava que o grande defeito do pensamento ontológico de Sartre era sua recusa em levar em conta, não tanto a autonomia ontológica do ser-em-si em relação ao ser-para-si (a dualidade em-si para-si atravessa *O ser e o nada* e reaparece também mais tarde, na *Crítica*), mas o caráter objetivo, livre de toda a ingerência da subjetividade, das categorias constitutivas do ser (a temporalidade, por exemplo, à qual Sartre atribuía a emergência da atividade temporalizante do sujeito, seguindo de perto a concepção heideggeriana da temporalidade autêntica). Mesmo as categorias modais, como a necessidade e sobretudo a possibilidade, eram, para Sartre, indissociáveis da realidade humana (do *Dasein*), ou seja, projeções da subjetividade na imanência das coisas, selos apostos à "exterioridade da inércia". Nesse ponto capital, Lukács se mostra inflexível: não cansa de repetir, seguindo os passos de Marx, que as categorias são *Daseinsformen*, *Existenzbestimmungen*, determinações imanentes

---

[47] Maurice Merleau-Ponty, *Les Aventures de la dialectique*, cit., p. 93 [ed. bras.: *As aventuras da dialética*, cit.].

[48] Benedetto Croce, *Ultimi saggi* (3. ed., Bari, Laterza, 1963), p. 96 [ed. bras.: *Últimos ensaios*, trad. Maurício Santana Dias, São Paulo, Editora Unesp, 2014).

ao ser (do *Seinsprinzipien*, segundo a fórmula de Hartmann, e não das *logische Wesenheiten*, "essencialidades lógicas", das construções intelectuais). A necessidade, o caráter incontornável de certas relações entre as coisas, é uma determinação objetiva que se impõe como uma evidência constringente, e não o produto da experiência de nossos limites diante da incontornabilidade dos fenômenos. A temporalidade não surge graças à temporalização instituída pelo sujeito; existe, sim, um "tempo real" (*Realzeit*), independente do "tempo vivido" ou do "tempo medido". Mesmo a objetividade das categorias kantianas ou a universalidade dos juízos sintéticos *a priori* são, para Sartre, discutíveis; as primeiras participam da Razão positivista, que apenas "dar[ia] a si mesma a regra ininteligível de toda a ininteligibilidade empírica". A verdadeira inteligibilidade começaria somente com a Razão dialética, portanto, com o trabalho da subjetividade, o único investido do poder para conferir inteligibilidade às coisas (recorde-se a espantosa proposição sartriana citada anteriormente: "não há inteligibilidade nas ciências da natureza"). Para Sartre, o verdadeiro Kant não é, portanto, o autor da *Crítica da razão pura*, monumento da razão positivista, mas o da *Crítica da faculdade do juízo*, em que emergem os elementos do pensamento dialético[49].

Se no campo ontológico Lukács defendeu com grande energia o que poderia ser chamado de princípio da autofundação categorial do ser, a ideia de uma gênese puramente imanente das categorias que estruturam o fenômeno, remetendo a "filosofia da existência" a seu subjetivismo obsoleto, no campo da epistemologia ele assumiu a causa do caráter eminentemente "receptivo" do ato cognitivo, submetido às exigências imprescritíveis do objeto. A teoria do reflexo (*Widerspiegelungstheorie*) é para Lukács o instrumento teórico indispensável para elucidar a relação entre teleologia e causalidade, que formam o esqueleto teórico de sua ontologia do ser social. Apoiando-se nas pesquisas de Aristóteles e de Nicolai Hartmann, ele afirma constantemente que não pode haver "instauração teleológica" (*teleologische Setzung*) bem-sucedida (pode-se utilizar também como sinônimos os conceitos de "projeto" ou mesmo de "intencionalidade"), para os quais o ato do trabalho fornece o modelo ontológico, sem levar em conta (o reflexo adequado) as cadeias causais que devem ser conectadas para chegar a inscrever no real o objetivo perseguido: a "representação" correta das cadeias causais que, quando colocadas em movimento, produzem o efeito esperado, ou seja, a mimese (ou o "reflexo") da causalidade objetiva, é a condição liminar para fazer funcionar o real no sentido esperado. A mimese não é de forma alguma uma síntese passiva (essa é a resposta de Lukács para aqueles que o censuram por se sacrificar à teoria simplista do reflexo de imagem-cópia), e é sobretudo

---

[49] Jean-Paul Sartre, *Critique de la raison dialectique*, cit., p. 136, nota [ed. bras.: *Crítica da razão dialética*, cit.]

na *Estética* que ele se propõe destacar a magnitude do trabalho da subjetividade envolvida em uma mimese autêntica.

Sartre aderiu ao conceito marxista da práxis pensando que encontraria em Marx um aliado para sua concepção do ato cognitivo como ação, e não como contemplação passiva, sempre subordinado a um projeto, e nunca como simples reflexo, com um sujeito despojado de suas prerrogativas para se curvar à lei do objeto. Ele tentou mesmo, quando começou a frequentar os escritos de Marx (em seu ensaio "Materialismo e revolução", por exemplo), dissociar o Marx pensador da práxis do Marx que cede a uma concepção objetivista (materialista!) do conhecimento, na sequência do "nefasto (eu sublinho) encontro de Engels"[50]. A ruptura com as posições de Lukács se manifesta muito fortemente aqui. O discurso de Sartre em *Vérité et existence*, seu escrito mais consistente sobre a questão epistemológica primordial da verdade, teria deixado o filósofo marxista impassível: falar como Sartre de "a noite do Ser" que aguarda a "consciência" para ser esclarecida não fazia sentido para um pensador convencido de que o Ser possui a própria luz, cujas categorias escandem a expansão, sendo a vocação da consciência apreendê-las. Sartre se rebelou contra a teoria do "primado do conhecimento", convencido de que ela legitima uma concepção estática da dualidade sujeito-objeto, congelando o sujeito na passividade: "A teoria do primado do conhecimento exerce uma ação negativa e inibidora ao conferir à coisa uma essência pura e estática, ao contrário de toda filosofia do trabalho que apreende o objeto por meio da ação que o modifica ao utilizá-lo [...]"[51]. Lukács não estava disposto a subestimar o momento "receptivo" ou "contemplativo" da práxis, a necessidade imperativa para o sujeito preceder a ação com uma imersão nas articulações e nas mediações objetivas do real, a fim de unir suas determinações com um "reflexo" o mais adequado possível, condição *sine qua non* para que a ação (a "posição teleológica", na linguagem de sua *Ontologia*) fosse coroada de sucesso. Esse é o sentido de seu teorema ontológico, que ele compartilhava com Nicolai Hartmann, segundo o qual teleologia e causalidade estão inextrincavelmente ligadas: não há "instauração teleológica" (*teleologische Setzung*) no real que não se apoie na utilização das cadeias causais (objetivas e subjetivas), que preexistem a toda atividade teleológica. Hobbes e Espinosa estavam errados ao reduzir a teleologia à causalidade. Hegel, por meio de sua descoberta genial do papel do trabalho, foi o primeiro a mostrar a irredutibilidade da atividade finalista da consciência, não sem sublinhar seu enraizamento nas determinações objetivas do real[52] (a ponto de, em seus cursos de Iena, ele destacar

---

[50] Idem, "Matérialisme et révolution", em idem, *Situations III* (Paris, Gallimard, 1969), p. 213, nota.

[51] Idem, "Matérialisme et révolution", em idem, *Situations III*, cit., p. 182.

[52] G. Lukács, *Der junge Hegel* (Berlim, Aufbau, 1954), p. 391-2 [ed. francesa: *Le Jeune Hegel*, v. 2, trad. Guy Haarscher e Robert Legros, Paris, Gallimard, 1981, p. 30]; [ed. bras.: *O jovem*

uma certa superioridade do instrumento – dando o exemplo do arado – sobre o objetivo imediato perseguido para sua utilização, como maneira de sublinhar a preeminência da objetividade sobre a subjetividade[53]).

Maurice Merleau-Ponty, como já mencionei, estava entre aqueles que expressaram fortes dúvidas sobre a validade da conversão de Lukács ao realismo (mais exatamente ao materialismo ontológico), após *História e consciência de classe*, identificando-a com um abandono do pensamento dialético fecundo que percorreu esse livro, pois, na visão do fenomenólogo francês, o realismo ontológico (sinônimo, segundo ele, de um em-si que regeria a marcha da história) e o realismo epistemológico (a teoria do conhecimento-reflexo) significam uma ocultação do papel da subjetividade e de sua efervescência dialética, portanto, uma regressão filosófica abaixo mesmo de Kant e Hegel. Já vimos que esse não era o caso e que o autor de *As aventuras da dialética* ficou prisioneiro de preconceitos inculcados por sua formação fenomenológica e existencialista. Deve-se notar, entretanto, que, ao contrário de outros críticos e adversários de Lukács que ridicularizaram a *Widerspiegelungtheorie* ou sua doutrina da arte como mimese, Merleau-Ponty destacou que a teoria da literatura do filósofo marxista, e em particular sua doutrina do "grande realismo" (ele pensava em seus ensaios sobre Balzac, sobre Stendhal, sobre Zola), formulada em polêmica explícita com o naturalismo (na acepção bem ampla que lhe dava Lukács), estava impregnada de um espírito profundamente dialético: "[...] é claro que sua teoria da literatura restabelece toda a dialética e a coloca em conflito com a ortodoxia"[54]. O autor de *As aventuras da dialética* foi o único intelectual francês de renome que, ao se debruçar sobre o "caso Lukács", desencadeado na Hungria pelos sequazes de Rákosi (Rudas, Révai, Horváth etc.), percebeu com grande sagacidade o que estava em jogo e se declarou abertamente partidário das posições intelectuais de Lukács, contra o dogmatismo staliniano e as práticas inquisitoriais de seus promotores. Enquanto as publicações oficiais do partido comunista francês (lideradas por *La Nouvelle Critique*) e seus ideólogos, como Jean Kanapa, ecoavam as posições dos torturadores de Rajk e da burocracia reinante em Budapeste, reproduzindo os artigos que vilipendiavam Lukács[55], Merleau-Ponty se empenhou em mostrar que, em

---

Hegel e os problemas da sociedade capitalista, trad. Nélio Schneider, São Paulo, Boitempo, 2018] e *Werke*, v. 12: *Die Eigenart des Ästhetischen*, II (Neuwied, Luchterhand, 1963), p. 286-7.

[53] G. Lukács, *Der junge Hegel*, cit., p. 401-2 [ed. bras.: *O jovem Hegel e os problemas da sociedade capitalista*, cit.].

[54] Maurice Merleau-Ponty, *Les Aventures de la dialectique*, cit., p. 102 [ed. bras.: *As aventuras da dialética*, cit.].

[55] As edições da *La Nouvelle Critique* publicaram sob a forma de um pequeno livro o texto de Révai, ministro da Cultura no regime Rákosi-Gerð, *La Littérature et la démocratie populaire* (1950), dedicado à refutação das teses de Lukács.

um mundo cada vez mais invadido pelo obscurantismo ideológico, as posições literárias expressas por Lukács representavam uma defesa da autonomia da arte e da cultura que ameaçava a ortodoxia do momento. Ele encontrou na doutrina lukacsiana do "realismo", por exemplo no conceito de "totalidade intensiva" e da obra literária como um "microcosmo" que possui sua legalidade interna, as ideias que lhe eram caras sobre o trabalho da subjetividade como consubstancial à "mimese evocadora" da arte. Merleau-Ponty antecipou com acuidade as ideias que se tornariam os pilares da grande *Estética* do filósofo húngaro, compreendendo perfeitamente que a defesa de Lukács dos grandes modelos "clássicos" foi dirigida contra a concepção utilitária e manipuladora da literatura professada pelos doutrinários oficiais do realismo socialista (citando como exemplo uma das fórmulas lançadas por Lukács na época, "Nem Pirandello nem Priestley, mas Shakespeare e Molière", que sintetizava sua hostilidade simétrica em relação à literatura de tese e contra a "decadência" em nome dos grandes feitos da literatura clássica, Merleau-Ponty respondeu secamente à reprovação dessa fórmula de Révai, que afirmou que esse lema não contribuía em "nada" para a causa socialista: "Nada de fato, exceto a cultura"[56]). Certamente o autor das *Aventuras* manteve todas as suas reservas em relação à "gnosiologia realista" de Lukács, em particular à "teoria do reflexo", mas nem ele (que morreu cedo demais) nem Sartre nunca tiveram conhecimento dos grandes livros de filosofia publicados por Lukács durante o último período de sua existência, em que essas posições tão controversas são explicitadas e desenvolvidas.

A irritação de Sartre e Merleau-Ponty a respeito das interpretações "objetivistas" da história, em particular contra a "naturalização" da sociedade, portanto contra a eliminação por um golpe de força do peso decisivo da subjetividade, era perfeitamente compreensível. Merleau-Ponty foi capaz de apontar legitimamente, em *As aventuras da dialética*, as consequências de um marxismo estreito na prática política: a racionalidade dialética, fundada na tensão sujeito-objeto, sendo substituída por uma racionalidade técnica, a luta pela emancipação humana seria confiscada por uma casta de "revolucionários profissionais" que se arrogavam o monopólio da transformação da sociedade. A fetichização do "em-si histórico" legitimou um determinismo unívoco de que, segundo o autor das *Aventuras*, o próprio Marx teria se tornado o porta-voz na segunda fase de seu pensamento. De acordo com Merleau-Ponty, o último Marx teria se apoiado em Hegel em nome do "racionalismo", e não para se inspirar em um pensamento dialético: o autor de *O capital* seria o advogado da "matéria", das "relações de produção", e Merleau-Ponty não escondeu seu receio diante dessa

---

[56] Maurice Merleau-Ponty, *Les Aventures de la dialectique*, cit., p. 106 [ed. bras.: *As aventuras da dialética*, cit.].

"potência exterior totalmente positiva"[57]. Diante desse tipo de mal-entendido, Lukács fez questão de fornecer, em sua *Ontologia*, os esclarecimentos necessários sobre a verdadeira natureza do ser social para dissipar as inumeráveis confusões criadas em torno do pensamento de Marx. Sua última grande obra filosófica pode assim ser lida como uma resposta indireta aos desafios lançados ao marxismo pelos escritos de Merleau-Ponty e de Sartre. Para ele, não se poderia tratar da a-subjetividade do ser social, portanto de uma "naturalização", tal qual apontada por Merleau-Ponty, a título de severa reprovação de Marx, nem de uma recusa da dialética "objetiva", que havia sido colocada em primeiro plano pelos dois eminentes representantes da "filosofia da existência". Sua obra devia mostrar que o "realismo" e a "dialética" não se encontram em uma relação de exclusão recíproca postulada pelo autor de *As aventuras da dialética* ("A história de Lukács é a de um filósofo que acreditou envolver o realismo na dialética [...]"[58]), mas que, ao contrário, uma verdadeira filosofia da subjetividade, tal qual era desejada também por Sartre e Merleau-Ponty, somente poderia emergir no terreno sólido da prioridade ontológica do ser-em-si e da objetividade de suas categorias. Nicolai Hartmann permaneceu uma *terra incognita* para os dois protagonistas franceses da "filosofia da existência"; por outro lado, e não por acaso, a ontologia do *Dasein* e a *Seynsphilosophie* de Heidegger foram o tema de um dos últimos cursos ministrados por Merleau-Ponty no Collège de France[59].

Um aspecto das relações de Lukács com as posições de Merleau-Ponty merece ainda um instante de atenção, pois afeta as implicações políticas de suas divergências filosóficas. Um depoimento de Jean-Toussaint Desanti – que foi próximo de Merleau-Ponty principalmente durante o período da guerra – sobre uma conversa que ele teve com Lukács pode servir de ponto de partida. Ele me contou que, ao falar de Merleau-Ponty, o filósofo húngaro utilizou uma fórmula maliciosa que, entretanto, dizia muito sobre seu julgamento: *anima naturaliter trotskiana*. Se é verdade que as páginas sobre Merleau-Ponty de seu livro *Existencialismo ou marxismo?* chamam a atenção para a influência do trotskismo em certas análises políticas do autor de *Humanismo e terror* (essa influência na formação de Merleau-Ponty é atestada pelas biografias intelectuais que foram dedicadas a ele e pelos depoimentos de Claude Lefort, seu antigo aluno que se tornou seu principal intérprete), é difícil, no entanto, não se questionar sobre a sensibilidade particular de Lukács em relação a esse aspecto da personalidade intelectual do filósofo francês. Na verdade,

---

[57] Ibidem, p. 95.
[58] Ibidem, p. 108.
[59] Ver Maurice Merleau-Ponty, *Notes des cours au Collège de France: 1958-1959* e *1960-1961* (Paris, Gallimard, 1996), p. 91-148.

as observações relatadas por Desanti são, talvez, mais reveladoras da *forma mentis* do próprio Lukács e de seu itinerário político do que da trajetória do pensamento de Merleau-Ponty. Tive a oportunidade de comentar bem amplamente a posição muito severa de Lukács em relação ao trotskismo, em retribuição ao tratamento virulento que ele recebeu dos comentadores de linhagem trotskista[60].

Ao falar da presença de Lukács na vida intelectual na França logo após a Segunda Guerra Mundial, é necessário se deter sobre o interesse particular demonstrado por Maurice Merleau-Ponty, que pertencia a uma escola de pensamento totalmente diferente (a de Husserl e Heidegger). É eloquente nesse sentido a longa carta do autor de a *Fenomenologia da percepção* endereçada ao filósofo húngaro, no verão de 1946, pedindo-lhe informações sobre seus estudos de crítica e história literárias, e também sobre um problema que, evidentemente, lhe interessou muito (e que, uma década depois, se tornaria objeto de amplos desenvolvimentos em *As aventuras da dialética*): as razões filosóficas do distanciamento de Lukács em relação a seu livro *História e consciência de classe*[61]. As relações entre Merleau-Ponty e Lukács, ainda que episódicas, se vistas da perspectiva de conjunto de toda a sua trajetória intelectual, mereceriam um exame mais atento do que o esboçado aqui. Além da carta mencionada, que é um documento significativo sobre o forte interesse suscitado pelo marxismo lukacsiano em um dos representantes eminentes do existencialismo francês, é necessário lembrar que se dispõe agora, graças à publicação pelas edições Verdier, de uma coletânea de artigos de Merleau-Ponty do

---

[60] Em seu livro *Les Staliniens*, em que ela fala calorosamente e com simpatia sobre Lukács (ver o capítulo intitulado "Un petit homme d'acier trempé: Georges Lukács"), que ela encontrou várias vezes com seu marido, Dominique Desanti forneceu uma versão diferente do emprego usado pelo filósofo húngaro da expressão *anima naturaliter trotskiana*. Enquanto Jean-Toussaint Desanti me confiou que Lukács nunca a havia utilizado a propósito de Merleau-Ponty, segundo a autora de *Staliniens*, ela foi empregada em um sentido muito mais vasto, visando ao não conformismo consubstancial dos intelectuais. O objetivo irônico transparece se acompanhamos o relato oferecido por Dominique Desanti: "ele nos diz rindo: 'Cuidado, o intelectual é uma *anima naturaliter trotskiana*, um espírito trotskisante por tendência natural'. Severa advertência para ele e para nós" (p. 219 da edição publicada em 1985 na coleção Marabout Université). Dominique Desanti afirma, nesse contexto, que Lukács "se sentiu atraído por Trótski antes mesmo de se aliar ao partido", mas é preciso dizer que o próprio Lukács, em seus diferentes escritos autobiográficos, nunca demonstrou a menor inclinação pelas posições do líder bolchevique (todos os seus testemunhos vão em sentido contrário).

[61] Trata-se de uma carta manuscrita, com o cabeçalho de *Les Temps Modernes*, da qual, na época, Merleau-Ponty assumiu a direção política, e que pode ser consultada no Arquivo Lukács de Budapeste. Desconheço até o momento a reação do destinatário das demandas formuladas pelo filósofo francês. Pouco tempo após expedir essa carta, Merleau-Ponty iria encontrar Lukács nos primeiros Encontros Internacionais de Genebra (setembro de 1946), intervindo no debate que se seguiu à conferência do filósofo marxista.

período 1935-1951, dos textos de suas intervenções nos Encontros Internacionais de Genebra de 1946 sobre "O espírito europeu", em particular de suas reflexões sobre o confronto entre Jaspers e Lukács, que foi o acontecimento central desses primeiros Encontros, assim como a conferência proferida por Lukács sobre o tema "A visão aristocrática e democrática do mundo"[62]. O retrato de Lukács é bastante caloroso; Merleau-Ponty evidentemente esperava com curiosidade encontrar um personagem sobre o qual circulavam lendas às vezes totalmente fantasiosas (em particular sobre sua conduta em 1919 durante a República Húngara dos Conselhos de Béla Kun, como comissário do povo para a cultura e educação pública) e, apesar das afinidades que Merleau-Ponty podia ter no terreno da "filosofia da existência" com um ilustre representante desta última como Jaspers, sua intervenção à margem das duas conferências e do debate que se seguiu testemunharam seu interesse no pensamento sobre a história defendido por Lukács. Observe-se, de passagem, o contraste entre a impressão eminentemente favorável que Merleau-Ponty tem do personagem Lukács, também no plano humano (ele fez questão de apontar "a força e o brilho do olhar" de um "filósofo em plena e livre posse de suas certezas", designado por ele como "uma mente de primeira ordem"[63]), e o que relatou o interlocutor e adversário filosófico de Lukács em Genebra, Karl Jaspers, que, em uma carta a seu amigo Heidegger, pintou um retrato completamente negativo do marxista vindo do mundo do Leste, demonstrando quão pouco apreciava a belicosidade ideológica de seu opositor dos Encontros (em compensação, para destacar a regressão sofrida por Lukács com sua conversão a um pensamento que Jaspers detestava mais que qualquer outro, o marxismo, o protagonista da *Existenzphilosophie*, psiquiatra de profissão, lembrava a figura "plena de espírito, brilhante" do jovem Lukács, a quem ele tinha entregue em 1915, em Heidelberg – "totalmente contra suas convicções", declarou Lukács em suas notas autobiográficas[64] –, um atestado médico que permitiu que ele fosse dispensado do serviço militar e escapasse de ser enviado para o front). Quanto a Heidegger, que acabara de tomar conhecimento do texto muito crítico publicado por Lukács na revista berlinense *Sinn und Form*, com o título "Heidegger redivivus" (n. 3, 1949), parecia estar inclinado a detectar aí um ataque de substrato político, uma tentativa vinda do Leste de "liquidar" seu pensamento[65].

---

[62] Maurice Merleau-Ponty, *Parcours, 1935-1951* (org. Jacques Prunair, Lagrasse, Verdier, 1997), p. 82-8.

[63] Ibidem, p. 94.

[64] G. Lukács, *Pensée vécue, mémoires parlés*, cit., p. 219 [ed. bras.: *Pensamento vivido*, cit., p. 47-8].

[65] Martin Heidegger, *Correspondance avec Karl Jaspers* (trad. Claude-Nicolas Grimberg, Paris, Gallimard, 1995), carta de Jaspers datada de 17 de agosto de 1949, p. 161-2; e de Heidegger datada de 12 de agosto de 1949, p. 163-4.

Lukács reconheceu em seu livro de 1948 sobre o existencialismo que, entre os membros da "santa família existencialista" (para retomar a fórmula de um livro de Henri Mougin), Merleau-Ponty foi aquele que se mostrou mais experiente no terreno do marxismo. Um confronto com as posições, em particular com aquelas expressas em *Humanismo e terror* (1947), parecia-lhe, portanto, se impor. Mais de dez anos depois, ao reeditar seu livro com uma página introdutória em que fez, em termos breves, um balanço das mudanças ocorridas desde sua primeira publicação, teve de admitir que a evolução de Sartre e de Merleau-Ponty infirmou suas expectativas, pois na realidade o primeiro foi quem se aproximou do pensamento de Marx, enquanto, com a publicação de *As aventuras da dialética*, em 1958, o segundo se distanciou claramente de uma filosofia que, em sua visão, desaguou no "naturalismo" (o conceito, tomado em uma acepção estritamente filosófica, designa a assimilação mais do que ilegítima da sociedade – portanto, da história – à "natureza").

As relações entre o pensamento de Lukács e o de Merleau-Ponty (que até o presente não deram lugar a um exame mais aprofundado) descrevem uma parábola descendente. Mencionei o interesse particular manifestado pelo autor de *Fenomenologia da percepção* não somente por *História e consciência de classe*, mas também pelos estudos de crítica e história literária do autor de *Balzac e o realismo francês*. Como o próprio Lukács observou, já assinalei isso, Merleau-Ponty foi, em sua família de pensamento, aquele que mostrou, no período que se seguiu à Segunda Guerra, a maior sensibilidade pelos problemas do marxismo (Sartre chegará a especificar em seu texto necrológico que Merleau era o mais próximo do marxismo já na véspera da guerra). Quando, em diferentes passagens de *Humanismo e terror*, Merleau-Ponty fala dos "grandes marxistas" da época, que contrastam com a estreiteza de espírito do "marxismo-leninismo" praticado na URSS, creio não estar enganado ao afirmar que ele pensava em figuras como Lukács ou Rosa Luxemburgo. A página do livro em que, ao censurar Trótski por não reconhecer a "ambiguidade da história", mais precisamente a necessidade de "compromissos" que preservem melhor o futuro da revolução russa do que a "política radical", ele afirma em apoio que "o compromisso hegeliano tinha mais futuro que o radicalismo de Hölderlin"[66], oferece um testemunho incontestável de sua leitura do ensaio de Lukács sobre Hölderlin (que figura na obra *Goethe e seu tempo*, publicada pela Nagel em 1949, com tradução de Lucien Goldmann para o francês), pois essa tese era uma das mais originais do crítico marxista.

---

[66] Maurice Merleau-Ponty, *Humanisme et terreur: essai sur le problème communiste* (Paris, Gallimard, 1947, coleção Idées [1947]), p. 170 [ed. bras.: *Humanismo e terror: ensaio sobre o problema comunista*, trad. Naume Ladosky, Rio de Janeiro, Tempo Brasileiro, 1968].

Se Merleau-Ponty pegou a caneta para escrever uma longa carta (que pode ser datada do verão de 1946) para Lukács, é porque, convencido de que "essa troca do subjetivo e do objetivo [...] é o segredo dos grandes marxistas", como escreveu em *Humanismo e terror*[67], ele viu no filósofo de Budapeste o representante por excelência desse método de pensamento, que faz justiça ao trabalho da subjetividade e se recusa a dissolver a singularidade do escritor no universal abstrato das determinações de classe. Em sua visão, Lukács estava, ao contrário, preocupado com o modo pelo qual o artista ou o filósofo interiorizam as situações sócio-históricas e as transpõem, decantadas e transfiguradas, em uma "segunda imediatidade" (a *weite Unmittelbarkeit* é um conceito lukacsiano que está formulado, por exemplo, em sua troca de cartas com Anna Seghers, reproduzido em *Problemas do realismo*). Merleau-Ponty gostava de exaltar Lukács como antípoda do reducionismo que o incomodava nos escritos de tantos publicistas autoproclamados marxistas, e, na carta mencionada acima, pediu ao filósofo húngaro que enviasse seus escritos de crítica e história da literatura para a França, a fim de afirmar o que ele chamou de "o verdadeiro método marxista": "Eu não conheço seus ensaios sobre Montaigne e Stendhal", escreveu ele para Lukács,

mas os imagino como exemplos desse método. Parece-me que você procura não tanto reduzir e esquematizar, mas restituir a maneira de ser que o escritor expressou em toda parte, o modo como ele elaborou sua situação histórica [...] se o público pudesse ver que o método de reflexão e o método de explicação são convergentes e não rivais, que não se trata de negar a consciência e a liberdade, mas de realizá-las, muito teria sido feito para o progresso das discussões na França.

Com grande intuição, o filósofo francês definiu bem a particularidade do método lukacsiano (a única imprecisão foi a referência a um ensaio de Lukács sobre Montaigne, que não existia). Obcecado pelo problema das relações entre a interioridade e exterioridade, pela impossibilidade de reduzir uma à outra ("a interna à externa, o subjetivo ao objetivo, como ele escreveu para Lukács), Merleau-Ponty esclareceu que, em sua opinião, foi precisamente um livro como *História e consciência de classe* e o debate que se seguiu (ele aludiu às críticas da ortodoxia kominterniana) que levantaram esse problema com acuidade: "Parece-me, de fato, que a publicação e a rejeição desse livro colocam muito claramente o problema das relações do interior e do exterior". E expressou a seu correspondente o desejo de conhecer um texto (se ele existisse) em que o autor teria indicado as teses da obra que mais tarde ele veio a rejeitar.

Quanto mais Merleau-Ponty se mostrava seduzido pela autenticidade do pensamento dialético que atravessou a obra de juventude de Lukács

---

[67] Ibidem, p. 108 [ed. bras.: ibidem].

(em *As aventuras da dialética*, quase dez anos mais tarde, ele desenvolveu as ideias delineadas nessa carta, sem alterar seus elogios: "livro profundo", que, por um momento, se tornou "a bíblia do que se chamava comunismo ocidental"[68], "ensaio alegre e rigoroso, em que revivem a juventude da revolução e a do marxismo"[69], um verdadeiro "livro de filosofia"[70]), tanto mais se mostrava decepcionado e muito crítico em relação à conversão de seu autor ao leninismo filosófico, *id est* a uma "gnosiologia realista". No entanto, deve-se dizer que, diferentemente de numerosos bajuladores dessa obra que o Lukács maduro vai designar como o produto de seu "neofitismo" marxista, o autor de *As aventuras* se mostrou muito preocupado em compreender as razões internas do distanciamento tomado pelo autor de *História e consciência de classe* em relação a seu livro de juventude. Tal atitude não se encontra, por exemplo, em Adorno, outro admirador do primeiro Lukács que se contentou em desacreditar a obra de maturidade, colocando-a, por um categórico gesto de simplificação, sob o signo da capitulação diante da ortodoxia. A presunção do líder da Escola de Frankfurt, orgulhoso de sua independência de espírito, em contraste com as genuflexões diante do poder e do partido de seu antigo mentor[71], receberá sua justa sanção com a publicação das últimas grandes obras filosóficas do autor tão fortemente combatido. Merleau-Ponty acertou em cheio ao associar a conversão filosófica de Lukács ao "realismo" ontológico e epistemológico (isto é, ao materialismo), no período que se seguiu à *História e consciência de classe*, com a necessidade sentida pelo pensador de fazer justiça à densidade da realidade, à substancialidade e à espessura da história (ou para usar suas expressões sobre o primeiro livro marxista de Lukács: "sua dialética muito ágil, muito nocional, não traduziu a opacidade ou, pelo menos, a espessura da história real [...]"[72]). Mas o filósofo francês estava mais do que cético sobre a legitimidade e a fecundidade filosófica dessa evolução, sinônimo para ele de uma verdadeira regressão intelectual. Ele a designava pura e simplesmente como uma capitulação diante da "ortodoxia leninista", lembrando o quão simplista e desprovidas de um verdadeiro espírito filosófico eram as posições defendidas por Lênin, em seu polêmico livro contra o empiriocriticismo, e dedicou um capítulo de *As aventuras da dialética* a lamentar que um dialético

---

[68] Maurice Merleau-Ponty, "Préface", em *Les Aventures de la dialectique*, cit., p. 14 [ed. bras.: "Prefácio", em *As aventuras da dialética*, cit.].

[69] Ibidem, p. 88.

[70] Ibidem, p. 69.

[71] Ver Nicolas Tertulian, "Adorno-Lukács, polémiques et malentendus", *Cités*, n. 22, 2005, p. 199-220 [ed. bras.: "Adorno-Lukács: polêmicas e mal-entendidos", *Margem Esquerda*, trad. Ester Vaisman, São Paulo, Boitempo, n. 9, 2007].

[72] Merleau-Ponty, *Les Aventures de la dialectique*, cit., p. 100 [ed. bras.: *As aventuras da dialética*, cit.].

tão informado e perspicaz como Lukács tenha curvado seu pensamento a tais cânones. O destino filosófico de Lukács se tornou para ele a expressão simbólica da tragédia do marxismo e do comunismo, condenados por uma teoria estreita e simplista a ficar atolados em uma prática não menos pervertida e mutilada.

A resposta de Lukács foi proporcional à raiva que ele sentiu diante do que parecia ser uma deturpação total do sentido de sua evolução filosófica, ao que obviamente se somaram fortes implicações políticas de suas divergências com uma esquerda intelectual que constantemente o reprovava por sua lealdade ao leninismo. A situação de Lukács tinha algo de singular e paradoxal: eis um pensador que era cercado de elogios às vezes desmedidos por suas obras de juventude, nas quais ele não mais se reconhecia e que até mesmo rejeitava, em termos que atordoavam seus admiradores, a ponto de se tornar suspeito de obediência a injunções externas, e que, de outro lado, via seu pensamento de maturidade, que considerava o resultado de um processo de amadurecimento filosófico e de reflexão aprofundada, encontrar as mais fortes resistências, repudiado e até mesmo acusado como expressão de um alinhamento com a "ortodoxia". Ao tomar conhecimento de *As aventuras da dialética* (Merleau-Ponty enviou o livro para ele com uma dedicatória, cujo exemplar foi preservado no Arquivo Lukács de Budapeste), Lukács reagiu fortemente, enviando uma carta à redação da revista *Cahiers du Communisme*, em que repreendeu Merleau-Ponty por um ato de "deslealdade" à sua obra, pois ele transformara um livro que seu autor julgou ultrapassado e até mesmo "falso" ("sectário e carregado de resquícios luxemburguistas") em um modelo de pensamento dialético, o que, na visão de Lukács, era um ato injustificável[73]. Mas não considerou necessário entrar em uma discussão aprofundada com as teses de Merleau-Ponty, para defender, por exemplo, a compatibilidade da "teoria do reflexo" (a "gnosiologia leninista" atacada pelo francês) com o espírito do pensamento dialético, para negar a igualdade precipitada entre a tese filosófica do "primado do objeto" e a garantia no terreno político do poder do partido; em suma, para justificar com uma argumentação rigorosamente filosófica suas opções, depois de colocar em questão várias teses que atravessavam *História e consciência de classe*. A carta redigida em 1955, antes da eclosão da insurreição húngara que irá revelar uma nova face de Lukács, é recheada da linguagem estereotipada da polêmica comunista da época: ela fala, a propósito de Merleau-Ponty, do "conteúdo reacionário de seu pensamento", de sua "falsificação da história", de uma "filosofia da confusão dialética",

---

[73] A carta de Lukács está reproduzida no final de *Mésaventures de l'anti-marxisme*, cit., p. 158-9, obra que reuniu textos dirigidos contra o publicado por Merleau-Ponty e redigidos pelos filósofos do partido comunista francês (entre os quais Roger Garaudy, Henri Lefebvre, Jean-Toussaint Desanti etc.).

atribuindo a ele intenções políticas malignas, dirigidas contra o marxismo e a política comunista. Por mais convencido que estivesse da legitimidade de sua evolução filosófica e dos disparates de seu crítico, teria sido seu dever explicar suas posições, apontando as fraquezas dos desenvolvimentos de Merleau-Ponty por meio da genuína "crítica imanente", que ele preconizou em outros lugares. Ele preferiu vestir a armadura do combatente ideológico e político fechado em suas certezas apodíticas, que não se incomoda com nuances e utiliza os clichês mais desgastados para denunciar o "pensamento inimigo".

Sobretudo por se tratar de Merleau-Ponty, uma das poucas mentes pertencentes a outra família de pensamento que se debruçou sobre seus escritos com uma compreensão particular, era de se esperar que Lukács iniciasse um verdadeiro diálogo filosófico. Basta lembrar que enquanto Sartre, visivelmente marcado pela virulência das observações a seu respeito no pequeno livro de Lukács, *Existencialismo ou marxismo?*, em *Questões de método* referiu-se ao autor desse polêmico trabalho como um praticante da "conceitualização *a priori*", ou seja, da dissolução da singularidade no "banho de ácido sulfúrico" do universal abstrato, Merleau-Ponty, como indicamos, se mostrou sensível à atenção dispensada por Lukács ao trabalho da subjetividade, à interiorização das situações sócio-históricas pela atividade insubstituível do sujeito, portanto, à presença inalienável da singularidade. É preciso acrescentar ainda uma especificação importante: Merleau-Ponty, desde a *Fenomenologia da percepção*, preocupou-se com um autêntico fundamento filosófico do materialismo histórico, lançando pontes entre o heideggeriano e a intersubjetividade identificada pelos marxistas, e contestando fortemente o "economicismo" como deformação e vulgarização do pensamento de Marx. "O materialismo histórico não é uma causalidade exclusiva da economia"[74], escreveu ele. Exigiu, com razão, que se fizesse justiça aos diferentes tipos de intencionalidade, não isolando a economia em um compartimento à parte, dissociado do conjunto das atividades humanas (políticas, jurídicas, éticas etc.), se opondo, assim, ao pan-economismo de certo marxismo. Ele insistiu nesse ponto em sua carta a Lukács, percebendo em seus ensaios a presença de um método que, ao se aproximar de uma personalidade singular, "agarra de uma maneira indivisa", para falar como Marx, sua "existência filosófica", sua "existência jurídica", sua "existência econômica" etc. Não é exagero dizer que Merleau-Ponty tocou aqui em um problema que se tornaria um objeto de profunda reflexão por parte do próprio Lukács em sua obra final sobre a ontologia do ser social: as ressalvas do filósofo francês contra o "economicismo" podem ser encontradas ao longo da *Ontologia* lukacsiana, que apontou uma distorção funesta

---

[74] Maurice Merleau-Ponty, *Phénoménologie de la perception* (Paris, Gallimard, 1945), p. 200 [ed. bras.: *Fenomenologia da percepção*, cit., p. 634].

do pensamento de Marx, assim como a exigência formulada com acuidade pelo filósofo francês de fazer justiça ao contraponto dos diferentes complexos sociais atravessa o discurso lukacsiano em seu *opus postumum*. Mesmo a valorização do *Mitsein* heideggeriano (ou seja, da sociabilidade consubstancial ao ser humano) por Merleau-Ponty receberia a aprovação de Lukács, que em seu livro sobre o existencialismo descobriu nele uma espécie de "vitória do realismo" no interior do discurso filosófico heideggeriano.

Dados esses pontos de convergência, seria de se esperar uma atitude mais compreensiva e matizada por parte do filósofo marxista em relação ao autor de *As aventuras da dialética*. Entretanto, a leitura de *Humanismo e terror* já havia convencido Lukács da forte influência do trotskismo no pensamento de Merleau--Ponty sobre a história.

O diálogo com o marxismo, os questionamentos sobre suas bases ontológicas e sobre a pertinência de seus fundamentos filosóficos atravessam os escritos de Merleau-Ponty e de Sartre após a Segunda Guerra Mundial. Lukács foi, em particular para o primeiro, um interlocutor de destaque. É verdade que o autor de *As aventuras da dialética*, conforme indiquei, foi cativado sobretudo pela efervescência dialética das páginas dedicadas, em *História e consciência de classe*, às "relações conturbadas" entre sujeito e objeto, às reversões do verdadeiro no falso e ao processo inverso, à defesa da autonomia do sujeito literário e cultural em relação à pressão de ideologias externas, mas ele desaprovou fortemente a conversão do segundo Lukács ao realismo ontológico.

Se Merleau-Ponty ou Sartre tivessem tomado conhecimento das ideias diretrizes da *Ontologia do ser social* e da *Estética* de Lukács, teriam que admitir que a fidelidade do pensador marxista ao materialismo ontológico (portanto, ao pensamento "realista" e "causal", que *As aventuras da dialética* suspeitavam do pior simplismo, pois ele terminaria por tratar a consciência como um "epifenômeno" e assimilar o jogo das forças históricas ao jogo das forças naturais) não o impediu, de modo algum, de desenvolver uma verdadeira filosofia da subjetividade, em que a "existencialidade" do sujeito e suas "escolhas" irredutíveis encontravam sua explicação na teoria da liberdade como escolha alternativa (tese cardeal do último Lukács) e na qual essa verdadeira fenomenologia da subjetividade, no sentido hegeliano da palavra, encontrou sua realização na análise da especificidade da atividade estética e da atividade ética. O caráter sistemático do projeto lukacsiano – articulado na edificação de uma ontologia social, de uma estética e de uma ética – distingue seu projeto teórico daqueles de seus contemporâneos, franceses ou outros. Se tomarmos como exemplo o capítulo de sua *Estética* intitulado "*Ansich-Füruns--Fürsich*" (Em-si-Para-nós-Para-si), que culmina em uma análise da obra de arte como um ser-para-si, encontramos efetivamente, como ponto de partida, uma defesa da autarquia ontológica do ser-em-si e de sua riqueza categorial (lembremos das fortes apreensões de Merleau-Ponty em relação ao postulado de um "em-si histórico", verdadeira garantia ontológica, em sua visão, da naturalização da história, ou dos sarcasmos de Sartre em relação à "tentação teológica" de contemplar a natureza em si, "sem adição estranha"), e, como ponto de chegada, uma definição da obra de arte como "ênfase da subjetividade", cuja gênese é assimilada a um ato de "graça", análise fundada no conceito de "consciência de si do gênero humano", uma espécie de condensado transcendental das experiências do artista. Encontramo-nos, portanto, longe do "realismo gnosiológico" denunciado por Merleau-Ponty e da simplista "teoria do reflexo", questionada tanto por Sartre quanto por Merleau-Ponty: a análise lukacsiana da especificidade da atividade estética se centra em um princípio oculto nas profundezas da subjetividade, em um movimento interior da consciência que sintetiza, em seu desígnio, uma multiplicidade de experiências (é por isso que ele distingue com cuidado essa "consciência de si do..." – *Selbstbewusstsein-von...* –, assimilada à humanidade do homem, da "consciência sobre ..." – *Bewusstseinüber-über...* –, que ele considera o princípio da atividade científica e da atividade cognitiva em geral[75]).

O prefácio de Merleau-Ponty para sua coletânea intitulada *Signos*, redigido em 1966, um ano antes de sua morte, mostra que ele não deixou de se interrogar sobre o destino do marxismo, mesmo alguns anos depois de ter se distanciado dele em *As aventuras da dialética*. Falando da necessidade imperativa de esclarecer a essência do marxismo e de redefinir suas categorias fundadoras ("onde está o essencial de Marx e quando ele foi perdido"), o único nome que ele destaca por ter empreendido esse "trabalho desmesurado" é o de Lukács, mesmo que ele acompanhe essa menção de uma inflexão crítica: "[...] todo o conjunto dos escritos de Lukács são o esboço muito reticente" de tal empreitada[76]. No que diz respeito a Sartre, é impressionante que, quando questionado, durante o último período de sua atividade, sobre suas relações com o marxismo, não sem antes lembrá-lo de sua famosa afirmação em *Questões de método* sobre "a filosofia insuperável de nosso tempo", no interior da qual o existencialismo seria somente um "enclave", ele não escondeu que havia desistido de considerar sua *Crítica da razão dialética* uma obra "marxista" e que, se se tratasse de fazer pender a balança para associar seu pensamento ao marxismo ou à filosofia existencial, ele preferia a segunda alternativa. Quando Paul A. Schilpp, editor americano de uma ampla coletânea de textos sobre sua obra, publicada em 1975, o questionou sobre as relações da *Crítica* com o marxismo, Sartre relatou uma mudança em sua

---

[75] G. Lukács, *Die Eigenart des Ästhetischen,* I, cit., p. 240.

[76] Maurice Merleau-Ponty, "Préface", em idem, *Signes* (Paris, Gallimard, 1960), p. 12 [ed. bras.: "Prefácio", em *Signos*, trad. Maria Ermantina Galvão Gomes Pereira, São Paulo, Martins Fontes, 1991, p. 6].

posição sobre o assunto: "Penso hoje que, em certas áreas, a *Crítica* está próxima do marxismo, mas não é um livro marxista [...]. Não se opõe ao marxismo, ele é realmente não marxista". A filosofia da liberdade que ele reivindicava tinha afinidades com o marxismo, mas diferia dele porque a liberdade "parece ausente do pensamento marxista"[77].

As confusões acumuladas em torno da natureza do marxismo, cujos debates na filosofia francesa do pós-guerra forneciam um testemunho eloquente, sem falar dos efeitos devastadores da perversão staliniana dessa ideologia, levaram Lukács a dedicar os dez últimos anos de sua vida a uma tentativa de reexaminar seus fundamentos doutrinários, pois estava convencido de que, sem tal esclarecimento destinado a especificar as categorias que estruturam esse pensamento, a esquerda se encontraria desarmada nos grandes confrontos ideológicos da época. A *Ontologia do ser social*, precedida da grande *Estética*, cujo alcance filosófico e metodológico ultrapassa a esfera estética, é o resultado dessa tentativa. A obra se inspira na convicção do autor de que o pensamento de Marx não se deixa confinar na esfera econômica, nem mesmo na esfera muito mais vasta da existência social, mas é uma filosofia de vocação universal, que envolve tanto a natureza como a sociedade, chamada, portanto, a responder às questões últimas sobre a estrutura do mundo e o sentido da existência. Pode-se lembrar que uma das principais críticas dirigidas por Lukács à sua obra de juventude, *História e consciência de classe*, foi ter interpretado o pensamento de Marx exclusivamente como uma teoria da sociedade, sem levar em conta o peso da natureza e sua autonomia ontológica na constituição do ser social. No prefácio redigido em 1967 para a reedição de seu livro, Lukács indicou as consequências negativas dessa ocultação do papel da natureza no intercâmbio de substâncias entre a sociedade e a natureza, que constitui o pilar da ontologia social de Marx: a gênese das faculdades e das aptidões humanas não pode ser compreendida sem levar em conta as propriedades da natureza e, embora reconhecesse como um mérito de seu livro ter tratado a natureza com uma "categoria social", essa qualidade é contrabalançada pelo desconhecimento do papel capital do trabalho como agente do intercâmbio de substância entre sociedade e natureza[78]. Pode-se igualmente lembrar, no mesmo sentido, o distanciamento do autor em relação à primeira frase que abriu seu

---

[77] *"Today I think that, in certain areas, the Critique is close to Marxism, but is not Marxist work* [...]. *It is not opposed to Marxism, it is really non-Marxist* [...] *the freedom seems to me missing in Marxist thought"*; Paul A. Schilpp (org.), "Interview with Jean-Paul Sartre", em idem, *The Philosophy of Jean-Paul Sartre* (La Salle Illinois, Open Court, 1981), p. 20-1.

[78] G. Lukács, "Vorwort", em *Werke*, v. 2: *Geschichte und Klassenbewusstsein* (Neuwied, Luchterhand, 1968), p. 18-20 [ed. bras.: "Prefácio", em *História e consciência de classe*, trad. Rodnei Nascimento, São Paulo, Martins Fontes, 2003, p. 14].

pequeno livro sobre Lênin, publicado em 1924: no posfácio que acompanha a reedição do livro em 1967, Lukács indica que essa proposição introdutória, "O materialismo histórico é a teoria da revolução proletária", é mais do que insuficiente, porque ela reduz muito o alcance da doutrina, amputando-a justamente de sua vocação universal. Sem ser inexata, a formulação restringe artificialmente e torna unilateral a esfera de validade do pensamento filosófico de Marx[79].

Com a finalidade de afirmar sua tese sobre o caráter eminentemente ontológico do pensamento de Marx, o autor da *Ontologia do ser social* extraiu da panóplia das categorias do grande pensamento ontológico os instrumentos intelectuais para definir a estrutura do ser: causalidade e teleologia, substância e acidente, essência e fenômeno, quantidade e qualidade, singular-particular-geral, sem falar das categorias modais tradicionais, necessidade-possibilidade-contingência. A reconstrução do pensamento de Marx foi efetuada a partir desse estabelecimento das determinações do ser (é a própria definição das categorias), e Lukács se apoiou nas grandes aquisições da ontologia crítica de Nicolai Hartmann para desdobrar o vasto panorama de uma história do ser, entendendo-se que a historicidade e a irreversibilidade são atributos fundamentais do "ser do ente". A tensão entre a objetividade (vimos que Lukács fez da objetividade – *die Gegenständlichkeit* – o pivô de sua teoria das categorias) atravessa como um eixo a reflexão lukacsiana e tentei mostrar que sua ontologia desenha uma arquitetura da subjetividade, dissociando, por exemplo, objetivação (*Vergegenständlichung*) e exteriorização (*Entäusserung*), reificação – "inocente" ou alienante – e alienação, existência "particular" e existência genérica, gênero humano em-si e gênero humano para-si.

Ao escrever sua *Ontologia do ser social*, Lukács fixou para si um objetivo extremamente ambicioso: examinar os componentes essenciais da vida social em suas múltiplas interações, tendo em vista trazer à tona a verdadeira racionalidade da história e esclarecer as condições de emancipação do gênero humano, a passagem do estado de heteronomia (os indivíduos prisioneiros de forças que os submetem, obrigados a se curvar a seu domínio) para a conquista da autonomia, o estado designado por Marx como aquele em que o "desenvolvimento da potência humana" (*die menschliche Kraftentwicklung*) se torna sua própria finalidade. A vasta atividade de Lukács como crítico e historiador da literatura estava atravessada por um perpétuo questionamento ético: ele sempre se interessou preferencialmente pela fenomenologia da vida moral dos personagens

---

[79] G. Lukács, "Nachwort", em *Lenin Studie über den Zusammenhang seiner Gedanke* (1967), texto reproduzido no livro editado por Detlev Claussen, *Blick zurück auf Lenin: Georg Lukács, die Oktoberrevolution and Perestroika* (Frankfurt, Luchterhand, 1990), p. 141 [ed. bras.: *Lênin: um estudo sobre a unidade de seu pensamento*, trad. Rubens Enderle, São Paulo, Boitempo, 2012, p. 104].

literários, por seus posicionamentos em relação a essa questão crucial da heteronomia e da autonomia. O interesse apaixonado que demonstrou desde sua juventude pela problemática representada pela lenda do Grande Inquisidor no romance de Dostoiévski – a escolha entre o absoluto ético, encarnado por Jesus, e o "realismo" cínico do Grande Inquisidor –, a insistência com que ele retorna à distância que separa, no teatro de Ibsen, as figuras que se curvam à lei do existente (madame Alving, em *Les Revenants*) daquelas que encarnam a insubmissão e a irredutibilidade da consciência do gênero (Nora, em *Uma casa de bonecas*), e, sobretudo, seu elogio constante da tragédia, em sua visão, a expressão superlativa da tensão jamais aplacada entre as exigências do gênero humano para-si e as configurações históricas dadas, giram em torno de questões que subentendem também sua especulação ontológica. O pensamento de Marx parece-lhe intimamente ligado e esse questionamento ético. A fim de desenvolver na *Ontologia do ser social* essa problemática da heteronomia e da autonomia, a dialética da coerção e da autodeterminação, Lukács se apoia no vasto aparato categorial mencionado acima: o papel principal cabe às relações dialéticas entre teleologia e causalidade, entre os desígnios intencionais da consciência e as conexões causais das coisas (suas propriedades objetivas), mas ele introduz um grande número de outras categorias ao falar de um "mundo da essência" e de um "mundo do fenômeno" (*Erscheinungswelt*), da continuidade da substância e da variação caleidoscópica dos acidentes, do papel central da categoria da "particularidade" (*die Besonderheit*), mediação entre a singularidade e a generalidade (a ética como mediação entre o direito e a moralidade), das relações entre necessidade, contingência e possibilidade na história etc. O ponto alto de sua construção ontológica é a distinção entre a especificidade do gênero humano em-si e a especificidade do gênero humano para-si. Suas reflexões giram em torno da passagem de um estado de humanidade caracterizado por uma poderosa expansão das forças produtivas, sinônimo de uma explosão de habilidades e faculdades, mas cuja totalização está longe de significar uma verdadeira emancipação e autoafirmação da substância humana (como uma espécie da individualidade) – é o que ele designa como gênero humano em-si, estado em que os indivíduos ainda estão imobilizados na "particularidade", funcionando sob o signo da heteronomia – para um estado em que a questão do "sentido da existência" (*die Sinnhaftigkeit des Lebens*) encontra, enfim, sua solução. Tal solução transcende as questões puramente econômicas. Trata-se de abrir a via para a autoafirmação da individualidade, em convergência com as exigências do gênero, estabelecendo uma circularidade entre objetivação e exteriorização: a primeira incluindo, por exemplo, as instituições, sedimentações dos interesses do gênero; e a segunda, os desígnios e as exigências de interioridade, foco da subjetividade. É o estado que Lukács designa como gênero humano para-si, tradução especulativa do "reino da liberdade" vislumbrado por Marx em uma passagem famosa do final de *O capital*. É o estado de autonomia conquistada (e não da "autonomia controlada" ou "autonomia concedida"), cuja prefiguração o filósofo busca em figuras como Sócrates, Jesus, Hamlet, Brutus, ou em personagens do teatro sofocliano como Antígona ou Electra, encarnações de uma interioridade incorruptível e inflexível. Se mencionei o interesse apaixonado de Lukács pela fenomenologia da vida moral dos personagens literários, é porque ele os questiona constantemente em suas relações com o absoluto da vida ética, analisando nessa perspectiva as "deformações" sofridas em sua fisionomia moral pelo nobre e fanático Évariste Gamelin, personagem central do romance de Anatole France, *Os deuses têm sede*, as antinomias nas quais se debate a consciência moral de um personagem como Lord Jim no romance homônimo de Conrad, a tragédia de Adrian Leverkühn em *Doutor Fausto* de Thomas Mann etc. É o lado "vitoriano" da personalidade de Lukács de que falou Susan Sontag, um conceito que deveria, no entanto, ser modulado num sentido muito mais humanista. Como Sartre, ao final de sua trajetória (as similitudes sobre esse ponto são impressionantes), Lukács esboçou na *Ontologia* e em *Notas para uma ética* os contornos de uma Ética. A condução de sua existência, que experimentou muitos tormentos (duas vezes ministro da Cultura, sob Béla Kun e Imre Nagy, duas vezes preso, em Lubianka em 1941 e na Romênia em 1956-1957), foi fiel a esse imperativo ideológico e ético. Pode-se lembrar das palavras com as quais ele finalizou uma carta dirigida a seu ex-discípulo, József Révai, que se tornou um de seus promotores quando os energúmenos de seu partido tentaram coagi-lo a renegar suas posições (durante o "caso Lukács", desencadeado em 1949-1950), palavras emblemáticas de sua recusa em sacrificar sua independência de espírito: "Aqui estou eu. Não posso agir de outra maneira" (*"Hier steh ich, ich kann nicht anders"*, é uma citação do jovem Lutero); ou estas outras palavras, que aparecem no final de um de seus textos dirigidos contra a universalização da manipulação e da alienação, "O elogio do século XX" (escrito em 1967 para um volume em homenagem a Heinrich Böll): "Recuso-me a continuar contribuindo para a minha própria alienação, mesmo que isso signifique um fim trágico para mim" (*"Ich mache meine eigene Entfremdung nicht mehr mit, auch wenn ich dabei tragisch untergehe..."*), palavras que nos remetem a seu antigo ensaio sobre a profunda significação ética de tragédia.

O AUTOR DE UM DOS ÚLTIMOS SISTEMAS FILOSÓFICOS

Os questionamentos sobre a verdadeira vocação de Lukács, como já assinalei, foram expressos desde sua juventude e objeto de discussões entre dois de seus melhores amigos da época, que exerceram uma influência notável em sua formação: o filósofo neokantiano Emil Lask e o grande sociólogo Max Weber. Foi ele essencialmente um ensaísta, tal como se revelou nas primeiras publicações que o tornaram célebre, a coletânea *A alma e as formas* (1911) e o ensaio *A teoria do romance* (1916), ou um pensador sistemático por excelência, como suas primeiras tentativas de elaborar um sistema de estética (1912-1914 e 1915-1917) sugeriam, antecipações das grandes construções especulativas que iriam coroar sua trajetória intelectual, o tratado de *Estética* e a *Ontologia do ser social*? Seu livro mais conhecido, *História e consciência de classe* (1923), se situaria entre os dois, uma vez que é uma coletânea de ensaios sustentados por uma filosofia messiânica da história? Emil Lask defendeu a primeira hipótese diante de Weber, convencido de que seu jovem amigo era por natureza um "ensaísta", um pensador que reagia a situações pontuais levantando "na [sua] ocasião..." (*bei der Gelegenheit von...*) grandes questões existenciais (essa é a definição do ensaísta apresentada por Lukács em "Sobre a essência e a forma do ensaio", que abre *A alma e as formas*). Por outro lado, o autor de *Economia e sociedade* estava pressionando Lukács para completar o sistema de estética que ele havia iniciado em vista de sua habilitação, convencido, após ler seus fragmentos, das qualidades do jovem teórico como um pensador sistemático[1].

---

[1] Ver as cartas endereçadas por Max Weber para Lukács em 14 de agosto e 23 de agosto de 1916 em G. Lukács, *Briefwechsel 1902-1917* (orgs. Éva Karádi e Eva Fekete, Stuttgart, Metzler,1982), p. 374 e 376-7. A primeira também existe em tradução francesa: *Correspondance de jeunesse: 1917-1918* (Paris, François Maspero, 1981), p. 274-5.

Pode-se dizer que Lukács confirmou os pressentimentos de Weber, ultrapassando-os amplamente, pois chegou a edificar uma grande construção especulativa, fundada nas premissas de Marx, que inclui não somente um tratado de estética, como também uma ontologia do ser social situada na extensão de uma ontologia da natureza, bem como os lineamentos de uma ética. A distinção entre ontologia dogmática e ontologia crítica está subjacente a seus últimos trabalhos. Nesse ponto, a aliança com o pensamento de Nicolai Hartmann se revelou igualmente benéfica. Em nenhum desses dois pensadores o pensamento sistemático se identifica com a edificação de um conjunto fechado de categorias, que prenderia em seus grilhões a riqueza das determinações do real (Hartmann recusou, nesse sentido, a presunção da ontologia especulativa tradicional, e Lukács protestou, em nome da historicidade do ser, contra o fechamento de suas determinações em um apriorismo dogmático).

O sistema hegeliano, em particular a *Ciência da lógica* e sua estrutura hierárquico-teleológica, figura em Lukács como o grande termo de referência para seu próprio projeto ontológico. A recusa do fechamento hegeliano se traduz para ele na rejeição de uma origem e de um fim da história. A vivacidade com a qual ele contesta a tríade hegeliana Ser-Nada-Devir como Começo do processo lógico, designando-a como uma pura construção especulativa, destituída de legitimidade ontológica, traduz sua animosidade contra o confinamento da história nos esquemas idealistas. Uma das novidades de sua *Ontologia* em relação a seus trabalhos anteriores é a polêmica contra o logicismo, mais precisamente contra a sujeição da história do ser a um encadeamento categorial de caráter lógico-hierárquico (como é o caso na lógica hegeliana), a fim de fazer justiça à abertura do ser e ao caráter infinito de suas determinações. Seu pensamento é atravessado por uma verdade ontológica fundamental: a correlação indissolúvel entre substrato e determinação, a impossibilidade de dissociar as categorias (as determinações, sendo os dois termos sinônimos) do substrato que as subjaz. Nicolai Hartmann falou do caráter alógico do substrato (da matéria das categorias) para sublinhar que o processo lógico começa com as operações mentais de apreensão das determinações, com sua sistematização categorial *in mente*.

A recusa da filosofia como sistema fechado de categorias se traduz no campo sócio-histórico em um protesto vigoroso contra a ideia de que o pensamento de Marx implicaria necessariamente um "fim da história" e, sobretudo, que estaria apoiada por uma interpretação teleológica do devir, porque identificaria o advento do comunismo como *terminus ad quem* da história. Lukács se empenha, por todos os meios, em combater o teleologismo, ao destacar, no plano especulativo, a irredutibilidade do substrato (da matéria) a suas determinações lógicas e, sobretudo, a irredutibilidade da causalidade à teleologia: as cadeias causais que se entrecruzam na imanência do real são infinitas, enquanto os atos de "instauração teleológica" (*teleologische Setzungen*) têm por definição um caráter finito. Ele recusa, portanto, tanto a ideia de que se poderia fixar um começo da história quanto aquela segundo a qual Marx teria previsto um final da história: a historicidade como atributo ontológico fundamental do ser implica também uma historicidade das categorias que estruturam o real, incluindo a abertura ao infinito, uma codificação em um sistema fechado de determinações que contradiz, por sua própria natureza, esses dados ontológicos.

O trabalho filosófico do último Lukács oferece a surpresa de ver o autor de *A destruição da razão* – obra que defendeu com unhas e dentes os direitos imprescritíveis da razão contra os múltiplos ataques das correntes irracionalistas – lutar, dessa vez, contra o que sua *Ontologia* chamará de hipertrofia da *ratio* (*die Überspannung der ratio*), mais precisamente contra a tendência de subordinar a riqueza incomensurável do real ao encadeamento coercitivo das determinações lógicas. O diálogo com Hegel ocupa um lugar bem amplo na *Ontologia* de Lukács, uma vez que se trata do pensador em que, segundo nosso autor, interferem permanentemente duas ontologias que mobilizam toda sua atenção. Efetivamente, Lukács não deixa de exaltar a grande fecundidade ontológica das "determinações da reflexão" mencionadas na seção sobre a "Essência" de *Ciência da lógica*, pois fariam plena justiça à riqueza categorial da realidade, concebida como um complexo de complexos em perpétuo devir, ao mesmo tempo que busca o confinamento desse devir nos encadeamentos de caráter lógico-teleológico, que marcariam em Hegel a supremacia do lógico sobre o ontológico. O paralelismo com a operação similar empreendida por Nicolai Hartmann é impressionante: basta comparar o capítulo intitulado "Falsa e verdadeira ontologia de Hegel" da *Ontologia* lukacsiana com o texto de Hartmann intitulado "Hegel und die Probleme der Realdialektik"[2] para perceber as afinidades entre as duas abordagens. Pode-se acrescentar que o exame crítico da lógica hegeliana, intentada por Lukács na *Ontologia*, forneceu um esclarecimento inédito se comparado com

---

[2] Nicolai Hartmann, "Hegel und die Probleme der Realdialektik", em *Kleinere Schriften*, v. 2: *Abhandlungen zur Philosophie-Geschichte* (Berlim, de Gruyter, 1957), p. 323-45. Wolfgang Harich, excelente intérprete do pensamento de Hartmann e bom conhecedor da obra de Lukács (com quem esteve próximo nas décadas de 1940 e 1950, antes de sua prisão e seu julgamento sob o regime de Ulbricht), compartilha dessa interpretação da relação de afinidade entre Lukács e Hartmann sobre a dialética hegeliana e refere-se a um de meus estudos sobre a *Ontologia* de Lukács publicado em alemão em uma coletânea de 1986 organizada por Rüdiger Dannemann, "Georg Lukács: Jenseits der Polemiken", *Beiträge zur Rekonstruktion seiner Philosophie* (Frankfurt-am-Main, Sendler, 1986): ver Wolfgang Harich, *Nicolai Hartmann Größe und Grenzen: Versuch einer marxistischen Selbstverständigung* (org. Martin Morgenstern, Wurzbourg, Königshausen & Neumann, 2004), p. 241.

a interpretação desenvolvida em *O jovem Hegel*; desta vez é a *Lógica*, e não a *Fenomenologia do espírito*, que está no centro do interesse.

Lukács fundamenta sua luta contra a apreensão retilínea e monolítica da história e de seu desenvolvimento (que se traduz *in politicis* por sua vontade de acertar definitivamente as contas com o stalinismo, excrescência histórica maior dessa maneira de apreender a história) em um conjunto de considerações categoriais, entre as quais a tese sobre a heterogeneidade do desenvolvimento dos diferentes complexos sociais (desigualdade de sua evolução, segundo a tese de Marx) e, sobretudo, de considerações da verdadeira relação entre causalidade e teleologia na ontologia do ser social desempenhando um papel primordial. Suas considerações sobre as categorias modais (necessidade, acaso, possibilidade) e seu funcionamento específico na vida social se inscrevem no mesmo contexto. Sua crítica do hegelianismo visa, muito particularmente, à ideia de "teleologia objetiva" e, mais globalmente, ao necessitarismo histórico, pois ele quer abolir definitivamente a representação da história como "um círculo de círculos" (Hegel) e fazer justiça à sua abertura e sua imprevisibilidade. O último Lukács continuará, portanto, repetindo que é necessário considerar o socialismo uma possibilidade objetiva da história, mas não um advento incontornável, assimilável a uma necessidade, pois ele não está inscrito no curso das coisas à maneira dos movimentos dos planetas no determinismo natural.

É preciso destacar que, em toda sua abordagem, a *Ontologia* de Lukács se opõe categoricamente à "naturalização" da sociedade, portanto, à tendência de assimilar a história da sociedade ao funcionamento dos processos da natureza. As reservas de Merleau-Ponty sobre esse assunto, segundo as quais o "socialismo científico" passaria a representar a sociedade como governada por um determinismo tão implacável quanto o da natureza, não têm mais razão de ser. A *Ontologia* de Lukács chega no momento certo para definir a especificidade do ser social em relação ao ser da natureza, para mostrar que se pode muito bem "instalar a dialética no ser", para falar como Merleau-Ponty[3], sem renunciar à ideia de designar a natureza como eminentemente a-subjetiva, portanto, a-teleológica, em contraste com a sociedade, que é inconcebível fora da presença inalienável da subjetividade, pois a "instauração teleológica" é sua célula geratriz[4]. "Naturalizar" a sociedade

---

[3] Maurice Merleau-Ponty, *Les Aventures de la dialectique* (Paris, Gallimard, 1955, coleção Idées), p. 109 [ed. bras.: *As aventuras da dialética*, trad. Claudia Berliner, São Paulo, Martins Fontes, 2006].

[4] A defesa de Lukács da existência de uma "dialética da natureza", em contraste com a posição que ele defendeu em *História e consciência de classe*, foi reforçada pelas considerações formuladas sobre esse assunto por Nicolai Hartmann em seu livro *Der Aufbau der realen Welt* (Berlim, de Gruyter, 1940). Penso nas páginas esclarecedoras do capítulo intitulado "Einstimmigkeit und Widerstreit" (p. 290 e seg.) e, em particular, no segundo parágrafo do segundo capítulo,

é, assim, para Lukács uma operação que contradiz os próprios fundamentos de sua ontologia do ser social: o em-si da vida social e de sua história nada tem a ver com o em-si da natureza, pois ele é o resultado de uma multiplicidade de atos teleológicos, a sedimentação de um cruzamento de subjetividades, o trabalho da subjetividade é, assim, consubstancial a ela. Os familiarizados com a obra de Heidegger e seu pensamento sobre a temporalidade talvez se sintam tentados a estabelecer aproximações com a distinção que atravessa *Ser e tempo* entre o que é *daseinsmässig* (próprio ao *Dasein*) e o que é *nichtdaseinsmässig*, mas Lukács está longe de fazer do *Dasein* o pivô de sua reflexão ontológica, pois a natureza (*das Ansichseiende*) conserva para ele sua plena autonomia ontológica, cujas categorias constitutivas existem fora de qualquer presença do *Dasein*. A sociedade, por outro lado, não existe fora dos atos intencionais do sujeito, e o autor da *Ontologia do ser social* faz questão de marcar firmemente a clivagem ontológica entre os dois níveis do ser. Segundo ele, a história da sociedade desconhece a presença da necessidade semelhante à que existe nas conexões entre os fenômenos da natureza (ou nos raciocínios matemáticos), e identificar o marxismo com um necessitarismo histórico, no sentido do determinismo ou do teleologismo hegeliano, é uma grave deformação do pensamento de Marx:

> Mas se [...] a busca do sobrelucro, em uma etapa determinada do desenvolvimento capitalista, conduz a uma queda na taxa de lucro, isso é, do ponto de vista ontológico, um processo completamente diferente daquele que ocorre quando uma pedra, por exemplo, rola abaixo como resultado de uma constelação determinada por leis naturais, ou quando os bacilos causam doença num organismo.[5]

A *Ontologia* de Lukács abriu um vasto campo de pesquisas sobre as categorias constitutivas da vida social e, para julgar o caráter alcançado por seu projeto ontológico, seria necessário examinar mais de perto os resultados obtidos (o próprio autor não tinha certeza de ter alcançado êxito em sua enorme tarefa: "a ontologia

---

intitulado "Die Abwandlung des Widerstreites in den Schichten des Realen und die Formen der Einstimmigkeit" (p. 293-5). Para Hartmann, não há dúvida sobre a existência de contradições (ele distingue sutilmente entre *Widerstreit* e *Widerspruch*) em todos os níveis do ser (em apoio de sua tese, ele começa a evocar o conceito kantiano de *Realrepugnanz* e, claro, apela para sua demonstração sobre as brilhantes teses de Heráclito): a recusa de Lukács das posições de Sartre e Merleau-Ponty em nome da universalidade da dialética (presente, em sua visão, em todos os níveis do ser) encontrou apoio nas considerações sóbrias e rigorosas formuladas por Hartmann em *Der Aufbau der realen Welt*.

[5] G. Lukács, *Ontologie de l'être social: l'idéologie, l'aliénation* (trad. Jean-Pierre Morbois, Didier Renault, Paris, Éditions Delga, 2012) [ed. bras.: *Para uma ontologia do ser social*, v. 2: "O estranhamento", cap. 4, trad. Nélio Schneider, Carlos Nelson Coutinho e Mario Duayer, São Paulo, Boitempo, 2013, p. 368].

é uma ciência muito jovem. Não consegui expressar nela minhas ideias como o fiz na *Estética*", disse-me ele, à guisa de um esboço retrospectivo bem-humorado, em março de 1971, alguns meses antes de sua morte). O respeito que se sente diante dessa imensa tentativa de tornar transparente o funcionamento da vida social na multiplicidade de seus complexos, delimitando o campo de ação de cada tipo de atividade (pode-se falar também de uma axiologia fundada em um método ontológico genético) não exclui e, ao contrário, exige um exame crítico de sua metodologia, começando por colocar à prova seu aparato categorial. Para entrar *in medias res*, a maneira como o autor de *Ontologia do ser social* se concentra no binômio causalidade-teleologia em sua radiografia do funcionamento da história se mostra tão fecunda quanto ele pensava, oferecendo-nos a verdadeira chave hermenêutica para decifrar a estrutura profunda do ser social? Qual era exatamente a distinção, que atravessa a obra, entre os dois polos da existência social, um dos quais é a ação dos indivíduos em sua singularidade (Lukács os designa como atos de "instauração teleológica") e o outro, a totalidade como conjunto autônomo, com sua legalidade interna, da qual ele insiste em dizer que, mesmo sendo a resultante das teleologias individuais, ela funcionaria de uma maneira *causal* e não *teleológica*?

Antes de olhar mais de perto essa tese aparentemente bastante paradoxal, operação que demandaria certamente um quadro muito mais amplo, já se poderia dizer que a designação do trabalho como célula geratriz da relação sujeito-objeto, mais precisamente da relação entre teleologia e causalidade, e a partir daí como "fenômeno originário" (*Urphänomen*) da vida social em seu conjunto, é bastante convincente. Pode-se ir mais longe e considerar que o modo como Lukács mostra que as múltiplas atividades da consciência, incluindo as formas mais evoluídas e refinadas (a atividade estética ou ética), seguem em sua dialética interna o modelo ontológico instituído pelo trabalho, são assim atos de "instauração teleológica" de um ser que se define como "o ser que responde" (*ein antwortendes Wesen*), de um sujeito que responde por meio de interrogações às interpelações do objeto, é uma das aquisições válidas de sua *Ontologia*. A dialética sujeito-objeto é o centro de gravidade da obra de Lukács em seu conjunto, desde a "Metafísica da tragédia", *A teoria do romance*, a segunda versão da *Estética* de Heidelberg até a *Estética* e a *Ontologia*, e essa última obra lança nova luz por meio de suas análises sobre a tensão dialética entre teleologia e causalidade. A unificação das múltiplas atividades do espírito sob o signo desse núcleo arborescente que é o ato do trabalho, ou, em termos ontológicos, da dialética entre a teleologia e o cruzamento de múltiplas cadeias causais, confere à obra de Lukács o caráter de um verdadeiro sistema filosófico.

Poder-se-ia falar, nesse sentido, da existência de uma ontologia da intencionalidade no último Lukács, para empregar um conceito que tem uma certa difusão na filosofia anglo-saxônica atual, em particular em John R. Searle? Ainda que Lukács nunca tenha empregado o termo intencionalidade, a fim de prevenir

O AUTOR DE UM DOS ÚLTIMOS SISTEMAS FILOSÓFICOS   333

a confusão com a linha de pensamento que remonta a Brentano e Husserl, e, portanto, com a fenomenologia, creio que não forço muito as coisas ao identificar os horizontes da consciência que se tornam ativos nos atos de "instauração teleológica" (*teleologische Setzung*, é preciso lembrar, é o conceito central da *Ontologia* lukacsiana) com a intencionalidade, visto que esta última designa justamente a projeção da consciência para o que está fora dela. O que é a "instauração teleológica" senão a inscrição da consciência na exterioridade, ou, mais precisamente, para falar como Lukács nas pegadas de Nicolai Hartmann, a utilização de cadeias causais objetivas, jogando-as umas contra as outras, para obter o resultado desejado, um novo objeto, que a causalidade espontânea da natureza nunca consegue produzir? Nesse sentido, pode-se lembrar a distinção apresentada pelo autor da *Ontologia do ser social* entre objetivação (*Vergegenständlichung*) e exteriorização (*Entäusserung*), a primeira designando as modificações introduzidas na estrutura dos objetos (na *Gegenständlichkeit*, na objetividade); a segunda, as reverberações desses atos na interioridade do sujeito, o surgimento das aptidões e das faculdades.

Mas se é o caso de identificar uma filosofia da subjetividade no pensamento do último Lukács, talvez seja necessário recorrer à sua *Estética*, pois é nesse campo que o autor consegue fixar conceitualmente os movimentos mais sutis e multiplamente mediatizados da subjetividade, em particular a "consciência de si", condensado transcendental das experiências do homem-no-mundo, princípio configurador das obras de arte, segundo o autor de *Die Eigenart des Ästhetischen*. Viu-se que Lukács é muito ligado à distinção entre "consciência sobre..." (*Bewusstsein-über...*) e "consciência de si do..." (*Selbstbewusstsein-von...*), a primeira designando o *principium movens* da atividade desantropomorfizadora da ciência, e a segunda, a antropomorfização consubstancial à atividade estética. Aqueles que desconfiam da estética de Lukács em razão da posição central que ela atribui ao conceito de mimese e, consequentemente, à mal-afamada "teoria do reflexo", temendo que ela caia em um objetivismo que lembraria as velharias sobre a arte que imita a natureza, devem levar em conta que sua especulação estética culmina na definição da arte como "ênfase" da subjetividade[6] e da obra de arte como um "ser-para-si" (*Fürsichseiendes*). A dialética estética de Lukács destaca constantemente a intensificação da subjetividade, até o paroxismo, no processo de criação artística, valorizando o caráter evocador por excelência da mimese artística, em contraste com a dessubjetivação inerente à consciência científica. Pode-se certamente perguntar como ele concilia os dois momentos que parecem caminhar em direções diferentes ou mesmo opostas: a mimese não implicaria, por definição, a onipresença do ser-em-si, transcendendo a subjetividade individual, enquanto a "consciência-de-si" é assimilável a um resíduo transcendental das

---

[6]   G. Lukács, *Werke,* v. 12: *Die Eigenart des Ästhetischen,* II (Neuwied, Luchterhand, 1963), p. 326.

experiências do homem-no-mundo, e implicaria, assim, a concentração nas profundezas da subjetividade?

Com o propósito de abrir um caminho no labirinto dos argumentos lukacsianos, é preciso ter em mente um teorema central de seu pensamento: a interioridade de seu sujeito, em seus movimentos mais íntimos, não pode ser dissociada de seu enraizamento na exterioridade. A crítica hegeliana da "bela alma", da interioridade que se dobra sobre si mesma, se dissolve como vapor (ver a famosa passagem da *Fenomenologia do espírito*), foi sempre um apoio para Lukács em suas críticas contra as teorias que fazem o elogio da introversão. Basta lembrar da crítica contundente das visões estéticas de um pensador próximo a sua própria ideologia, o marxista inglês Christopher Caudwell, cujo livro *Illusion and Reality* (1937) é citado com destaque várias vezes na *Estética* lukacsiana. Em relação ao ritmo, por exemplo, que Lukács analisa como uma das formas germinais da atividade estética, ele recusa a tese de Caudwell sobre as origens puramente subjetivas, com mais precisamente fisiológicas, da atividade rítmica (Caudwell a designa como pertencendo exclusivamente à "consciência de si" e não à consciência do mundo[7]), pois para o autor de *Die Eigenart des Ästhetischen* não há dúvida de que a atividade rítmica não pode ser dissociada da imersão específica do sujeito na exterioridade histórico-social (o famoso trabalho de Bücher sobre a conexão íntima entre ritmo e trabalho é amplamente utilizado como contribuição no capítulo sobre esse assunto na *Estética*). É nesse mesmo espírito que Lukács critica Caudwell por aproximar a poesia lírica à magia e dissociá-la das formas miméticas da arte que são a prosa épica e o drama: é sempre a mesma recusa em aceitar a ideia de uma interioridade recolhida na autarquia, pois para Lukács ela não existe fora das interpelações da exterioridade, o sujeito lírico carrega sempre as marcas de sua imersão no mundo[8]. Por ocasião de uma conversa, falando daqueles que o censuraram por estender o conceito de mimese a todas as formas de arte, Lukács disse que, se tivesse tempo, escreveria um livro sobre a mimese na poesia lírica.

Mostrar que o propósito interno das obras de arte não pode ser compreendido sem levar em consideração sua inscrição na exterioridade histórico-social, que seu movimento interior incorpora em sua substância o condicionamento sócio--histórico, é um dos traços mais relevantes do método lukacsiano. Lembremos a polêmica conduzida, em seus estudos sobre o realismo, contra o modo como Taine ou Zola interpretavam certas figuras da *Comédia humana*: para Lukács,

---

[7] *"In the rythm* [...] *we become self-conscious instead of conscious";* Christopher Caudwell, *Illusion and Reality: A Study of the Sources of Poetry* (Londres, Lawrence & Wishart, 1955), p. 199.

[8] G. Lukács, *Werke*, v. 11: *Die Eigenart des Ästhetischen*, I (Neuwied, Luchterhand, 1963), p. 267-8 e 276.

O AUTOR DE UM DOS ÚLTIMOS SISTEMAS FILOSÓFICOS   335

o erotismo de um personagem como o barão Hulot, figura de primeiro plano de *A prima Bete*, não pode ser definido em termos de pura psicopatologia (Zola e Taine o analisam como um erotomaníaco); e lhe parece que, na comparação entre Hulot e Crevel, está figurado o contraste entre duas formas distintas, ou mesmo opostas, de erotismo, a da época napoleônica e a do reino de Luis Filipe[9]. Buscar na interioridade das obras de arte a "migração" do em-si histórico faz, portanto, parte da abordagem crítica do autor de *Problemas do realismo*.

Seria um erro, entretanto, interpretar a mimese lukacsiana como uma legitimação em favor da ideia do caráter eminentemente cognitivo das obras de arte, limitando sua função à de reproduzir uma realidade transcendente (em espécie o *em-si* sócio-histórico). Uma página da *Estética* levanta, com acuidade, a questão de saber se é legítimo identificar a arte a qualquer forma de conhecimento, e a resposta do autor é categoricamente negativa: assimilar a atividade estética a uma atividade cognitiva (Baumgarten, porém, falou de *cognitio sensitiva*, definindo a poesia como *perfectio cognitionis sensitivae qua talis*, e mesmo Croce abriu sua *Estética* com a definição de arte como conhecimento do indivíduo) significa, na visão de Lukács, abstrair a capacidade da arte de evocar experiências que escapam da apreensão lógico-conceitual e, portanto, da atividade cognitiva propriamente dita. O intratável racionalista Lukács dedicou páginas inteiras de sua *Estética* para destacar o "inexprimível" e o "inefável" (*das Unaussprechliche*) na atividade estética, especificando, é claro, que isso não era uma concessão ao "irracionalismo" (Croce, que falou, por sua vez, da "*sublime 'insignificanza' intellettuale della poesia*", também fez questão de especificar, contra o adulador da arte pura, que a poesia é "racionalista à sua maneira" – *razionalissima a sua guisa*). Portanto, não é surpreendente ver Lukács, grande promotor das interpretações sócio-históricas das obras de arte, falar com não menos rigor do que Croce (ele mesmo um adversário conhecido da "interpretação sócio-histórica" – *interpretazione sociologica*, que ele estigmatizava como extraestética por definição) contra as abordagens reducionistas que olham as obras como "documentos" ou ilustrações de situações sócio-históricas. Sem negar que, muitas vezes, obras literárias como os romances de Walter Scott ou *Guerra e paz* oferecem um quadro mais verídico da história do que a historiografia, ou que os retratos de Ticiano ou Goya são um espelho mais profundo da psicologia dos personagens de sua época que outras objetivações da história[10], Lukács sublinha que a presença do em-si histórico na imanência das obras não pode ocultar o fato

---

[9] G. Lukács, "Zum hundersten Geburtstag Zolas", em idem, *Balzac und der französische Realismus, Werke*, v. 6: *Probleme des Realismus*, III (Neuwied, Luchterhand, 1965), p. 514 (ed. francesa: *Balzac et le réalisme français*, trad. Paul Laveau, Paris, La Découverte, coleção La Découverte Poche, 1999, p. 96-7).

[10] G. Lukács, *Die Eigenart des Ästhetischen*, II, cit., p. 315.

POR QUE LUKÁCS?

de que seu foco gerador se encontra em uma qualidade eminentemente subjetiva, que eu designei como um condensado transcendental das experiências do "ser--no-mundo", e que Lukács chama de "consciência de si". Ele tem o cuidado de especificar que o mundo das paixões, que fornece a matéria das obras de arte, nem sempre está acompanhado da presença da consciência de si, que pode ser uma presença aleatória ou intermitente, mas que o processo de criação artística só começa quando o lugar escondido nas profundezas da subjetividade se transforma em um poder sintético dominante, que reorganiza os dados da experiência com vistas a sua própria objetivação: pode ser chamado de *Weltgefühl*, um sentimento do mundo, que, seguindo Lukács, deve ser considerado o princípio configurador do "mundo" da obra de arte. Se falamos do caráter evocativo da mimese, é precisamente por causa da onipresença no tecido da obra desse sentimento unificador que Lukács chama de *Selbstbewusstsein*. Cometi um erro ao tentar aproximar a "autoconsciência" lukacsiana da "intuição lírica" de Croce, projetando assim no universo estético de Lukács o conceito crociano de "lirismo fundamental" que, segundo o esteta italiano, define a especificidade da atividade artística?[11]

Lukács estabelece um conjunto de categorias, extraídas da panóplia da lógica hegeliana, para conseguir fixar conceitualmente a especificidade da atividade estética: o capítulo intitulado "*Ansich-Füruns-Fürsich*" [Em-si-Para-nós-Para-si] da *Estética*, precedido pelo capítulo "O particular como categoria da estética", nos leva até a definição da obra de arte como uma existência-para-si (*das Kunstwerk als Fürsichseiendes*). As distinções entre o em-si da realidade que transcende a subjetividade, o para-nós que caracteriza os resultados da atividade cognitiva, o para-si consubstancial ao mundo autárquico da obra de arte (que não é, no entanto, uma "mônada sem janelas" leibniziana, como ainda era para o jovem Lukács da segunda versão da *Estética de Heidelberg*), passando pela autonomização da particularidade (*Besonderheit*) como potência configuradora da atividade estética, enquanto ela é somente uma zona de transição entre a singularidade e a generalidade na atividade lógico-cognitiva, nos levam até "a humanidade do homem" (*das Menschheitliche des Menschen*) como princípio gerador dos "mundos" das obras, zona de residência da "consciência de si". A presença soberana desta última na imanência das obras se assemelha, segundo Lukács, a um ato de "graça"[12], pois na vida real ela chega a se separar da massa de experiências somente por meio de esforços laboriosos e complicados. Ei-nos, então, diante dessa subjetividade intensificada, decantada e purificada, que é o dom das obras

---

[11] Ver Nicolas Tertulian, *Georges Lukács: étapes de sa pensée esthétique* (Paris, Sycomore, 1980), p. 228 [ed. bras.: *Georg Lukács: etapas de seu pensamento estético*, trad. Renira Lisboa de Moura Lima, São Paulo, Editora da Unesp].

[12] G. Lukács, *Die Eigenart des Ästhetischen*, II, cit., p. 327.

O AUTOR DE UM DOS ÚLTIMOS SISTEMAS FILOSÓFICOS   337

de arte, em relação à qual o em-si permanece uma presença incontornável, mas distante, e, às vezes, imperceptível.

A concrescência entre subjetividade e objetividade na imanência da obra de arte oferece também a explicação do que eu me arrisco a chamar de coincidência entre a "intuição lírica", para falar como Croce, e a mimese. Certamente o esteta italiano teria visto em tal fusão algo como um círculo quadrado, visto que designou a "intuição lírica" como intimamente associada ao idealismo objetivo em filosofia, enquanto a mimese lhe aparecia como consequência do materialismo filosófico. Já citei em outro lugar uma passagem decisiva de Croce sobre isso: "A arte expressa a realidade, certamente, quando se entende por realidade a única realidade que é a alma, o espírito [...] O movimento do pensamento estético, que passou da 'mimese' da filosofia helênica para a moderna 'intuição lírica', é o próprio movimento que passa do materialismo filosófico ou do dualismo ao espiritualismo absoluto"[13]. A particularidade da posição de Lukács é que ele tenta

---

[13] "L'arte esprime la realtà, certamente, quando per realtà s'intenda l'unica realtà che è l'anima, lo sprito [...] Il movimento del pensiero estetico, che dalla 'mimesi' della filosofia ellenica è passato alla moderna 'intuizione lirica', è il movimento stesso che dal materialismo filosofico o dal dualismo passa allo spiritualismo assoluto"; Benedetto Croce, La poesia: introduzione alla critica e storia della poesia e della letteratura (Bari, Laterza [Opere de Benedetto Croce em edição econômica], 1966), p. 181. Ver Nicolas Tertulian, "La pensée du dernier Lukács", Budapest entre l'Est et l'Ouest, n. 517-8 de Critique, jun./jul. 1990, p. 607-8 [ed. bras.: "O pensamento do último Lukács", Outubro, trad. Juarez Duayer, n. 16, fev. 2007] e "Mimesis und Selbstbewusstsein", em Annemarie GethmannSiefert (org.), Philosophie und Poesie: Otto Pöggeler zum 60. Geburtstag, t. 1 (Stuttgart, Frommann-Holzboog, 1988), p. 402. Benedetto Croce designou pela primeira vez a arte como "intuição lírica" em sua conferência proferida em 1908 no Congresso Internacional de Filosofia, em Heidelberg, intitulada "L'intuizione e il carattere lirico dell'arte" (o texto foi reproduzido na abertura do livro Problemi di estética, 6. ed., Bari, Laterza, 1966, p. 3-30). Após ter definido, em sua Estética de 1902, a arte como intuição pura, sinônimo de pura imagem ou pura visão, o esteta italiano pretendia responder, em sua conferência de Heidelberg, àqueles que lhe haviam censurado a "frieza" dessa pura atividade da imaginação designada pelo conceito de pura intuizione; Croce ressaltou dessa vez a ideia de que o princípio motor dessa atividade visionária do artista é sempre um sentimento, expressão de uma personalidade singular, generalizando essa observação até falar do "lirismo" como algo consubstancial à atividade artística e propor a definição de arte como "intuição lírica". Em uma terceira fase de sua reflexão estética, à guisa de reação contra o aumento do poder das correntes vanguardistas, herdeiras do romantismo, promotoras de uma explosão de formas e da dissolução da herança clássica, ele vai acentuar o caráter "cósmico", mais precisamente de totalidade, das verdadeiras obras de arte, exigindo uma síntese do princípio romântico com o princípio clássico (ver seu texto "Il carattere di totalità dell'espressione artistica", que data de 1917, em Nuovi saggi di estetica, 5. ed., Bari, Laterza, 1968, p. 119-34). A convergência com a estética lukacsiana nesse ponto é impressionante. Croce e Lukács se encontram quando o autor de Aesthetica in nuce fala da poesia (ele visa à arte em geral) como opera di verità e não

338 Por que Lukács?

mostrar que a "ênfase" da subjetividade é acompanhada, na interioridade das obras artísticas, por uma intensificação da imersão no mundo objetivo, que a "mundanidade" (*Welthaftigkeit*) das obras de arte implica a dupla potencialização da subjetividade e da objetividade.

A teoria lukacsiana da subjetividade estética é uma via de acesso a uma distinção de dimensão muito mais vasta, que pode ser considerada o ponto culminante da ontologia da subjetividade esboçada na *Ontologia do ser social*: aquela entre o gênero humano em-si e o gênero humano para-si (*Gattungsmässigkeit an-sich* e *Gattungsmässigkeit für-sich*). Inclusive no interior da subjetividade estética o autor de *Die Eigenart des Ästhetischen* distingue dois níveis: o que se expressa nas produções designadas como belas-letras (*Belletristik*) e o que se eleva à universalidade humana da grande arte (Croce cultivou uma distinção similar entre literatura e poesia). Mesmo antes de elaborar seu tratado sobre estética, Lukács empregou amplamente essa distinção, por exemplo, em seu estudo sobre Theodor Fontane, em que ele dissocia as obras-primas (*Effi Briest, Schach von Wuthenow*) das produções épicas igualmente louváveis, mas desprovidas do poder de irradiação das primeiras (*Frau Jenny Treibel*).

Se o conceito de especificidade do gênero humano (*Gattungsmässigkeit*) encontra sua primeira expressão importante, e por boas razões, na *Estética*, pois o princípio gerador da grande arte se encontra, na visão de Lukács, na expressão da "nuclearidade" (*Kernhaftigkeit*) da *humanidade do Homo humanus* ("a ênfase transcendental" das obras autênticas, que fazem ecoar uma *vox humana* de alcance universal), é na *Ontologia* que ele efetuará a distinção entre as qualidades que funcionam para a afirmação do gênero humano em-si e as que são mobilizadas para a eclosão de uma humanidade livre e emancipada, encarnada pelo gênero humano. O centro de gravidade da especulação estética lukacsiana se desloca,

---

como pura atividade lúdica, do *accento inconfondibile* do qual é portadora toda criação artística, e sobretudo da expressão da *pura umanità* como vocação inalienável da arte (Lukács fala, como vimos, de "humanidade do homem" – *das Menschheitliche des Menschen* – como princípio ontológico da atividade estética). Pode-se lembrar que os dois estetas frequentaram na juventude os escritos do esteta neokantiano Konrad Fiedler, em quem Lukács encontrou, mas corrigindo-a radicalmente, a tese do "meio homogêneo" constitutivo da atividade estética: se Croce falou da "pura visibilidade", teorizada por Fiedler, como de uma "claridade sem calor" (*chiarezza senza calore*), Lukács colocou em causa simetricamente o formalismo do conceito fiedleriano, que esvaziaria a riqueza das experiências do mundo que se sedimentam no meio homogêneo da pura visibilidade de uma obra pictórica (ver Benedetto Croce, "La teoria dell'arte come pura visibilità", em *Nuovi saggi di estetica*, cit., p. 235-50, e G. Lukács, *Die Eigenart des Asthetischen*, I, cit., p. 231 e seg., II, p. 644 e seg.; ver também o capítulo "Hegel- -Fiedler: l'impossible synthèse?" de meu estudo sobre a estética de Lukács: *Georges Lukács: étapes de sa pensée esthétique*, cit., p. 236-42).

em relação a sua obra marxista de juventude, *História e consciência de classe*, da ideia do proletariado mundial como sujeito-objeto idêntico da história (esta última fórmula apareceu para ele como uma "super-hegelianização de Hegel" – *ein Überhegeln Hegels*) para o conceito de especificidade do gênero humano para-si, cuja exemplificação ele encontra no famoso texto de Marx ao final de *O capital* sobre a passagem do reino da necessidade ao reino da liberdade. Os imperativos da reprodução da sociedade impõem aos atores sociais, indivíduos singulares, o desenvolvimento das faculdades e aptidões destinadas a assegurar o *status quo* social, para lidar com as situações criadas pelo curso imprevisível das coisas: o profundo antiteleologismo do pensamento lukacsiano da história se nutre do espetáculo do desenvolvimento desigual dos diferentes complexos sociais, que obriga os indivíduos a um incessante processo de adaptação de suas capacidades. Esse conjunto de aptidões e faculdades pertencem à zona ontológica denominada gênero humano em-si. O autor de *A teoria do romance* já falara, em seu tempo, de um mundo da convenção, que deve ser sacudido e dissolvido, a fim de deixar florescer a utopia da pátria transcendental.

Se no terreno estético Lukács se mostra muito preocupado em traçar uma linha de demarcação entre as produções que permanecem ancoradas no nível dos problemas particulares ditados pela imediatidade da vida social, dos quais podem oferecer um espelho fiel, mas que são desprovidas da potência de ressonância e da ênfase transcendental das grandes criações, e as obras que trazem as marcas da universalidade, nas quais os indivíduos se reconhecem, segundo o ditado horaciano *tua res agitur*, no terreno mais vasto da vida social ele traça a fronteira móvel entre os indivíduos submetidos à reprodução do *status quo* social, confinados na multiplicidade de suas aptidões e qualidades particulares (eles pertencem ao estágio do gênero humano em-si), e os indivíduos que chegam a transgredir os limites impostos pelas convenções dominantes e se afirmam como *personalidades*, antecipando, por meio de seus atos de emancipação, o estágio do gênero humano para-si. Para ilustrar sua distinção, o autor da *Ontologia* tira seus exemplos de seu campo favorito, a literatura: é a oposição entre Nora e madame Alving nas duas peças de Ibsen, entre Electra e Crisóstomo ou entre Antígona e Ismênia nas peças de Sófocles.

Se a *ontologia da intencionalidade*, discutida acima, focaliza a especificidade da atividade estética sobre o vivido (*das Erlebnis qua Erlebnis*, da qual falava a estética de juventude, a "mimese evocadora", segundo o tratado final) e a da atividade ética na dialética das paixões que culmina na síntese da personalidade, deve-se observar que o em-si sócio-histórico permanece onipresente no horizonte das considerações estéticas ou éticas de Lukács. Ao explorar a criação tardia de Theodor Fontane, a experiência fundamental do escritor, a experiência crucial (o sentimento do mundo, o *Weltgefühl*) que impregna o tecido de suas principais

340 POR QUE LUKÁCS?

criações romanescas, aparece como a sedimentação de suas reações muito críticas em relação à Prússia de seu tempo e, em particular, do regime bismarckiano: poder-se-ia dizer que Lukács persegue a "migração" do em-si sócio-histórico no universo interior do escritor, fornecendo análises particularmente esclarecedoras de romances como *Effi Briest* ou *Irrungen, Wirrungen*[14]. As mentes estetizantes que refutam essa abordagem sob o pretexto de "dogmatismo sociologista", preferindo se comprazer nos arabescos das "leituras infiéis", apenas traem sua cegueira diante da dialética interna e da substancialidade das obras com que são confrontadas. Basta pensar na comparação esboçada, pelo autor do texto citado acima, entre Fontane e Tolstói, mais precisamente entre *Effi Briest* e *Anna Karenina*, dois romances que apresentam certas similitudes temáticas (em outro lugar, Lukács ampliou sua comparação citando também *Madame Bovary*), para se dar conta da potência heurística do método lukacsiano: a crítica do "mundo da convenção" (a Prússia com o vazio humano de seus constrangimentos no romancista alemão, a sociedade nobiliárquica e suas convenções não menos rígidas no romance de Tolstói) permite uma aproximação entre os dois romances, mas Lukács destacou a presença de uma variante de revolta de origem plebeia em Tolstói que contrasta com o tom cético-pessimista que impregna a atitude de Fontane. A conclusão se dá com um paralelo sócio-histórico que pode surpreender – "*Anna Karenina* se relaciona a *Effi Briest* como o Grande Outubro de 1917 se relaciona ao novembro de 1918 alemão"[15] –, mas justamente esse transbordamento da análise literária sobre a grande cena da história é o traço especificamente lukacsiano, que lembra a grande tradição hegeliana.

Depois de mencionar as principais contribuições para a estética e esboçar as ricas virtualidades das considerações sobre a ética (a dialética entre a "personalidade particular" e a "personalidade não particular"[16] mereceria um maior desenvolvimento), eu retorno aos fundamentos categoriais do pensamento sobre a história, a fim de interrogar mais de perto a pertinência da coexistência na *Ontologia do ser social* da tese sobre a "instauração teleológica" como *principium movens* da vida social com aquela sobre o caráter por excelência não teleológico, mais exatamente puramente causal, do funcionamento da sociedade em seu conjunto.

Pode-se observar que, nas descrições lukacsianas, a vida social aparece como um cruzamento de teleologias múltiplas: sua definição da sociedade como um "complexo de complexos" (esse é o título de uma seção do capítulo sobre a

---

[14] G. Lukács, "Der alte Fontane", em *Deutsche Realisten des 19. Jahrhunderts, Werke*, v. 7: *Deutsche Literatur in zwei Jahrhunderten* (Neuwied, Luchterhand, 1964), p. 452-500.

[15] Ibidem, p. 498.

[16] G. Lukács, *Ontologie de l'etre social: l'idéologie, l'aliénation*, cit., p. 512 [ed. bras.: "O estranhamento", em *Para uma ontologia do ser social*, cit., v. 2, p. 604].

O AUTOR DE UM DOS ÚLTIMOS SISTEMAS FILOSÓFICOS   341

reprodução) remete à ideia de que cada complexo é movido por uma inten-cionalidade própria, tendo, portanto, sua legalidade interna específica, que é necessário, portanto, distinguir bem a atividade econômica da atividade jurídica (Lukács lembra a fórmula de Marx sobre uma "não congruência" do direito em relação à economia), a intencionalidade política da intencionalidade ética, o caráter "prático" das duas do caráter mais "contemplativo" da atividade estética ou filosófica, mais precisamente a finalidade imediata da ideologia política, bem distinta do caráter multiplamente mediatizado das teleologias estética ou filosófica (que Lukács, por consequência, designa como "ideologias puras", que não bus-cam uma incidência direta e imediata na prática). Essa abordagem diferenciada, contrapontística, dos complexos sociais e de sua interação se propõe a estabelecer o fundamento ontológico da tese marxiana sobre o desenvolvimento desigual dos diferentes tipos de atividade social, quebrando definitivamente o monolitismo dos esquemas stalinianos. Mesmo as teses de Engels sobre as relações entre base e superestrutura não escapam de um justo questionamento, pois Lukács mostra que a assimilação das relações entre a base econômica e os outros complexos so-ciais por uma relação conteúdo-forma está longe de dar conta da complexidade das relações entre os diferentes tipos de atividade social: ele insiste no caráter heterogêneo dos complexos sociais um em relação a outro, e sobre a irredutibili-dade das diferentes teleologias, enquanto o modelo ontológico conteúdo-forma, para a descrição das relações entre a economia e as superestruturas, sacrifica a complexidade das relações entre essas múltiplas atividades.

A insistência com a qual a *Ontologia* lukacsiana volta à ideia de que o funcio-namento da vida social em seu conjunto tem um caráter causal, e não finalista, sublinhando fortemente que o princípio gerador são as "posições teleológicas" de seus atores, ou seja, os indivíduos, se explica pela vontade do autor de barrar definitivamente o caminho a qualquer interpretação providencialista ou messiâ-nica da história, a toda "filosofia da história" que confinasse o devir histórico em esquemas lógico-teleológicos. O argumento repetidamente apresentado para apoiar essa tese é que os resultados dos atos de "instauração teleológica" ultrapassam necessariamente o projeto que os engendrou. O princípio segun-do o qual a consciência nunca chegaria a ser absolutamente coextensiva ao ser – poder-se-ia mesmo falar de uma incomensurabilidade do ser em relação à consciência – encontra aqui uma aplicação particular. Lukács compartilha com Nicolai Hartmann a ideia de que existe uma conexão indissolúvel entre o *nexus final* e o *nexus causal*, que as atividades finalistas da consciência se inscrevem no real por meio da utilização de cadeias causais e que a teleolo-gia é essencialmente uma "sobreformação da causalidade" (*Überformung der Kausalität*). Em uma história genética das categorias, a causalidade tem uma prioridade ontológica em relação à teleologia: a natureza, inorgânica e orgânica, é regida pela causalidade, mas ela é a-teleológica; o surgimento da teleologia, que coincide com a emergência da consciência, se produz pela utilização das cadeias causais, cujas combinações são infinitas. Ao interrogar a constituição ontológica do ser social, Lukács enfatiza, em particular, a tese segundo a qual os efeitos dos atos teleológicos escapam do projeto inicial, como consequência da tensão entre o caráter *finito* das "instaurações teleológicas" e o caráter *infinito* da proliferação das cadeias causais. A resultante do cruzamento das múltiplas "posições teleológicas" ultrapassará necessariamente o horizonte, por definição finito, de cada uma delas: o conjunto social funcionaria, portanto, de uma maneira *causal*, mesmo que seja engendrado pela interferência de múltiplas *posições teleológicas*. Pode-se detectar nessa asserção uma aplicação *sui generis* de uma tese de Marx com a qual Lukács estava visivelmente muito vinculado, pois ele até a escolheu como mote de sua *Estética* e frequentemente se referia a ela: "eles não o sabem, mas o fazem" (*Sie wissen es nicht, aber sie tun es*). O saber não é inteiramente coextensivo ao ser, as consequências dos atos vão além da intenção geradora, o ser social é produto de ações que escapam ao projeto inicial.

Entretanto, não se pode dizer que o autor da *Ontologia do ser social* tenha elucidado inteiramente essa dialética entre as teleologias individuais e o caráter puramente causal que ele atribui à sua resultante, o funcionamento do conjunto social. Ele se limita a afirmar que as consequências dos atos ultrapassam as intenções geratrizes, sem especificar a natureza dos fatores que intervêm para constituir uma totalidade que não está em conformidade com os projetos iniciais. As posições teleológicas de uns se cruzam com as posições teleológicas de outros, a resultante final (por definição, transitória) é o produto desses múltiplos cruzamentos; ela é, portanto, uma sedimentação dessas diversas teleologias, que podem ser convergentes ou divergentes: a tese segundo a qual seu caráter é eminentemente causal e não teleológico necessitaria de uma concretização muito mais pormenorizada. Certamente Lukács distinguiu bem as posições teleológicas, cujo objeto é a modificação da natureza, daquelas que visam influenciar a consciência dos outros, especificando que as segundas são acompanhadas de um "coeficiente de incerteza" quanto a seu resultado; não resta dúvida de que ele nos deixa desejosos da descrição da constituição da resultante. Ou, dito de outra maneira, teria sido desejável mais especificações sobre a dialética da pressão e da autoafirmação, sobre o peso da coerção e dos "espaços de jogo" da liberdade, a fim de apoiar a ideia de que a vida social não obedece a nenhuma teleologia geral e que seu funcionamento é, em última instância, puramente causal.

Deve-se dizer que ao dedicar muita atenção, de um lado, à relação entre *essência* e *fenômeno* na imanência da vida social, mais precisamente entre "o mundo da essência" e o "mundo do fenômeno", e, de outro, à relativização do funcionamento da *necessidade* na história da sociedade, ao falar, seguindo os passos de Nicolai Hartmann, de uma *necessidade do se-então* (*wenn-dann-Notwendigkeit*), o autor da *Ontologia* ofereceu instrumentos categoriais para uma imagem mais flexível e mais nuançada do funcionamento da sociedade que a do marxismo tradicional. Ele se empenhou em derrotar de todas as formas as interpretações puramente objetivistas, naturalistas e deterministas da vida social, a assimilação, por exemplo, da economia a uma "física da sociedade" ou sua consideração como uma "segunda natureza", até mesmo apontando em Marx "incongruências episódicas" na formulação de sua doutrina. Se Marx tivesse aprovado a apresentação de seu pensamento feita por uma publicação russa, em que se diz que ele "tinha em vista o movimento social como um encadeamento natural dos fenômenos históricos (*naturgeschichtlichen Prozess*), encadeamento submetido a leis que não somente são independentes da vontade, da consciência e dos desígnios do homem, mas, ao contrário, determinam sua vontade, sua consciência e seus desígnios [...]", seria para Lukács de tal inconsequência[17] que poderia abrir a porta à deformação do marxismo em um determinismo fatal. Se ele se reporta em sua *Ontologia* aos fundamentos categoriais da vida social, é para mostrar que as "posições teleológicas" (atos que são por natureza *ideais*) são agentes da *economia* não menos que outros complexos sociais, que a *decisão alternativa* é o *principium movens* da vida social em todos os seus níveis, que não há, portanto, nenhum espaço para a mínima concessão à interpretação do marxismo como uma "física da vida social" ou como um necessitarismo econômico. Quando recordamos, a título de exemplo, como Benedetto Croce falava em seu livro sobre *La storia come pensiero e come azione* (1938) do materialismo histórico como um pan-economismo que via os indivíduos como marionetes puxados por fios, após ter afirmado que essa doutrina tratava a economia como o "deus oculto" da história, ou o julgamento feito por Merleau-Ponty ao "realismo" de Marx por conta de seu fetichismo da economia, que projeta um automatismo dialético na imanência da história, a luta de Lukács para restituir a verdade sobre a teoria de Marx faz todo o sentido. Percebe-se também tudo que o opõe à leitura althusseriana de Marx, pois, enquanto o autor de *Ler o capital* lançava suas ideias sobre o "anti-humanismo teórico" ou sobre a história como um "processo sem sujeito", Lukács se dedicava à elaboração de uma verdadeira ontologia do sujeito (uma seção do capítulo de sua *Ontologia* tem como título "*Zur Ontologie des ideellen Moments*" [Sobre a ontologia do momento

---

[17] G. Lukács, *Werke*, v. 13: Frank Benseler (org.), *Prolegomena: Zur Ontologie des gesellschaftlichen Seins*, I (Neuwied, Luchterhand, 1984), p. 302 [ed. francesa: *Prolégomènes à l'ontologie de l'être social*, trad. Aymeric Monville, rev. Didier Renault, Paris, Delga, 2009], p. 386; [ed. bras.: *Prolegômenos para uma ontologia do ser social*, trad. Lya Luft e Rodnei Nascimento, São Paulo, Boitempo, 2010, p. 358].

ideal]. Se o antiteleologismo pode ser visto como um traço comum de ambos os pensadores, a fenomenologia da subjetividade, que emerge da *Ontologia do ser social* e que culmina, como vimos, em conceitos também "especulativos" como gênero humano em-si e gênero humano para-si, é o oposto de um pensamento que julgava a ideia de *humanitas* como irremediavelmente obsoleta e que quis banir da filosofia o próprio conceito de *sujeito*.

Pode-se evidentemente se perguntar se as considerações apresentadas por Lukács em sua última grande obra teórica, para responder às interrogações de longa data sobre a coerência do marxismo, em particular aquelas que concernem à dialética da necessidade e da liberdade, são plenamente convincentes. O esforço notável do autor da *Ontologia do ser social* para circunscrever, por exemplo, a esfera da necessidade no campo da vida social merece em exame aprofundado. Quando Lukács pinta o grande quadro da história da humanidade, ele distingue pelo menos três tendências do desenvolvimento histórico que se afirmam de maneira "irresistível", que ele repetidamente afirma que se impõem para além das intenções e da vontade dos indivíduos, agindo como pressões objetivas que os indivíduos – os atores da vida social – devem assumir: a redução incessante do tempo de trabalho necessário para a reprodução da vida, a socialização crescente das atividades sobre o pano de fundo de um "recuo da barreiras naturais" (Marx), a integração progressiva das comunidades e das nações até a constituição de uma humanidade unificada. Tratar-se-ia de tendências objetivas da história, que são o resultado das ações dos indivíduos, mas que foram forjadas – insiste nisso – independentemente de seus projetos e que terminam por se impor como dados restritivos. Será que o autor da *Ontologia do ser social* merece a censura de ressuscitar, desse modo, o antigo fantasma das "leis objetivas da história", que funcionam independentemente da vontade dos indivíduos, ou seja, ele nos mergulha novamente no antigo necessitarismo? Relembremos as censuras desse tipo dirigidas por um Benedetto Croce que, no entanto, se inspirou muito no marxismo, na doutrina do materialismo histórico. De fato, Lukács tira as consequências de um dos *leitmotivs* de seu discurso ontológico: os resultados das ações dos indivíduos ultrapassam suas intenções, há realmente um "período de consequências" em que intervêm fatores que transcendem os horizontes da consciência constituinte (em primeira instância os resultados das ações dos outros, imprevisíveis em relação aos desígnios iniciais), a síntese dessa interferência de múltiplas "instaurações teleológicas" traz à tona dados do processo histórico que se impõem como tendências objetivas. Em sua visão, esse é o caso da redução do tempo de trabalho necessário para a reprodução da vida, que se impõe como resultante objetiva das ações individuais, sem ter sido um objetivo premeditado, como é o caso da unificação das comunidades em uma humanidade integrada. É aqui que tem lugar a distinção entre o "mundo da essência" e o "mundo do fenômeno", que

O autor de um dos últimos sistemas filosóficos   345

é de grande interesse para o autor da *Ontologia*: o primeiro designa as conexões fundamentais, influenciadas, por natureza, por certa estabilidade (Lukács lembra a fórmula hegeliana da "calma" da essência, "*die Ruhe*" *des Wesens*), que determinam a estrutura de uma formação social; já o segundo, a multiplicidade fervilhante das aparências recobertas pelo mundo da essência, sendo o mundo do fenômeno aquele das variações quase ilimitadas que o mundo da essência conhece. Ao falar frequentemente do "caráter irresistível" (*Unwiderstehlichkeit*) do devir no mundo da essência, ainda que ele tome o cuidado de nuançar essa irresistibilidade com o uso do adjetivo "tendencial", Lukács pode despertar a suspeita de necessitarismo (o desenvolvimento do capitalismo serve de exemplo privilegiado para esta "*letzthinnige tendenzielle Unaufhaltsamkeit*" [irresistibilidade tendencial em última instância] da essência), mas, como ele sempre especifica que a decisão alternativa permanece o *principium movens* da vida social, e que o mundo da essência também está submetido a esse impacto da subjetividade, muito perceptível sobretudo durante as revoluções, pode-se considerar que ele está apenas concretizando a tese de Marx de que são os indivíduos que fazem a história, mas sob condições que eles mesmos não escolheram.

Poder-se-ia tentar formular, a partir de Lukács, um pensamento de heteronomia e de autonomia do sujeito, seguindo seu método genético-ontológico, oposto ao transcendentalismo kantiano, uma dialética da *compulsão* e da *autodeterminação*, escolhendo como ponto de partida a *economia*, zona por excelência da necessidade (portanto, das restrições), e, como *terminus ad quem*, a realização da personalidade, objeto principal de sua reflexão ética. O desafio de sua *Ontologia* é justamente manter unidas as duas pontas da cadeia, a economia e a ética, levando em conta, é claro, os principais complexos intermediários. Uma das particularidades de seu método é mostrar como as atividades mais evoluídas da consciência (a elaboração de uma construção ideológica, por exemplo) encontram seu impulso no mundo da cotidianidade, levando em conta mais precisamente as experiências vividas. O trajeto que une uma experiência vivida fundamental (*Grunderlebnis*) e sua expressão em uma construção ideológica é um trabalho de mediatização múltipla e de decantação: as análises de Lukács se propõem justamente a descrever essas conexões, reconstruindo a gênese das ideologias[18]. Ele apresentará, portanto, o conceito de ontologia da vida cotidiana, esta última designada como a terra nutriz das atividades superiores do espírito.

Assim, Lukács fez muito para emancipar o materialismo histórico dos pesados preconceitos que obstruíam a verdadeira compreensão da vida social, mostrando que mesmo as atividades mais sobrecarregadas pelo peso da "materialidade", a

---

[18] Ver Nicolas Tertulian, "Le concept d'idéologie dans l'Ontologie", *Actuel Marx*, n. 44, 2008, p. 118-28.

346 Por que Lukács?

economia em primeiro plano, estão saturadas pelo trabalho da subjetividade, impregnadas pelos tecidos de representações, e que a luta nesse terreno não pode ser isolada dos enfrentamentos em outras zonas da ideologia. Ele apontou um dedo acusador contra as tentativas de Plekhanov e Stálin de transformar a economia em um complexo autárquico, encerrado em uma legalidade autônoma[19], com indivíduos tratados como simples "epifenômenos" das forças impessoais. A crítica do necessitarismo, tendo como pano de fundo essa demonstração da coesão profunda da vida social, regida em todos os seus níveis por decisões de caráter alternativo de seus atores, os indivíduos, não poupa nem o próprio Engels. Em várias ocasiões, na *Ontologia* ou nas conversas reproduzidas no escrito autobiográfico *Pensamento vivido*, Lukács expressou sua convicção de que Engels reteve, em seu pensamento, traços profundos de sua formação hegeliana e que não conseguiu se emancipar dessa herança de maneira tão radical e consequente como seu amigo Marx; resultando daí, segundo Lukács, uma concepção muito pouco flexível da necessidade na história, pois Engels relegou os acasos aos elementos "perturbadores" das grandes linhas do desenvolvimento histórico (ver o modo como ele falou do papel da personalidade na história utilizando o exemplo de Napoleão, enquanto Marx considerava que uma história que abstraísse as contingências teria um caráter "místico"), uma equivalência pouco defensável entre o lógico e o histórico, uma extensão ilícita de certas leis da dialética (na forma de "negação da negação") a processos que obedeceriam a outras regras de desenvolvimento etc. Esses distanciamentos ilustram a tendência profunda da reflexão do último Lukács: destravar o pensamento sobre a história, liberando-a dos esquemas que a estorvam, a fim de fazer justiça à mistura de heterogeneidade e homogeneidade no funcionamento dos complexos sociais, à densidade e à complexidade do tecido histórico, até estabelecer as condições de possibilidade de uma humanidade emancipada.

***

Thomas Mann foi um dos que melhor definiram o lugar de Lukács na história intelectual de seu tempo e sua fisionomia espiritual tão particular: ele expressou, nas páginas dedicadas à sua personalidade em *A gênese do Doutor Fausto: romance sobre um romance* (*Die Entstehung des Doktor Faustus: Roman eines Romans*) e na mensagem enviada pelo septuagésimo aniversário do crítico, sua admiração por esse marxista "de rara erudição", cujo "sentido pela continuidade e pela tradição" despertara sua simpatia e cujos escritos constituem "uma obra de mediação entre

---

[19] G. Lukács, *Werke*, v. 14: Frank Benseler (org.), *Zur Ontologie des gesellschaftlichen Seins*, II (Neuwied, Luchterhand, 1986), p. 322 [ed. bras.: *Para uma ontologia do ser social*, v. 2, trad. Nélio Schneider, São Paulo, Boitempo, 2013, p. 383].

as esferas e as eras da história", inspirada por uma ideia que o escritor alemão levou ao auge e cuja ressurreição ele desejava ardentemente – a ideia de Cultura (*Bildung*)[20]. Lukács podia encontrar nessas palavras um reconhecimento de um dos traços mais marcantes de sua obra: ele mesmo considerava seus últimos escritos pontes entre o passado e o futuro, declarando-se satisfeito se as bases de sustentação que tinha construído resistissem à prova do tempo, pronto a aceitar com alegria a ideia de que outros, inspirados pelas mesmas ideias, pudessem substituir suas construções por outras mais sólidas...

---

[20] A homenagem de Thomas Mann foi publicada no livro editado em 1955 em Berlim pela editora Aufbau com o título *Georg Lukács zum siebzigsten Geburtstag*, p. 141.

Seleção bibliográfica

Obras e textos de Lukács

Em alemão

Werke. BENSELER, Frank (org.), Darmstadt/Neuwied, Luchterhand, 1962-1984, 18 v. (os v. 1 e 3 ainda estão faltando).

Em francês e em alemão, em ordem cronológica de publicação do texto original ou, na sua falta, da data de sua redação

L'Âme et les formes [1911]. Trad. Guy Haarscher, Paris, Gallimard, 1974, coleção Bibliothèque de Philosophie [ed. bras.: *A alma e as formas: ensaios.* Trad. Daniel Lins, Rio de Janeiro, Intrínseca, 2017].

De la Pauvreté en esprit: un dialogue et une lettre [1911]; seguido de *La légende du roi Midas* [1908]. Trad. Jean-Pierre Morbois, Bordeaux, Éditions de la Tempête, 2015.

Journal 1910-1911. Trad. Akos Dirtoy, prefácio de Nicolas Tertulian, Paris, Payot/Rivages, 2006, coleção Rivages Poche/Petite Bibliothèque.

Philosophie de l'art: 1912-1914, premiers écrits sur l'esthétique. Trad. Rainer Rochlitz e Alain Pernet, Paris, Klincksieck, 1981, coleção L'Esprit des Formes.

Dostojewski: notas e rascunhos [textos escritos por volta de 1914-1915]. Org. János C. Nyíri, Budapeste, Akadémiai Kiadó, 1985, coleção Veröffentlichungen des Lukács-Archivs.

La Théorie du roman [1916 em revista, 1920 em livro]. Trad. Jean Clairevoye, Paris, Gonthier, 1963, coleção Bibliothèque Médiations; reedição Paris, Gallimard, 1989, coleção Tel [ed. bras.: *A teoria do romance.* Trad. José Marcos Mariani de Macedo, São Paulo, Editora 34/Livraria Duas Cidades, 2000].

Heidelberger Ästhetik (1916-1918). In: MARKUS, György; BENSELER, Frank (orgs.). *Werke,* v. 17. Neuwied, Luchterhand, 1974.

Correspondance de jeunesse 1908-1917. Org. Eva Fekete e Éva Karadi. Trad. István Fodor, Józef Herman, Ernő Kenéz e Éva Szilágyi, Paris, François Maspero, 1981.

Idéalisme conservateur et idéalisme progressiste [1918]. In: Michael Löwy, *Pour une Sociologie des intellectuels révolutionnaires: l'évolution politique de Lukács.* Trad. Jean-Marie e Martha Dufournaud, Paris, PUF, 1976, p. 301-7 [ed. bras.: *Para uma sociologia dos intelectuais revolucionários: a evolução política de Lukács.* Trad. Nélio Schneider, São Paulo, Expressão Popular, 2007].

Tactique et éthique [1919]. Trad. Guy Haarscher e Robert Legros. *Revue Internationale de Philosophie*, v. 27, n. 106, fasc. 4, 1973, p. 371-406 [ed. bras.: Tática e ética. Trad. Caique de Oliveira Sobreira Cruz e Manassés de Jesus Santos Júnior, 2022; disponível em: <https://aterraeredonda.com.br/tatica-e-etica-1919/>; acesso em: 8 nov. 2022].

Histoire et conscience de classe: essais de dialectique marxiste [1923]. Trad. Kostas Axelos e Jacqueline Bois, Paris, Minuit, 1960, coleção Arguments; reedição em 1974 e 1984, ampliada por um importante prefácio redigido em 1967.

La Pensée de Lénine [1924]. Trad. Jean-Marie Brohm, Boris Fraenkel e Cornélius Heim, Paris, Études et Documentation Internationales, 1965; reedição Paris, Denoël-Gonthier, 1972.

Dialectique et spontanéité: en défense de "Histoire et conscience de classe" [1925]. Prefácio de Nicolas Tertulian. Trad. Pierre Rusch, Paris, Éditions de la Passion, 2001.

Moses Hess und die Probleme der idealistischen Dialektik [1926]. In: *Werke*, v. 2, p. 641-87.

Le Jeune Marx: son évolution philosophique de 1840 à 1844. Prefácio de Jean-Marie Brohm. Trad. Pierre Rusch, Paris, Éditions de la Passion, 2002.

Brève histoire de la littérature allemande: du XVIIIe siècle à nos jours [1944-1945]. Trad. Lucien Goldmann e Michel Butor, Paris, Nagel, 1949.

Goethe et son époque [1947]. Trad. Lucien Goldmann e P. Frank, Paris, Éditions Nagel, 1949 (o livro inclui um ensaio sobre Hölderlin).

Existentialisme ou marxisme? Trad. Enre Kelemen, Paris, Nagel, 1948.

Le Jeune Hegel: sur les rapports de la dialectique et de l'économie [1948]. Trad. Guy Haarscher e Robert Legros, Paris, Gallimard, 1981, coleção Bibliothèque de Philosophie, 2 v. [ed. bras.: *O jovem Hegel e os problemas da sociedade capitalista*. Trad. Nélio Schneider, São Paulo, Boitempo, 2018].

Problèmes du réalisme [1948]. Trad. Claude Prévost e Jean Guégan, Paris, L'Arche, 1975, coleção Le Sens de la Marche.

Beiträge zur Geschichte der Ästhetik. Berlim, Aufbau, 1954.

Balzac et le réalisme français [1952]. Trad. Paul Laveau e prefácio de Gérard Gengembre, Paris, François Maspero, 1967, coleção Maspero; reedição com prefácio de Gérard Gengembre, Paris, La Découverte, 1999.

La Destruction de la raison [1953-1954], v. 1: *Les Débuts de l'irrationalisme moderne de Schelling à Nietzsche*. Trad. Stanislas George, André Gisselbrecht e Edouard Pfrimmer, Paris, L'Arche, 1958, coleção Le Sens de la Marche; v. 2: *L'Irrationalisme moderne de Dilthey à Toynbee*. Trad. René Girard, André Gisselbrecht e Joël Lefebvre, Paris, L'Arche, 1959, coleção Le Sens de la Marche.

La Destruction de la raison: [capítulo sobre] *Nietzsche*. Trad. e prefácio de Aymeric Monville, Paris, Éditions Delga, 2006.

La Destruction de la raison: [capítulos sobre] *Schelling, Schopenhauer, Kierkegaard*. Trad. Didier Renault, Paris, Éditions Delga, 2010.

Über die Besonderheit als Kategorie der Ästhetik [1954]. Neuwied, Luchterhand, 1967.

Le Roman historique [1955]. Trad. Robert Sailley e prefácio de Claude-Edmonde Magny, Paris, Payot, 1965, coleção Bibliothèque Historique; incluído na coleção Petite Bibliothèque Payot em 1977 e 2000.

Thomas Mann [1957]. Trad. Paul Laveau, Paris, François Maspero, 1966.

La Signification présente du réalisme critique [1958]. Trad. Maurice de Gandillac, Paris, Gallimard, 1960, coleção Les Essais [ed. bras.: *Realismo crítico hoje*. Trad. Ermínio Rodrigues, Brasília, Editora Coordenada de Brasília, 1969].

Die Eigenart des Ästhetischen. Org. Frank Benseler, Neuwied, Luchterhand, 1963, 2 v.

Socialisme et démocratisation [1968]. Trad. Gérard Cornillet, Paris, Messidor/Éditions Sociales, 1989.

Soljenitsyne [1964 e 1969]. Trad. Serge Bricianer, Paris, Gallimard, 1970, coleção Idées.

Hommage à Bela Bartók, *Europe*, n. 504-5, abr. 1971, p. 126-43.

Prolégomènes à l'ontologie de l'être social [1982]. Trad. Aymeric Monville, revisado por Didier Renault, apresentação de Aymeric Monville. Paris, Éditions Delga, 2009 [ed. bras.: *Prolegômenos para uma ontologia do ser social*. Trad. Lya Luft e Rodnei Nascimento, São Paulo, Boitempo, 2010].

Ontologie de l'être social: le travail, la reproduction [1984]. Trad. Jean-Pierre Morbois, revisado por Didier Renault, prefácio de Nicolas Tertulian, Paris, Éditions Delga, 2011.

Ontologie de l'être social: l'idéologie, l'aliénation [1984]. Trad. Jean-Pierre Morbois, revisado por Didier Renault, prefácio de Nicolas Tertulian, Paris, Éditions Delga, 2012 [ed. bras.: *Para uma ontologia do ser social*. Trad. Nélio Schneider e outros, São Paulo, Boitempo, 2013, p. 368].

Versuche zu einer Ethik. Org. György Iván Mezei, Budapeste, Akadémiai Kiadó, 1994, coleção Veröffentlichungen des Lukács-Archivs.

Pensée vécue, mémoires parlés. Trad. Jean-Marie Argelès, Paris, L'Arche, 1986 [ed. bras.: *Pensamento vivido: autobiografia em diálogo*. Trad. Cristina Alberta Franco, São Paulo, Estudos e Edições Ad Hominem/Universidade Federal de Viçosa, 1999].

Sobre Lukács

BENSELER, Frank (org.). *Revolutionäres Denken: Georg Lukács. Eine Ein führung in Leben und Werk*. Darmstadt, Luchterhand, 1984.

CASES, Cesare. *Su Lukács: vicende di un'interpretazione*. Turim, Einaudi, 1985, coleção Nuovo Politecnico.

LÖWY, Michael. *Pour une Sociologie des intellectuels révolutionnaires: l'évolution politique de Lukács – 1909-1929*. Paris, PUF, 1976 [ed. bras.: *Para uma sociologia dos intelectuais revolucionários: a evolução política de Lukács*. Trad. Nélio Schneider, São Paulo, Expressão Popular, 2007].

MÉSZÁROS, István. *Beyond Capital: Toward a Theory of Transition*. Londres, Merlin Press, 1995 [ed. bras.: *Para além do capital: rumo a uma teoria da transição*. Trad. Paulo César Castanheira e Sergio Lessa, São Paulo, Boitempo, 2011].

OLDRINI, Guido. *György Lukács e i problemi del marxismo del Novecento*. Nápoles, La Città del Sole, 2009.

RUSCH, Pierre. *L'Oeuvre-monde: essai sur la pensée du dernier Lukács*. Paris, Klincksieck, 2013.

TERTULIAN, Nicolas. *Georges Lukács: étapes de sa pensée esthétique*. Trad. Fernand Bloch, Paris, Le Sycomore, 1980 [ed. bras.: *Georg Lukács: etapas de seu pensamento estético*. Trad. Renira Lisboa de Moura Lima, São Paulo, Editora da Unesp, 2008].

_____. *Lukács: la rinascita dell'ontologia*. Roma, Editori Riuniti, 1986.

_____. Georg Lukács et le stalinisme, *Les Temps Modernes,* jun. 1993, p. 1-45.

_____. *Lukács e seus contemporâneos*. Trad. Pedro Campos Araújo Corgozinho, São Paulo, Perspectiva, 2016.

A publicação deste volume homenageia a um só tempo dois grandes pensadores: György Lukács, pelos cem anos da publicação de *História e consciência de classe*, e Nicolas Tertulian, cujo falecimento em 2019 o impediu de acompanhar esta edição brasileira, como gostava e gostaria de fazer. O livro foi composto em Adobe Garamond Pro, corpo 11/13,5, e impresso em papel Pólen natural 70 g/m², pela gráfica Rettec para a Boitempo, com tiragem de 2.000 exemplares.